Guerra Contra Todos los Puertorriqueños

Guerra Contra Todos los Puertorriqueños

Revolución y terror en la colonia americana

NELSON A. DENIS

BOLD TYPE BOOKS
New York

Bold Type Books
116 East 16th Street, 8th Floor New York, NY 10003
boldtypebooks.org
twitter.com/@BoldTypeBooks

Publicado originalmente en inglés con el título *War Against All Puerto Ricans* en tapa dura y libro electrónico por Bold Type Books en abril del 2015

Primera edición en español: noviembre 2015

Bold Type Books es un sello editorial de Perseus Books, LLC, que es una subsidiaria de Hachette Book Group, Inc. Bold Type Books es una empresa de copublicación de Type Media Center y Perseus Books.

Traducido al español por Luis R. González Argüeso. Agradecimiento al profesor Carlos J. Guilbe López, M.P., Ph.D., por su mapa extraordinario de la Revolución Nacionalista de octubre de 1950

Maquetación: freiredisseny.com

Correcciones ortotipográficas: Antonia Dueñas y Juan Manuel Santiago

Catalogación de la Biblioteca del Congreso / Library of Congress Cataloging-in-Publication Data:

Denis, Nelson A.
Guerra contra todos los puertorriqueños: Revolución y terror en la colonia americana / Nelson A. Denis.
448 páginas 5.5 x 8.25 pulgadas
Incluye referencias e índice
1. Albizu Campos, Pedro, 1891-1965. 2. Puerto Rico-Historia-Autonomía y movimientos independentistas. 3. Puerto Rico-Política y gobierno-1898-1952. 4. Nacionalismo-Puerto Rico-Historia-Siglo 20. 5. Puerto Rico-Relaciones-Estados Unidos. 6. Estados Unidos-Relaciones-Puerto Rico. I. Título
972.9505'2—dc23
2014047904

ISBN 978-1-56858-501-7 (tapa dura) / ISBN 978-1-56858-502-4 (electrónico) / ISBN 978-1-56858-545-1 (libro de bolsillo en español) / ISBN 978-1-56858-546-8 (electrónico en español)

Impreso en los Estados Unidos de América

LSC-H

10 9 8 7 6 5 4 3

Para mi madre, Sarah, mi abuela, Salomé
y para Dali, quien las guarda en su corazón

ÍNDICE

NOTA AL LECTOR

Es un mundo lo que estamos equilibrando

Si alguien pregunta por qué Puerto Rico es la última gran colonia en el mundo, que lea este libro de Nelson Denis, *Guerra Contra Todos los Puertorriqueños.*

Durante más de medio siglo, incontables escritores con fingida imparcialidad se han dedicado a enaltecer la historia colonial de Puerto Rico y a minimizar e incluso encubrir sus horrores. La perspectiva radicalmente distinta del autor de este libro aporta un necesario y oportuno contrapeso a la de los apologistas del régimen y constituye un reto a los puertorriqueños de todas las ideologías para un profundo examen de conciencia sobre nuestro pasado y futuro como pueblo.

Nelson Denis impugna la mitología del imperialismo bobo de ubre prolífica que se deja ordeñar. Destapa, además, el sumidero colonial mediante una amplia y minuciosa investigación de acontecimientos, unos notorios, otros largamente ocultos o silenciados. Con justa indignación, desenmascara fechorías inmundas, claudicaciones infames, traiciones cainitas, expoliación de tierras y espíritus, experimentos inhumanos, verdugos despiadados y vergonzosas componendas que contrastan con gestas y vidas sacrificadas y heroicas que resplandecen cual astros en la oscuridad.

El colonialismo ha prevalecido en Puerto Rico porque esa ha sido la voluntad de Estados Unidos, el imperio más poderoso del presente y pasado siglos. Para ello se ha valido de la intimidación, la represión, el discrimen, el chantaje económico, la política de transculturación, el engaño y la compra de conciencias.

Lo verdaderamente extraordinario no es que Puerto Rico todavía sea colonia. Lo que constituye una proeza histórica es que, luego de más de cien años de coloniaje norteamericano, Puerto Rico todavía es una vibrante nacionalidad latinoamericana y caribeña, con un independentismo tenaz e insobornable que hace valer la máxima albizuista: "A los pueblos los representan aquellos que los afirman, no quienes los niegan".

Ante la abismal desproporción de fuerzas entre colonia y metrópoli, si Puerto Rico fuera un pueblo aislado podría estar destinado a ser colonia por siempre; o a convertirse en un estado de Estados Unidos, en una colonia con representación en el Congreso de esa nación, en un gueto tropical norteamericano.

Pero Puerto Rico es parte integral de la gran patria latinoamericana y caribeña, ya por fin altiva y de pie. Nuestra América es una sola patria. Por donde va uno, vamos todos.

A finales del siglo XIX, José Martí fundó el Partido Revolucionario Cubano, según consta en el artículo I de sus Bases, para "lograr [...] la independencia absoluta de la isla de Cuba y fomentar y auxiliar la de Puerto Rico". Nos advirtió entonces –y para siempre– a todos los latinoamericanos de que:

> En el fiel de América están las Antillas que serían, si esclavas [...] mero fortín de la Roma americana y si libres [...] serían en el continente la garantía del equilibro, la de la independencia para la América Española. Es un mundo lo que estamos equilibrando: no son dos islas las que vamos a libertar.

Actualizaba así el legado de su padre Bolívar en la Carta de Jamaica: "Dar la libertad a la mitad del mundo y poner el universo en equilibrio".

Hoy el fiel de la balanza y el equilibrio continental pasan por Puerto Rico. Tan libres serán América Latina y el Caribe como libre sea Puerto Rico. Puerto Rico es el verso que le falta al poema libertario de Bolívar.

Hace más de tres cuartos de siglo, don Pedro Albizu Campos anticipó el momento que se avecina:

> La independencia de una nacionalidad no depende de sus relaciones exclusivas con el poder que lo sojuzga. Es el resultado del equilibrio internacional. Cuando este favorece al opresor, continúa el coloniaje; cuando el equilibrio internacional está contra el Imperio, este se ve obligado a la reconcentración para su propia defensa, y la retirada de sus fuerzas de la colonia deja a esta en libertad de acción para organizar el Estado soberano e independiente.

Ya desaparecidas las particulares condiciones geoestratégicas y militares de la Guerra Fría (realidad que ya sirvió de marco a la victoria de Vieques y al retiro de la Marina norteamericana de sus bases en Vieques y Roosevelt Roads), los procesos políticos seguirán el curso natural del que fueron desviados por la política colonial norteamericana.

En Puerto Rico, la colonia, antidemocrática por definición, en quiebra económica y social, proscrita por la humanidad, repudiada por el pueblo puertorriqueño, y que sirve de abono a los propulsores de la estadidad, tiene sus días contados, no importa cómo se disfrace.

La integración como estado de la Unión estadounidense, a su vez, no tiene futuro por ser contraria a los intereses nacionales de Estados Unidos. Esa nación jamás aceptaría convertirse en un estado multinacional anexando como estado a una nación latinoamericana, caribeña e hispanohablante que tendría más votos que la mitad de los estados y que por ser el más pobre sería el que menos aportaría al Tesoro y el que proporcionalmente más fondos federales recibiría. Sería, además, una fuente de fricción permanente con la América Latina y un factor disgregante y divisorio en el cuerpo político norteamericano plagado por problemas de minorías; sería un potencial chispazo de fuego en un polvorín. Y, ¿a cambio de qué?

Ya, desde la década de 1930, don Pedro Albizu Campos había señalado como absurda la pretensión de convertir Puerto Rico en un estado:

> En vista de la imposibilidad de transformar a esta nación hispanoamericana en una comunidad angloamericana es un absurdo ocuparse de la estadidad, pues tal pretensión equivale a solicitar del pueblo de Estados Unidos que derrumbe su unidad nacional.

Cuando muy pronto el descalabro de la colonia y la amenaza de la estadidad, unidos a la inevitable presión desde Puerto Rico para una solución al problema colonial, le creen a Estados Unidos una crisis política que no puedan soslayar, como ocurrió en Vieques, ambos países tendrán que enfrentar la "suprema definición" sobre sus futuras relaciones. Ya lo profetizaba don Pedro: "yanquis o puertorriqueños". En ese proceso, el independentismo y nuestros hermanos pueblos latinoamericanos y caribeños habrán de jugar un rol esencial.

La independencia, tantas veces perseguida y excluida, se evidenciará entonces como la solución natural a nuestro problema colonial y Estados Unidos podrá poner fin a la contradicción de proclamarse defensor de la democracia mientras mantienen como colonia a esta Antilla irredenta.

En un Puerto Rico libre, la perseverancia, el valor y el sacrificio de los que nos precedieron en esta lucha, y que Nelson Denis tan acertada y justamente recuerda y honra, serán el legado más preciado a las futuras generaciones.

Rubén Berríos Martínez

Presidente del
Partido Independentista Puertorriqueño

PRÓLOGO

Levantando el guante que Riggs arrojó al ruedo

"Albizu Campos es un símbolo de la América todavía irredenta pero indómita."

—Ernesto *Che* Guevara, ante la Asamblea General de la ONU, 1964

"Albizu fue la conciencia de Puerto Rico. Lo fue para los que lo siguieron. Lo fue todavía más para los que lo negaron."

—César Andreu Iglesias

Este libro causó excitación pública, sobre todo en Puerto Rico, cuando se distribuyó su primera edición, en lengua inglesa. Obviamente, tocó áreas sensitivas de nuestra nación en un momento puntual.

Ya se empieza a conocer en Puerto Rico que "la oficialidad" nos ha ocultado o, peor aún, nos ha tergiversado nuestra Historia. Se nos ha enseñado una Historia en la que los villanos son los héroes y los héroes son los villanos.

Buena muestra de lo dicho, es la pieza musical en género de "ranchera mexicana", titulada *Jayuya*, que escribió *El Jibarito* Rafael

Hernández, prohijado en aquel momento por el gobernador Muñoz Marín, y grabó y popularizó el Trío Vegabajeño, a raíz de la Revolución Nacionalista del mes de octubre del año 1950 del siglo pasado. Su letra dice, en parte:

Jayuya, Jayuya,
la mártir de mi país.
Jayuya, Jayuya,
qué mucho te han hecho sufrir.

Pobrecita Borinquen
no llores,
qué culpa tú tienes
de lo que pasó.
Su castigo tendrán
los traidores
de un pueblo de leyes
que es obra de Dios.

La obvia implicación de la letra es que los "traidores" son los revolucionarios que se alzaron en armas en pos de la independencia: el mártir Carlos Irizarry Rivera, Mario, Fidel y Ovidio Irizarry Rivera, Blanca Canales, Elio Torresola Roura y toda su venerable familia, Heriberto Marín Torres y sus parientes Miguel y Edmidio Marín, José Antonio *Toñito* Cruz Colón, y todos aquellos que ofrendaron en Jayuya, vida, libertad personal y hacienda en aras de nuestra independencia nacional. Los "héroes" son quienes mataron en combate a Carlitos Irizarry Rivera, la Aviación de la Guardia Nacional Aérea de Puerto Rico, que ametralló al vecino pueblo de Utuado, los que privaron de sus propiedades y encarcelaron al resto de los combatientes nacionalistas y a sus familiares. Los "héroes" son los villanos, y los "villanos" son los héroes.

La "traidora" era Blanca Canales; el "héroe", Luis Muñoz Marín. La colonia de Puerto Rico, militarmente invadida y ocupada, era "un pueblo de leyes que es obra de Dios".

Los ejemplos de trastrueques de esta índole abundan en nuestra historia colonial desde la llegada de las carabelas que trajeron a América a los invasores de la península Ibérica. Sin embargo, baste con este botón como muestra.

Don Pedro Albizu Campos tuvo muy clara esta realidad. Dijo al respecto: "No basta sembrar las escuelas por doquier. La escuela lo mismo puede servir para construir que para destruir. Hay que buscar el propósito que se persigue con la enseñanza. La educación no puede ser un instrumento de dominación, la educación debe formar hombres informados en un criterio patriótico y no siervos del régimen imperante".

Tan pronto como regresó de la Universidad de Harvard a su ciudad de Ponce graduado de abogado, su primera actividad pública consistió en levantar una tribuna, cada domingo, en la plaza de Recreo de Ponce, que no desplegaba bandera alguna, una tribuna no partidaria en donde dictaba clases de manera pública a quienes desearan escucharlas. Desde aquella cátedra, don Pedro "ponía los puntos sobre las íes", como dice el refrán, sobre nuestra correcta historia nacional, deliberadamente distorsionada por el invasor que desde su llegada al país se incautó de nuestro sistema educativo.

Así me lo narraron varias personas que vivieron la experiencia de aquella cátedra pública, entre ellos don Víctor Bonó Rodríguez, quien se desempeñaba como secretario profesional del bufete de abogado de don Pedro en Ponce. Igualmente, me lo relató el músico, compositor, arreglista musical y director de orquesta ponceño, Ramón *Moncho* Usera Vives, quien al momento de vivir dicha experiencia, contaba con alrededor de diecisiete años de edad.

La rectificación de nuestra historia nacional, la han continuado hasta hoy muchas de las figuras más respetables de nuestra intelectualidad y nuestro patriotismo, "contra viento y marea", incluso al riesgo de la persecución gubernamental y la acusación criminal.

Uno de los muchos méritos de este libro de Nelson Denis es que proviene de nuestra diáspora, de nuestra dispersión o diseminación poblacional por el mundo, esencialmente por Estados Unidos de Norteamérica.

Nelson nació de una boricua oriunda de la ciudad de Caguas, trabajadora en una fábrica de correas en Nueva York, Sarah Rabassa, y de un cubano, manejador de un elevador también en la ciudad de Nueva York, Antonio Denis Jordán. Cursó sus estudios de bachillerato en la

Universidad de Harvard y, prosiguió estudios hasta hacerse abogado en la Escuela de Derecho de la también prestigiosa Universidad de Yale. Es un hombre polifacético, además fue periodista –editorialista para *El Diario/La Prensa*– y es guionista cinematográfico, que ha escrito alrededor de una docena de guiones para películas.

Dedicó cuatro años de intenso estudio a este apasionante tema, objeto del libro, que en aras de la veracidad tiene como apoyo una vasta bibliografía, fundamentada además en documentos secretos ya desclasificados, fruto de la persecución por el FBI, incluso contra Luis Muñoz Marín, durante todo el tiempo que se autoproclamaba independentista. Compendia el arduo trabajo no solo de muchos de los estudiosos de nuestra historia del siglo pasado, sino también del presente siglo y una multiplicidad de documentos.

La entusiasta reacción del pueblo puertorriqueño ante la primera edición de este libro que circula en lengua inglesa igualmente ha provocado críticas a lo que se ha considerado inexactitudes históricas, excesos o errores específicos. Con una de las virtudes que caracterizan a los grandes hombres, la virtud de la respetable humildad, Denis ha sido receptivo y ha acogido varias de las observaciones o señalamientos. En ese sentido, manifestó en nuestra prensa: "Todo está bajo revisión y se actualizará como sea apropiado". Así lo ha hecho para esta versión en español.

Este libro es una gran aportación, que llega en un momento muy apropiado de la historia de "resistencia y lucha" del pueblo puertorriqueño.

Óscar López Rivera dijo sobre el libro en el semanario *Claridad*, luego de haberlo leído en la prisión, a sus treinta y cuatro años de encarcelamiento:

> [...] creo que es algo bastante necesario que entre al pueblo puertorriqueño. Vale la pena leerlo, que haya una buena lectura del libro, especialmente si la juventud lo lee. Creo principalmente que se debe motivar a la juventud a que lo lea.

Guerra Contra Todos los Puertorriqueños, Revolución y terror en la colonia americana le hace una minuciosa radiografía a la claudicación de Luis Muñoz Marín a la independencia de su patria y a sus impúdicas razones para hacerlo. Al mismo tiempo, resalta el valor y sacrificio de don Pedro Albizu Campos y sus discípulos, el Partido Nacionalista de Puerto Rico, que opusieron un valladar de sangre al plan de transculturación que, como ya es ampliamente conocido, traían las fuerzas de invasión. Con la complicidad renegada de varios hijos del país, en la que históricamente destaca Luis Muñoz Marín, quien le había dicho al país a través del periódico *El Mundo*, el 25 de junio de 1936, en un manifiesto público:

> Tal sistema autonómico puede ser excelente en su forma y siempre peligrosísimo en su fondo. Pudiera ser que el jefe ejecutivo no estuviera sujeto al veto del presidente del congreso de Estados Unidos. Concebiblemente pudiera ser que los problemas de Puerto Rico pudieran resolverse sin cortapisas por parte de una Constitución hecha para otro pueblo y otro clima y otros problemas y, por lo tanto, irrelevante en Puerto Rico. Pudiera ser, es remotamente concebible que tal sistema encarnara los mismos poderes de la independencia en cuanto a tratados, tarifas, legislación, acción ejecutiva y judicial. Pero lo que no puede ser bajo la Constitución de Estados Unidos es que estos poderes se reconocieran irrevocablemente a perpetuidad. Esto es la libertad con una cadena larga.

Esa "cadena larga" es la que Muñoz Marín nos dejó por herencia política, luego de desertar de su convicción de independentista. "La libertad con una cadena larga", lo que le impusieron sus amos, es lo que actualmente ostentamos como el Estado Libre Asociado en Puerto Rico, y Commonwealth of Puerto Rico en Washington, nombres engañosos en ambos ámbitos.

Esta obra deja en carne viva ese engaño. El libro nos llega desde "la estadidad" del estado de Nueva York. La "Maestra Vida" alecciona a la isla desde el continente a través de Nelson Denis.

Una de sus aportaciones más valiosas es la descripción del despotismo, los abusos, el atropello que se ha cometido en Puerto Rico contra todo aquel que tenga para el Régimen el cariz de independentista. La persecución contra el independentismo ha sido despiadada. Arrestaron a miles de personas, incluyendo a mujeres y a niños, en algunos casos por hechos tan inocentes como llevar a sus difuntos independentistas y a los próceres históricos flores al cementerio, así como cantar canciones de corte patriótico. La creencia y el pensamiento independentista fueron criminalizados. A toda aquella persona que se autoproclamaba independentista, ello le implicaba ser despedido de su trabajo, si lo tenía, o no tener acceso a algún trabajo.

Implementaron estrategias de "guerra sucia" con el propósito de indisponer y disociar al liderato independentista, mediante cartas y llamadas telefónicas anónimas, falsas confidencias, y espurios boletines y pancartas.

Concretamente desde el año 1960 hasta el año 1971, el Programa del FBI, Counterintelligence Program, se conocía como COINTELPRO, y algunos de sus objetivos eran:

a. Desestabilización y discordia
b. Crear dudas sobre la conveniencia de pertenecer al movimiento independentista
c. Provocar deserciones del movimiento independentista.

Nuestra bandera nacional era un *exhibit* incriminatorio que se presentaba en los procesos judiciales penales. De acuerdo a la oficialidad gubernamental, el mero hecho de tenerla o portarla era por sí solo prueba de que quien la tenía era miembro o simpatizante del Partido Nacionalista y, por ende, delincuente.

Nuestros símbolos nacionales eran objeto de burlas. A manera de ejemplo, se decía que nuestra cultura nacional era una cultura de "bacalaíto frito". A nuestra bandera nacional se le llamaba "la bandera nacionalista" o "la Tuerta", dado el hecho de que tiene una sola estrella. Ello provocó como reacción que se comenzara a llamar a la bandera estadounidense "la Pecosa", toda vez que entonces tenía 48 estrellas. Interceptaban la correspondencia, el telégrafo, la radiofonía y las llamadas telefónicas. Obstaculizaban los programas radiales, amenazando a los dueños de las emisoras de radio con no renovarles las licencias, que todavía hoy se expiden en Washington; introducían agentes, confidentes o informantes en las organizaciones de todo carácter de las que formaban parte independentistas.

Se burlaban de nuestras hermanas repúblicas hispanas, de las cuales los independentistas siempre hemos querido formar parte, llamándolas "republiquitas muertas de hambre". Llenaron toda nuestra geografía, incluyendo a las islas-municipio de Culebras y Vieques, de bases de todas las ramas de sus Fuerzas Armadas. Expulsaron arbitrariamente de la naciente ONU a nuestros observadores oficiales con carnet, logro que se había alcanzado en su origen en San Francisco, California, tan pronto como nuestros observadores se quejaron de todas estas vesanías.

Fue tal la magnitud de la crueldad del FBI, que cuando don Pedro estaba preso en Atlanta y su esposa peruana, doña Laura Meneses del Carpio, residía en Perú junto a sus hijos, con muchas privaciones económicas, don José Rivera Sotomayor hizo una colecta en Puerto Rico, para ayudarlos a sobrellevar la carga económica. Con el fruto de los donativos recolectados, obtuvo un giro de correo, por la suma de 100 dólares, y se lo envió a doña Laura a Perú, acompañado de una tierna carta. La oficialidad gubernamental, concretamente el FBI, los interceptó en el correo, cuando ya tenía el matasellos impreso, y al día de hoy todavía reposan en archivos persecutorios la carta y el giro que envió a Perú.

Así lo relata el "Informe de la Comisión de Derechos Civiles de Puerto Rico", publicado en la *Revista del Colegio de Abogados*, volumen 52, número 1, de enero-marzo 1991, segunda parte, en la página 192. El piadoso giro y la tierna carta jamás llegaron a su destino.

En Puerto Rico estos recurrentes ultrajes se mantuvieron ocultos a los ojos del mundo tras nuestra cortina de agua salada que conforman el Caribe y el Atlántico. Se quiso dejar la impresión de que solo se trataba de una lucha civil entre dos bandos puertorriqueños, o lo que es peor aún, entre las huestes de Muñoz Marín enfrentadas con los discípulos de don Pedro Albizu Campos. Con una fachada publicitaria de "vitrina de la democracia", se ocultó la verdad: era en realidad una guerra entre invasores e invadidos. Estas razones condujeron al nacionalismo albizuista a sacar su lucha del ámbito local-nacional, desplazando su guerra de liberación hacia la Casa Blair de Harry S. Truman en el año 1950 y al Congreso de Estados Unidos en Washington en el año 1954, donde se encontraban los verdaderos adversarios del pueblo puertorriqueño. Don Pedro Albizu Campos envió a su gente por "Nuestramérica", como nos llama José Martí, denunciando todos estos atropellos que ha implicado la ocupación militar de nuestra Patria.

El surgimiento de este libro desde Estados Unidos de Norteamérica, fruto del trabajo de un caballero hijo de la diáspora y —mejor aún en este sentido— escrito en la "lengua del invasor", es de suma importancia. Lo valoramos y agradecemos profundamente.

Denis compendia de manera muy acertada las luchas de la parte más heroica del pueblo puertorriqueño por mantener su clara identidad nacional, y su empeño por conquistar la soberanía política, que ya Puerto Rico se ha ganado con creces.

Todos los puertorriqueños, los de aquí y los de allá, deben leer este libro, especialmente la juventud. Es lo menos que se debe exigir de un sistema de enseñanza que eduque para la libertad, y no para la resignación, el sometimiento, la subordinación y el vasallaje.

Muñoz Marín y Albizu Campos fueron ciertamente las dos figuras políticas antagónicas más emblemáticas del siglo XX en Puerto Rico, a partir de la década de 1930 hasta el momento de sus respectivos fallecimientos. En ese sentido, fueron hombres símbolos, Albizu Campos de "valor y sacrificio", y Muñoz Marín de sumisión y entrega.

Luis Muñoz Marín fue el carcelero de don Pedro Albizu Campos. La vulnerabilidad de su errática conducta personal lo mantuvo cautivo al servicio incondicional y bajo las órdenes inmediatas de quien verdaderamente manda en nuestra Patria militarmente invadida y ocupada: el gobierno y las Fuerzas Armadas de Estados Unidos de Norteamérica. En tanto, don Pedro Albizu Campos, preso la mayor parte de su vida de adulto, es un símbolo de la puertorriqueñidad en lucha por conquistar su independencia.

La visión y la praxis política de ambas figuras antagónicas, sus herencias, el que combate y el que se entrega, son clásicos en la Historia de todo pueblo ocupado, desde la Siria meridional de Nuestro Señor Jesucristo hasta nuestros días, en estos primeros quince años del siglo XXI.

Don Pedro lo expresó del siguiente modo: "El nacionalismo es la Patria organizada para el rescate de su soberanía", e igualmente afirmó: "Se equivoca el Imperio en pensar que el futuro de Puerto Rico se va a decidir en una urna electoral yanqui, con un pueblo sobornado con oro yanqui y con colegios electorales guardados por macanas, carabinas y automáticas yanquis".

Gracias, Nelson Denis, por colocar nuevamente sobre la mesa de discusión de Estados Unidos de Norteamérica, y ahora sobre la de Puerto Rico y toda la América que se comunica en español, las tribulaciones, desdichas y abusos sufridos en la lucha de resistencia de esta nación, de este archipiélago caribeño, "... símbolo de la América todavía irredenta pero indómita", como lo expresó sobre el Maestro, sobre el último libertador de América, ante la Asamblea General de la ONU, el Guerrillero Heroico, *Che* Guevara.

José Enrique Ayoroa Santaliz
Navidad del año 2015

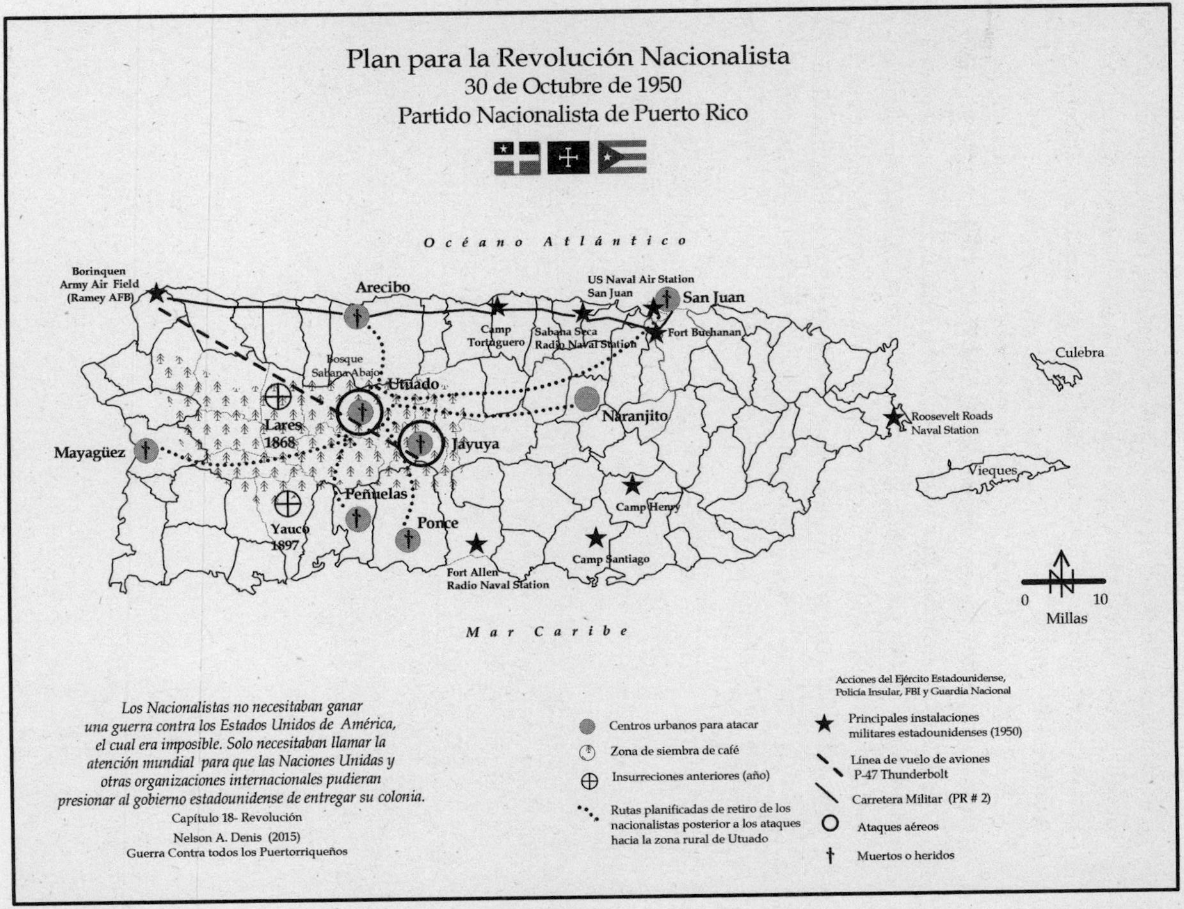
Plan para la Revolución Nacionalista
30 de Octubre de 1950
Partido Nacionalista de Puerto Rico
Océano Atlántico
Borinquen
Army Air Field
(Ramey AFB)
Arecibo
Camp
Tortuguero
Sabana Seca
Radio Naval Station
US Naval Air Station
San Juan
San Juan
Fort Buchanan
Culebra
Bosque
Sabana Abajo
Utuado
Lares
1868
Mayagüez
Jayuya
Naranjito
Roosevelt Roads
Naval Station
Vieques
Peñuelas
Yauco
1897
Ponce
Camp Henry
Camp Santiago
Fort Allen
Radio Naval Station
0
10
Millas
Mar Caribe
Los Nacionalistas no necesitaban ganar
una guerra contra los Estados Unidos de América,
el cual era imposible. Solo necesitaban llamar la
atención mundial para que las Naciones Unidas y
otras organizaciones internacionales pudieran
presionar al gobierno estadounidense de entregar su colonia.
Capítulo 18- Revolución
Nelson A. Denis (2015)
Guerra Contra todos los Puertorriqueños
Centros urbanos para atacar
Zona de siembra de café
Insurreciones anteriores (año)
Rutas planificadas de retiro de los
nacionalistas posterior a los ataques
hacia la zona rural de Utuado
Acciones del Ejército Estadounidense,
Policía Insular, FBI y Guardia Nacional
Principales instalaciones
militares estadounidenses (1950)
Línea de vuelo de aviones
P-47 Thunderbolt
Carretera Militar (PR # 2)
Ataques aéreos
Muertos o heridos

"Habrá una guerra a muerte
contra todos los puertorriqueños."

—E. Francis Riggs, jefe de la Policía de Puerto Rico

"Eran conquistadores [...] Agarraron todo lo que pudieron de todo lo que había para agarrar. Era puro robo con violencia, asesinato agravado a gran escala [...] La conquista de la tierra, que casi siempre quiere decir quitarles todo a aquellos que tienen un tono de piel distinto o las narices más planas que las nuestras, no es nada de bonito cuando lo miras bien."

—Joseph Conrad, *El corazón de las tinieblas*

PREFACIO

Mi madre era puertorriqueña. Mi padre era cubano. Ellos trabajaban muy duro, y vivíamos en un pequeño pero impecable apartamento del barrio Washington Heights de la ciudad de Nueva York. Yo tenía ocho años cuando, una noche, agentes del FBI golpearon nuestra puerta a las tres de la madrugada. Ninguno de nosotros sabía lo que estaba pasando: mi aterrada mamá gritó, mi abuela lloró, y yo me escondí detrás de una cortina. Los hombres del FBI, sin explicación alguna, agarraron a mi padre y se lo llevaron. Jamás lo volvimos a ver.

Era octubre de 1962, durante los peores momentos de la Crisis de los misiles cubanos, y alguien había denunciado a mi papá como espía. No le celebraron juicio ni hubo vista administrativa; tampoco hubo evidencia concreta contra él ni garantías procesales, simplemente lo deportaron a Cuba. Unos meses más tarde, en junio de 1963, el secretario de Justicia Robert F. Kennedy recibió su Informe Anual de los Servicios de Inmigración y Naturalización, donde decía: "La investigación de los refugiados cubanos se intensificó durante el año. Debido a esta presión, un número de alegados subversivos cubanos abandonaron el país antes de que se completaran las investigaciones. Entre ellos estaba [...] Antonio Denis Jordán, sospechoso de ser agente cubano G-2 en la ciudad de Nueva York".

Mi papá en realidad había sido un simple operador de ascensores y miembro de la unión de conserjes 32 BJ SEIU. Apoyó la Revolución cubana y siempre habló a su favor durante los últimos años de la década de 1950. Era asiduo lector de *Bohemia*, una revista cubana de izquierda, y me llegó a mostrar la edición especial de tres volúmenes publicada en febrero de 1959 llamada "Edición de la Libertad", con sus espantosas fotos de cuerpos masacrados por mandato del dictador cubano Fulgencio Batista. Mi padre sí fue un patriota cubano, pero nunca fue espía de nada.

Esto no le importó a Estados Unidos, que nunca lo dejó regresar. Mi madre me tuvo que criar sola, trabajando en las fábricas de correas por 50 dólares a la semana, y yo juré hacerme abogado para que nadie pudiera volver a tumbar la puerta de mi casa a golpes y destrozar a mi familia otra vez.

Como estudiante de la Universidad de Harvard noté algo muy extraño en la Biblioteca Widener: contenía 57 millas de anaqueles y tres millones de libros, pero en el catálogo de 1973 no había ni un solo libro sobre don Pedro Albizu Campos, la figura principal de la historia política de Puerto Rico. Yo respondí a esta situación con mi propia escolaridad: realicé un estudio sobre la fraudulenta Constitución de Puerto Rico, que se convirtió en el artículo de portada del *Harvard Political Review* de 1977.

Durante los subsiguientes cuarenta años he seguido investigando la vida y muerte de Albizu Campos. Visité a mis parientes en Puerto Rico docenas de veces, particularmente los de Caguas, donde me ayudaron a conocer personalmente a miembros del Partido Nacionalista de Puerto Rico, una organización política profundamente comprometida con la independencia de Puerto Rico. Algunos de estos nacionalistas habían cumplido condena con Albizu en la penitenciaría federal de Atlanta. Otros estuvieron encarcelados con él en la Princesa, la cárcel de San Juan. Algunos habían sido torturados en Aguadilla. Todos tenían recuerdos muy vivos del Maestro y de la revolución que emprendió.

Todavía yo no pensaba escribir un libro; estaba meramente recuperando mi propio pasado y aprendiendo a entender ciertos rasgos de la personalidad del puertorriqueño. Por ejemplo, vemos de forma hasta surrealista tantas banderas inmensas en el Desfile Puertorriqueño de Nueva York porque toda bandera puertorriqueña estuvo prohibida desde 1948 hasta 1957. Aun el poeta nominado al Premio Nobel de Literatura, y secretario del Partido Nacionalista, Francisco Matos Paoli, fue sentenciado a veinte años en la Princesa por poseer una y conspirar para derrocar al gobierno de Estados Unidos en la isla.

Con el tiempo me hice abogado, fui director editorial de *El Diario/La Prensa*, y asambleista por el estado de Nueva York. Esto me facilitó el acceso a más personas y mucha información, pero todavía no pensaba escribir un libro. Pero entonces me topé con los expedientes del FBI.

El FBI (Negociado Federal de Investigaciones) mantuvo expedientes secretos de miles de puertorriqueños por más de sesenta años. Los expedientes de Albizu Campos, del Partido Nacionalista y de la Insurrección de octubre de 1950 abarcaban sobre 1,8 millones de páginas. Más de cien mil puertorriqueños ni sabían que todos sus movimientos estaban siendo vigilados y documentados.

Los expedientes contenían informes de vigilancia, intercepciones telefónicas, información de cuentas bancarias, records criminales y médicos, planillas de contribuciones sobre ingresos, números de tarjetas de crédito, licencias profesionales, transcripciones de calificaciones escolares, pagos de manutención de menores, documentos hipotecarios, solicitudes de empleo, historiales de crédito y participación eleccionaria, listas de matrimonios, perfiles sexuales y hasta chismes de vecindario. El Negociado los usaba para destruir carreras y reputaciones. Cuando vi estos expedientes por primera vez, pensé en mi papá. Enfurecido, decidí que tenía que escribir este libro.

He leído miles de documentos del FBI y cientos de reportajes periodísticos; recorrí afanosamente los archivos de las universidades, museos, bibliotecas y sociedades históricas. Hice un vasto rastreo de recuentos orales, entrevistas personales, correspondencia privada, diarios, registros eclesiásticos y viejas fotografías. Leí alegatos de amigos del tribunal, testimonios congresionales, informes de comités senatoriales, manuales de la CIA (Agencia Central de Inteligencia) y contratos del Departamento de Defensa. Caminé las calles de Puerto Rico donde personas habían sido asesinadas. Conversé largamente con sus familias. Y entonces comencé a escribir.

El 30 de octubre de 1950, una revolución violenta arropó a Puerto Rico: comandos nacionalistas fueron despachados a ajusticiar al presidente Harry S. Truman; intensos tiroteos ocurrieron en ocho municipios; los revolucionarios incendiaron varios cuarteles de la Policía, oficinas de Correo y centros del Servicio Selectivo, los lugares de los representantes visibles de la presencia estadounidense.

Una sangrienta pero desigual batalla se desató en la barbería Salón Boricua por más de tres horas entre policías insulares y cuarenta soldados de la Guardia Nacional armados con metralletas, granadas, bazucas, rifles y carabinas, todos contra un solitario barbero llamado Vidal. Las estaciones de radio locales cubrieron la refriega y la transmitieron a través de toda la isla.

Para suprimir la insurrección, el Ejército de Estados Unidos movilizó cinco mil efectivos y bombardeó desde el aire dos municipios (la única vez en toda su historia que Estados Unidos ha bombardeado a sus propios ciudadanos). Miles de nacionalistas fueron arrestados y encarcelados, incluyendo a su líder Albizu Campos. Durante su estadía en prisión, Albizu fue sometido a radiaciones letales que, según indica la evidencia contundente, eventualmente le causaron la muerte.

Esta no es una historia bonita. Si te ayuda a comprender mejor el mundo en que vivimos, entonces yo he cumplido mi cometido. El resto te toca a ti.

Los hechos

CAPÍTULO 1

La Princesa

En 1808 era un hermoso castillo español. En 1976 era "un notorio monumento a la inhumanidad del hombre contra el hombre", según sentenció una corte de distrito de Estados Unidos cuando la mandó clausurar para siempre. Para 1950 ya era una prisión brutal donde los presos pasaban hambre, sufrían torturas y eran utilizados para experimentación médica. La gente la llamaba la Princesa, pero era más bien un cementerio: un lugar diseñado para abatir a hombres y mujeres, matar su espíritu, molerlos hasta convertirlos en autómatas, luego en bestias y, finalmente, en excremento y cenizas.

La prisión albergaba sobre seiscientas almas; por lo menos cincuenta de ellas estaban ciegas, paralíticas, mancas, jorobadas o enfermas con elefantiasis. Seres humanos con toda deformidad imaginable deambulaban por sus galeras vistiendo harapos, y a ninguno se le eximía de realizar duros trabajos de todo tipo.

Por afuera lucía como una pintoresca misión religiosa española: madera y mampostería de ladrillos rojos y ventanales con marcos pintados de blanco, anidada entre palmeras y coronada por un reloj de cuatro pies de diámetro, una modesta cúpula y una bandera estadounidense.

Por dentro era un fortín rectangular de piedra, aproximadamente de cien por treinta pies de extensión, con un patio de cemento en el centro rodeado de celdas en tres de sus cuatro lados. El cuarto lado era un muro de dieciocho pies con un puentecito elevado patrullado por guardias armados y perros bravos.

Las tres galeras de la prisión sumaban un total de 7.744 pies cuadrados y acomodaban a cuatrocientos presos (proveyendo menos de veinte pies cuadrados para cada uno); ciento cincuenta más ocupaban tres galeras más pequeñas (*galeritas*). Los enfermos mentales estaban recluidos en la galera de cuarentena, y los presos "difíciles" estaban encerrados en treinta calabozos.

Después de la Revolución Nacionalista de octubre de 1950, la prisión quedó tan sobrepoblada que los presos de la galera tenían que dormir en el piso y en los baños y pasillos. En las *galeritas*, dos o tres hombres ocupaban cada cama. Los colchones estaban viejos, desgastados, rotos y asquerosos. Aun en el hospitalito de servicios médicos, los pacientes tuvieron que dormir en el piso.

Los calabozos, colocados a lo largo del pasillo del primer piso, quince a cada lado, y separados por particiones de cemento, eran famosos en todo Puerto Rico. Este pasillo estaba siempre asqueroso, pobremente iluminado y apenas ventilado. Cada hilera de quince celdas compartía un techo común hecho de barrotes de hierro gruesos como los rieles de un tren. Dos guardias armados con rifles patrullaban desde arriba caminando sobre una pasarela de acero construida sobre el techo. Se encontraban en el centro de la pasarela y daban media vuelta para regresar cada cual a su extremo. Desde ese punto de mira podían observar al ocupante de cada calabozo, y apuntarle con los rifles si era necesario.

Había un prisionero en cada calabozo, con un latón para agua y un cubo para sus excrementos. Eso era todo. No había lavamanos ni inodoro, no había cama ni colchón, ni cobijas ni mobiliario de ninguna clase. Los presos dormían en el piso, y después de hacer sus necesidades en los cubos, los cubrían con sus camisas para combatir la peste y los escarabajos que se cebaban del excremento. El poco aire y luz penetraba por entre los barrotes del techo, doce pies por encima de las cabezas de los presos. Un olor nauseabundo permeaba toda el área, emanando de los cubos inmundos, que se vaciaban solo una vez cada veinticuatro horas.

Puerta a los calabozos de la Princesa

Foto cortesía de http://freephotooftheday.com/2011/12/06LA-la-princesa-puerto-rico-tourism-company-san-juan-puerto-rico/

Temprano en la mañana dos prisioneros tristones y cuatro guardias armados iban de celda en celda. Los presos entraban, sacaban los cubos y los vaciaban en un barril que cargaban sobre sus hombros sujetado con dos tablones de madera.

La peste a mierda y orín era sofocante. A veces, si les daba la gana, los guardias les traían la comida a los presos al mismo tiempo que vaciaban los malolientes cubos.[1]

El desayuno era pobre y sencillo: una taza de café negro, agua de arroz y un pedazo de pan viejo. De almuerzo y cena daban solo arroz y habichuelas. Una vez en semana los presos recibían carne molida o *spam* frito.

Mientras comían, los presos tenían que batallar con los mosquitos que descendían del plafón, con las ratas que les robaban el pan y con las chinches que migraban de celda en celda en busca de cuerpos calenturientos.

Los calabozos estaban repletos de hombres enfermos. Luego de varios meses de encierro —con tan poquita comida, mala iluminación, nada de ejercicio y escaso aire fresco—, los presos se convertían en esqueletos ambulantes. La anemia los consumía; sufrían de disentería, malaria y escorbuto. A medida que se les iba cerrando el sistema digestivo, perdían el apetito y dejaban de comer. Muchos no sobrevivieron a su estadía en aquellos calabozos.

Al alcaide no le importaba porque sus calabozos custodiaban a criminales empedernidos: hombres convictos de robo, saqueo, provocación de incendio, asesinato y hasta canibalismo. Pero los más peligrosos eran los nacionalistas, y estos sí le importaban al alcaide. La carrera de todo oficial de la Princesa, desde el alcaide hasta el guardia del menor rango, terminaría estrepitosamente si los nacionalistas causaban cualquier problema, inducían a los otros presos a protestar o atraían el interés de la prensa. Por eso había que aislarlos. Los nacionalistas pasaron más tiempo en los calabozos que cualquier otro grupo, incluyendo a los asesinos y los caníbales.[2]

A raíz de las revueltas del 30 de octubre, arrestos en masa llenaron todas las cárceles por varios meses con unos tres mil prisioneros. Este número bajó gradualmente según fueron ocurriendo los procesos legales, y muchos (generalmente los más acomodados) fueron exonerados. La semana antes de Navidad de 1950, los calabozos estaban atestados. Uno de los convictos estaba demente y se pasaba contando en voz alta sin parar, como lo había hecho por los pasados seis meses: "47, 48, 49... 47, 48, 49... 47, 48, 49".

Otro hombre se pasaba acurrucado en una esquina de su celda. Si se hubiese puesto de pie, habría sobrepasado los seis pies de estatura, pero estaba demasiado débil para incorporarse. Había estado encerrado en el calabozo por más de un año, pesaba apenas 110 libras y se moría lentamente de hambre.

Un tercero no pasaba de los veinte años de edad; tenía un cuerpo esbelto y juvenil y grandes ojos de color marrón. Dos presos se habían matado, literalmente, al peleárselo entre ellos.

El cuarto se hizo un cordón de trapo para amarrarse los pantalones y luego se ahorcó con él el Día de Acción de Gracias.

El quinto, convicto de asesinato, vivía en su celda con un lagartijo puertorriqueño. Le daba de comer docenas de chinches todos los días y le permitía que le caminara por todo el cuerpo. También le hablaba y le cantaba.

El prisionero seis estaba demente y cubrió las paredes del calabozo número siete con sus propias heces fecales.

Deusdédit Marrero, el trabajador social que ocupaba el calabozo número siete, estaba en el proceso de perder su mente. No había tenido participación alguna en la Revolución. Estaba tranquilo en su lugar de trabajo cuando comenzaron los disturbios del 30 de octubre y no era nacionalista. Por desgracia, Deusdédit sí era socialista, lo que le pareció suficientemente mal a la Policía Insular.[3] Lo arrestaron en su propia oficina y lo sentenciaron a veinte años. Estando en prisión, Deusdédit se enteró de que su esposa embarazada se había suicidado.

En el calabozo número ocho estaba Francisco Matos Paoli, un líder nacionalista además de prolífico poeta. Unos cuantos amigos le enviaban cigarrillos y cigarros, los cuales intercambiaba por lápices con los guardias de la prisión. Paoli escribía algo todos los días. A veces pudo pasarles en secreto uno que otro poema a sus compañeros nacionalistas. Otras veces desenrollaba un cigarro, componía un poema en el papel, volvía a enrollar el cigarrillo y se fumaba el poema.

También escribía en el piso y en todas las paredes de su celda. Cada pie cuadrado tenía un poema escrito. El alcaide se enteró y obligó a Francisco a pintar las paredes. Dos semanas más tarde las había cubierto de poemas otra vez.[4]

Separado de todos, en el calabozo número quince, había un hombre bajito de ojos muy vivos color caramelo con la cabeza envuelta en toallas mojadas. Por varios días sus piernas se le habían estado ennegreciendo y las encías le sangraban. Tenía cincuenta y nueve años y estaba totalmente exhausto, pero no paraba de pasearse por la celda, siempre dando los mismos pasos, para adelante y para atrás…, un interminable arrastrar de los pies entre la pared y la reja de la celda. No tenía nada de trabajo que hacer, no tenía libros para leer, ni nada con lo que escribir. De modo que solo caminaba para adelante y para atrás.

Uno, dos, tres, cuatro, cinco… y vuelta…

Su calabozo estaba muy cerca de La Fortaleza, la mansión del gobernador en el Viejo San Juan, a menos de doscientos pies de distancia. El gobernador había sido su amigo y hasta había votado por él para un escaño en la Legislatura de Puerto Rico en 1932. Pero eso no servía de mucho ahora. Ese mismo gobernador fue el que ordenó su arresto.

Uno, dos, tres, cuatro, cinco… y vuelta…

La vida lo había convertido en un péndulo; todo parecía haber sido dispuesto matemáticamente. Este ir y venir dentro de su celda constituía todo su universo. No tenía otra opción. Su transformación en cadáver viviente les venía de perilla a sus captores.

Uno, dos, tres, cuatro, cinco… y vuelta…

Catorce horas andando: para perfeccionar este arte de movimiento perpetuo, había aprendido a mantener la cabeza agachada, las manos en la espalda, a dar pasos ni muy rápidos ni muy lentos, cada paso exactamente del mismo largo.

Uno, dos, tres, cuatro, cinco… y vuelta…

El calor era tan sofocante que necesitaba quitarse la ropa, pero no podía. Se envolvía la cabeza con más toallas mojadas y miraba hacia arriba cuando la sombra del guardia cubría la pared. Se sentía como un animal en el fondo de un pozo oscuro, velado por el cazador que acababa de atraparlo.

Uno, dos, tres, cuatro, cinco… y vuelta…

A lo lejos podía oír el mar batiendo contra las rocas del puerto de San Juan y más cerca escuchaba los alaridos de los presos dementes que gemían y aullaban en la galera de cuarentena. La lluvia tropical de cada día salpicaba sobre el techo de hierro mohoso. Una asfixiante humedad permeaba los calabozos y lo saturaba todo, mientras un feroz ejército de mosquitos lo atacaba después de cada aguacero.

Un hongo verdoso crecía por cuanta grieta había en la celda, y los escarabajos marchaban en fila india sobre las grietas para llegar hasta su cubo de excrementos.

El asesino empezó a gritar. El loco del calabozo seis lanzó sus propias heces fecales por encima de la barra metálica del plafón. Todo fue a parar en el calabozo cinco e hizo saltar al lagartijo del asesino. Por supuesto, este le gritó al loco que lo iba a matar.

Uno, dos, tres, cuatro, cinco… y vuelta…

El hombre caminó otra vez. Este era su único universo. La yerba había crecido silvestre sobre la tumba de su juventud. Ya no era un ser humano, ya no era un hombre. La prisión se le había metido por dentro y él se había convertido en la prisión. Contra esa sensación luchaba todos los días.

Uno, dos, tres, cuatro, cinco… y vuelta…

Había sido abogado, periodista, ingeniero químico y presidente del Partido Nacionalista. Fue el primer puertorriqueño que graduó de la Universidad de Harvard y de su Escuela de Derecho.[5] Hablaba seis idiomas. Había servido como primer teniente en la Primera Guerra Mundial y dirigido una compañía de doscientos hombres. Había sido presidente del Club Cosmopolitan de Harvard y ayudado a Éamon de Valera a redactar la Constitución del Estado Libre de Irlanda.[6]

Uno, dos, tres, cuatro, cinco… y vuelta…

Pasaría veinticinco años de su vida en prisión, muchos de ellos en este mismo calabozo en el centro de las tenebrosas entrañas de la cárcel la Princesa.

Caminó de un lado a otro de su celda por décadas con la cabeza cubierta con toallas mojadas. Los guardias se rieron de él, lo declararon loco, y le bautizaron con el mote de el Rey de las Toallas.

Su nombre fue Pedro Albizu Campos.

Don Pedro.

El Maestro.

CAPÍTULO 2

Cuatrocientos años de soledad

El Rey de las Toallas estaba encarcelado por un motivo muy serio. Había tratado de revertir cuatrocientos años de historia.

En el soleado paraíso de Puerto Rico uno puede disfrutar de la playa por la mañana, caminar por el bosque pluvial por la tarde y pasarse la noche explorando las antiguas murallas de la ciudad colonial. La blanca arena de la costa brilla como la azúcar. El agua es tan cristalina que, desde un avión, se pueden divisar diversos tonos de turquesa entre la orilla y el azul oscuro del mar. Por todo el centro de la isla, la cordillera Central forma una serie de picos brumosos forrados de espesos bosques de palmas y pinos que se reducen a suaves lomas hasta llegar al Caribe. Sobre mil arroyos y quebradas plateadas corren montaña abajo y desembocan en el mar.

El tercer río subterráneo más largo del mundo, el río Camuy, pasa por debajo de un vasto sistema de impresionantes cavernas: diez millas de frías bóvedas de piedra caliza y doscientas veinte cuevas cubiertas de húmedas estalactitas, gigantescas estalagmitas y murallas calcáreas.

El Yunque es el único bosque pluvial subtropical en Estados Unidos. Cubierto de nubes o enmarcado contra un intenso cielo azul cobalto, surge majestuoso con su dosel de árboles milenarios, cascadas torrenciales y charcas naturales. Sus 28.000 hectáreas nutren sobre cincuenta variedades de orquídeas, helechos gigantes, palmas de sierra, bosquecillos de bambú, heliconias, bromelias y 225 variedades de árboles nativos, y todos florecen en una explosión de color y belleza natural. El Yunque, además, alberga lagartijos, iguanas, coquíes y 79 especies de aves que incluyen la rara cotorra verde puertorriqueña (la gente diría que raras veces son vistas fuera de la Legislatura de Puerto Rico y Washington, D. C.).[1]

La isla entera es de origen volcánico, y su suelo es muy fértil. Está estratégicamente ubicada entre las Américas del Norte y del Sur: es la primera masa terrestre importante que un galeón europeo encontraría tras el largo y azaroso cruce del océano Atlántico.

Por todas estas razones, al cabo de cuatro siglos, Puerto Rico se convirtió en un balón militar y político.

El abuso contra la isla comenzó muy temprano. En 1493, Cristóbal Colón realizó su segundo viaje al Nuevo Mundo con diecisiete naves, mil doscientos hombres, caballos, ganado, armas de fuego y varicelas. Cuando finalmente arribó a una isla grande, esta era Puerto Rico. Los indígenas taínos le dieron una cordial bienvenida, pero cometieron un error muy grande: le mostraron las pepitas de oro de sus ríos y le dijeron que tomara todo lo que quisiera.[2] Naturalmente esto provocó una intensa fiebre del oro.

España bautizó la isla "San Juan Bautista" y luego "Puerto Rico". La invadió con biblias bordadas y esclavos africanos. Esclavizaron también a los indígenas taínos: todo taíno mayor de catorce años tenía que producir una campanilla de halcón de oro cada tres meses o le cortaban las manos. Como nunca habían visto un halcón, ni un caballo, ni un hombre en armadura, ni mosquetes que botaban fuego, los taínos hicieron todo lo que se les ordenaba.[3] Para el colmo de sus males, una plaga extraña (la varicela) los mataba a ellos pero no a los españoles, y pensaron que eso tenía que ser porque los españoles eran dioses o, al menos, inmortales. Esto no le gustó a un viejo taíno llamado Urayoán, quien en 1511 realizó un pequeño experimento.

Le contó a un solitario español llamado Diego Salcedo que por allí cerca le esperaba un lago repleto de vírgenes doncellas. Salcedo inmediatamente fue a buscarlo, pero lo que encontró a la orilla del río Añasco fue un pelotón rabioso de guerreros taínos. Después de que estos lo ahogaron en el río, Urayoán observó, hurgó y olió su cadáver por tres días completos. Cuando Salcedo comenzó a pudrirse, Urayoán regó la noticia. Los taínos se sublevaron por toda la isla, y Juan Ponce de León mató a seis mil de ellos para mantener el orden público y el respeto a la reina española Isabel de Castilla.[4]

Tres siglos más tarde ya no quedaba ningún taíno, pero la situación no había cambiado mucho. Puerto Rico seguía siendo un balón político. En 1812, la primera Constitución española, la Constitución de Cádiz (popularmente llamada "La Pepa") se extendió a Puerto Rico, convirtiendo la isla en una provincia española con todos los derechos. Pero en 1814 la Constitución de Cádiz fue derogada, luego restaurada en 1820, y finalmente abolida en 1823. En 1824 el gobernador español adquirió de nuevo poderes absolutos sobre Puerto Rico.

El 23 de septiembre de 1868, unos mil puertorriqueños se sublevaron en el pueblo de Lares para reclamar la independencia de España. Antes de la medianoche habían tomado la sede del gobierno municipal, depuesto a los oficiales españoles, arrestado y encarcelado a los comerciantes peninsulares. Izaron una bandera blanca con la inscripción "Libertad o Muerte. Viva Puerto Rico, Año 1868." Asumieron el control de la alcaldía y obligaron al cura de la parroquia a cantar un tedeum por el establecimiento de la república. Entonces declararon a Puerto Rico soberano, instalaron un gobierno provisional y liberaron a todos los esclavos que se adhirieron a su causa.

Al próximo día, por la tarde, la milicia española del cercano pueblo de San Sebastián del Pepino derrotó a los rebeldes, y las tropas los persiguieron desde Aguadilla hasta Arecibo. El Grito de Lares había fracasado.[5] En respuesta, sin embargo, el gobierno español promulgó una Constitución liberal en 1869 que restauró la ciudadanía española de los puertorriqueños, así como su derecho a ser representados en las Cortes Generales o parlamento español.

Treinta años después, en 1897, el primer ministro español firmó la Carta Autonómica que otorgó a Puerto Rico el derecho a tener su propia legislatura, Constitución, aranceles, sistema monetario, tesoro, sistema judicial y fronteras internacionales. Después de cuatrocientos años de gobierno colonial, la Carta creaba la libre República de Puerto Rico.[6] Se celebraron elecciones para la legislatura en marzo de 1898, y el nuevo gobierno se instalaría el siguiente mes de mayo.

El 12 de mayo de 1898, el estruendo de cañones despertó a la población de San Juan cuando doce barcos de guerra y torpederos bombardearon la ciudad durante tres horas seguidas, ennegreciendo el cielo con el humo de los cañones. Las bombas averiaron muchas casas de familia y destruyeron las calles. El faro del castillo del Morro y la iglesia de San José, reliquia del siglo XVI, recibieron repetidos impactos. El gobernador corrió al fuerte de San Felipe del Morro para defender la isla con tres cañones tipo Ordóñez, pero San Juan se había convertido en un pueblo fantasma, ya que treinta mil de sus habitantes abandonaron la ciudad mientras su mundo se desmoronaba a su alrededor. La Guerra Hispanoamericana, declarada por Estados Unidos contra España el 25 de abril, había llegado a Puerto Rico.[7]

Cuando los soldados norteamericanos invadieron los pueblos del interior, *The New York Times* anunció con orgullo: "Nuestra bandera izada en Puerto Rico".[8] A medida que la guerra continuó y las tropas estadounidenses marcharon a través de toda la isla, la burguesía puertorriqueña especulaba sobre la liberación, pero a los campesinos les importó un bledo. Estaban hartos de la política, de los políticos y de sus promesas, no importa de quién viniesen. Cuando pasaban las tropas norteamericanas, los perros ladraban y los campesinos seguían arando la tierra. Ellos aceptaron el cambio de soberanía con el mismo fatalismo con el que aceptaban las lombrices, los huracanes y la tuberculosis.[9]

Los americanos se mostraron más optimistas al respecto. "Dale mis cariños a Nannie, y no hagas la paz hasta que *Porto Rico* sea nuestro", le escribió Teodoro Roosevelt al senador Henry Cabot Lodge en 1898.[10] "*Porto* Rico no ha sido olvidado", le contestó el senador, "hemos decidido tomarla."[11] El *New York Journal of Commerce* declaró: "*Porto Rico* tiene que ser nuestro" porque cuando "un territorio de esa naturaleza cae en nuestras manos es para nunca más dejarlo ir".[12]

The New York Times reconoció "el valor comercial de *Porto Rico*" y "la sabiduría de tomarlo [...] y mantenerlo para siempre". Según *The Times,* la isla era "un encantador lugar para veranear en invierno", una excelente estación naval con "una posición envidiable entre dos continentes", y "una isla que vale la pena poseer". Utilizando un lenguaje parecido al de Rudyard Kipling en "La carga del hombre blanco", *The Times* concluyó, "Lo necesitamos como una estación en el gran archipiélago americano [...] No estamos obligados a darle su independencia a *Porto Rico* [...] Sería mucho mejor para la isla entrar enseguida bajo la benéfica sombra de Estados Unidos que emprender el dudoso experimento del autogobierno, y no hay razón alguna para creer que su gente lo preferiría".[13] Hasta el poeta Carl Sandburg, quien sirvió en Puerto Rico con la Sexta Infantería de Illinois durante la guerra, escribió: "Por cuatrocientos años esta isla ha sido regida por un gobierno español desde Madrid. Ahora va a ser americana y se nota fácilmente que a la gente común le gusta la idea".[14]

El 4 de julio de 1898, en la iglesia central presbiteriana de Brooklyn, el reverendo J. F. Carson leyó de la Santa Biblia: "Y Josué capturó todo el territorio y el territorio descansó de la guerra". Predicó en su sermón que "la excelsa y suprema misión de esta República es terminar con el reino de España en América, y si para lograrlo es necesario plantar la bandera de las franjas y estrellas en Cuba, *Porto Rico,* las Filipinas y hasta en la misma España, América lo hará".[15] Esa misma noche, en la iglesia presbiteriana de la Quinta Avenida, el reverendo Robert MacKenzie profetizó: "Dios está llamando a un nuevo poder a la vanguardia. La raza de la cual esta nación es la corona [...] está destinada a tomar su puesto como un poder mundial".[16] El senador Albert J. Beveridge también vio un plan divino emerger. "Dios no ha estado preparando a los pueblos angloparlantes y teutónicos por mil años para nada", declaró. "Él nos ha hecho expertos en gobernanza para que manejemos los gobiernos de pueblos salvajes y seniles".[17]

El 21 de julio de 1898, el gobierno de Estados Unidos publicó un comunicado de prensa que dijo: "*Porto Rico* será nuestro siempre [...] Una vez tomado, jamás será liberado. Pasará para siempre a manos de Estados Unidos [...] Su posesión compensará por el inmenso costo de la guerra a Estados Unidos. Nuestra bandera, una vez izada allí, flotará sobre la isla permanentemente".[18] En el hemiciclo del Senado federal, el senador republicano Joseph B. Foraker pronunció que "*Porto Rico* es radicalmente diferente a todas las personas para quienes hemos previamente legislado... No tienen experiencia que los cualifique para la gran tarea de gobernar con todos los negociados y departamentos que el pueblo de *Porto Rico* necesita".[19]

En los próximos años Puerto Rico sería atiborrado de "negociados y departamentos", convirtiéndose en la base caribeña de la política de Teodoro Roosevelt ("Habla suavemente pero siempre carga un mazo grande").[20] De hecho, casi diez años antes de la Guerra Hispanoamericana, el presidente Benjamin Harrison y el secretario de Estado James G. Blaine ya habían estado evaluando el valor potencial de la isla para una estación de abastecimiento para la Marina de Guerra, y como un peldaño de entrada al mercado latinoamericano.[21]

Eugenio María de Hostos, el gran educador puertorriqueño, resumió el asunto de la siguiente manera: "Qué triste, avasallador y vergonzoso es ver [a Puerto Rico] pasar de un dueño a otro sin haber sido nunca su propio dueño, y verlo pasar de soberanía a soberanía sin haberse nunca mandado a sí mismo".[22]

Estados Unidos le hizo un cuento muy diferente a los propios puertorriqueños. El 29 de julio de 1898, cuatro días después de haber desembarcado las tropas americanas, el general Nelson Appleton Miles emitió una proclama desde sus cuarteles militares en Ponce. Era el primer enunciado oficial del gobierno de Estados Unidos explicando sus planes para Puerto Rico:

> El objetivo principal de las fuerzas militares norteamericanas será derrocar la autoridad armada de España y darles a la gente de su bella isla la mayor medida de libertades consistentes con la ocupación militar.
>
> No hemos venido a hacer la guerra contra el pueblo de un país que ha sido oprimido durante siglos, sino, por el contrario, a traerles protección, no solo a ustedes pero también a su propiedad, promover su prosperidad, y otorgarles a ustedes las inmunidades y bendiciones de las instituciones liberales de nuestro gobierno [...] y darles las ventajas y bendiciones de una civilización preclara.[23]

Esta "civilización preclara" ya tenía una firme opinión de sus nuevos vecinos. El 22 de febrero de 1899, *The New York Times* publicó un artículo titulado "Americanizando a Puerto Rico", que describía a los puertorriqueños como "incultos, ingenuos e inofensivos a quienes solo les interesan el vino, las mujeres y el baile".[24] Tan reciente como en 1948, el *Scribner's Commentator* escribió: "Los puertorriqueños son todos carentes de valores morales, por lo que a ninguno de ellos parece incomodarle el revolcarse en las más perversas degradaciones".[25] En 1948, escritores populares todavía decían que "Los puertorriqueños no nacieron para ser neoyorquinos. Son casi todos rudos campesinos sujetos a enfermedades tropicales congénitas, físicamente inadaptables al clima invernal, carentes de destrezas, incultos, no hablan inglés, y están casi imposibilitados de asimilarse y acondicionarse para una existencia útil y saludable en una ciudad activa de piedra y acero".[26]

Las opiniones más pintorescas (y racistas) eran las emitidas por el ala sureña del Partido Demócrata. He aquí algunas palabras pronunciadas en el seno del Senado federal por el senador William B. Bate (D-TN), quien había servido como general en el Ejercito Confederado:

> ¿Qué va a ser de las Filipinas y de *Porto Rico*? ¿Se van a convertir en Estados con representación aquí de esos países, de esa masa heterogénea de mestizos que componen su ciudadanía? Eso sería objetable para las personas de este país, que es como debería ser, y ellos lo detendrán antes de que ocurra.
>
> Jefferson fue un gran expansionista. Pero ni su ejemplo ni su precedente provee justificación alguna para la expansión a territorios de ultramar, sobre pueblos incapaces de gobernarse a sí mismos, sobre religiones hostiles al cristianismo, y sobre salvajes adictos a la cacería de cabezas y al canibalismo, como lo son algunos de estos isleños.[27]

La percepción nacional estaba clara: los puertorriqueños eran ignorantes, incivilizados, inmorales y totalmente incapaces de gobernarse a sí mismos. Estados Unidos los protegería, domaría su salvajismo, administraría su propiedad, y los liberaría de sus cuatrocientos años de soledad.[28]

CAPÍTULO 3

Our children speak English and Spanish

La Central Grammar School había sido un arsenal militar: un edificio de mampostería que se asomaba sobre las calles San Francisco y Luna en el corazón del Viejo San Juan. En 1908 quedaba al lado de un matadero de pollos y tenía un patio de concreto rodeado de una verja de barrotes de hierro, con pesados portones que quedaban cerrados en cuanto entraban los estudiantes. Pájaros, monos y otros animales disecados adornaban los largos y oscuros pasillos. Nadie sabía cómo habían llegado allí ni tampoco adónde irían a parar.[1]

Los estudiantes vestían uniformes verdes y amarillos, sentados en hileras rectas con sus manos cruzadas, y les decían a sus maestros *míster* y *misis*. Comenzaban cada día recitando el Juramento a la bandera americana y cantando una cancioncita patriótica:

Puerto Rico is a beautiful island
It belongs to the United States
Our children speak English and Spanish
And salute our flag every day

Esa bandera era la americana de franjas y estrellas que colgaba en cada salón de clases. Las maestras usaban blusas almidonadas blancas y se pasaban el día entero secándose el copioso sudor de la frente con sus arrugados pañuelos. En los primeros años de la década de 1900 la profesora más popular era *misis* Del Toro, la del salón 9, porque se colocaba unas toallitas acolchadas debajo de los brazos. Todos los días se le aflojaban los cordones que las mantenían fijas y se le escurrían por las mangas cortas de su tostada blusa. Ella se volteaba de espaldas para ajustárselos, y a los estudiantes les encantaba eso.

Entonces, *misis* Del Toro comenzaba a enseñar. En un día cualquiera, mientras les mostraba a los alumnos una lámina de los principales grupos alimentarios, les explicaba en un inglés a duras penas comprensible la importancia de la nutrición balanceada: brécol y zanahorias, nabos y lechuga, ciruelas, pastelón de carne y otras cosas extrañas. Si algún niño comentaba que ninguno de aquellos vegetales en la lámina se cosechaba en Puerto Rico, y la clase entera se reía, *misis* Del Toro mostraba su desaprobación golpeando fuertemente la pizarra con su puntero.

Como castigo, la *teacher* pasaba a enseñar aritmética, pidiendo a los niños que abrieran unos libros enteramente escritos en inglés mientras ella escribía una ecuación en la pizarra: 1 / 2 = ? / 8. "Ahora recuerden que para cambiar el denominador de una fracción, primero hay que dividir el primer denominador por el segundo denominador", les decía.[2] Los niños se miraban unos a otros y se rascaban las cabezas, sin tener la más mínima idea de lo que la *misis* había dicho ni poder leer el libro de aritmética en inglés.

Después del almuerzo *misis* Del Toro calmaba la clase con otra cancioncita:

Pollito, chicken
Gallina, hen
Lápiz, pencil
y *Pluma*, pen
Ventana, window
Puerta, door
Maestra, teacher
y *Piso*, floor.

Con su regla señalaba los pollitos en el gallinero al otro lado de la calle, o el lápiz sobre el pupitre de un estudiante, la pluma sobre su escritorio, la ventana, la puerta, a sí misma y el desgastado piso de madera.

"¡Muy bien!" exclamaba, y entonces desenrollaba un mapa colgado al frente del salón. "Hoy vamos a estudiar la geografía de Estados Unidos." Durante la siguiente, hora los niños intentaban aprenderse de memoria los nombres de los estados, ciudades, lagos y ríos que quedaban a 2.000 millas de distancia, de ninguno de los cuales habían oído hablar antes. La idea era aprender lo que era "el progreso americano" que había producido ferrocarriles, luz eléctrica, cables de telégrafo y cristianismo en ese lejano continente y sacado del mapa los osos, los bisontes y a los aborígenes.[3]

Aprenderían de "Teodor Rus-bel", el presidente de Estados Unidos, y cómo valerosamente comandó a los *Rough Riders* ("los duros jinetes") en la conquista de la loma de San Juan en Cuba, acabó con los españoles y arriesgó su vida para liberar a Puerto Rico.

Si los niños se portaban bien, el día terminaba con otra cancioncita, aunque fuera una que nadie entendía.

Mai boni lai sober de o chan,
Mai boni lai sober de si,
Mai boni lai sober de o chan,
O brin bac mai boni tu mi.

Este lamentable escenario se repetía a través de toda la isla. Durante los primeros diez años de la ocupación norteamericana, todas las asignaturas en todas las clases y en todas las escuelas públicas se dieron en inglés. Los textos también eran en inglés, aun cuando ninguno de los estudiantes y muy pocos maestros lo podían entender. Más allá del obvio plan de enriquecer a unos cuantos editores y pedagogos estadounidenses, esto representó un asalto directo a cuatrocientos años de idioma y cultura bajo el pretexto de "civilizar a un pueblo salvaje".[4]

Los educadores como Paulo Freire, así como los sociólogos e historiadores, han estudiado esta dinámica "civilizadora" en las relaciones coloniales: "En el caso de una colonia —que por su misma naturaleza

Pedagogía norteamericana en Puerto Rico

Louis Dalrymple, *School Begins*; ilustración de la revista *Puck*, v. 44, n.º1142 (25 de enero de 1899), cortesía de la Biblioteca del Congreso.

es el objeto de explotación por el poder político—, el propósito de toda administración colonial es y siempre será sobreponerse, por todos los medios posibles, a la resistencia del poder subyugado. Para lograr esta meta se requiere el control activo de los que sustentan el poder sobre los sistemas educativos y culturales.[5] El presidente de la Cámara de Representantes de Puerto Rico, Cayetano Coll y Cuchí, reconoció esto enseguida. "Sabíamos perfectamente bien que el alma de un pueblo se encarna en su idioma. Hubiésemos preferido quedarnos sin país a quedarnos sin nuestra lengua. Para este asunto nos unimos a la batalla, y mis amigos y yo nos enfrascamos en esa lucha".[6]

La situación parecía una guerrilla de trincheras. En 1902 la Ley del Idioma Oficial (un componente de la Ley Foraker) estipuló que todos los departamentos, tribunales y oficinas públicas utilizarían el inglés como idioma de igual rango que el español. Entonces el comisionado de Instrucción Pública, nombrado por el gobierno federal, ordenó que todos los estudiantes comenzaran el día escolar saludando la bandera de Estados Unidos, recitando el Juramento a la bandera y cantando el himno nacional en inglés.[7] Finalmente, 1909, el comisionado decretó que hablar español estaba "prohibido" en las escuelas públicas y que todos —tanto maestros como estudiantes— podrían ser disciplinados si violaban esta norma.[8]

Por un tiempo, la brutal imposición del inglés funcionó. En una isla donde la mayoría de las personas vivían y morían dentro de un radio de veinte millas, todos tuvieron que lidiar arduamente para aprender un idioma que se hablaba a mil millas de distancia.

Entonces ocurrió algo como sacado de *La guerra de los mundos* de H. G. Wells. En esa novela, la Tierra queda impotente ante la invasión de unos extraterrestes mortíferos hasta que las más humildes de sus criaturas, las bacterias, destruyen a los invasores y salvan a la humanidad de la extinción. De igual forma, los niños de Puerto Rico se hartaron de sacar malas notas y simplemente dejaron de ir a la escuela. Aun bajo la amenaza de expulsión se negaron a asistir: cualquier cosa era preferible a volver a casa con una D en cada materia y recibir una paliza de los padres. De esta manera, los niños de seis, siete y ocho años de edad lograron lo que no pudieron los adultos.[9] Ya para 1915, el inglés era el idioma oficial de las escuelas superiores de Puerto Rico, pero el español se restableció en las escuelas elementales.[10]

Por casualidad, *La guerra de los mundos* había sido publicada en 1898, el mismo año en que Estados Unidos invadió Puerto Rico.[11]

CAPÍTULO 4

El Papa Verde

Desde el aire, el estrecho llano costero del Sur de Puerto Rico parece un cinturón verde largo e irregular. Contrasta fuertemente con los azules mares al Sur y las escarpadas montañas al Norte. Durante los principios del siglo XX la caña de azúcar cubría muchas millas de toda esa llanura. Un angosto ferrocarril cortaba por medio del cañaveral, paralelo al mar Caribe, enlazando los pueblos de la costa sureña.

Mucha gente vivía en chozas a lo largo del ferrocarril, en barracones y casitas alrededor de las plazas de las haciendas azucareras, o en los pueblos que crecieron alrededor de los inmensos ingenios que molían la caña. Los ingenios, o "centrales", eran los principales puntos de referencia: sus altas chimeneas arrojaban largas sombras sobre las chozas y el cañaveral, con sus tupidos plumachos de humo ascendiendo cientos de pies sobre el terreno. A la distancia, las chozas de los trabajadores lucían uniformes y nítidas. Sus techos de paja, las palmeras al viento y el arrullo del mar hacían lucir todo muy pintoresco.

De cerca, sin embargo, las aldeas contaban una historia diferente. Latas vacías, papel de todas clases, cáscaras de coco y bagazo de la caña ensuciaban el duro suelo polvoriento. Las casuchas estaban remendadas con viejos rótulos metálicos de Coca-Cola, pedazos de cajas de cartón y madera. Solamente unas pocas estaban pintadas. En su diminuto interior, familias numerosas atestaban los apretados espacios. Cortinas colgadas de cordeles de tender ropa dividían la casa en dos, tres o más secciones.

Estos villorrios rodeaban las llamadas *colonias*, las grandes fincas de las corporaciones que controlaban el 98 por ciento de la tierra cultivada en el municipio de Santa Isabel.[1] La finca más extensa era la Colonia Florida, que tenía su propia tienda, treinta y seis casitas de dos cuartos, una casa de dos pisos para el mayordomo, y dos barracones sobrevivientes de la época de la esclavitud.

En el sector más meridional de Santa Isabel un puñado de casuchas costeras a lo largo del cruce de los ferrocarriles Ponce-Guayama y Central Canóvanas lucía como todas las demás barriadas de la costa sureña. Tenía seis tiendas pequeñas, no tenía iglesia ni correo, ni tampoco electricidad ni agua potable. La vida entera de sus residentes dependía y giraba alrededor de una sola cosa: el corte de la caña.

A las cinco de la mañana, seis días a la semana, Santa Isabel yacía apagada y desierta. Los gallos cantaban, los perros ladraban y el plácido rumor de las olas del mar se escuchaba cercano. Las casuchas estaban cerradas contra el sereno, mientras que una brisa oriental mecía la caña y hacía vibrar los rótulos metálicos de Coca-Cola.

Una hora más tarde, la aldea despertaba. Se abrían las persianas y el humito de los fogones se escapaba por ellas y se elevaba, transportando el rico aroma de café acabado de colar por las mujeres. Los hombres caminaban de sus casitas remendadas a lo largo de la vía del tren hasta la vieja hacienda donde recibían sus tareas de trabajo. Algunos eran *macheteros* (cortadores de caña); otros eran *sembradores*, *cortadores de tallos*, *vagoneros* (los que cargaban las carretas) o *fulgoneros* (los que cargaban los furgones del tren). Cada fulgonero subía más de cincuenta mil libras de caña a los vagones del tren todos los días con sus propias manos.

Como otros hombres de mayor edad del barrio, don Tomás era un *palero* (cavador de zanjas), poseedor de la mayor destreza y la mejor pagada del cañaveral. A otro anciano, don Daniel, le gustaba plantar semilla, una curiosa preferencia para un hombre de gran estatura, pues el sembrado le requería inclinarse continuamente para depositar y atrapar

Cortador de caña, también conocido como machetero

Cortesía de la Biblioteca del Congreso.

correctamente la semilla (que no era realmente una semilla, sino un corte de tallo de caña). Julio Feliciano Colón, un muchacho de solo doce años, era cortador, la faena más dura y agotadora. Cada madrugada salía de su casa *a defenderse*, a ganarse el pan para sí mismo y su familia. Por las noches regresaba adolorido y empapado en sudor de pies a cabeza.[2]

Seis días a la semana, Julio y una fila de hombres se enfrentaban a la caña como soldados ante el enemigo. Lucían diminutos pero eran implacables, y cortaban tallos de 15 pies de altura con sus machetes, cada uno de ellos alcanzaba un total superior a las 1.000 libras de caña por hora. Les tumbaban las filosas hojas, picaban los tallos en mitades o tercios, y soltaban los pedazos tras de sí. Cada dos o tres horas, montaban la caña picada en las carretas de bueyes. Al final del día terminaban con los fragmentos de caña y la pegajosa peluza pegados por todo el cuerpo.

La caña bloqueaba toda la brisa y el terreno irradiaba calor como si fuera un horno encendido. Julio sudaba copiosamente el día entero mientras gruñía y tiraba al lado de la yunta de bueyes. Las moscas y los mosquitos se le metían por la boca cada vez que hablaba, y él los escupía como si fueran borras de café. Los mosquitos le picaban los párpados, las fosas nasales, los labios y las encías y se le metían por los oídos con un zumbido casi de aeroplanos. Pero Julio no se quejaba.

Su padre había sido palero, pero había fallecido cuatro años antes. Ahora Julio se despertaba por las mañanas a hacerle frente a la caña para ayudar a alimentar a su madre y a su hermanito. Él no lo planificó así; había sido buen estudiante, especialmente en matemáticas y geografía. Todos los meses, en varias ocasiones, el director de la escuela venía al cañaveral, agarraba a Julio y a otros muchachos desertores escolares por las orejas y los arrastraba de nuevo a la escuela. Y al día siguiente, ya Julio estaba cortando caña otra vez.

Ganaba 4 dólares a la semana y lo gastaba casi todo en la tiendita de la Colonia Florida, donde los alimentos eran despachados a través de una ventanilla ahumada, para que nadie pudiera ver cuando los pesaban. Julio sabía que algo le estaban robando.[3]

Se alimentaba de arroz y habichuelas, bacalao hervido y plátanos sancochados. A veces podía comprar carne molida. Lo que más le alegraba era que su mamá y su hermanito tuvieran qué comer. Eso era lo más importante. Su mamá lavaba la ropa de otras familias y cosía blusas todos los días en su casita de un solo cuarto, pero solo se ganaba 50 centavos a la semana por su trabajo de costura.[4]

Todos los hombres del pueblito de Santa Isabel trabajaban en el cañaveral. Aprendían desde niños a usar el machete sin amolar para cazar jueyes, y de mozalbetes para cortar caña. Los pocos que lograban escaparse del cañaveral terminaban en prisión o se desaparecían del mapa como si la tierra se los hubiese tragado.

Mientras sudaban la gota gorda en los cañaverales, los hombres escupían mosquitos y contaban chistes para mantener el ánimo. Los más jóvenes hablaban de revolución.

"Yo voy a matar diez yanquis, y luego me compro un par de zapatos."

"Yo voy a comprar mejor ron."

"Yo voy a ahorrar mi dinero, para montar una fabrica con solo niños de obreros."

"Yo voy a casarme con Greta Garbo. ¿Y tú, don Tomás?"

"Yo soy un platónico. Estoy demasiado viejo para las muchachas."[5]

Don Tomás explicó que la revolución no podía tener éxito debido al Papa Verde, un hombre que se sentaba en una oficina con millones de billetes verdes a su disposición. Este podía levantar un dedo y poner en marcha un barco de carga o detenerlo. Decía una palabra y compraba una república. Estornudaba y en algún lugar del mundo caía un presidente, un general o un juez de la Corte Suprema. Se rascaba el trasero sentado en su silla y estallaba una revolución. Los puertorriqueños —decía don Tomás— tenían que combatir a ese hombre. Pero nadie allí sabía quién era ni dónde se encontraba. Y aun si alguien lo encontrara y lo matara, cien como él lo reemplazarían.

Don Tomás no estaba tan equivocado. Poco después de la invasión estadounidense, el huracán *San Ciriaco*, uno de las más mortíferos en la historia del Caribe, destruyó miles de fincas puertorriqueñas y prácticamente toda la cosecha de café de 1898. De 50 millones de libras promediadas, solo 5 millones, el 10 por ciento, se salvaron.[6]

La ayuda federal para los daños causados por el huracán fue muy extraña. Estados Unidos no envió dinero alguno. En su lugar, al año siguiente, deslegalizó la moneda puertorriqueña y declaró que el peso isleño, que tenía entonces un valor global igual al dólar, ahora solo valdría 60 centavos de dólar.[7] Todos los puertorriqueños perdieron un 40 por ciento de sus ahorros de la noche a la mañana.[8] Entonces, en 1901, un impuesto colonial a la tierra llamado el Acta Hollander forzó a muchos agricultores a hipotecar sus tierras con bancos estadounidenses.[9]

Sin ninguna ley que restringiera la usura, las tasas de intereses eran tan altas que en el término de una década, muchos agricultores incumplieron con sus préstamos y los bancos ejecutaron sus hipotecas. Estos bancos entonces convirtieron una agricultura isleña diversificada —café, tabaco, azúcar y frutos menores— en una maquinita de dinero de una única cosecha. Esa cosecha fue la azúcar.[10]

El primer gobernador civil de Puerto Rico bajo los americanos, Charles Herbert Allen, utilizó su breve mandato para convertirse en el Rey de la Azúcar. Cuando regresó a Estados Unidos en 1901, rápidamente se instaló como tesorero y luego presidente de la compañía de refinación de azúcar más grande del mundo, la American Sugar Refining Company, más tarde conocida como Azúcar Domino. En efecto, Allen utilizó su posición como gobernador como palanca para establecer un interés dominante en toda la economía de Puerto Rico.[11]

En 1922, la Corte Suprema de Estados Unidos declaró a Puerto Rico territorio, no estado, y como tal la Constitución federal no aplicaba en la isla. Esto sentó las bases para denegar cualquier derecho al empleo, al salario mínimo o a la negociación colectiva otorgado a los ciudadanos estadounidenses.[12]

En 1926, el presidente Calvin Coolidge nombró a Frederick G. Holcomb, auditor de la United Fruit Company, como auditor de la isla entera de Puerto Rico.[13]

Para 1930, Allen y los intereses bancarios estadounidenses habían convertido el 45 por ciento de toda la tierra cultivable de Puerto Rico en fincas de caña de azúcar. Esos sindicatos bancarios también eran dueños del sistema postal insular, todo el sistema de ferrocarril y el puerto internacional de San Juan.[14]

Ya en 1934, toda finca de caña de azúcar en Puerto Rico le pertenecía a uno de 41 sindicatos, el 80 por ciento de los cuales eran norteamericanos; los cuatro más grandes —Central Guánica, Central Aguirre, Fajardo Sugar y United Porto Rico Sugar— eran propiedad de dueños norteamericanos y cubrían más de la mitad de la tierra cultivable de la isla.[15]

Por sí sola, la United Porto Rico Sugar poseía sobre 16.000 hectáreas de terreno sembrado de caña, cuatro molinos de azúcar, almacenes, instalaciones portuarias, numerosos vagones y más de 100 millas de ferrocarril.[16]

Sin dinero, sin cosechas y sin tierras, los puertorriqueños buscaron trabajo en las ciudades. Pero cuando la Legislatura local pasó una ley de salario mínimo parecida a la norteamericana, la Corte Suprema de Estados Unidos la declaró inconstitucional, a pesar del testimonio del presidente del poderoso sindicato estadounidense AFL-CIO, Samuel Gompers, a los efectos de que "los salarios pagados a los puertorriqueños ahora mismo son menos de la mitad de lo que recibían bajo los españoles".[17]

Para empeorar las cosas, los productos terminados estadounidenses —desde las pequeñas ligas de goma hasta enseres eléctricos— costaban entre 15 y 20 por ciento más caros que en el territorio nacional. De nuevo Puerto Rico estaba impotente para promulgar cualquier legislación de control de precios.[18]

Los informes económicos estadounidenses describieron esta coladera de recursos desde una población hambrienta hacia la nación más rica del mundo como "una balanza comercial favorable", y la transferencia de riqueza no pasó inadvertida. El historiador Bailey W. Diffie apuntó en 1931: "La tierra está pasando a manos de unas pocas corporaciones grandes [...] La industria de la azúcar, la producción de tabaco, el cultivo de frutas, los bancos, los trenes, los servicios públicos, las líneas de barcos de vapor y muchas empresas menos importantes están totalmente dominadas por capital externo. Los hombres que poseen las compañías azucareras controlan también el Negociado de Asuntos Insulares y la Legislatura de Puerto Rico".[19]

Diffie, un profesor de la Universidad de Yale, comentó además que "prácticamente cada milla de ferrocarril le pertenece a solo dos compañías, la American Railroad Company y la Ponce-Guayama Railroad Company, ambas de las cuales son la propiedad de dueños ausentes [...] Cada viaje en el tranvía que hace un puertorriqueño le paga un tributo a un dueño extranjero, casi la mitad de los pueblos dependen de compañías ausentes para su luz y su electricidad, y más de la mitad de las llamadas teléfonicas pasan por cables que pertenecen a gente de afuera. El capitalista ausente es quien se ha llevado la ganancia".[20]

En 1929 la revista *American Mercury* apuntó que "La economía estadounidense, tal y como fue introducida por Guánica, Aguirre, Fajardo y las demás grandes centrales azucareras, se basaba en molinos de millones de dólares y el control estrecho de los terrenos circundantes [...] El desarrollo de inmensos emporios azucareros ausentes convierte a Puerto Rico en una tierra de pordioseros y millonarios, de halagadoras estadísticas y realidades desastrosas. Más y más (la isla) se convierte en una gran fábrica operada por peones, debatida por abogados, gerenciada por industriales ausentes y custodiada por los políticos. Ya es el segundo taller de explotación más grande que tiene el Tío Sam".[21]

Allá en los cañaverales de Santa Isabel, don Tomás no conocía a ningún profesor de Yale ni se suscribía a la revista *American Mercury*, pero sabía todo lo que tenía que saber. Lo sentía en el tuétano de sus huesos. Era una sabiduría trágica porque no tenía forma alguna de cambiar las cosas. Su vida y su muerte, y todo lo que caía entre una y la otra, las controlaba el Papa Verde.[22]

CAPÍTULO 5

Una buena movida de trabajo

Barceloneta es único entre los 78 municipios de Puerto Rico: es la sede de una fábrica de Pfizer que produce toda la Viagra que se vende en Norteamérica. Conocido como Ciudad Viagra, el pueblo es el reflejo de una mayor relación entre la isla y las grandes farmacéuticas.[1] Para el año 2008 Puerto Rico era el exportador de fármacos más grande del mundo, lo que representaban un 25 por ciento de todas sus exportaciones. Dieciséis de las veinte drogas de mayor venta en el mundo son producidas en Puerto Rico y las ganancias que generan son enormes.[2] Las ventas norteamericanas de Viagra sobrepasaron mil millones de dólares al año, con márgenes de ganancia de aproximadamente 90 por ciento por píldora.[3]

Hace setenta años el pueblo tenía una industria diferente. Cada año más de mil mujeres entraban al Hospital Municipal de Barceloneta cargando una pequeña maleta donde llevaban una bata de baño, ropa interior, chinelas, un rosario y a veces una biblia. Cada mujer hablaba con un médico, llenaba unos cuantos formularios y se le asignaba una cama. A los dos días salía de allí con su bebé recién nacido, la alegría de su vida.

Lo que ella no sabía, sin embargo, es que le habían cortado y cauterizado los tubos reproductivos y que jamás tendría otro bebé. Durante décadas, los médicos de Barceloneta esterilizaron a las mujeres puertorriqueñas sin su conocimiento ni su consentimiento. Aunque se les hubiese dicho de su operación, no se les informaba que era irreversible y permanente. Sobre veinte mil mujeres fueron esterilizadas en este pueblo nada más.[4] Este escenario se repetía a través de todo Puerto Rico hasta que en su punto máximo una tercera parte de todas las mujeres habían sido esterilizadas y Puerto Rico alcanzó la incidencia mayor de esterilización femenina en todo el mundo.[5]

Esta campaña de esterilización tuvo su origen en la creciente preocupación en Estados Unidos sobre "las razas inferiores" y la menguante pureza de los linajes anglosajones. Durante las décadas 1920 y 1930, Claude Fuss, un profesor de historia y director de la prestigiosa Philips Andover Academy, argumentó que "Nuestra menguante tasa de nacimientos tal vez indica un paso acelerado hacia el deterioro nacional. Entre las llamadas clases sociales alta y media, sobre todo entre los egresados de universidades, la tasa de nacimientos es notablemente baja. Por el contrario, entre los inmigrantes eslavos y latinos, es relativamente alta. Pareciera que estamos dejando que la mejor sangre se diluya y desaparezca".[6] En su convención anual de 1934, la Sociedad de Eugenesia de Canadá anunció el discurso principal de su presidente, el doctor William Lorne Hutton de esta forma: "Un informe para la esterilización de los discapacitados mentales". El doctor Hutton y su organización abogaron por la eliminación de los retrasados mentales y personas de razas que no fueran las inteligentes anglosajonas.[7] En 1927, la Corte Suprema de Estados Unidos decretó que el estado de Virginia podía esterilizar a cuantos considerara discapacitados, particularmente cuando la madre era "retrasada mental" y "promiscua".[8] Diez años más tarde la Ley federal 136 legalizó la esterilización en Puerto Rico, aun por razones no médicas.[9] En 1928, el presidente Calvin Coolidge escribió: "Hemos encontrado que la gente de *Porto Rico* es pobre y afligida, sin esperanza de futuro, ignorante, asolada por la pobreza y plagada de enfermedades, que no conoce en qué consiste un gobierno libre y democrático".[10]

Dentro de este contexto es que llega a Puerto Rico el doctor Cornelius Rhoads, quien realizó en la isla una brillante movida de trabajo. Nacido el 20 de junio de 1898, el mismo año de la invasión norteamericana, hijo de un oftalmólogo, Rhoads se educó en la Universidad Bowdoin y en la Escuela de Medicina de Harvard, de la cual fue presidente de su clase y graduado cum laude en 1924. Un hombre un tanto desgarbado con una espesa barba, corto cuello y bigote de Charlie Chaplin, su forma de ser era brusca y taciturna. Después de enseñar patología en Harvard, ingresó a la recién formada Comisión de Anemia Rockefeller para establecer un "laboratorio de investigación" en el Hospital Presbiteriano de San Juan. Al poco tiempo de su llegada a la isla, en la noche del 10 de noviembre de 1931, Rhoads se emborrachó en una fiesta. Al abandonar esta, encontró su automóvil vandalizado y con las llantas vacías. Regresó a su laboratorio molesto, y todavía intoxicado, le escribió una carta a un amigo llamado Fred Stewart, quien hacía investigaciones médicas en Boston:

> Estoy a punto de obtener un magnífico puesto aquí y estoy tentado a tomarlo. Sería ideal si no fuera por los puertorriqueños que son, sin duda alguna, la raza humana más sucia, haragana, degenerada y ladrona que ha habitado este planeta. Te enferma tener que cohabitar la misma isla con ellos. Son peores que los italianos. Lo que la isla necesita no es trabajo de salud pública, sino un maremoto o algo que extermine por completo a toda la población. Entonces sería habitable. Yo he hecho lo más posible para adelantar el proceso de su exterminación matando a ocho y transplantándole cáncer a varios más [...] Todo médico se deleita en abusar y torturar a estos sujetos desafortunados.[11]

Alguien descubrió esta carta y se armó un escándalo por todo el hospital. Una investigación realizada por el fiscal de San Juan, José Ramón Quiñones, confirmó que de los últimos trece pacientes de cáncer fallecidos en el Presbiteriano, ocho habían sido pacientes de Rhoads.

La Democracia y *El Mundo* publicaron una fotografía de la carta de Rhoads. Se le envió copia al gobernador de Puerto Rico, a la Liga de las Naciones, a la Unión Panamericana, a la Unión Estadounidense por las Libertades Civiles, a la prensa, a embajadas extranjeras y al Vaticano. Se presentó la carta como evidencia del sistémico y letal racismo estadounidense contra los puertorriqueños.

Rhoads llamó su carta "una composición fantasiosa y juguetona, escrita solamente para mi propia diversión". Sus colegas americanos se rieron con él. Rhoads nunca fue procesado ni sufrió consecuencias profesionales por sus acciones. A través de su larga carrera, supervisó a centenares de químicos, técnicos, bibliotecarios y ayudantes de laboratorio. Durante la Segunda Guerra Mundial le nombraron coronel y jefe de medicina en la División de Armas Químicas del Ejército de Estados Unidos. Estableció laboratorios de armas químicas para el Ejército en Utah, Maryland y Panamá, por lo que le fue otorgado el Premio Legión del Mérito en 1945. Después de la guerra, Rhoads sirvió de asesor a la Comisión Estadounidense de Energía Atómica, especializándose en medicina nuclear. Dirigió el Instituto Sloan-Kettering, donde supervisó toda la investigación relacionada a los experimentos de radiación del Departamento de la Defensa. En los albores de la década de 1950, su equipo de Sloan-Kettering comenzó un estudio del síndrome de posradiación en seres humanos.[12] Muchos puertorriqueños, para su asombro, se dieron cuenta de que "exterminar a ocho puertorriqueños y trasplantarles cáncer a varios más", a la larga, había sido una excelente movida profesional para Rhoads. Lo posicionó como un talentoso guerrero biológico y le creó un nicho en los círculos médicos y militares de Estados Unidos. En 1949, la foto de Rhoads fue la portada de la edición del 27 de junio de la prestigiosa revista *Time*.

CAPÍTULO 6

Los Cadetes de la República

Julio Feliciano Colón no cortó caña ese día. Se estaba vistiendo con pantalones blancos, camisa negra, corbata y gorra, negras también. La camisa y la gorra llevaban un parche con la cruz de Calatrava. Julio se disponía a marchar hoy como miembro de los cadetes de la República.

Nadie le obligó a hacerse cadete. Ingresó porque estaba cansado de cortar caña durante sesenta horas a la semana por un jornal de 4 dólares y porque solo cuatro compañías yanquis poseían casi toda la tierra cultivable de Puerto Rico. Se unió a ellos porque se sentía atrapado como un animal enjaulado. Se hizo cadete de la República porque el hombre que se levanta a las cuatro de la mañana, sube una montaña bajo la lluvia o en la neblina, y suda todo el día con mosquitos metidos en la boca no necesita que un imperio le dicte cómo tiene que vivir, qué bandera debe ondear, qué idioma debe hablar y a qué héroes debe venerar.

Los cadetes de la República marchaban detrás de dos banderas: la de Puerto Rico y la del Partido Nacionalista. La bandera nacionalista llevaba la cruz blanca de Calatrava, usada por primera vez durante las cruzadas y luego por los revolucionarios franceses. Las camisas negras

Los Cadetes de la República marchan en Lares, Puerto Rico

The Ruth M. Reynolds Papers. Archivos de la Diáspora Puertorriqueña, Hunter College, CUNY.

también eran simbólicas, representando el luto por la condición colonial de Puerto Rico.

Fundado en 1922, el Partido Nacionalista de Puerto Rico rápidamente desarrolló una clara y elegantemente sencilla plataforma política: la total e incondicional independencia de Puerto Rico de Estados Unidos. El partido rara vez participó en las elecciones insulares, y jamás después de 1932. A su vez, sus miembros se dedicaron a la educación del pueblo, a cabildeo internacional y al desarrollo del Ejército Libertador de Puerto Rico, también conocido como los Cadetes de la República.

El Cuerpo de Cadetes era el ala juvenil oficial del Partido Nacionalista, creado en una asamblea pública que se celebró en el Teatro Victoria de Humacao el 17 de diciembre de 1932.[1] Los cadetes tenían que pasar un abarcador adiestramiento que incluía marchar, tácticas de campo, defensa propia y destrezas de supervivencia. Como no tenían armas de fuego, entrenaban y marchaban portando rifles de madera.

Los Cadetes abrieron estaciones de reclutamiento en San Juan, Ponce, Arecibo y una docena de pueblos adicionales a través de toda la isla. Para el año 1936, había sobre diez mil cadetes marchando y entrenando en veintiún pueblos.[2] Se dividían en cincuenta compañías de doscientos cadetes, cada una con una estructura de mando de sargentos, capitanes, coroneles y un comandante en jefe, Raimundo Díaz Pacheco. Todos ellos reportaban directamente al presidente del Partido Nacionalista, don Pedro Albizu Campos.

Los Cadetes de la República y su misión se basaban en la revuelta de Irlanda del Domingo de Pascua de 1916, la cual duró seis días. Su objetivo no era tanto una victoria militar sobre Estados Unidos, pues esto sería imposible; más bien, intentaban enfocar la atención mundial sobre el estatus colonial de Puerto Rico.[3] Marchaban en desfiles, asistían a eventos políticos, patrióticos y religiosos, y llevaban a cabo sus ejercicios, dos veces en semana, en fincas privadas y en solares vacíos. En Río Piedras practicaban en la propiedad del White Star Bus Company, detrás de una instalación de energía eléctrica.[4] En Caguas entrenaban en el patio del que había sido cabo de la Policía Insular, Rafael Colón.[5] Hasta tenían su fuerza aérea: un aeroplano propiedad de Horacio y Narciso Bassó y los cadetes coroneles que escondían el aparato en plena vista, en un hangar de la Pan American en San Juan.[6] Cuando cuatro nacionalistas fueron asesinados en Río Piedras por órdenes del jefe de la Policía E. Francis Riggs, los Bassó volaron el avión sobre la procesión fúnebre, dejando caer lirios blancos y una bandera puertorriqueña.[7]

Los Cadetes de la República también tuvieron su componente femenino, El Cuerpo de Enfermeras del Ejército Liberador, también conocidas como las Hijas de la Libertad. Se vestían como enfermeras tradicionales, con el parche de la cruz de Calatrava en el hombro izquierdo. No marchaban ni participaban en ejercicios militares, sino que recibían instrucción de enfermeras militares y participaban en desfiles y otros eventos públicos.

Casi todos los cadetes y enfermeras, exceptuando a los oficiales, tenían entre catorce y veinticinco años de edad. Con sus armas de madera, sus ejercicios de fin de semana, y un avión escondido en un hangar de la Pan American, los Cadetes no representaban peligro alguno para

SJ 100-3

SECRET

2. Origin

The following summary of facts concerning the origin of the Cadet Organization has been condensed from information provided by FAUSTINO DIAZ PACHECO, NPPR member from 1924 to 1939 and brother of RAIMUNDO DIAZ PACHECO (Commander-in-Chief of Nationalist Army in 1950); AGUEDO RAMOS MEDINA, described in sub-section one above, supplemented by reports from Insular Police and informants.

Documento del FBI mostrando a Faustino Díaz Pacheco como su informante

el régimen de Estados Unidos. Pero sí representaban una amenaza simbólica y, por lo tanto, hasta la mitad del siglo XX, muchos fueron asesinados en cuartes policiacos y en un desfile de Domingo de Ramos, en plazas públicas y callejones oscuros, a plena luz del sol y al amanecer.[8]

El FBI los persiguió por veinte años y creó cientos de carpetas, o perfiles de los sospechosos de subversión, las que se enviaban directamente a J. Edgar Hoover. El FBI además se infiltró en la organización ferozmente y con precisión quirúrgica, produciendo en julio de 1952 un abarcador conjunto de documentos de unas treinta páginas que cubría su historia completa de veinte años, incluyendo su origen, propósito, financiamiento, estructura jerárquica, membresía, lugares de reunión y actividades. Este informe proveyó nombres, incluyendo los de los seis líderes máximos y veintiséis cadetes, esparcidos por ocho municipios. Comienza, interesantemente, con una sorprendente admisión. En letras mayúsculas y ennegrecidas afirma que la información contenida provino de dos individuos: Faustino Díaz Pacheco[9] y Águedo Ramos Medina.[10]

Faustino Díaz Pacheco llevaba quince años en el Partido Nacionalista de Puerto Rico, y su hermano, Raimundo Díaz Pacheco, fue el comandante en jefe del Ejército de Liberación Nacional en 1950. Además, ya en el año 1948, tanto Faustino como Raimundo eran miembros de la Junta Municipal del Partido en Río Piedras.[11] Águedo Ramos Medina había sido primer comandante de instrucción para toda la organización de los Cadetes en 1933.

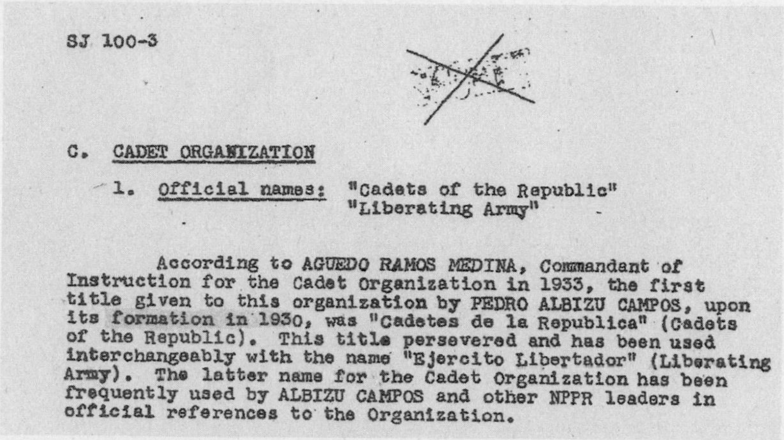

SJ 100-3

C. CADET ORGANIZATION

1. Official names: "Cadets of the Republic"
"Liberating Army"

According to AGUEDO RAMOS MEDINA, Commandant of Instruction for the Cadet Organization in 1933, the first title given to this organization by PEDRO ALBIZU CAMPOS, upon its formation in 1930, was "Cadetes de la Republica" (Cadets of the Republic). This title persevered and has been used interchangeably with the name "Ejercito Libertador" (Liberating Army). The latter name for the Cadet Organization has been frequently used by ALBIZU CAMPOS and other NPPR leaders in official references to the Organization.

Documento del FBI mostrando a Águedo Ramos Medina como su informante

En otras palabras, el informe demuestra que por espacio de veinte años, desde su misma constitución, los Cadetes de la República (y, por lo tanto, el Partido Nacionalista completo) había sido infiltrado a los niveles más altos. El FBI sabía de casi todas las decisiones, cada plan de acción, cada movimiento que el liderato nacionalista intentaba hacer.

ᔕ

En Santa Isabel, un joven cortador de caña, apenas un adolescente, se puso su uniforme de cadete y se miró orgulloso en el espejo de su casita de un solo cuarto. Julio Feliciano Colón sabía cuál era su posición en la vida. Era un jíbaro, un campesino honesto y trabajador. Era la propiedad del Papa Verde, un hombre a quien nunca había visto pero que controlaba todos los aspectos de su vida.

Pero, por lo menos, un día a la semana, Julio era un hombre libre: un cadete, un libertador, un hombre con un propósito superior. Y aquí marchaba hacia un futuro glorioso (o por lo menos, uno sin mosquitos en el agitado mar del cañaveral). Después de unos cuantos años en el Cuerpo de Cadetes, se llenó de esperanza aquel 21 de marzo de 1937. Era Domingo de Ramos, y las familias de toda la isla habían sido invitadas.

Todo aquello terminó en una masacre.

CAPÍTULO 7

La Masacre de Ponce

Dos años después de la creación del Partido Nacionalista de Puerto Rico, mientras Julio y los demás Cadetes de la República subían y bajaban las lomas marchando con rifles de palo y gritando "¡Que viva Puerto Rico libre!", a nadie en el gobierno de Estados Unidos le importó un comino. Pero en enero de 1934 el partido lideró una huelga agrícola que paralizó la economía isleña de la azúcar por un mes completo y dobló el sueldo a los trabajadores a un promedio de 12 centavos por hora. Desde ese momento en adelante, el partido cayó bajo un severo microscopio.[1] El FBI inició la vigilancia permanente del liderato nacionalista. Ciento quince policías adicionales fueron armados con carabinas, metralletas y granadas. Comenzaron los arrestos de los nacionalistas por "incitar al desorden público" en contra de Estados Unidos.[2]

El día 24 de octubre, 1935, la Policía mató a cuatro nacionalistas (incluyendo al tesorero del partido, Ramón Pagán) en lo que luego se llamó la Masacre de Río Piedras. El incidente ocurrió a una cuadra del cuartel de la Policía, a plena luz del día y ante varios testigos. Una bala perdida también mató a un anciano llamado Juan Muñoz Jiménez, quien había salido de su casa a comprar un billete de la lotería.[3]

El 23 de febrero de 1936, la Policía ejecutó a dos más nacionalistas —Hiram Rosado y Elías Beauchamp— en el mismo cuartel general de la Policía de San Juan.[4] Y el 21 de marzo de 1937, Domingo de Ramos, la isla entera presenció el evento más sangriento de toda su historia.

Trece minutos de terror

Ocurrió en el pueblo de Ponce, en una hermosa esquina de las calles Marina y Aurora formada por compactos edificios de dos pisos y árboles de flamboyán en flor. La plaza de recreo, la alcaldía y varias iglesias solo quedaban a tres cuadras de distancia.

Los nacionalistas habían obtenido autorización para llevar a cabo un desfile, y muchos habían llegado de toda la isla para reunirse a tiempo frente a la sede del partido. A las tres de la tarde, la calle estaba concurrida con casi trescientos hombres, mujeres y niños vestidos con su mejor ropa de domingo, los hombres en trajes de hilo blanco, las damas en vestidos floreados y los niños jugando y correteando por toda la calle. Parecía una tarde festiva en el parque.

La multitud vitoreó cuando ochenta cadetes de la República, doce enfermeras uniformadas y una banda de cinco músicos llegaron para apoyar la República de Puerto Rico. A medida que se iban acercando, los espectadores comentaban sobre los vestidos tan blancos de las Hijas de la Libertad y los bien planchados pantalones de los Cadetes, sus camisas negras y pequeñas gorras adornadas con la cruz de Calatrava. Todo el mundo sonreía y ondeaba sus palmas, en reconocimiento del festivo del Domingo de Ramos. Julio Feliciano Colón marchó con orgullo y saludó a su líder cadete, Tomás López de Victoria.

De buenas a primeras el alcalde de Ponce, José Tormos Diego, y el capitán de la Policía Insular Guillermo Soldevila aparecieron en medio de la calle y ordenaron a todos que volvieran a sus casas, que el desfile estaba cancelado. El permiso se les había retirado por orden del gobernador. El gobernador le había ordenado al jefe de la Policía Enrique de Orbeta que aumentara la presencia de la Policía y evitara la manifestación por cualquier medio necesario.[5] Otros dos capitanes y más de doscientos oficiales se mantenían parados detrás del capitán Soldevilla. Todos vestían pantalones y botas de montar, y cinturones de

Sam Browne, como si estuvieran vestidos para una batalla de caballería. Algunos cargaban metralletas, rifles, pistolas y gases lacrimógenos.

El alcalde, el capitán y unos cuantos nacionalistas discutieron por varios minutos, hasta que López de Victoria mandó a la orquesta que tocara "La Borinqueña", el himno puertorriqueño,[6] y todos comenzaron a marchar, con permiso o sin permiso. Toda la concurrencia comenzó a cantar mientras procedía gozosa calle abajo, sonriéndole a los amigos y familiares, y agitando los ramos de palma que había traído de la iglesia.

Entonces sonó un disparo.

Iván Rodríguez Figueras se desplomó como un muñeco de trapo, y la sangre le chorreó a borbotones con cada latido de su agonizante corazón. La sangre salpicó a una niñita que marchaba a su lado y esta comenzó a gritar. Sonó otro disparo, y Juan Torres Gregory, un muchacho de dieciocho años que miraba desde una ventana, cayó muerto en el acto. Un tercer disparo tumbó a Obdulio Rosario, quien cargaba un crucifijo hecho de hoja de palma. Sus ojos se desorbitaron y la sangre le rodó por la barbilla y le manchó toda la camisa. Su mirada se extendió perdida sobre la multitud hasta que él cayó sobre su rostro y arañó violentamente el suelo con las manos. Todos miraron incrédulos la figura que se retorcía en el suelo, cuando Obdulio intentó incorporarse y cayó inerte por última vez. Un grueso chorro de sangre bañó la gravilla del polvoriento camino.

Gritos de pánico y maldiciones estallaron por doquier y acompañaron la desesperada estampida en todas direcciones, pero no hubo escapatoria posible. Los capitanes Guillermo Soldevilla, Pérez Segarra y Antonio Bernardi, junto a los doscientos hombres armados con pistolas y metralletas, los tenían rodeados. Habían bloqueado todas las rutas y creado una zona mortal. Entonces comenzaron a disparar.

Un niño que iba en bicicleta sufrió uno de los primeros disparos.

Un padre que intentó escudar a su hijo moribundo recibió un balazo en la espalda.

Un vendedor de chinas (naranjas) se escondió detrás de una estatua de Jesús hasta que uno de los policías se le acercó corriendo y le pegó un tiro en la cabeza.

La calle se cubrió con nubes de humo cuando veinte policías armados con metralletas se plantaron en la calle y rociaron balas a diestra y siniestra.

Comienza la Masacre de Ponce

Top Photo/The Image Works; fotógrafo Carlos (Aguilita) Torres Morales; publicada en *El Imparcial*, 2 de abril de 1937, 16-17.

Un anciano voló por los aires, casi partido en dos, todavía sujetando su ramo de palma.

Otro alzó una biblia y oró desesperadamente en voz alta hasta que los tiradores le volaron la cabeza, pulverizando sus sesos en un derrame vaporoso de rocío carmesí. La biblia voló por los aires y el muerto cayó de bruces como un saco de harina de maíz.

Balearon al abanderado de los cadetes, y Carmen Fernández recogió la bandera justo cuando recibió un tiro en el centro del pecho. Dominga Cruz Becerril, quien había venido de visita desde un pueblo distante, agarró la bandera y pudo escapar con ella.

En un frenesí de pánico y salvajismo, los policías siguieron disparando. Remataron los cadáveres una y otra vez. Les pegaban tiros adicionales como si no hubiesen existido minutos antes como seres humanos.

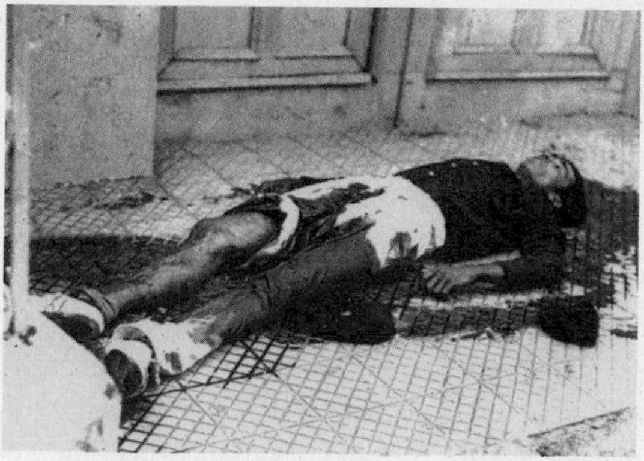

Cadete Bolívar Márquez Telechea, asesinado

Fotógrafo Ángel Lebrón Robles; publicado en *El Mundo,* 22 de marzo de 1937, 5.

Las balas volaban en todas direcciones. Alcanzaron el pavimento, los edificios, los árboles, los postes de la luz, impregnaron el aire de polvo y arena. Se podía escuchar el denso y vibratorio *juap* de las balas cuando penetraban la carne humana. Los policías se montaron en autos con estribos y persiguieron a la gente por las calles laterales, tiroteando y macaneando a cualquiera que alcanzaran.

Mataron a una jovencita por la espalda cuando corría hacia una iglesia cercana.

Mataron a un señor que iba para su casa, aun cuando les suplicó: "Pero ¡si yo soy guardia nacional!".

Le rajaron la cabeza en dos a un vendedor de frutas con una macana. A otro señor lo mataron a golpes en la puerta de su propia casa.

Golpearon tan duro a María Hernández del Rosario, de cincuenta y tres años, que la materia gris de su cerebro se derramó por toda la calle, y la gente en estampida resbalaba sobre ella.

Mataron a hombres, mujeres y niños por la espalda cuando trataron de escapar.

Patearon los cadáveres para asegurarse de que estaban realmente muertos, y los remataban a tiros si todavía estaban vivos.[7]

Un policía llamado Ortiz Fuentes asesinó a cuatro hombres que suplicaron misericordia con sus manos en alto en señal de rendición.[8]

Las metralletas continuaban escupiendo balas del calibre .45s a ciclo completo desde una distancia de 50 pies. Las armas se calentaron y botaban humo mientras docenas de personas caían abatidas y la sangre cubría la calle y salpicaba las paredes.

El cadete Bolívar Márquez Telechea, mortalmente herido, se arrastró hasta un muro. Justo antes de morir, con un dedo pintado con su propia sangre, logró escribir: "¡Viva la República! ¡Abajo los asesinos!", y lo firmó con tres cruces. A los pocos minutos, dejó de moverse y expiró con la cara al sol.

Los policías dispararon y macanearon sin parar por trece largos minutos. Cuando terminaron, diecinueve hombres, una mujer y una niña de siete años yacían muertos; sobre doscientos estaban gravemente heridos: gemían, gateaban, sangraban y suplicaban misericordia desde el pavimento.

El aire hervía con el humo de las armas. Todos deambulaban en una confusión de incredulidad, y los policías fanfarroneaban mientras la sangre corría por las cunetas.[9]

Julio, el joven cortador de caña, logró llegar vivo a su casa tarde en la noche del 21 de marzo. Se había arrastrado por encima de los cadáveres, había protegido a mujeres y niños de los disparos y regresado a casa sigilosamente por caminos apartados entre Ponce y Santa Isabel.

Cuando llegó a su casa alrededor de la medianoche, su madre pegó un grito al ver su uniforme empapado en sangre. Pero Julio había tenido suerte, solo le había rozado una bala causándole una herida leve en el brazo derecho.

Víctimas de la Masacre de Ponce, asesinados un Domingo de Ramos

Fotógrafo Carlos Torres Morales, 21 de marzo de 1937; publicada en *El Imparcial*, 1 de abril de 1937, 1.

Pero muchos otros no fueron tan afortunados. Cuando se disipó el humo en las calles Aurora y Marina, los siguientes puertorriqueños yacían allí muertos:

- Iván Rodríguez Figueras
- Juan Torres Gregory
- Conrado Rivera López
- Georgina Maldonado (la niña de siete años)
- Jenaro Rodríguez Méndez
- Luis Jiménez Morales
- Juan Delgado Coral Nieves
- Juan Santos Ortiz
- Ulpiano Perea
- Ceferino Loyola Pérez (policía insular)
- Eusebio Sánchez Pérez (policía insular)
- Juan Antonio Pietrantoni
- Juan Reyes Rivera
- Pedro Juan Rodríguez Rivera
- Obdulio Rosario
- María Hernández del Rosario
- Bolívar Márquez Telechea
- Ramón Ortiz Toro
- Teodoro Vélez Torres

El encubrimiento

Cuando terminó la brutal matanza, el jefe de la Policía de Puerto Rico, el coronel Enrique de Orbeta, llegó a la escena. Caminó despacio por entre los muertos en su inmaculado uniforme blanco y dando órdenes. Cuando no quedó nadie más a quien rematar, Orbeta miró a los cadáveres en su espeluznante mar de sangre y pensó rápidamente. Aunque había recibido las órdenes directamente del gobernador Blanton Winship, él y sus hombres acababan de matar a diecisiete civiles desarmados y herido a doscientos más.

El jefe de la Policía Orbeta posa para la foto, "buscando" francotiradores inexistentes

Fotógrafo Ángel Lebrón Robles, 21 de marzo de 1937, publicada en *El Mundo*, 23 de marzo de 1937, 1.

Para explicar todo esto, el coronel tomó una cruel decisión. Divisó a un fotógrafo de *El Mundo* retratándolo todo. También se enteró de que un oficial de la Policía, Eusebio Sánchez Pérez, había perecido por accidente en la balacera. Orbeta llamó al fotógrafo de *El Mundo* y a varios de sus hombres, y juntos coreografiaron varias "fotos en vivo" para demostrar que la Policía solo había respondido al ataque de los nacionalistas que en aquel momento yacían muertos sobre la calle.

Las fotos se notaron cínicas y obviamente simuladas. Una de ellas apareció en la portada de *El Mundo* del 23 de marzo de 1937 mostrando al coronel Orbeta y a dos de sus hombres observando los techos aledaños "por si quedaban francotiradores nacionalistas" en el área. Todos rodeaban al cuerpo del oficial Eusebio Sánchez Pérez —baleado en el fuego cruzado de los mismos policías— para sugerir que habían sido

"Ahora podremos decir que fueron ellos los que nos dispararon desde las azoteas."

Caricatura de Manuel de Catalán,
publicada en la revista *Florete*, 27 de marzo de 1937, 11.

francotiradores nacionalistas los que dispararon primero a los policías y que los oficiales de Orbeta solo habían actuado en defensa propia.

La treta no funcionó. Todos los periódicos de la isla reportaron que no hubo nadie con quien intercambiar disparos que los cadetes, los nacionalistas y todos los que marcharon en el desfile habían estado desarmados y que sus únicas armas habían sido las palmas del Domingo de Ramos. En las páginas de *El Mundo* un médico de un hospital local, José A. Gándara, testificó que muchos de los heridos que él trató habían sido tiroteados por la espalda.[10]

Seis días después de la masacre, la revista *Florete* publicó una caricatura por el popular dibujante Manuel de Catalán. Era una réplica exacta de la foto posada del coronel de Orbeta y sus dos desafortunados subalternos, mirando hacia los techos en busca de francotiradores inexistentes.[11] El calce bajo el dibujo decía: "Ahora podemos decir que fueron ellos los que nos dispararon desde las azoteas".

El 2 de abril de 1937, el fotógrafo que hizo la toma panorámica de la Masacre, Carlos Torres Morales, publicó su propia versión de lo que había visto ese día. Describió la Masacre como "asesinato en masa".[12]

Además de los fotógrafos que tomaron retratos, el director de noticieros Juan Emilio Viguié había filmado la carnicería completa desde una ventana oscura.[13] Durante los siguientes veinticinco años Viguié enseñaría esta secuencia de película de trece minutos de duración en privado a audiencias cuidadosamente seleccionadas. En efecto, el clip fílmico se convirtió en el Zapruder (clip del asesinato de John F. Kennedy) de la historia de Puerto Rico.

Inmediatamente después de la Masacre, el gobernador Blanton Winship echó la culpa de todo a los "terroristas nacionalistas", y su Policía Insular persiguió a los heridos hasta el Hospital Tricoche de Ponce y los arrestó aun en sus camillas y camas. El fiscal del distrito de Ponce, R.V. Pérez Marchand, renunció a su puesto antes de procesar a los inocentes sobrevivientes de la masacre por "asesinarse a sí mismos".[14] Pero su sucesor, Pedro Rodríguez-Serra, presionó a testigos y familiares para que firmaran falsas declaraciones juradas en torno a los sucesos de aquel día.[15]

Los rotativos de la isla, especialmente *El Imparcial* y *El Mundo*, cuyos fotógrafos habían presenciado y fotografiado la masacre completa, no fueron tan fácilmente presionados. Publicaron fotos de la macabra escena, mostrando hasta los huecos causados por las metralletas en las paredes.[16] Sus portadas gritaron su verdadero sentir sobre la Masacre de Ponce y citaron las palabras del cadete asesinado Márquez Telechea, escritas en su propia sangre:

¡VIVA LA REPÚBLICA!
¡ABAJO LOS ASESINOS!

En el Norte, sin embargo, la prensa estadounidense contó una historia distinta. *The New York Times* publicó que siete puertorriqueños habían muerto en "un motín nacionalista" y que sesenta y ocho nacionalistas habían sido arrestados.[17] *The Washington Post* reportó que "la batalla comenzó cuando unos nacionalistas le dispararon a la Policía".[18] La portada de *The Detroit News* leyó: "Los puertorriqueños se sublevan".[19]

De los catorce artículos que comentaron la masacre en *The New York Times* de 1937, once utilizaron la palabra "disturbio" para describir el incidente. De los nueve artículos publicados en *The Washington Post* ese año, siete usaron el mismo término.[20] Otros términos frecuentes en el *The Times* y *The Post* fueron "estallido",[21] "refriega",[22] "disturbio",[23] "motín político",[24] "revuelta de marzo",[25] "pandemonio",[26] "motín de libertad",[27] y "asunto lamentable".[28] Ninguno de los periódicos principales —sin excepción— tildó lo ocurrido de "masacre", "matanza", "carnicería" ni ninguno de los términos que usó la prensa insular. Las principales y más fidedignas organizaciones periodísticas de Estados Unidos meramente ratificaron la narración oficial establecida de que unos puertorriqueños se habían sublevado el Domingo de Ramos y que de alguna manera se dispararon, se asesinaron, se hirieron y se mutilaron a sí mismos.

La Comisión Hays

En las semanas siguientes a la Masacre, se pensó que docenas de nacionalistas iban a ser procesados, aunque nadie podía explicar por qué, tal vez por el crimen de haber recibido un tiro. El gobernador Blanton Winship dijo en público que sus policías habían actuado con "suma moderación" y "en defensa propia" y que su jefe de la Policía había demostrado "una gran paciencia, consideración y comprensión, al igual que los oficiales y hombres bajo su mando". Por consiguiente, ningún oficial fue despedido, ni descendido de puesto, ni suspendido, condenado, encarcelado ni castigado de modo alguno.[29]

La prensa insular se rehusó a permitirle al gobernador salirse con la suya. Lo interrogaron continuamente y pidieron su renuncia. Se publicaron artículo tras artículo sobre la masacre y sus repercusiones.[30] Una caricatura política de *El Imparcial* mostró la mano del pueblo apuntando directamente al gobernador.[31]

Pasaron dos meses. Winship mantuvo su versión y no pidió disculpa alguna. Finalmente la Unión Americana de Libertades Civiles, liderada

Procesión fúnebre de la Masacre de Ponce

Fotógrafo Carlos Torres Morales, 28 de marzo de 1937; publicado en *El Imparcial*, 29 de marzo de 1937,5.

por Arthur Garfield Hays, condujo una investigación de diez días en Ponce y San Juan. El 22 de mayo de 1937, una muchedumbre de sobre cuatro mil personas colmaron la plaza Baldorioty de la capital para escuchar las conclusiones de la Comisión Hays.[32]

Poco antes de anochecer, cuando las luces eléctricas se encendieron, la Comisión anunció sus tres hallazgos:

1. Los hechos demuestran que el asunto del 21 de marzo en Ponce fue, en efecto, una MASACRE (en letras mayúsculas).
2. Las libertades civiles habían sido repetidamente denegadas durante los nueve meses previos por orden del gobernador Blanton Winship, quien no ha reconocido los derechos de libre expresión y libre reunión, y ha amenazado a aquellos que han querido ejercer estos derechos.
3. La Masacre de Ponce surgió de la denegación de la policía del derecho civil de los ciudadanos a congregarse y desfilar, una denegación ordenada por el gobernador de Puerto Rico.[33]

En su resumen oficial, la Comisión Hays escribió: "Cuando comenzamos nuestra investigación, objetamos a que se denominara nuestro comité la 'Comisión para la Investigación de la Masacre de Ponce'. Ahora que hemos oído toda las pruebas, estamos de acuerdo en que la gente de Ponce le ha dado a esta tragedia el único nombre que puede posiblemente tener: la Masacre de Ponce".

La prensa isleña informó inmediatamente los hallazgos. Blanton Winship finalmente perdió la gobernación en 1939, los nacionalistas fueron todos exonerados y el asunto fue prontamente olvidado allá en el Norte. Pero el significado total de la Masacre de Ponce siempre estuvo claro para el pueblo de Puerto Rico, y los veinte mil que asistieron a las pompas fúnebres en Ponce y en Mayagüez.

Diecisiete hombres, mujeres y niños perecieron en aquel Domingo de Ramos, diecinueve si contamos a los dos policías atrapados en su propio fuego. Docenas adicionales fueron mutilados de por vida. Cientos habían sido heridos. Y una trágica toma de consciencia se fue esparciendo por toda la isla: a Estados Unidos le importaban más los crímenes de guerra de los nazis en Europa que los asesinatos a plena luz del día en Puerto Rico.

La agresión policiaca en Ponce, bajo las órdenes del gobernador Blanton Winship, fue un ejemplo de terror patrocinado por el Estado con toda la intención de amedrentar a un pueblo entero y someterlo a la sumisión —especialmente a aquellos que deseaban la independencia— con una demostración de brutalidad mortal.[34]

CAPÍTULO 8

Es solo Chinatown

"Cuando uno considera, señor presidente, que estos caballeros son enviados a legislar para un país que no conocen, para un pueblo cuyas leyes, costumbres e idioma ignoran [...] usted puede imaginarse, señor presidente, la probabilidad de que lo hagan bien."[1]

—Federico Degetau, primer comisionado residente de Puerto Rico en Washington, hablándole al Congreso de Estados Unidos en 1899

La película del llamado *film noir* ("cine negro") *Chinatown* está repleta de violaciones, incesto, asesinatos, matones policiacos y un robo masivo de terrenos. Termina con uno de los mejores parlamentos del cine americano —"Olvídalo, Jake; es solo Chinatown"—, cinco palabras que capturan el lado sórdido del Sueño Americano.

La línea también encapsula la percepción americana de Puerto Rico a través de la primera parte del siglo XX. La isla estaba en algún lado "por allá abajo". Más de 1.500 millas de mar la separaban de Miami. No existía la televisión, ni el computador; los vuelos comerciales eran escasos, y viajar en barco desde Nueva York a San Juan tomaba cinco días. Le tomó al Congreso de Estados Unidos treinta y cuatro años deletrear el nombre de la isla correctamente, como "Puerto Rico" en vez de "*Porto Rico*". Separado por un océano, un idioma y cuatrocientos años de historia española, Puerto Rico y Estados Unidos habían coexistido en el mismo planeta pero en mundos diferentes. El concepto de que "lo que pasa en Las Vegas se queda en Las Vegas" se llevaba mucho más lejos en la isla. En lo que a Estados Unidos le concernía, lo que pasaba en Puerto Rico no pasaba, punto.

Esta actitud se vio clara cuando la prensa americana llamó la Masacre de Ponce "una revuelta". Quedó muy claro cuando la posesión de la mayor parte de las tierras de Puerto Rico pasó a manos de unos cuantos bancos estadounidenses. Quedó claro cuando una ola de aventureros empresariales descendió sobre la isla como una plaga de langostas.[2] En cincuenta años, Puerto Rico se convirtió en la tierra de las segundas oportunidades: el lugar donde los familiares pobres, las vergüenzas familiares, los alcohólicos de la escuelas Ivy League podían ir a probar fortuna con poca o ninguna supervisión desde el Norte. Después de todo, *era solo Chinatown.*

Esta actitud desdeñosa y arrogante hacia todo un pueblo estaba más clara en los hombres enviados a regirlo: los gobernadores de Puerto Rico, nombrados por el presidente de Estados Unidos.[3]

Charles Herbert Allen fue el primer gobernador civil de Puerto Rico (1900-1901). Aunque nunca sirvió en las Fuerzas Armadas, le encantaba vestirse con atuendos militares y que le llamaran "coronel". Llegó a la isla como un conquistador romano, recibiendo un saludo de los cañones navales, de la Banda de la Undécima Infantería y de cientos de hombres en uniforme.[4] Marchó por el mismo corazón de San Juan y entró a la mansión ejecutiva.[5]

La Fortaleza estaba envuelta como en papel de regalo. Allen pronunció su discurso inaugural con un trasfondo de las banderas americanas más grandes e imperiales que los puertorriqueños jamás habían visto.[6]

Inauguración del gobernador Charles Herbert Allen

Allen había sido congresista, burócrata de la Marina estadounidense y comisionado de prisiones en Massachusetts. Durante su año como gobernador desarrolló una pasión por los negocios. Esto comenzó desde el primer momento que plantó un pie en Puerto Rico el 27 de abril de 1900.

Dentro de cuestión de semanas, y con poco asesoramiento y sin supervisión, Allen creó un presupuesto para toda la isla.[7] Tomó por asalto la tesorería de Puerto Rico subiendo los impuestos por hipoteca, reteniendo préstamos municipales y agrícolas, y congelando toda reparación y construcción de escuelas y otros edificios públicos. Desvió el presupuesto insular para subsidiar los sindicatos agrícolas nacionales. Emitió contratos sin subasta a comerciantes estadounidenses y subsidió carreteras construidas por la empresa maderera de su propio padre (al doble del costo).[8]

Mediante su "presupuesto de cuartos oscuros", Allen creó nuevas agencias, oficinas y escalas de salario, todas ocupadas por burócratas estadounidenses. Cuando se marchó en 1901, casi todos los once miembros del Consejo Ejecutivo del gobernador eran expatriados norteamericanos, y la mitad de los nombramientos de Puerto Rico había ido a visitantes de Estados Unidos, 626 con los salarios más altos.[9]

Pero Allen tenía un plan más abarcador. Estaba oculto a plena luz, como *La carta robada*, el cuento de Edgar Allan Poe, dentro de su primer informe anual al presidente William McKinley. Primero le escribió:

> Puerto Rico es una bella isla con sus recursos naturales aún por desarrollar, y una población incapaz de asumir el manejo de sus propios asuntos.[10]
>
> El terreno de la isla es admirablemente productivo [...] tan rico como el delta del Mississippi o el valle del Nilo.[11]
>
> Con capital americano y energías americanas, la labor de los nativos puede ser utilizada para el beneficio duradero de todas las partes.[12]

Luego Allen apeló a la vanidad y la codicia:

> La introducción de sangre nueva es necesaria, pues cuando el capitalista americano se dé cuenta de que existe una fuente de labor tan acostumbrada al trópico que el retorno de inversión al capital será extremadamente rentable [...] y querrá venir aquí con su capital.[13]
>
> Puerto Rico es realmente la puerta rica a la riqueza futura [...] por la indomable economía y laboriosidad que siempre han marcado el camino del anglosajón.[14]

Finalmente, el gobernador llegó al grano:

> El rendimiento de la azúcar por hectárea es mayor al de cualquier otro país en el mundo.[15]
>
> Un considerable predio de terreno, ahora mismo dedicado a pastizales, podría ser dedicado a la caña de azúcar.[16]
>
> La melaza y el ron, productos incidentales de la caña de azúcar podrían ser suficientes para pagar todos los costos de los hacendados de caña y dejar el producto de su venta como pura ganancia.[17]
>
> El costo de la producción es 10 dólares por tonelada más barato que en Java, 11 dólares más barato que en Hawái, 12 dólares más barato que en Cuba, 17 dólares más barato que en Egipto, 19 dólares más barato que en las Antillas Británicas, y 47 dólares más barato que en Luisiana o Texas.[18]

Este no fue un mero reporte inicial al presidente. Era un plan de negocios para un imperio azucarero, y Allen rápidamente radicó su reclamación. Unas semanas más tarde de haberlo sometido, el 15 de septiembre de 1901, Allen renunció a la gobernación.[19] Entonces se fue directo a Wall Street, donde se incorporó a la Casa de Morgan como vicepresidente tanto de la Morgan Trust Company como del Guarantee Trust de Nueva York.[20] Allí montó el más grande sindicato azucarero del mundo, y los cientos de personas que había nombrado en Puerto Rico le proveyeron concesiones de tierras, derechos sobre el agua, servidumbres de ferrocarril, ventas por embargos hipotecarios, y tasas impositivas convenientes.

Charles Herbert Allen se convirtió en el Papa Verde. Para 1907, su sindicato, el American Sugar Refining Company, poseía o controlaba el 98 por ciento de la capacidad de procesar azúcar en Estados Unidos y se conocía como el Fideicomiso de la Azúcar.[21] En 1910, Allen era tesorero de la empresa, en 1913 su presidente, y en 1915 estaba en su junta de directores.[22] Hoy día esa compañía se conoce como Domino Sugar.

Como primer gobernador civil americano de Puerto Rico, Charles Herbert Allen utilizó su gobernación para adueñarse de un imperio azucarero internacional, y mantener un interés dominante en toda la economía de Puerto Rico. Nadie lo detuvo. ¿Para qué lo iban a hacer? Si era solo Chinatown.

El 21 de noviembre de 1920 el vapor *Tanamo* entró dando tumbos al puerto de Nueva York con sus pasajeros emitiendo fuertes alaridos. En cuanto se colocó la pasarela en el muelle, el gobernador de Puerto Rico fue el primero que desembarcó corriendo y gritando "¡Hay un fuego a bordo! ¡Alguien me quiere matar!". Según el gobernador, el fuego lo había causado una "máquina infernal" escondida en las entrañas del barco por un patriota puertorriqueño con la intención de enviar a su señoría el gobernador al fondo del mar. Los estibadores portuarios se apresuraron a confirmarlo y, en efecto, había un fuego en las bodegas del barco que hundió el barco el día siguiente.

Fue una gran noticia que salió en la primera plana de *The New York Times*.[23] Nadie pudo encontrar ni la máquina infernal ni al boricua, pero en honor a la verdad, el gobernador no estaba del todo delirante. E. Montgomery Reily era el hombre más odiado en Puerto Rico. En solo cuatro meses, Reily había logrado insultar y enajenar a prácticamente todos los políticos, periodistas, agricultores, maestros, sacerdotes y limpiabotas de Puerto Rico. Casi todo el mundo quería eliminarlo, si no completamente de este mundo, por lo menos de la isla. Su arrogancia y desprecio hacia los puertorriqueños aceleró su caída del poder.

El 30 de abril de 1921, el presidente Warren G. Harding había nombrado a Reily, un administrador auxiliar de Correos de Kansas City, como el pago de una deuda política. Reily juramentó en el mismo Kansas City, entonces procedió a atender unos "asuntos personales" durante dos meses y medio antes de presentarse a su trabajo el 30 de julio.[24] Aun antes de llegar, ya le había anunciado a la prensa: que (1) él "era el jefe ahora", (2) la isla tenía que convertirse en un estado de la Unión, (3) cualquier puertorriqueño que se opusiera a la estadidad era un agitador profesional, (4) había miles de niños abandonados en Puerto Rico y (5) la gobernación de Puerto Rico era "el mejor nombramiento que el presidente Harding pudo haber hecho" pues su salario y demás incentivos sumaban 54.000 dólares al año".[25]

Unas horas después de desembarcar, el administrador auxiliar de Correos desfiló hasta el Teatro Municipal de San Juan y pronunció el discurso inaugural más vilipendiado de la historia de Puerto Rico. En él anunció que "no había cabida en esta isla para otra bandera que no fuera la de las franjas y estrellas. Mientras 'Old Glory', como le dicen en Estados Unidos a su bandera, ondeara sobre la nación, también ondearía sobre Puerto Rico". Procedió entonces a despedir a cualquiera que careciera de "americanismo". Prometió hacer "el inglés, el idioma de Washington, Lincoln y Harding, el primer idioma de las escuelas de la isla, (aunque ya lo era).[26] Y repetidamente se refirió a Puerto Rico como "esas islas".[27]

Las reacciones a Reily fueron inmediatas. *La Democracia* caracterizó el discurso como "la pose ridícula de un maestro de escuela ante cosas de las cuales no sabe nada. Él parece pensar que aquí todos somos seres primitivos".[28] *La Correspondencia* concurrió en que Reily demostró "total ignorancia de nuestra manera de ser".[29] *El Mundo* recalcó en el tono "duro y amenazador" de Reily.[30] *El Tiempo* escribió que Reily venía con intenciones de "liquidar al Partido Unionista".[31] Desde ese momento en adelante, *La Correspondencia* arremetió contra Reily todas las semanas, tanto en inglés como en español. *La Democracia* publicó una serie de "cartas abiertas a Reily", algunas de las cuales las tituló "Carta al Emperador" y "Querido César".[32]

El mismo Reily declaró: "He recibido un número de cartas con amenazas de muerte, otras diciéndome que me vaya de la isla dentro de 48 horas o me matarían, y que si me atrevía caminar por las calles, sería asesinado".[33] En largas e incoherentes cartas al presidente Harding, escribió que "Los puertorriqueños son unos niños"[34] en quienes no se podía confiar,[35] que "cada político profesional de aquí anda armado",[36] que su comisionado de Inmigración era "un mestizo [...] el tipo de hombre con quien yo no me puedo asociar",[37] y que había despedido al tesorero de Puerto Rico porque "convivía con una negra".[38] Para mantener la ley y el orden entre estos niños mestizos y negros, Reily restauró la pena de muerte en Puerto Rico.[39]

Un mes después que el barco de Reily se incendió, las cosas se calentaron otra vez. Una procesión de líderes puertorriqueños viajaron hasta Washington, D. C. para exigir la destitución de Reily porque se la pasaba fuera de la isla la mitad del tiempo[40] y había reclutado a cinco advenedizos allegados a él para las más altas y mejores pagadas posiciones de su Administración.[41] Estos eran John R. Hull, su propio sobrino y su secretario privado; George S. McClure, de Kansas City, jefe del "Servicio Secreto" de Puerto Rico; William Kessinger, también de Kansas City, auditor general; el hijo de Kessinger, un muchacho sin experiencia, como auditor auxiliar; y una tal señora Liggett de Kansas City, comisionada auxiliar de Educación. Reily se los había traído a todos de su propia ciudad, y ninguno hablaba una sola palabra de español.[42] Cuando el Senado federal le pidió un informe sobre sus nombramientos, Reily le envió una lista incompleta donde no aparecía ninguno de estos individuos.[43] Además omitió la lista completa de sus nombramientos en su informe anual para el año fiscal 1920-1921.[44]

El fiasco continuó cuando el 7 de abril de 1922 un gran jurado de San Juan les formuló cargos por "mal uso de fondos públicos para uso privado" al gobernador Reily, a su secretario John Hull y al auditor William Kessinger. Estos tres individuos habían plasmado la ficción de que "Puerto Rico le debía al gobernador 5.000 dólares" y retiraron esa cantidad del Tesoro insular. Cuando Reily vio que la investigación iba en serio, envió un cheque personal por 1.449,03 dólares a la oficina del auditor,[45] y procedió a despedir al fiscal local Ramón Díaz Collazo para evitar que este radicara la acusación. Cuando el fiscal protestó que su despido era ilegal, Reily utilizó a la Policía para removerlo a la fuerza.[46] Entonces, cuando el informe del gran jurado se le entregó al fiscal general Salvador Mestre, Reily intentó despedirlo también.[47] El vicepresidente de la Cámara de Representantes de Puerto Rico, Alfonso Lastra Charriez, escribió: "Si no llega pronto una revolución, nos moriremos de náusea por el contacto con tanta suciedad [...] yo acuso a E. Mont Reily, el gobernador de Puerto Rico, y a J. R. Hull, su secretario privado, de apropiarse de dinero perteneciente a Puerto Rico para su propio beneficio utilizando medios criminales. Yo los acuso de ser *ladrones*".[48]

El congresista Horace Mann Tower, presidente del Comité de la Cámara sobre Asuntos Insulares, le informó por escrito al presidente Harding que el informe del gran jurado y las acciones subsiguientes de Reily eran "muy embarazosas".[49] El secretario de Guerra John W. Weeks le prohibió a Reily que hablara en público sobre asuntos políticos.[50] Un reportero de *The New York Times* escribió que había un rumor sobre la inminente renuncia de Reily.[51] Otro periodista escribió: "Al gobernador le gusta la goma de mascar. Es bajito, calvo, regordete y con hoyuelos en los cachetes. Los muchachos que lo conocen te advierten que atornilles bien los muebles (cuando te visite)".[52] La isla entera se unió a la mofa general y bautizó a Reily "Moncho Reyes". Se asaron y se devoraron muchos cochinillos llamados *monchorreyes.* Se compusieron canciones y sainetes sobre Moncho Reyes por toda la isla, causando mucha risa, puesto que *moncho* era jerga caribeña para decir "idiota congénito".[53] Cuando una isla entera se burla de su gobernador colonial, se puede decir que este ha sobrevivido a su utilidad. Es imposible subyugar a las personas que se burlan de ti.[54]

Reily sometió su renuncia el 16 de febrero de 1923.[55] En menos de dos años, había pasado de administrador auxiliar de Correos a común ladrón, atrapado con la mano en la alcancía. Ese fue el hombre a quien el presidente de Estados Unidos había enviado para gobernar Puerto Rico.

ᔕ

El cigarro, la sortija maciza, el reloj Rolex Oyster a prueba de agua y la combinación de camisa y corbata floreadas lo decían todo. Arribó en Puerto Rico con toda la fanfarronería y teatralidad de P. T. Barnum y así mismo trató a la isla: como un circo de tres pistas, hasta que le explotó en la cara. Fue obligado a renunciar a los seis meses.

Nacido en la pobreza de las comunidades rurales de Kentucky, Robert Hayes Gore Sr., amasó una fortuna basada en un truco. Mientras trabajó en el *Terra Haute Post,* comenzó a venderles seguros de viajero a todos los suscriptores del periódico por un centavo a la semana. En el término de un año, ya para enero de 1922, su red de venta abarcaba 132 periódicos, y su comisión del 20 por ciento excedía 100.000 dólares al año (en moneda de 2014, eso sería 1,4 millones de dólares).[56] En 1930 Gore había adquirido el *Fort Lauderdale Daily News* por 75.000 dólares, comprado otros periódicos en Daytona Beach y Deland, construido una mansión costera (el antiguo viejo Club de Pesca en la avenida Bontona) y estaba desarrollando bienes raíces por toda la Florida. En su tiempo libre escribió una serie de libros infantiles de misterio llamada *El Gato Wampus y Renfro Horn* para jóvenes adultos.[57] La vida le sonreía a Robert Hayes Gore.

Entonces entró en la política. Donó 10.000 dólares al líder demócrata James Farley y apoyó la candidatura de Franklin Delano Roosevelt a través de sus periódicos.[58] A cambio, en agosto de 1933, recibió un nombramiento muy ventajoso. Como gobernador de Puerto Rico, podía ir y venir fácilmente hasta sus propiedades comerciales en la Florida y desarrollar nuevos negocios alrededor de la cuenca del Caribe. Era un crudo pero conveniente arreglo político. Solamente tenía un problema: Gore podía haber sido un brillante hombre de negocios, pero resultó ser uno de los gobernadores más ineptos en toda la historia de Puerto Rico.

La Nación reportó: "Cuando fue nombrado, el señor Gore no estaba seguro de dónde quedaba Puerto Rico. Luego de hablar con él, quedó claro que todavía andaba confundido con el tema.[59] Gore le llegó a decir al presidente Gerardo Machado de Cuba, antes de que este juramentara su cargo por el sentimiento antiamericano y la agitación de las protestas: "Si no le pones freno a estos sucesos tan escandalosos, el gobierno de Estados Unidos enviará a un ejército para que lo haga por ti".[60] Machado telefoneó al presidente Roosevelt para confirmar los detalles de dicha inminente invasión.

En 1933, Gore viajó a la Feria Mundial de Chicago y le dijo a la prensa que Puerto Rico debería convertirse en un estado de la Unión.[61] El Departamento de Guerra le puso un telegrama furioso, indicándole que "Puerto Rico no está ni remotamente preparado para la estadidad" y que "la estadidad es un asunto de política pública del Departamento de Guerra, el presidente y el Congreso. La misma idea de nombrar a un americano como gobernador, en vez de a un puertorriqueño, fue precisamente para evitar ese tipo de trampa política".[62]

Franklin Delano Roosevelt nombró a Gore el 29 de abril de 1933. En cuanto llegó a Puerto Rico, Gore anunció su programa político. Propuso un carnaval internacional de peleas de gallo para aumentar el turismo.[63] Quería sacar a todos los maestros "desleales" a Estados Unidos de las escuelas por motivo de traición.[64] Quería menos español en las aulas y preferiblemente ninguno.[65] Quería despedir al comisionado de Educación, José Padín, porque era "demasiado pro Puerto Rico".[66] Quería que todo aquel nombrado a un puesto político le proveyera una carta de renuncia sin fecha para poderlos despedir cuando quisiera.[67] Quería relocalizar a trabajadores puertorriqueños a la Florida, especialmente a Fort Lauderdale.[68] Quería que Puerto Rico produjera mayores cantidades de ron.[69] Quería entrenar los ruiseñores a cantar el himno americano y venderlos en Texas por 50 dólares cada uno.[70]

La reacción al programa de Gore fue poco menos de entusiasta. Dos mil estudiantes paralizaron la Universidad de Puerto Rico y marcharon hasta La Fortaleza, la mansión ejecutiva, cargando un ataúd y exigiendo su renuncia. Se detonó una bomba en la casa de veraneo del gobernador en Jájome Alto. Cuatro cartuchos de dinamita fueron hallados en La Fortaleza. *La Democracia* escribió: "El señor Gore desaparecerá de Puerto Rico por ser un mentiroso, incompetente, vengativo, fantasioso, inútil, inepto y estúpido", y un senador puertorriqueño publicó un editorial titulado "Gobernador Gore, usted es un soberano mentiroso".[71]

Cuando una huelga agrícola comenzó en noviembre de 1933, Gore fue totalmente incapaz de resolverla. Corporaciones estadounidenses y sindicatos azucareros alarmados formaron el Comité Ciudadano de los Mil para la Preservación de la Paz y el Orden y telegrafiaron al presidente

Roosevelt diciendo que en Puerto Rico imperaba "un estado actual de anarquía. Había pueblos en estado de sitio, una Policía impotente, y unos negocios paralizados".[72]

Gore anunció que alguien estaba intentando envenenar a su familia y exigió que el FBI investigara a todos sus detractores, los cuales incluían a senadores, editores, estudiantes, líderes obreros, trabajadores de la caña y hasta el cocinero principal de la mansión ejecutiva. Su petición fue denegada, pero el Departamento de Guerra envió al presidente de la Universidad de Dartmouth, el doctor Ernest Hopkins, para evaluar la situación. El informe de Hopkins selló el destino de Gore: "Robert Gore es probablemente el peor metepatas que haya existido [...] Tiene un verdadero arte para hacer las cosas mal y una fuerte hostilidad y suspicacia hacia cualquiera que no esté conectado al grupo político con el que trabaja".[73]

El 12 de enero de 1934, el presidente Roosevelt aceptó la renuncia de Gore. Solo duró seis meses y se fue física y moralmente destruido. Eso sí, tuvo una pequeña victoria moral. Antes de abandonar la isla, Gore arrancó todas las orquídeas del patio interior de La Fortaleza, las contrabandeó hasta Fort Lauderdale y las sembró en el patio de su casa.[74]

Mientras el exgobernador Gore sacaba las orquídeas de la mansión ejecutiva, el presidente Roosevelt se halaba los pelos sin saber qué hacer con Puerto Rico. Un nuevo sindicato obrero, la Asociación de Trabajadores de Puerto Rico, reclamó 12 centavos para sus obreros. La huelga agrícola, extendida por toda la isla, no daba señas de concluir. El Comité Ciudadano de los Mil para la Preservación de la Paz y el Orden había entrado en pánico y enviado un telegrama detrás de otro a Roosevelt sobre la parálisis de la economía y la rampante anarquía. Y a pesar de su programa de Nuevo Trato (*New Deal*) que prometía "alivio, recuperación y reforma", Roosevelt adoptó una nueva estrategia para Puerto Rico.

Roosevelt escuchó que el Comité Ciudadano y la gente clamaban por un gobernador fuerte, un militar que pudiera "enderezar las cosas en Puerto Rico".[75] Para restaurar la ley y el orden, nombró al general Blanton Winship, un oficial del ejército retirado de Macon, Georgia.

General Blanton Winship
Cortesía de la Biblioteca del Congreso.

Lamentablemente, para citar a un senador puertorriqueño, Winship fue "el gobernador más desastroso que Puerto Rico tuvo en todo el siglo".[76]

Las dos propuestas legislativas principales de Winship fueron sembrar jardines por todo Puerto Rico y restituir la pena de muerte. Esta última no llegó a ningún lado. La pena capital había sido abolida en 1929 y jamás fue restituida.[77]

Desde el momento en que llegó, el General Winship procedió a militarizar la isla completa. Promovió la construcción de una base naval aérea a un costo de 4 millones de dólares[78] pero que en realidad llegó a costar sobre 112,4 millones de dólares.[79] Creó campamentos nuevos para entrenamiento vigoroso de la Policía de Puerto Rico y se pasaba los fines de semana visitándolos, al igual que a todas las instalaciones militares estadounidenses.[80] Además añadió cientos de hombres a la Policía Insular, equipando cada unidad con metralletas, gas lacrimógeno, equipo antimotines, y pintando su flota de automóviles con el color más sugestivo: rojo brillante.[81] Winship también proyectaba poder y autoridad a través del uniforme policiaco, el cual se parecía al de los oficiales militares de la Segunda Guerra Mundial.[82]

El hombre a quien Franklin D. Roosevelt envió para resolver "el problema de Puerto Rico" no sabía nada sobre economía ni procedimientos legislativos, pero sí comprendía claramente lo que era el poder, la fuerza y el temor. La solución del general era parecida a la que describió Jonathan Swift en *Una modesta proposición*: para curar el problema irlandés, los ingleses se deberían comer crudos a los niños irlandeses, aderezados con salsa, ya que estaban tan esqueléticos.

El general Winship no fue enviado a Puerto Rico a negociar. Fue enviado a aplastar las huelgas obreras, a subyugar a los nacionalistas y a asesinarlos si fuere necesario.[83] Y no tardó mucho tiempo en que hiciera precisamente eso.

La masacre de Río Piedras

El 24 de octubre de 1935, los estudiantes de la Universidad de Puerto Rico celebraron una asamblea para discutir su relación con Pedro Albizu Campos y el Partido Nacionalista de Puerto Rico. Para garantizar una asamblea "pacífica", la Policía del general Winship rodeó el campus de Río Piedras y se estacionó en todas las esquinas con carabinas, gases lacrimógenos y metralletas.

A las diez y media de la mañana, antes de que comenzara la reunión, varios autos de la Policía detuvieron un sedán Willis-77 donde iban cuatro nacionalistas. Dos policías saltaron a sus estribos y les ordenaron que procedieran lentamente a la estación policiaca más cercana. A una cuadra de la estación, en la calle Arzuaga, autos adicionales de la Policía detuvieron su marcha, y un escuadrón de policías rodearon el coche y todos comenzaron a dispararles.

Un cadete de la República, de nombre José Santiago Barea, corrió del coche y murió al instante. Los tres nacionalistas, Ramón S. Pagán, Pedro Quiñones y Eduardo Rodríguez, fueron baleados dentro del vehículo. Un anciano llamado Juan Muñoz Jiménez también cayó al pavimento mortalmente herido. Muñoz Jiménez no era nacionalista; andaba por allí comprando billetes de la lotería.

La isla entera montó en cólera.[84] Hablándole a ocho mil dolientes en el funeral de los nacionalistas, Albizu Campos acusó al general Winship y a su jefe de la Policía, el coronel E. Francis Riggs, de

La recién militarizada Policía Insular, armada y entrenada por el gobernador Blanton Winship

Los Papeles de Erasmo Vando, Archivos de la Diáspora Puertorriqueña, Centro de Estudios Puertorriqueños, Hunter College, CUNY.

"deliberadamente asesinar a los nacionalistas que representaban a Puerto Rico".[85] Ya que Ramón S. Pagán había sido el tesorero del Partido Nacionalista y recientemente había delatado un complot para asesinar a Albizu Campos, esto no parece haber sido una hipérbole de su parte.[86] Cuatro días después de la masacre, el jefe de la Policía Riggs declaró en varios periódicos que él estaba listo para entrar en "guerra a muerte contra todos los puertorriqueños".[87]

En la tranquila mañana del 23 de febrero de 1936, Riggs tuvo su guerra. Como un caballero educado en la Universidad de Yale, miembro del exclusivo club Scroll and Key, y heredero de la fortuna del Riggs National Bank, Riggs tal vez sentía que era intocable. Pero después de haber organizado la Masacre de Río Piedras, estaba maduro para un escarmiento. Durante el regreso a su casa desde el exclusivo balneario de El Escambrón, se le acercaron dos jóvenes armados. Hiram Rosado le disparó y falló; Elías Beauchamp lo mató instantáneamente.[88] La

Policía inmediatamente arrestó a los dos muchachos, los llevaron al cuartel de distrito de San Juan, y allí mismo los ejecutaron sin dilación.

El general Winship inmediatamente se hizo cargo personal de la Policía Insular. Esa misma noche, dos nacionalistas más fueron asesinados por la Policía en el pueblo de Utuado.[90] Otros nacionalistas "desaparecieron" y jamás se volvió a saber de ellos; éstos se conocieron desde entonces como "los desaparecidos". Al otro día, miles de dolientes acudieron a su funeral en San Juan desde toda la isla en una demostración masiva de apoyo y dolor. Winship intentó detener la marcha, pero era demasiada gente y no pudo.[91] *El Imparcial* publicó el relato con el titular:

DISPAREN PARA QUE VEAN
CÓMO MUERE UN HOMBRE

En los servicios fúnebres de Rosado y Beauchamp, Albizu Campos declaró: "Los asesinatos de Río Piedras fueron su obra [...] General Blanton Winship, que ocupas La Fortaleza. Asesino a sangre fría, perpetuar el asesinato como una forma de gobernar es lo que está haciendo ahora la Policía entera".[92] El general Winship contraatacó con su propio funeral para el jefe de la Policía Riggs. Uno de los que cargó su ataúd fue el capitán de la Policía Guillermo Soldevilla, quien más tarde dirigiría la matanza de la Masacre de Ponce.

Redadas policiacas

Después del asesinato del jefe de la Policía Riggs y los cuatro nacionalistas, el general Winship desencadenó un reino de terror a través de toda la isla.[93] El día después de los funerales, el 25 de febrero, repitió su petición de restituir la pena de muerte en Puerto Rico. Convocó una conferencia de prensa para promover su exigencia y anunció: "He recomendado a la Legislatura de Puerto Rico que pasen una ley de pena de muerte. Esto es absolutamente necesario para combatir la ola de criminalidad que azota la isla... Impondré la ley y el orden en Puerto Rico cueste lo que cueste".[94] Al otro día, esos mismos reporteros de prensa publicaron fotos de página completa de la ropa ensangrentada recuperada del cadáver de Elías Beauchamp.[95]

Como un militar de carrera que era, Winship echó hacia delante de la única manera que sabía hacerlo. Contrató más policías y les ordenó hacer redadas en las casas y lugares de trabajo de los nacionalistas y de arrestarlos donde quiera que estuviesen. Albizu Campos recibió amenazas de muerte y se mudó al pueblo de Aguas Buenas, donde colocó vigilancia de veinteicuatro horas, lo que lo salvó en cuatro ocasiones de asaltos por agentes de la Policía y el FBI. Al poco tiempo, los documentos y grabaciones de los discursos de Albizu fueron decomisados y sometidos a un gran jurado federal.[96]

Los policías, guardias nacionales, detectives encubiertos, agentes del FBI, personal de inteligencia militar y varios perros de ataque atestaron el edificio federal José Toledo cuando Albizu y cuatro otros nacionalistas fueron hallados culpables de intentar derrocar el gobierno de Estados Unidos.[97] Oficiales con macanas, gas lacrimógeno, rifles y metralletas Thompson montaron barricadas en secciones enteras de San Juan.[98] El general Winship logró ese día lo que más quería: la condena de Albizu Campos y su remoción de la isla.

Con el liderato nacionalista encarcelado, Winship se envalentonó aún más. Prohibió toda demostración pública, incluyendo las despedidas de duelo en los funerales.[99] A su discreción y sin previo aviso, Winship impuso la ley marcial en zonas al azar; la Policía acordonaba esas áreas, irrumpía dentro de los hogares, conducía allanamientos sin orden de cateo, y prohibía la entrada y salida de ciertas personas.[100] A pesar de la represión policiaca, o tal vez por causa de ella, algunos grupos de estudiantes comenzaron a bajar la bandera americana en las escuelas públicas y a subir la bandera puertorriqueña. En la Escuela Superior Central de Santurce, la policía arrestó a cuatro estudiantes que hacían guardia sobre la bandera de la isla.[101]

El presidente Roosevelt logró su resultado esperado: la completa militarización de Puerto Rico y la creación de un estado policiaco para controlar a la población. Y entonces ocurrió la Masacre de Ponce.

La Masacre de Ponce

La Masacre de Ponce fue el evento definitorio de la brutal Administración de Blanton Winship. La describimos en el capítulo 7 pero amerita un repaso final. Cuando la Policía Insular batió a tiros a diecisiete hombres, mujeres y niños el Domingo de Ramos de 1937, actuó bajo las órdenes del jefe de la Policía Enrique de Orbeta, quien reportaba directamente al gobernador Winship. Por disposición prevista, los policías de Orbeta rodearon por completo a civiles desarmados y les dispararon a mansalva. Esto no era control de motín ni manejo de turba; por el contrario, los oficiales habían predispuesto una zona de matanza, utilizando tácticas letales, personal y armas de fuego, con cientos de personas inocentes atrapadas en el fuego cruzado. El encargado de toda esa operación, el capitán Guillermo Soldevilla, había cargado el ataúd en el funeral de E. Francis Riggs, el jefe de la Policía asesinado.[102]

Para echarle más sal a la herida, Winship intentó inculpar a las víctimas, forzando al fiscal de Ponce a crear falsa evidencia y testimonios que ayudaran a inculpar a los nacionalistas por asesinarse a sí mismos.[103] Si no hubiera sido por una foto que ayudó a la Comisión Hays a ver lo que realmente había sucedido, Winship se habría salido con la suya.

Tiempo para celebrar

Aunque la Comisión Hays delató el asesinato de ciudadanos puertorriqueños aquel Domingo de Ramos, el presidente Roosevelt no removió a Winship inmediatamente de La Fortaleza: había despedido al gobernador anterior por inepto; despedir a uno detrás del otro constituiría una flagrante admisión del fracaso de la política colonial de Estados Unidos en Puerto Rico. Por eso el general se quedó más tiempo, persiguiendo nacionalistas por toda la isla, levantando expedientes en el FBI contra ellos y visitando sus instalaciones militares.

Al año de la Masacre de Ponce, sin embargo, Winship empujó a los boricuas más allá de lo tolerable. Estados Unidos había desembarcado primero en Puerto Rico un 25 de julio de 1898, de modo que el general Winship decidió celebrar el cuadragésimo aniversario de esa ocasión con una demostración militar masiva, pero en vez de hacerlo en Guánica, el pueblo por donde ocurrió la invasión, decidió hacerlo en Ponce, el pueblo que había sufrido la Masacre.

La tarima principal se ubicó en la plaza Degetau, a solo dos cuadras del lugar de la Masacre, donde los huecos hechos por las balas todavía marcaban las maltrechas paredes. Winship escogió este lugar precisamente para "enviar un mensaje" a los puertorriqueños, sin importarle cuánta angustia les podría ocasionar.[104]

El 25 de julio de 1938, cruceros de la Marina de Guerra de Estados Unidos atracaron en el puerto de Ponce repletos de militares de la invasión que abarrotaron las calles del pueblo. Aviones de la Fuerza Aérea sobrevolaron la ciudad, y la Infantería estadounidense desfiló frente a la tarima de la plaza Degetau, concurrida con oficiales militares americanos y sus guardaespaldas policiacos.

En plena celebración, un estudiante nacionalista, Ángel Esteban Antongiorgi, corrió hasta la tarima y le disparó al general Winship. Un guardia nacional saltó a protegerlo y recibió el disparo, muriendo en el acto pero evitando el asesinato. Antorgiorgi fue derribado de múltiples disparos y su cuerpo fue removido rápidamente, y nunca se supo ni cómo dispusieron de él.[105]

A pesar del atentado contra su vida, el general Winship se aferró a su gobernación por casi un año más, mientras el presidente Roosevelt se hacía de la vista larga. Finalmente, el 11 de mayo de 1939, el congresista Vito Marcantonio pronunció un dramático discurso en la Cámara de Representantes federal, enumerando en gran detalle "los actos tiránicos de este gobernador para privar al pueblo de Puerto Rico de sus derechos civiles, la corrupción y negocios turbios que solo eran posibles por la indulgencia del gobernador y el extraordinario despilfarro de los dineros del pueblo".[106] Al día siguiente, Roosevelt removió a Blanton Winship de la gobernación de Puerto Rico.

Un regalo de despedida a la isla

Inmediatamente después de dejar La Fortaleza, Winship se hizo cabildero de corporaciones estadounidenses y sindicatos azucareros que controlaban la economía de Puerto Rico. Su tarea era persuadir al Congreso de que eximiera a Puerto Rico de la Ley de normas razonables del trabajo de 1938 (*Fair Labor Standards Act of 1938*). Le iba estupendamente bien hasta que el congresista Marcantonio le disparó otra andanada desde el piso de la Cámara. "Cónsono con sus cinco años de terror en Puerto Rico, Winship ahora hace el papel de resbaloso cabildero, y mueve cielo y tierra con métodos legales e ilegales para que se enmiende la ley de horas y salarios de manera que las compañías azucareras solo tengan que pagar 12,5 centavos en vez de 25 centavos la hora, y así ganarse 5.000.000 de dólares al año [...] para que el sistema de esclavitud pagada sea perpetuado en Puerto Rico. Hasta el último día de sesión de este Congreso, este gobernador expulsado luchó por negarles a los puertorriqueños la protección de las leyes de horas y salarios".[107]

Winship fue derrotado. Los trabajadores consiguieron sus 25 centavos la hora. Ya que laboraban bajo condiciones brutales, esto fue visto como justo. Lo era también porque en los años subsiguientes, 62.000 de esos obreros servirían al país en la Segunda Guerra Mundial y otros 43.000 en la Guerra de Corea.[108] Lucharon en el frente de batalla, mientras Winship se quedaba segurito y protegido en la retaguardia.

El gobernador Blanton Winship nunca fue acusado por sus acciones criminales en Puerto Rico. Le dieron un mando relativamente fácil durante la Segunda Guerra Mundial y terminó su carrera como el soldado activo más viejo del Ejército americano. Hasta lo pusieron a procesar criminales de guerra nazis en los juicios de Núremberg por sus crímenes contra la humanidad.[109]

La hipocresía de este último mandato fue un colofón apropiado a la sinfonía de corrupción y matanza que Estados Unidos le brindó a Puerto Rico en lugar de buen gobierno. Winship se paseó orondo por toda Alemania, batiendo papeles, señalando con el dedo y juzgando a otros por sus atrocidades. Pero como sus propios crímenes los cometió en Puerto Rico, esos no contaron para nada.

Después de todo, aquello era solo Chinatown.

CAPÍTULO 9

Las carpetas

En la década de 1930, después de una generación de gobernadores corruptos y hacendados latifundistas, los puertorriqueños comenzaron a cuestionar los motivos de sus benefactores norteños. Un artículo de 1929 en la revista *American Mercury* lo dijo claramente:

> La bandera americana ondea sobre una próspera fábrica trabajada por esclavos que han perdido su tierra y pronto podrían perder también sus guitarras y sus canciones.
>
> Presto, ¡la bandera americana! La única que hay. Puerto Rico es ahora la tierra de pordioseros y millonarios, de halagüeñas estadísticas y realidades angustiosas [...] una fábrica trabajada por peones, disputada por abogados, mandada por industriales ausentes, y administrada por políticos. Es ahora el segundo taller de explotación más grande del Tío Sam.[1]

Esta nueva mirada a "la generosidad americana" generó una de las mayores represalias policiacas en la historia moderna. Estados Unidos envió al general Blanton Winship a "modernizar" la policía insular con metralletas, granadas, gas lacrimógeno, y equipo antimotines. Según *El Imparcial* y otros periódicos, cientos de agentes del FBI armados con metralletas Thompson se habían enviado a Puerto Rico y ahora se esparcían por toda la isla.[2]

Al año de su apertura en 1935, la Academia Nacional del FBI comenzó a entrenar cientos de personal policiaco puertorriqueño de alto rango. Cinco de estos llegaron a ser jefes de la Policía Insular,[3] posición que hasta el año 1956 siempre la habían ocupado oficiales de las Fuerzas Armadas estadounidenses con el rango de coronel.[4] En la isla, el jefe de la Policía Enrique de Orbeta creó un programa de entrenamiento militar en 1936 en el Fuerte Buchanan para todo su personal. El programa incluyó manejo de metralletas de parte de los agentes del FBI.[5] La Masacre de Ponce fue una de sus trágicas secuelas.

El FBI y la División de Inteligencia de la Policía Insular compartían información todo el tiempo. Un documento de la División de Inteligencia estipulaba que "el jefe de la División de Inteligencia mantendrá contacto directo con la oficina del FBI en Puerto Rico. La División de Inteligencia cooperará en todos los intercambios de información [...] y en todo momento cooperará al máximo con los agentes del FBI en cualquier acción que estos emprendan".[6] Esta información también era compartida con el Ejército de Estados Unidos; la Policía Insular recopilaba el 90 por ciento de la información enviada por el FBI a la sección de Inteligencia del Ejército.[7] La naturaleza de esta información era tan invasiva que eventualmente engendró una investigación congresional y miles de pleitos en corte.

La información estaba organizada en las infames y universalmente repudiadas *carpetas*, expedientes policiacos secretos que detallaban datos personales de las personas. Una red de oficiales policiacos, informantes confidenciales y agentes del FBI las recopilaban longitudinalmente, o sea, a lo largo de años y décadas. Contenían una cantidad asombrosa de información de sobre 100.000 personas.[8] De estas, 74.412 estaban bajo vigilancia política. Por otra parte, 60.776 carpetas adicionales contenían información sobre vehículos, botes, organizaciones y áreas geográficas,[9] y sobre 15.000 personas tenían extenso expediente político por razones políticas, un número significativo en una isla con una población de solo cuatro millones. Un nivel equivalente de vigilancia política en Estados

"Sé exactamente cómo cortar tu pelo...
Lo veo aquí en tu carpeta"
Cotham/The New Yorker Collection/www.cartoonbank.com

Unidos requeriría 10,5 millones de expedientes sobre personas, organizaciones y propiedades, y sobre un millón de extensos expedientes de "subversivos políticos".[10]

La práctica del carpeteo estaba tan diseminada que se convirtió en un verbo en Puerto Rico, así como en *te arrestaron, te sentenciaron, te carpetearon.*[11] Una caricatura de la época captura el sentimiento popular: hay un hombre recortándose. Su barbero le dice: "Sé exactamente cómo cortar tu pelo... Lo veo aquí en tu carpeta".

Con el tiempo, las *carpetas* llegaron a cubrir 1,8 millones de páginas. El expediente promedio contenía aproximadamente 20 páginas, pero había otros más extensos: el expediente de Albizu Campos llenaba dos cajas con 4.700 páginas.[12] La información en las carpetas incluyó transcripciones de créditos educativos, historial de trabajo, registro de autos, prácticas religiosas, afiliaciones políticas, membresías, cuentas bancarias, patrimonio inmobiliario, impuestos pagados, records familiares y maritales, historial de viajes, licencias y placas de autos, reuniones, publicaciones escritas o recibidas. Además incluían información personal: amigos, socios, parejas, amantes, deudores y acreedores, cartas personales (interceptadas en los correos), grabaciones de llamadas telefónicas, fotografías, listas de invitados a bodas, recibos de tintorería y "artículos misceláneos".

En cuanto a los nacionalistas, el director del FBI, J. Edgar Hoover fue típicamente brusco. En memorándum tras memorándum, instruyó a sus agentes a revelar todo "lo concerniente a sus debilidades, moralidad, expediente criminal, parejas, hijos, vida familiar, preparación académica y atrocidades personales aparte de sus actividades independentistas".[13] En uno de estos mensajes, Hoover argumentó que esto ampliaría "nuestros esfuerzos por trastocar sus actividades y poner en entredicho su efectividad".[14]

Este trastoque no era algo pasivo ni abstracto. Hoover emprendió una fuerte campaña del FBI "dirigida en contra de las organizaciones que buscaban la independencia de Puerto Rico por otros medios que no fueran los legales". Sus órdenes estaban claras: "El Negociado [...] no está interesado solo en meramente hostigarlas".[15]

Sus agentes respondieron con mucha agresividad. Un memorándum subsiguiente a Hoover bosqueja un programa del FBI para sembrar "perturbación y discordia", y "causar deserciones de adeptos al movimiento independentista" y explotar al máximo su fraccionamiento.[16]

Este documento además recomienda "el uso de cartas anónimas dirigidas de grupos nacionalistas a grupos independentistas para sembrar entre ellos la semilla de la sospecha sobre las motivaciones y metas de cada grupo".[17]

Las *carpetas* fueron utilizadas para encarcelar a personas, provocar sus despidos y arruinar sus carreras, impedir su preparación académica y desacreditarlas permanentemente, aunque no fueran miembros del Partido Nacionalista. Esto fue así especialmente cuando se aprobó en 1948 la Ley número 53, conocida como la Ley de la mordaza, la cual criminalizó cualquier mención de independencia, cantar o silbar "La Borinqueña" o poseer una bandera puertorriqueña.[18]

Aun si no cantabas o silbabas "La Borinqueña", ni tenías una bandera, todavía podías aparecer en alguna lista de "nacionalistas conocidos". Una tal lista preparada por el FBI en 1942 contenía 63 personas, todos los cuales tenían extensas *carpetas*.[19] Por cualquier capricho del gobernador o del director del FBI, cualquiera de esas personas podía ser encarcelada simplemente por salir "en la lista". Estos individuos incluyeron a diez maestros de escuela, tres profesores universitarios, un principal de escuela, un alcaide de prisiones, un recaudador de impuestos, un juez de paz, un fiscal, cuatro asambleistas municipales, el rector de la Universidad de Puerto Rico, el presidente de la Cámara de Representantes, un senador y profesor de Derecho, el alcalde de Caguas, el comisionado y el subcomisionado de Hacienda y un inspector de café.

Por varias décadas, el primer gobernador electo por los puertorriqueños, Luis Muñoz Marín, y otros miembros de su Partido Popular Democrático utilizaron esta y otras listas del FBI para perseguir no solo a los nacionalistas, sino también a acreedores, rivales románticos, periodistas "molestosos" y contrincantes políticos de otros partidos.[20] En efecto, las carpetas se convirtieron en instrumentos de control político y social. Como se demuestra en los próximos dos capítulos, un informe del FBI de solo una página que afirmó que Muñoz Marín era "un bebedor empedernido y un adicto a los narcóticos" demostró el poder que tuvieron estos expedientes.[21] Estados Unidos utilizó ese informe para controlar la política en Puerto Rico por casi un cuarto de siglo.

Eventualmente la Corte Suprema de Estados Unidos declaró la Ley número 53 inconstitucional y la derogó en 1957.[22] Se creó un fondo gubernamental en 1999 para asistir a algunas víctimas de las carpetas.[23] En el año 2000, el director del FBI, Louis J. Freeh, admitió en una vista del subcomité congresional de Apropiaciones que "el FBI sí llegó a operar un programa que le causó inmensa destrucción a muchas personas, a la nación y ciertamente al FBI". Freeh aprovechó la ocasión para comprometerse a reparar el daño causado "por algunas acciones ilegales y tal vez criminales cometidas por el Negociado en el pasado".[24] Lamentablemente ese daño ya estaba hecho y era prácticamente incalculable. Se extendía mucho más allá de individuos, o grupos, o hasta más allá del asunto de la independencia.[25] Según le correspondería ser a una isla besada por el sol y dotada de maravillosos y fértiles terrenos, los puertorriqueños han sido siempre un pueblo receptivo, gregario y alegre, pero sesenta años de *carpeteo* e informantes policiacos ya los han marcado con el candente carimbo del miedo, la desconfianza, la secretividad, la deshonestidad y la traición en el puro centro de su psiquis colectiva. Esa herida puede que nunca sane por completo.[26]

Las personas

CAPÍTULO 10

El gobernador

Tres días después que Luis Muñoz Marín abrió los ojos al mundo en 1898, el acorazado *USS Maine* explotó en el puerto de La Habana; tres meses después, los norteamericanos invadieron a Puerto Rico. Veinte cañones dispararon a través de la neblina de la alborada, y el mundo voló en pedazos; se cayeron las paredes y las mujeres gritaron cuando doce buques de guerra lanzaron 1.300 proyectiles hacia la ciudad amurallada de San Juan. El cañoneo sacudió la ciudad entera, rompió ventanas y tumbó los postes eléctricos.[1]

Luisito estaba dormido, pero la vaca de la familia estaba pastando en la explanada del Fuerte San Felipe del Morro. Cuando el padre de Luis, don Luis Muñoz Rivera, le ordenó al sirviente chino que fuera a buscarla, el sirviente se negó.

"Te debería dar vergüenza", le dijo la madre de Luis, Amalia. "Al no atreverte a ir, ¡le estás negando la leche a este bebé!"

"Si el honor es tan grande, ¿por qué no va usted?", le respondió el sirviente. La vaca se quedó en el pastizal, y la familia huyó a Río Piedras hasta que terminó el bombardeo.[2]

Unos meses más tarde, después que los americanos tomaron posesión de Puerto Rico, don Luis utilizó su periódico, *La Democracia*, para criticar a José Celso Barbosa, el presidente del Partido Republicano en Puerto Rico. Barbosa era amigo de los recién llegados yanquis, y su partido abogaba por la eventual estadidad puertorriqueña. Durante los próximos dos años, mucha gente extraña y conversaciones en voz baja poblaron la casa de don Luis hasta altas horas de la madrugada. Durante todo ese tiempo, el pequeño Luisito lo absorbió todo, hasta que una noche corrió al balcón de la casa y gritó: "¡Que muera Barbosa!".[3]

Barbosa era un hombre razonable, pero muchos de sus seguidores no. El 18 de septiembre, un pelotón de cien barbosistas irrumpieron en los portones de *La Democracia* y atacaron la imprenta con machetes y martillos. Acompañado de dos amigos armados que lanzaron disparos al aire, don Luis defendió su periódico, pero la imprenta, las galeras y las tipografías quedaron destruidas.[4] Con su mostacho encrespado, sus ojos como tizones, y el cuello muy tenso, don Luis hubiera matado a cualquiera de la ira. Pero sabía que tenía una familia que proteger, así que la mudó al pueblo cercano de Caguas. Pero en abril de 1901, montó a su mujer y a su hijo en el vapor *USS Philadelphia* y se mudó con ellos a la ciudad de Nueva York.

El muelle número 9 de la urbe rebosaba repleto de caballos, vendedores de frutas, pordioseros y ratas. Un hombre con una gran cicatriz en la cara agarró una de sus maletas hasta que don Luis lo apartó a empujones; la peste a vegetales podridos los siguió hasta la parada del tranvía hacia Battery Park, donde tomaron el que iba hacia el Norte por la Novena Avenida.

Al caminar entre los muros de aquellos altos cañones de edificios de diminutos apartamentos, el pequeño Luis divisó una panadería cuyos estantes estaban cargados de quesos provolone y jamón serrano, llenos de mujeres vestidas de negro, y niños por todas partes: saliendo por las ventanas, correteando en las calles y lanzándose piedras unos a otros. Amalia sujetaba a Luis fuertemente y se tapaba la nariz. Las calles estaban llenas de escombros, excremento de caballos, verduras podridas, cenizas, muebles rotos y basura de todo tipo.

Don Luis tomó la ciudad como un huracán. Lucía fornido como un gladiador, bebía como un marino, y con su espeso mostacho y feroz retórica, pronto se convirtió en un tipo de donjuán en la escena social neoyorquina. Rentó un viejo arsenal y allí montó otro periódico, el *Puerto Rico Herald*. Publicó un poemario titulado *Tropicales* y solía encontrarse con otros expatriados en el Café Martín. Halló tiempo para el teatro, las peleas de boxeo y tertulias de toda la noche sobre el arte, el amor y la política. Se convirtió en asiduo cliente del Bial's Music Hall y recibió invitaciones impresas para el prostíbulo de las Siete Hermanas en la calle 25 Oeste.[5]

El don era un buen comerciante. Aunque rugía como un león reclamando la independencia de Puerto Rico en su periódico, aceptó un trabajo como cabildero de las compañías azucareras para convencer a Washington de que expandiera sus cuotas de exportación. Cuando le cuestionaban la contradicción, simplemente decía: "Soy patriota, no comunista".[6]

Mediante su conexión con las Hijas de la Revolución Americana, Amalia aseguró la admisión de Luis al Collegiate, la escuela más antigua de Estados Unidos —aún más que Harvard— donde se habían educado cuatro siglos de la élite de la nación, sus senadores, banqueros e industriales. Los estudiantes del Collegiate eran muy obedientes, de manera que cuando a Luis Muñoz Marín se le olvidaron los crayones de colorear y lo enviaron de castigo a pararse, callado, mirando la pared de una esquina del salón, eso fue lo que hizo. Pero Luis tuvo la necesidad imperiosa de ir al baño. El orín le bajó por la piernita y mojó todo el piso del aula, hasta llegar a los zapatos de la maestra de arte. Todas las cabezas giraron para mirarle. Se puso rojo como un tomate cuando los niños comenzaron a reírse y a burlarse del niño aquel tan flaquito que hablaba raro, con el acento de su isla natal, la que llamaban *Porto Rico,* y que se acababa de orinar encima.[7]

Camino a su casa esa tarde, Luis lloró amargamente y maldijo a sus compañeritos. Nadie lo había tratado tan mal en San Juan. Acá echaba de menos a los *jíbaros* de su tierra, los campesinos de montaña que usaban la pava de paja en la cabeza, comían bacalao con viandas y actuaban raro. Echaba de menos los árboles del flamboyán florido y los atardeceres multicolores. Echaba de menos el arrullo de las olas del mar. Su familia había cambiado una isla por otra, pero la segunda era mucho más fea que la primera. Y lo peor de todo era su soledad. No tenía hermanos ni hermanas ni amigos. Su vida no tenía raíces. En ella lo que había era un caos.[8]

Solo hubo un consuelo para Luis: la ciudad misma. La podía sentir respirar, latir y crecer bajo sus propios pies. Nueva York era peligrosa, mágica, se disparaba en todas las direcciones, aun mientras él dormía. Los automóviles Daimler rodaban por las calles. En cada esquina había un teléfono, con maniguetas magnéticas de mano. Ascensores de vapor lo elevaban cien pies hacia arriba y el apartamento donde vivía quedaba en un piso 12.[9]

Su mamá le compraba una ropa preciosa: conjuntos con pantalón hasta la rodilla, botitas de charol, y abrigos hechos a la medida adornados con símbolos militares americanos: águilas, barras, anclas y estrellas. Por su apariencia exterior Luisito era un miembro en ciernes de la pequeña burguesía norteamericana.

Pero su padre tenía otros planes. Un día llegó a toda prisa de una reunión en el Café Martín y anunció: "Nos vamos para Puerto Rico". Poco después tomaron el vapor a San Juan y dos semanas más tarde don Luis ya había creado el Partido Unionista, comprometido con la independencia de Puerto Rico.[10] Al mes, en noviembre de 1904, los unionistas derrotaron a los republicanos (que favorecían la eventual estadidad para la isla) por un margen de 89.713 a 54.092 y capturaron la Cámara de Representantes. Con sus periódicos y su nuevo partido, don Luis se convirtió en el político más poderoso de Puerto Rico.[11]

El joven Luis se paró al lado de su padre en el balcón de su casa, mirando hacia la plaza de Armas en el Viejo San Juan. Nunca había visto tanta gente. Casi todo San Juan estaba allí, apretado sobre los adoquines de las calles, en las veredas de la plaza, sobre la grama, bajo las ceibas, más allá de la alcaldía: una masa inmensa de humanidad de más de un cuarto de milla, llegando casi al mar. Todos saludaban hacia el balcón, cantando y vociferando: "¡Que viva Puerto Rico!" y "¡Que viva don Luis!".

No era una inauguración, era más bien una fiesta masiva, y la muchedumbre clamó por un discurso. Don Luis dio un paso hacia el frente, y el estruendo de su voz hizo temblar la vieja ciudad. Algún muchacho encendió un petardo, y Luisito se asustó pensando que alguien los quería matar, pero cuando don Luis levantó las manos y silenció a la sudorosa multitud, con su voz de trueno resonando hasta la orilla del mar, por encima de las murallas del Morro, el niño se dio cuenta de alguna manera que dentro del caos de la vida, su padre se había convertido en un héroe nacional.[12]

En 1905, cuando Luis comenzó su primer grado en Santurce, todas las materias se enseñaban en inglés. No importaba que la mayoría de los puertorriqueños, incluyendo a los maestros, no hablaran ese idioma. La Ley del idioma oficial de 1902 desterró el español de las escuelas públicas porque ya no era el idioma de Puerto Rico. Por lo tanto, Luisito, a los seis años, después de tres años en la ciudad de Nueva York, sabía más inglés que cualquiera de los estudiantes (y la mitad de los maestros) de la William Penn Public School.

Sus compañeritos de clase lo odiaban por ello. Cuando lo brincaron al poco tiempo al tercer grado, todos decían que su papi el político había arreglado las cosas para lograrlo y se burlaban de él a sus espaldas. Esto no era nuevo para Luisito. Se habían reído de él también en Nueva York; pues ahora se reían de él en Puerto Rico. Era un advenedizo, dondequiera que iba, una hoja flotando en el fuerte viento de la carrera política de su padre.[13]

Su único amigo era un lugar, no una persona. Los Muñoz veraneaban en Barranquitas, el pueblo natal de su padre, y donde su abuelo había sido el alcalde. Habitaban una vieja casona de madera que llamaban Casa del Cielo, la cual tenía un espléndido jardín lleno de árboles de aguacate, almendra y limón. El pueblo se anidaba en un pequeño valle de las montañas de la cordillera Central, y sus casas formaban una especie de enorme escalera, montaña arriba, cubiertas de techos de zinc que parecían rodar como bloques sobre la ladera, adornadas de floridos jardines y gramas verdes, salpicadas de palmeras entre unas y otras, y fogones que botaban plumones de humo azul hacia los cielos. Las calles serpenteaban en patrones pintorescos, subiendo hasta la cresta de las montañas y las lomas adyacentes.

Por las noches, Luisito escuchaba atentamente los insectos nocturnos —el claro clamor del coquí, el coro de grillos—, el triste croar de los sapos, el batir de violines alados, el mugido de una vaca que pastaba a la luz de la luna, justo debajo de su ventana, rumiando y masticando tranquilamente su yerba.

El niño se deleitaba con los sonidos plácidos que le arrullaban por las mañanas: el cantar de los gallos, los gruñidos de los cerdos, el rebuzno de los burros, el clac-clac de las fichas con que los viejos del pueblo jugaban al dominó, las canciones que entonaban las mujeres y el gemido de los bebés pidiendo su biberón. Lo más que le gustaba era correr su potrito *Rocinante.*[14] Todos los días, Luisito cabalgaba por las carreteras polvorientas del pueblo y las angostas veredas de la montaña. Llegaba hasta el final de las calles y se metía por el camino de los burros entre los bohíos de paja, donde mujeres descalzas y desdentadas lavaban la ropa y los otros niñitos lo miraban de reojo. Muchos de ellos estaban esqueléticos y, cuando se reían, parecía que la piel se les quebraría y se les notarían los huesos.

Luis se detenía a escuchar los cuentos de los jíbaros. Ellos le contaban los secretos de las montañas, de los árboles, de fantasmas y hadas misteriosas, y de un viejo cartero llamado Salto Padilla que se mató al caer por una cascada. Se sentía como en su casa entre los jíbaros y su mundo natural. Conversaba con los árboles y ellos le contestaban. Siempre llevaba una libretita, y un día escribió en ella:

Comprendo y sonrío.
Canto lo que tú cantarías
si tú fueras poeta.
Lo sé.
Porque si yo fuera árbol, de mis ramas brotarían
capullos igualitos a los tuyos.[15]

Un domingo, su padre llegó de San Juan cargando una cesta de merienda. Bajó con su hijo al cañón de San Cristóbal, y juntos se adentraron en los tupidos bosques cerca del río Hondo. A lo lejos, Luisito escuchaba el murmullo del río y cientos de sonidos —lagartijos, aves o el crujir de las hojas—, sonidos misteriosos que jamás había oído. Entonces comenzó a llover, pero en vez de correr a guarecerse o salirse del cañon, su padre se rió y desempacó la merienda allí mismo. "Así es como se vive", le dijo al niño, dándole un trozo de jamón. El aguacero tropical caía como balas de pistola sobre la arboleda, empapando a Luis, a su padre, la comida y todo el valle. Don Luis le hizo chistes y ambos rieron, con el bosque como su único auditorio.

Estaban solos por completo. Luis allí no tuvo que compartir a su padre con nadie. La merienda fue un momento especial, el día más bonito de toda su corta vida.[16]

Después de aquel día bajo la lluvia, don Luis se desapareció de nuevo en la política. No pasó mucho tiempo con Luisito o con doña Maló, como le decían a Amalia. La merienda al aire libre había terminado, sepultada en el bosque del cañón de San Cristóbal. Luisito se sintió perdido, sin nadie en quien anclarse, y se convirtió en malísimo estudiante. Fracasó en todos los exámenes del tercer grado, y su tutor privado, Pedro Moczó, escribió: "Luis es muy brillante pero indisciplinado". Pasaba el tiempo leyendo libros de aventuras como *Los tres mosqueteros* y *Robinson Crusoe* y soñando con hacerse corresponsal de guerra, o compositor de baladas románticas.

En 1910, don Luis fue electo comisionado residente en Washington, D. C., el único miembro puertorriqueño (aunque sin voto) del Congreso norteamericano. El matrimonio con su esposa se había deteriorado, y él vivía en la capital federal, mientras Luis y doña Maló vivían en Nueva York, en la esquina de la calle 141 y Broadway. La educación del niño prosiguió de forma desorganizada, a veces en las escuelas públicas, o con tutores privados.[17]

En 1911, don Luis tomó cartas en el asunto y se llevó a Luisito a vivir con él en Washington. Lo matriculó en la exclusiva Georgetown Prep School, la escuela jesuita más antigua de la nación, conocida por su capacidad de "desarrollar carácter", exigir "precisión" y, sobre todo, inculcar "disciplina" en todos sus estudiantes. Nada de eso funcionó con el tarambana de Luis. Fracasó en todas las materias menos literatura moderna y tuvo que repetir el décimo grado en su totalidad.[18] Cuando su papá regresó a Puerto Rico a hacer campaña de reelección en 1914, Luis abandonó la escuela y volvió con su mamá a Nueva York. Se pasó el resto del año nadando en Coney Island, bailando en el Happy Hills Casino de la calle 145,[19] y colándose en el Nigger Mike's Café del Barrio

Chino, donde Tom *el Ciego* tocaba el piano y donde Irving Berlin, el mesero cantante, hacía breves funciones especiales.[20]

Una noche siguió a Tom *el Ciego* a un fumadero de opio administrado por dos ladrones de poca monta llamados Harry Hamburger y Sammy Goldstein, y financiado por un notorio ladrón de bancos llamado Jim McNally. El lugar estaba decorado con pesadas cortinas, cojines bordados y mullidos camastros para los fumadores de opio, además de muchos saloncitos adicionales para clientes importantes. Allí Luis conoció a muchas coristas y hombres de negocios mientras escuchaba a Tom *el Ciego* tocar el piano de la casa. A Luis le fascinó ver a las atractivas coristas fumando opio a puertas cerradas. Le encantaban las pipas de opio multicolores y hasta el mismo olor del opio, que se asemejaba a almendras machacadas.[21]

La fiesta se le terminó al muchacho cuando don Luis fue reelecto y le ordenó a su hijo que regresara a Washington. Obligó a Luis a que tomara el examen de equivalencia de escuela superior y lo matriculó en el programa nocturno de la Escuela de Derecho de Georgetown. Como era su costumbre, Luis aprobó una sola materia. Uno de sus compañeros de clase comentó: "Luis siempre se comportaba como un poeta. En un restaurante, dejaba de comer y se ponía a contemplar el espacio. A veces se desconectaba de tal forma que se rascaba la nariz con el tenedor".[22] Años más tarde, un amigo que vivió con él llegó a decir que era "la fumadera de opio lo que le causaba picor y lo hacía rascarse continuamente, especialmente la punta de la nariz".

Luis salía, según él, para "la biblioteca" hasta las cuatro de la madrugada, y su padre le esperaba despierto. Muchas noches, sentado en una vieja butaca de cuero, le aconsejaba a su hijo que se tomara la vida más en serio.[23] Don Luis trató de ayudarlo haciéndolo su secretario privado en Washington. Luis mecanografiaba y traducía cartas, ayudaba a su padre a ensayar sus discursos, y hasta le corregía la pronunciación. En varias ocasiones, Luis se iba a la galera superior del Congreso a escuchar la voz de su padre retumbar en las paredes con palabras escritas por su propio hijo.[24]

El 3 de noviembre de 1916, don Luis zarpó para Puerto Rico para discutir allá la Ley Jones que dentro de poco le daría la ciudadanía estadounidense a los puertorriqueños. Dos días más tarde, Eduardo

Georgetti, gran amigo de la familia, llamó a Luis y a doña Maló. Les pidió que viajaran a la isla inmediatamente; a don Luis se le había reventado la vesícula y una fuerte infección se le había regado por el cuerpo. Georgetti pagó todo el costoso tratamiento, pero era demasiado tarde. Don Luis, con solo cincuenta y siete años, estaba moribundo. Su último deseo fue que su hijo Luis se hiciera abogado. "Lo más importante en la vida es tu nombre", le dijo. "Te estoy dejando uno muy bueno [...] y ahora te toca a ti. Por favor, hazte el licenciado Luis Muñoz Marín. Nunca te arrepentirás."[25]

El 15 de noviembre de 1916 las campanas de todas las iglesias doblaron por el león difunto. La procesión fúnebre salió de Santurce hacia San Juan, luego fue a Caguas, Coamo, Juana Díaz y Ponce, pasando por otros pueblos intermedios y, finalmente, llegó a Barranquitas, su pueblo natal. Cientos de unionistas cargaron banderas y cantaron el himno del partido, cabalgando frente al coche fúnebre. Les siguieron unos doscientos automóviles. Los jíbaros vinieron de todos los confines de la isla, de cada pueblo, de cada vereda y de cada montaña, a rendirle honores al patriota.

Cuando la procesión llegó a Barranquitas, las jovencitas del pueblo estaban alineadas a ambos lados de la calle principal, vestidas de blanco con cinturones negros, y portando coronas florales. Un coro de sacerdotes católicos cantaron los himnos solemnes en latín, acentuados con los llantos angustiosos de las mujeres y los niños. La banda tocó "La Borinqueña", la melodía que eventualmente se convertiría en el himno nacional de la isla. Entonces sepultaron a don Luis.

Mientras su padre vivió, la vida de su hijo había sido caótica. Cuando murió, aquello se puso peor: la vida desordenada de un calavera. Diez de sus dieciocho años los había pasado en Estados Unidos. No tenía hermanos ni hermanas, no tenía un sentido de hogar, ni de sí mismo, ni de qué hacer con su vida. Así que comenzó a desperdiciarla.

Se conmovió y lloró cuando Eduardo Georgetti abrió el maletín de su padre. Dentro encontraron todo meticulosamente guardado: una navaja de afeitar, una peinilla, varios lazos de corbata, cuellos almidonados, puños falsos de camisa, mancuernas y una libreta de banco con un balance de 600 dólares.[26] Don Luis había muerto pobre, dejando a su familia llena de deudas. Aun su periódico *La Democracia* tenía todas sus cuentas atrasadas. Afortunadamente, Georgetti poseía la Plazuela Sugar Company y la segunda finca de piña más grande de todo Puerto Rico. Le compró una casa a la viuda doña Amalia y mudó las oficinas de *La Democracia* a su propia residencia, y así le aseguró un modesto ingreso fijo a la viuda y a su hijo.[27]

A los pocos días del funeral de su padre, Luis publicó un poema grandilocuente en la revista literaria *Juan Bobo*:

Quisiera ser un gigante para abrazar las montañas
que él contempló en su niñez,
las montañas por las que luchó desde su juventud,
las montañas que cobijaron a sus compatriotas, los jíbaros,
y las que hoy sepultan su cuerpo.
Quisiera ser un gigante para abrazar a mi pecho
a todos los puertorriqueños que mantienen
en sus nobles corazones la memoria sagrada de mi padre.
Y quisiera ser un gigante para completar la obra
de Luis Muñoz Rivera, el Gigante de Borinquén.[28]

Dos semanas más tarde, "el gigante" zarpó de nuevo para Nueva York con su madre. No luchó por las montañas, ni por los jíbaros, ni por nadie. Ignoró el último deseo de su padre, vendió sus libros de derecho y jamás volvió a Georgetown. En su lugar, decidió hacerse poeta surrealista. La evolución del calavera disoluto había comenzado.

Durante los siguientes quince años, Luis creó y abandonó tres revistas literarias —*Revista de Indias*, *Espartaco* y *Quasimodo*— y escribió artículos intermitentes para H. L. Mencken. Utilizó las instalaciones de imprenta de *La Democracia* para publicar un libro de cuentos llamado *Borrones*. Escribió un drama sobre un poeta uruguayo adicto a la morfina llamado Julio Herrera y Reissig que se estrenó y cerró la misma noche, vendiendo solo un boleto de entrada.[29]

Se casó con una escritora llamada Muna Lee, con quien tuvo dos hijos a quienes abandonó repetidamente. Viajaba constantemente entre

Estados Unidos y Puerto Rico y se mudó de apartamento doce veces, llegando a vivir en Manhattan y Staten Island, en Washington, D. C. y Filadelfia; en West Englewood, Nueva Jersey; y en San Juan, Ponce, Santurce, Barranquitas y Guayama.

La mitad del tiempo abandonaba a su familia por completo. Por años dejó de contribuir a su manutención. Muna tuvo que trabajar desde el momento en que se casó con él.[30] Un día, Luis le dijo, "Voy a buscar cigarrillos; regreso en unos minutos", y no volvió hasta tres meses después.[31]

A Luis le halaba mucho el Greenwich Village. Había oído decir que Edgar Allan Poe pasó hambre y fumó opio en un desván de la calle 84 Oeste mientras escribía "El cuervo".

Pasaba mucho por la Casa del Genio de Madame Blanchard en el número 61 de Washington Square Sur, donde las carreras literarias de Eugene O'Neill, Stephen Crane, Willa Cather, Theodore Dreiser, O. Henry, H. L. Mencken y Walter Lippmann habían florecido. Conocía la queja de Blanchard de que "el arte es grandioso y la literatura es maravillosa, pero requieren toneles de licor para producirlas. Esto no es una casa, es un acuario".[32]

De hecho, el Village estaba lleno de bebedores: bebedores publicados, bebedores bailarines, bebedores cantantes, bebedores plañideros, bebedores mentirosos, bebedores tambaleantes, bebedores agresivos, bebedores importantes, bebedores furtivos, bebedores amorosos, bebedores traviesos, bebedores soñolientos y un bebedor que batía sus alas y graznaba como una gaviota.

Ese era el Barrio Latino, la Margen Izquierda del Sena en Nueva York, donde el amor libre, el socialismo, el freudianismo, el imagismo poético, las *flappers*, los petimetres, y las modas del momento corrían como locos por las calles. Era un foco de inconformidad, donde la gente joven en sucios apartamentos encubaba grandiosos complots para burlarse de un mundo que les parecía sórdido.

A Luis le fascinaba. Era la vida bohemia que se había imaginado cuando leía *Robinson Crusoe* y *Los tres mosqueteros*.[33] Se enamoró del desfile interminable de poetas, pintores, prostitutas, chulos, gigolós, gánsteres, financieros, fraudes, vagabundos, herederas, boxeadores, ladrones de banco y, de vez en cuando, uno que otro sacerdote irlandés.

Le encantaba el Hotel Fourth Ward, que tenía unas trampillas por donde echaban a los borrachos y a los muertos directamente al *East River*.

Le encantaba la barra Hell Hole, donde Eugene O'Neill bebía con pandilleros y el bote de basura era un cerdo vivo que tenían en el sótano.

Amaba el Club A, el Hotel Brevoort, el Cripple's Home, el Dump on the Bowery, el Harp House, y a Romany Marie, la gitana adivinadora de Moldavia que vivía en la calle Delancey.

Luis los visitaba a todos, y su indumentaria —polainas, capa y sombrero montañero— contribuía a su reputación como "el poeta revolucionario de *Porto Rico*".

Al nacer su primer hijo en 1920, la pensión de su madre ya no cubría todos sus gastos, por lo que montó el "safari de Greenwich Village" para visitantes a Nueva York. El recorrido era una obra maestra de surrealismo, probablemente la mejor obra de arte de Muñoz Marín. Muchos años después, cuando ya era gobernador de Puerto Rico, se jactaba de ella en La Fortaleza y la ofrecía como prueba adicional de la estupidez americana.

Conducía el recorrido todos los sábados, comenzando con el Arco de Washington Square, la Casa del Genio, el Teatro Provincetown y la buhardilla de Edgar Allan Poe en la calle 3. Pero si los participantes del safari tenían mucho dinero, los llevaba al Café Brevoort en el número 23 de la Quinta Avenida para un aperitivo y una merienda con caviar. Si no eran ricos, visitaban una casa de té en la Sexta Avenida.

Para un toque de cultura pasaban por la Quinta Avenida con calle 10, donde un abogado llamado Charles L. Studin daba fiestas de presentación para cualquier libro que hubiese salido esa semana. Cientos de residentes hambrientos, incluyendo a Luis, atestaban cuatro saloncitos para comerse la comida, beber sin medida y chismorrear sin tener que pagar un centavo. Después de la fiesta de Studin, comenzaba el verdadero safari.

Luis llevaba los grupos por las tabernas, los restaurantes baratos, los albergues para indigentes, las tiendas de cigarros, los vendedores ambulantes, las escuelas de barbero, los corredores de apuestas, y los clubes demócratas que bordeaban el Village y el vecindario del Bowery. Visitaban el Club de las Ilusiones para ver a Jo-jo el *Chico Cara de Perro*, Laloo el *Enigma del Oriente* (quien tenía una grotesca cabecita creciéndole por un costado) y la Dama Mefistófeles vestida con corsé, medias rojas, cuernos y rabo. Cada ciertos minutos, La Dama M perseguía a los clientes varones con un látigo y les daba latigazos si los atrapaba.

Después venía la Buhardilla de Guido Bruno en el 58 de Washington Square Sur. Un farsante del Village que montó "el sueño de la vida artística" en el desván de su casa, Guido contrataba mujeres guapas y jóvenes apasionados que se hacían pasar por poetas, escritores y pintores y actuaban de forma excéntrica cada vez que entraba alguien. Cuando Luis y su safari llegaban, lo que veían era poetas recitando sus poemas, pintores dibujando a modelos desnudas, y gente joven discutiendo, besándose o llorando histriónicamente en los cuartos de baño. "Yo freí huevos con Walt Whitman", decía Guido, para luego solicitar un donativo de 25 centavos para el Fondo de Bruno Pro Artistas Principiantes. Además, vendía una docena de revistas literarias, como *La Bohemia de Bruno, Bruno's Chap Book* y *El Semanario de Bruno.*

La siguiente parada del safari, en la misma calle de Guido, era la Casa del Té de Romany Marie. Romany era una gitana adivinadora que se vestía muy excéntricamente y le contaba a todo el mundo que su padre había violado a su madre en un bosque gigantesco de Moldavia. En realidad, Romany Marie había nacido en la calle Delancey, donde su padre trabajaba en una tienda de pepinillos judíos. Pero sus lecturas de fortuna "en frío" eran asombrosamente precisas, y ella dividía sus ingresos con Luis, de manera que él no dejaba de pasar por allá.[34]

El momento máximo de toda la noche sucedía en la colindancia del Barrio Chino. Luis dirigía a todos hasta las calles Mott y Bleeker, a través de un edificio pobremente iluminado y por unas escaleras destartaladas, hasta un apartamento escasamente amueblado donde una mujer llamada Lulú y un chino llamado Georgie Yee operaban un fumadero de opio. Luis les presentaba a Lulú como una gran poetisa inglesa, "la próxima Emily Dickinson", Yee saludaba formalmente, chupaba largamente su pipa de bambú, se retorcía nerviosamente por un minuto, y comenzaba a saltar alrededor de la cocina cantando a la tirolesa "T for Texas" como Jimmy Rodgers. En ese instante, Lulú rompía a llorar y Yee agarraba un cuchillo. Allí Luis anunciaba que Yee se había vuelto loco por su adicción al opio y escoltaba apresuradamente a todos del lugar.

Después de semejante espectáculo, Luis simplemente llevaba al grupo caminando hasta el Arco de Washington Square y se despedía. Los miembros del safari se miraban unos a otros con asombro, abrazaban a Luis y les ponían en las manos una colosal propina por haberles proporcionado el día más emocionante de sus vidas. Luis entonces regresaba solo al Barrio Chino, les pagaba a Lulú y a Yee, se daba un pase de opio de la pipa de Yee y regresaba a su casa con su mujer y sus hijos. A veces se quedaba allí con ellos, gastaba todo el dinero de la propina y volvía a casa al otro día sin un centavo.[35]

En 1923, Luis se marchó a Puerto Rico sin su esposa e hijos (de dos y tres años de edad) para recopilar los escritos de su padre en un libro titulado *Campañas políticas.* Solicitó 5.000 dólares en donativos entre los amigos de don Luis, gastó todo el dinero y nunca publicó la colección.[36] La juerga con ese dinero duró dos años completos mientras Muna criaba los niños sola en Nueva York.

Después de eso, Papá Luis fue una piedra movediza, un vagabundo. Regresó a Nueva York en 1925, volvió a Puerto Rico el mismo año, luego a Nueva York en 1926, y de vuelta a Nueva York en 1927. Para este último viaje, dejó a Muna y a los niños en la isla. Pasaría los próximos cuatro años sin ellos en Greenwhich Village.

Se quedaba largo ratos donde Georgie Yee, y repetidamente le pedía dinero a su mujer y a su madre. Después de gastarse 600 dólares en dos meses —el equivalente a 8.300 dólares de 2014—, su madre le escribió: "Ya es hora de que lleves una vida normal". Su esposa añadió: "De ninguna manera te puedo prestar más ayuda financiera pero me sentiré totalmente perdida y desesperada si no buscas la forma de ayudarnos de inmediato".[37] Pero Luis no les envió ni un centavo. Muna se las tuvo que arreglar sola.

Por unas cuantas semanas fungió de cabildero en Washington buscando que el Congreso rebajara las tarifas a las uvas argentinas. El esfuerzo fracasó, y la mayor parte de sus ínfimos ingresos provino de más "safaris de Greenwich Village", los cuales conducía ahora varias veces a la semana.

Las cosas mejoraron cuando Luis conoció a un personaje del Village llamado Joe Gould, quien le añadió cierta elegancia a los safaris. Antes de comenzar el recorrido, Gould daba una breve charla sobre temas

Fumadero de opio en el Barrio Chino de Nueva York, 1925

como el espagueti, las cajas de diente, la locura, el sistema judicial, las lesbianas del Village, el remordimiento, el tamaño de las cabezas de los indios Mandan de Dakota del Norte o de los efectos castrantes de la maquinilla sobre la literatura moderna. Entonces procedía a cantar una vieja canción del Ejército de Salvación: "Hay moscas encima de mí, hay moscas encima de ti, pero no hay moscas encima de Jesús". Durante el safari Gould les pegaba golpes a los escritores en las fiestas literarias de Charles Studin y le decía a Romany Marie: "Tú no eres ninguna adivinadora. Tú lo que eres es una farsante judía". Y en el fumadero de opio de Georgie Yee, Gould comenzaba a quejarse del precio y a gritar: "¡Mejor *chandoo* que este consigo en la tintorería de Jimmy Foo!".

Las propinas eran el doble cuando Joe Gould era el líder de los safaris. Pero en diciembre de 1928, Gould terminó su asociación con Luis porque lo consideró demasiado irresponsable.

ೞ

Las cosas se le pusieron más difíciles a Luis. Pasaba más y más tiempo en el fumadero de Georgie Yee, promediando cinco pipas de opio por visita, y tampoco estaba escribiendo de la manera que había anticipado. En vez de obras dramáticas o poesías, lo que escribía era pequeños artículos por encargo a 25 dólares mensuales para el *American Mercury* y el *Smart Set*.[38] Menos mal que apareció por Greenwich Village un individuo llamado Robert Clairmont.

Clairmont entró a Nueva York como una tromba marina como "el *playboy* millonario" y anfitrión perpetuo de juerga. Su apartamento en el número 143 de la calle 4 Oeste se convirtió en la Terminal de Grand Central del Village, donde los poetas escribían sobre las mesas, los artistas pintaban en las paredes, algunos huéspedes recitaban, otros discutían sobre filosofía, casi todos bebían licor clandestino, y todos teorizaban y practicaban el amor libre. Sus fiestas duraban tres días y casi siempre terminaban con lámparas rotas, mesas chamuscadas y sillas manchadas. Después de varios meses de esto, Clairmont se hartó y comenzó a hacer sus comidas de incógnito en la Hubert's Cafeteria.

Luis también comía allí antes de irse para Georgie Yee. Había oído hablar de Clairmont y se le ocurrió un proyecto de inversión: Luis y Clairmont abrirían el club nocturno más excitante de Puerto Rico. Con la fama y el dinero de Clairmont, y el conocimiento de Luis sobre la isla, más la constante publicidad en *La Democracia*, el plan no podía fallar. La combinación de juegos de azar, playas, ron del Caribe, música y bellas coristas convertiría a San Juan en la capital turística de América.[39]

Por varios meses, Luis preparó el plan de negocios e hizo averiguaciones sobre propiedades disponibles en San Juan. Negoció con el compositor Rafael Hernández y su orquesta y Trío Borinquen. Hasta sacó una portada falsa en *La Democracia* con el titular "Casino Clairmont, el nuevo espectáculo".[40]

En cuanto Clairmont vio el periódico, le entregó 5.000 dólares a Luis para que desarrollara el proyecto. Lamentablemente, dos semanas después, el 29 de octubre de 1929, el Martes Negro sacudió Wall Street y liquidó la fortuna de Clairmont. El *playboy* pagó por una última fiesta, desapareció del mapa y nunca le pidió a Luis que le devolviera los 5.000 dólares.

Luis le envió 500 dólares a su esposa, pero no regresó a la isla. Le escribió a Muna sobre una revista literaria más que pensaba crear con lo que le quedaba del dinero de Clairmont. Muna le contestó: "Por favor, deja de engañarte a ti mismo. Tus hijos te necesitan".

Ella tenía razón, pero Luis seguía pasando el rato con Georgie Yee. Yee era un anciano bondadoso y anfitrión genial que servía té oolong y galletitas a sus clientes. Luis disfrutaba el compañerismo y humor del lugar, además de los juegos trasnochadores de mahjong (dominó chino) en cuartitos privados. Después de unos meses, Luis solo iba por el opio. Se acostaba en un camastro y ponía la cabeza sobre un cojín azul de porcelana. Yee le calentaba y ablandaba una pastilla de *chandoo* (solo servía el *Fook Yuen* de la mejor calidad) y preparaba la pipa de bambú; entonces Luis se inclinaba sobre la lámpara de opio con los dragones plateados pintados en los costados e inhalaba lentamente. Según el *chandoo* burbujeaba y se disolvía, una magia deliciosa le llenaba los pulmones. Las primeras veces Luis sintió un poco de sed, mareo y náuseas, pero pronto aprendió a disfrutar todos los efectos del opio.

En unos pocos meses, Luis gastaba todo su dinero en casa de Georgie Yee. El viejo le fio la fumadera todo el tiempo que pudo, pero en septiembre de 1931 ya no pudo más. Lo que hizo fue que le regaló un jarrón lleno de semillas y le explicó cómo hacer una siembra de la amapola y cómo extraer la savia del opio y convertirla en *chandoo*. Partieron amigos, y Luis lo visitó esporádicamente en los años subsiguientes. Pero por el momento, Luis no tenía un centavo a su nombre y ningún sitio adonde ir excepto de regreso a Puerto Rico.[41]

∽

Ya en 1931, Puerto Rico mostraba una fuerte huella americana. Todas las fincas de caña le pertenecían a los 41 sindicatos azucareros nacionales.[42] Los bancos poseían el 60 por ciento de las centrales azucareras, el 80 por ciento de las fincas de tabaco, y el cien por cien de los ferrocarriles costeros, tiendas y embarcaciones marítimas.[43] El presidente de la AFL-CIO, Samuel Gompers, reportó: "Nunca he visto tantos seres humanos con las señales tan claras de la desnutrición, ni [...] tanta acumulación de miseria en una población".[44]

Para añadirle a la miseria, el huracán *San Felipe* azotó la isla en 1928 con vientos de 160 millas por hora, matando sobre mil personas, causando 50 millones de dólares en pérdidas agrícolas y dejando a miles sin hogar.[45] Como si los hubiera arrasado el ciclón, una ola de jíbaros bajó de las lomas en busca de trabajo, pasando hambre en las calles y asentándose en los arrabales sanjuaneros de La Perla y El Fanguito. Al atardecer se veían padres de familia y sus hijos deambulando por las calles, mendigando a todo volumen: "¡Sobras para los cerdos!", y todos sabían que las sobras eran para que sus propias familias tuvieran algo que comer esa noche.[46]

A esta isla fue que Luis regresó. Recogió a Muna y a sus hijos, y se mudaron con doña Maló a una casa colonial de dos pisos en una de las calles quietas del Viejo San Juan. Luis sembró sus semillas de amapola en el patio-jardín de casi una hectárea y las cosechó en enero.

Con los 23 dólares semanales de *La Democracia* y la autoridad para publicar lo que se le antojara, Luis asumió su papel de respetable jefe de familia.[47] Sus hijos Luis y Munita tenían once y diez años de edad respectivamente, y él solo había vivido tres con ellos, de manera que se le presentó una gran oportunidad familiar. Pero al poco tiempo Luis se aburrió de todo eso y se le ocurrió otra idea.

Notó la veneración que los puertorriqueños a través de toda la isla le guardaban a su padre, como uno de los principales reformistas de la politica isleña. Se percató de los jíbaros hambrientos, de la pobreza en las calles, y del resentimiento creciente hacia Estados Unidos. Estudió la vida de William Randolph Hearst, quien había utilizado sus periódicos para postularse a cargos políticos y hasta para incitar a una guerra, la Guerra Hispanoamericana. Se dio cuenta de que, al igual que Hearst, él tenía una magnífica plataforma en la pequeña isla de Puerto Rico. Así que Luis decidió postularse para un escaño en el Senado de Puerto Rico.

Los redactores de titulares de la prensa puertorriqueños hicieron fiesta con la noticia: el hijo de Muñoz Rivera —el poeta fracasado, el diletante, el desertor escolar, el bohemio más-que-sabe, el antiguo socialista, el borrachín, el hijo pródigo, el padre irresponsable y peor esposo— había secuestrado el periódico de su padre para decirle a la isla cómo debía vivir y qué tenía hacer. Y como si eso fuera poco, también quería ser senador. Luis se desquitó llamando a Puerto Rico "la tierra de los pordioseros y los millonarios" y "una gran fábrica cuyos dueños son los industriales ausentistas que usan a los políticos locales de secretarios".[48]

En la convención del Partido Liberal del 12 de marzo de 1932, cuando se difundió el rumor de que Luis era adicto a la morfina, Luis montó en cólera, subió al proscenio y miró fijamente a la audiencia. "Por toda la isla," comenzó, "alguien ha desatado una campaña difamatoria en mi contra. Están diciendo que yo me meto morfina. No sé quiénes son esas personas, pero han regado su veneno. Por lo tanto yo ahora los acuso de ser unos rufianes, unos cobardes y unos perros. Probablemente están aquí presentes en esta misma asamblea. Mírenlos. Ustedes saben quiénes son, aunque yo no lo sepa. Por eso yo me voy a callar ahora para que, si se atreven, los rufianes estos den la cara. Que se levante el primer rufián, y que se acerque a este podio".[49] La sala enmudeció. Los delegados se miraron unos a otros para ver quién se movía. Nadie se movió de donde estaba. Un hombre tosió.

Varias semanas después, Luis salió electo al Senado de Puerto Rico.[50]

Para el deleite de Luis, el Senado de Puerto Rico se parecía mucho al fumadero de opio de Georgie Yee. Los estafadores, los jugadores y los ladrones desfilaban por sus pasillos todos los días, con nuevos e ingeniosos esquemas para asaltar la Tesorería del país. Los cabilderos y los abogados entraban y salían. Las carreteras se construían al triple del costo presupuestado. Las compañías de electricidad recibían franquicias exclusivas. Semana tras semana los senadores hablaban pero no hacían nada, nadie escuchaba, pero entonces todos se oponían a todo: diecinueve perros ladrándose unos a otros sin sentido la noche entera.[51]

Luis se acomodó fácilmente a esta farsa. Tronaba contra los "vampiros de Wall Street" desde el piso del Senado, denunciaba a los "magnates ausentistas de la azúcar" en los comités, y abogaba por la independencia de Puerto Rico en *La Democracia*. Entonces se iba para su casa, pasaba un rato con la familia, atendía sus plantas de opio y se fumaba dos o tres pipas durante el fin de semana. Le daba tiempo hasta para escribir algunos versos en el estilo de los poetas simbolistas franceses.[52]

En 1938 Luis elaboró un plan: fundó el Partido Popular Democrático y se fue a hacer intensa campaña por todas las montañas de la cordillera Central y los pueblitos pequeños. Organizó comités en cada uno de los 786 barrios rurales de la isla y persiguió el voto de los jíbaros, a veces a lomo de burro y con una pava de paja en la cabeza. Se le ocurrió un atractivo lema que actualizaba el revolucionario francés de *Liberté, egalité, fraternité* (Libertad, igualdad, fraternidad) a "Pan, tierra y libertad". Convenció a los jíbaros de que él les llenaría las barrigas (pan), le devolvería las fincas que se había robado Estados Unidos (tierra) y aseguraría la independencia de Puerto Rico (libertad).[53]

Las promesas convencieron. Al finalizar las elecciones de noviembre de 1940, como presidente del Senado de Puerto Rico, presidente del Partido Popular Democrático, y dueño del diario *La Democracia*, Luis era el político más poderoso de Puerto Rico. Había despertado las esperanzas y sueños de toda la isla. Los gritos de "Pan, tierra y libertad" resonaron en todos los pueblos, y Luis fue uno de los que los emitió muchas veces a todo pulmón.

Entonces ocurrió algo muy extraño. Un senador norteamericano llamado Millard Tydings finalmente presentó un proyecto de ley que le daría a Puerto Rico la independencia de Estados Unidos. Todos los políticos de la isla lo apoyaron, menos Muñoz Marín. Durante la época de 1940, en repetidas ocasiones, se opondría a la Ley Tydings por la independencia de Puerto Rico. Hasta viajó a Washington en 1943 y en 1945 para cabildear en su contra, diciendo que Puerto Rico "no estaba listo para gobernarse a sí mismo".[54]

Esta voltereta de tortilla preocupó a los puertorriqueños. Algunos dijeron que Luis había desarrollado una personalidad doble, una amnesia clínica en lo que constituía el asunto medular de la política puertorriqueña. Su propio padre había luchado por esta causa toda su vida. ¿Cómo podía venir él ahora a oponerse a ella? Tomaría sesenta años resolver este misterio. Y la solución era verdaderamente trágica.

El gobierno estadounidense tenía en sus manos un documento de una página que le daba completo y absoluto control sobre Luis Muñoz Marín.

CAPÍTULO 11

Cómo gobernar un país con un informe de una página

Luis Muñoz Marín era vulnerable. Tenía una debilidad. El FBI la descubrió, la documentó y se la amarró al cuello.

Muñoz Marín era adicto a los narcóticos. Múltiples informantes proveyeron esa información, y aparecía en el documento al final de la "sinopsis de los hechos". Aunque fechado el 1 de abril de 1943, y redactado por alguien ridículamente llamado "Nixon Butt", el informe no fue un chiste. Sirvió para ponerle un yugo al primer gobernador electo democráticamente en Puerto Rico.

¿Por qué rastreó el FBI esta información? Una serie de eventos concatenados sugieren una posible respuesta: se habían perpetrado atentados contra las vidas de dos gobernadores nombrados por Estados Unidos (Robert Gore y Blanton Winship). El jefe de la Policía E. Francis Riggs había sido asesinado. La Policía Insular había matado a tiros a cuatro miembros del Partido Nacionalista en 1934. Una huelga agrícola había paralizado la isla en 1934, y la Masacre de Ponce había resultado en la muerte de diecinueve personas en 1937. Un Comité de Ciudadanos le

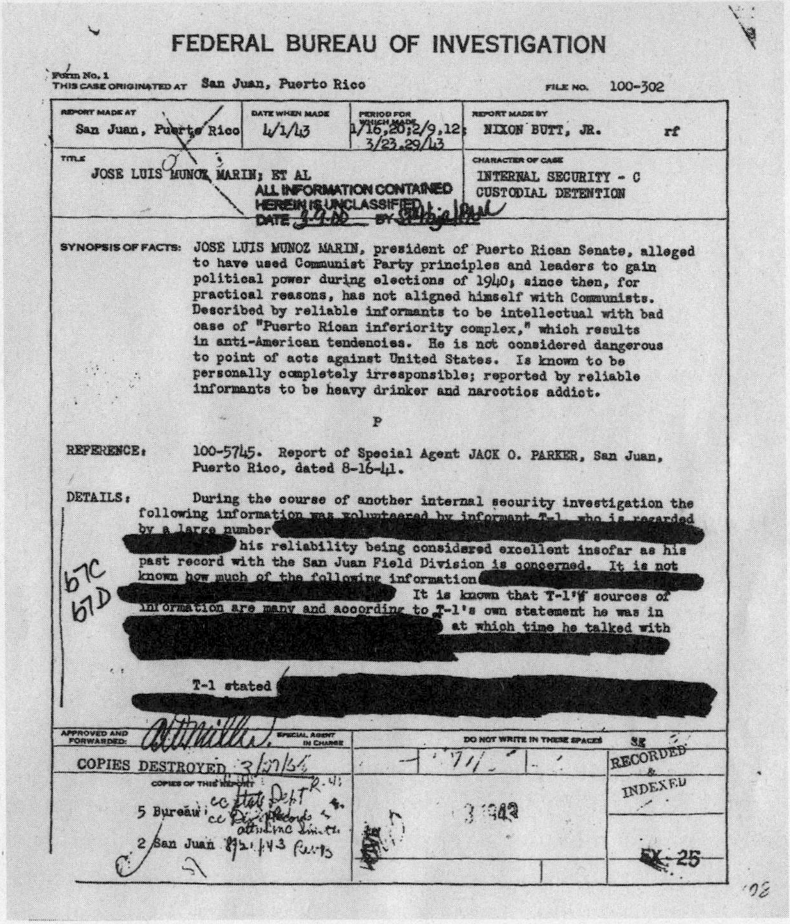

FEDERAL BUREAU OF INVESTIGATION

Form No. 1
THIS CASE ORIGINATED AT San Juan, Puerto Rico FILE NO. 100-302

REPORT MADE AT	DATE WHEN MADE	PERIOD FOR WHICH MADE	REPORT MADE BY
San Juan, Puerto Rico	4/1/43	1/16,20;2/9,12; 3/23,29/43	NIXON BUTT, JR. rf

TITLE	CHARACTER OF CASE
JOSE LUIS MUNOZ MARIN; ET AL	INTERNAL SECURITY - C CUSTODIAL DETENTION

ALL INFORMATION CONTAINED HEREIN IS UNCLASSIFIED DATE 3-9-00 BY

SYNOPSIS OF FACTS: JOSE LUIS MUNOZ MARIN, president of Puerto Rican Senate, alleged to have used Communist Party principles and leaders to gain political power during elections of 1940; since then, for practical reasons, has not aligned himself with Communists. Described by reliable informants to be intellectual with bad case of "Puerto Rican inferiority complex," which results in anti-American tendencies. He is not considered dangerous to point of acts against United States. Is known to be personally completely irresponsible; reported by reliable informants to be heavy drinker and narcotics addict.

P

REFERENCE: 100-5745. Report of Special Agent JACK O. PARKER, San Juan, Puerto Rico, dated 8-16-41.

DETAILS: During the course of another internal security investigation the following information was volunteered by informant T-1, who is regarded by a large number [redacted] his reliability being considered excellent insofar as his past record with the San Juan Field Division is concerned. It is not known how much of the following information [redacted] It is known that T-1's sources of information are many and according to T-1's own statement he was in [redacted] at which time he talked with [redacted]

b7C
b7D

T-1 stated [redacted]

APPROVED AND FORWARDED: SPECIAL AGENT IN CHARGE | DO NOT WRITE IN THESE SPACES

COPIES DESTROYED 3/27/56

COPIES OF THIS REPORT
5 Bureau
2 San Juan

RECORDED & INDEXED

Documento del FBI que identifica a Luis Muñoz Marín como adicto a los narcóticos

había advertido al presidente Franklin Roosevelt de que "un estado de anarquía" actualmente existía en Puerto Rico y que los pueblos estaban "en estado de sitio". Ya para el final de la década de 1930, el arreglo colonial se estaba deteriorando. Estados Unidos tenía que controlar esta situación o arriesgarse a perder la isla para siempre.

El rey de las carpetas, J. Edgar Hoover, entró en la escena con la caballería del FBI. Tres semanas después de la elección de Luis Muñoz

Marín como presidente del Senado de Puerto Rico en noviembre de 1940, Hoover ordenó a la oficina del FBI en San Juan "obtener toda la información de carácter pertinente sobre Luis Muñoz Marín y sus asociados".[1] Más tarde emitió una segunda directriz ordenando "una completa y discreta investigación por la Oficina de San Juan".[2]

Los informes fluyeron inmediatamente. Luis "no tenía profesión". Era "absolutamente irresponsable en sus finanzas". "Nunca tiene dinero en los bolsillos ni piensa en sus responsabilidades." "Nunca aceptó la responsabilidad de su matrimonio ni de su familia, y por años no ha contribuido a la manutención de Muna Lee (su esposa) o sus hijos."[3] En 1934 "abandonó su hogar" y desde entonces ha estado viviendo con su amante, Inés María Mendoza".[4] Ruby Black, una prominente periodista de Washington, era su "medio hermana ilegítima". La madre de esta había sido la amante de su padre en Washington, D. C.[5] Además de ser un mujeriego notorio con una medio-hermana bastarda, Muñoz Marín "carece totalmente de principios", "no tiene ideales algunos", y ha sido "miembro de cuatro partidos políticos diferentes durante su carrera política".[6] Peor aún, "era el líder comunista para *Porto Rico* y toda el área del mar Caribe"[7] y "el oficial máximo del Partido Comunista en las Indias Occidentales",[8] y "ha nombrado cinco profesores a la Universidad de Puerto Rico, todos los cuales (son) comunistas confesos".[9]

La información seguía llegando. El día después de la muerte de su padre, veinticuatro años antes del informe del FBI, Muñoz Marín había sido "visto en público en condición de borrachera".[10] Por varios días consecutivos, fue visto "bastante intoxicado en lugares públicos" y se había convertido en "la comidilla de San Juan".[11] Dos décadas y media después, el senador Muñoz Marín, presidente del Senado de Puerto Rico, era "un bebedor empedernido"[12] que incurre en "prolongadas borracheras que duran desde dos o tres días a dos o tres semanas".[13] Sus gastos en whiskey nada más "ascienden a alrededor de 2.000 dólares al año".[14] En una ocasión "se emborrachó con Vicente Géigel-Polanco, el representante de la mayoría en el Senado, en el Hotel Normandie".[15] En otra ocasión llegó al Escambrón Beach Club a las ocho de la noche, "ordenó tragos" y luego "más tragos", "les profirió palabras soeces a sus amigos" y finalmente se marchó a la una de la madrugada "tan intoxicado que apenas podía caminar".[16] Cuando el Escambrón le informó de que debía 650 dólares, le ofreció al club "una deducción de impuestos de 650 dólares".[17] También tenía una deuda vieja de cinco años por 300 dólares en el Hotel Condado y otra de 200 dólares de "RCA".[18]

Hoover era un experto en asesinar reputaciones; sabía que estas alegaciones eran de poca monta. Necesitaba algo más gordo y estuvo ordenando por casi tres años[19] a sus sobrecargados agentes que siguieran hurgando hasta que lo encontraran. Ellos por lo pronto no encontraron nada más y solo le enviaron resúmenes legislativos y recortes de periódico.[20]

Pero entonces encontraron oro. El 1 de abril de 1943, Hoover recibió múltiples informes de "informantes confiables" de que Luis Muñoz Marín era adicto a los narcóticos.[21] Además, un informe suplementario mostró que se le conocía como *El Moto de Isla Verde*[22] y que había estado "involucrado en un importante caso relacionado con narcóticos, pero que nunca se hizo nada al respecto pues Muñoz Marín amenazó con despedir a todos los miembros del *Insular Government Narcotics Bureau* si siquiera contemplaban procesarlo.[23] "De acuerdo a este informe, el Servicio de Aduanas y el Departamento del Tesoro Federal en San Juan de Puerto Rico habían sido informados de la existencia de la participación de Muñoz Marín en ese caso de narcóticos".[24]

Unos días después de recopilar esta información, el FBI cerró el caso. El expediente de Muñoz Marín en el FBI terminó abruptamente con una nota a los efectos de que "se ha completado toda la investigación de trasfondo en este caso [...] Este caso se considera como de status cerrado".[25]

Hoover por fin tenía suficiente material adverso y ahora podía poner a Muñoz Marín donde lo quería. Muñoz Marín era un adicto, había sido sorprendido en un asunto de narcóticos, y había usado su posición oficial para sepultar todo el asunto. El FBI no quiso investigar más al respecto ni procesar a Muñoz por el caso de narcóticos, porque con este informe y todo lo que implicaba (la adicción, la venta de drogas y la obstrucción de la justicia), el FBI podía destruir su carrera en cualquier momento. Como clarifica la siguiente secuencia de sucesos, este informe de una sola página convirtió al líder político de Puerto Rico en un muñeco de trapo a merced de Estados Unidos.

A través de canales clandestinos del FBI, Muñoz Marín se enteró de que existía ese informe, que había sido radicado el 1 de abril de 1943. Al

40 PAGINAS 3 Centavos — EL IMPARCIAL — 40 PAGINAS 3 Centavos

MR. TYDINGS PATROCINARA PROYECTO INDEPENDENCIA SI PUERTO RICO LO QUIERE

otro día de esa fecha, el 2 de abril, el senador Millard Tydings (demócrata de Maryland), jefe del Comité Senatorial de Territorios y Asuntos Insulares, presentó un proyecto de ley en el Senado federal que abría las puertas de la independencia para Puerto Rico. Estaba basado en su propio proyecto Tydings-McDuffie de 1934, el cual había facilitado la independencia de las islas Filipinas. El senador hasta le envió un telegrama a Muñoz Marín solicitando su apoyo. Para la conmoción e incredulidad del pueblo de Puerto Rico, Muñoz Marín se opuso al proyecto de independencia. *El Imparcial* anunció en su primera plana: "Mr. Tydings patrocinará proyecto independencia si Puerto Rico lo quiere".

Una versión del Proyecto Tydings había sido presentada en 1936 bajo circunstancias totalmente diferentes. El senador Tydings había sido amigo íntimo de E. Francis Riggs y le recomendó que aceptara el puesto de jefe de la Policía de Puerto Rico. El 26 de abril de 1936, angustiado por el asesinato de Riggs, Tydings radicó un proyecto de independencia para Puerto Rico.[26] Bajo los términos del proyecto de 1936, si los puertorriqueños votaban que sí en un referéndum a celebrarse en noviembre de 1937, Estados Unidos le otorgaría la independencia luego de un periodo de transición de cuatro años. Durante cada uno de esos cuatro años, las tasas de impuestos sobre los productos de Puerto Rico se elevarían un 25 por ciento. En el cuarto año, cuando las tasas impositivas hubiesen alcanzado el cien por cien (lo mismo que pagaban los demás países), Puerto Rico sería independiente. Muñoz Marín y otros se habían opuesto a la transición en cuatro años (a las Filipinas se les había concedido veinte años para elevar paulatinamente las tasas impositivas). Se formaron comités de discusión, se publicaron editoriales, y al final de cuentas, Tydings simplemente retiró su proyecto de ley. En 1943, Tydings volvió a someter otro proyecto de independencia, y Muñoz Marín se volvió a oponer.[27]

Cuatro factores diferenciaban el proyecto de 1943 del de 1936: 1) El proyecto de 1943 contenía una transición de veinte años para equiparar las tasas impositivas, igual que la Ley Tydings-McDuffie hizo para las Filipinas. 2) En 1940, el lema de la campaña de Muñoz Marín había sido "Pan, tierra y libertad". El componente de "libertad" en la plataforma del Partido Popular Democrático se refería expresamente a la independencia de Puerto Rico; él lo explicó así mismo a cientos de miles de puertorriqueños en 786 distritos electorales entre los meses de agosto de 1939 y noviembre de 1940. 3) El 30 de mayo de 1936, Muñoz Marín publicó en su propio periódico *La Democracia* que "continuaría luchando por la independencia". 4) Para apoyar esa lucha había creado el boletín *El Batey*, el cual abogaba por la libertad y se leía ampliamente, con seis millones de copias en distribución.[28]

Ya que el Proyecto Tydings contenía exactamente la cláusula que él mismo había exigido (una transición de veinte años) y tras su historial de siete años reclamando la independencia de Puerto Rico (desde 1936 a 1943), Muñoz no tenía base alguna para oponerse al segundo proyecto Tydings. Aun así, se opuso tenazmente, y hasta viajó a Washington, D. C. para testificar en contra del proyecto ante un comité senatorial. Tydings mismo le envió un telegrama preguntándole "¿Por qué? ¿Por qué? ¿Por qué?" se estaba oponiendo al Proyecto.[29]

En 1943, el senador volvió a someter su proyecto de independencia, y Muñoz voló a Washington para oponerse de nuevo al mismo. Esta

Banderas como evidencia... y diez años de encarcelamiento

vez declaró que si el Congreso aprobaba dicha ley, "los puertorriqueños perecerían físicamente en cinco años". Dio su testimonio apocalíptico a pesar de que 11 de 19 senadores, 22 de 39 representantes y 41 de 73 alcaldes lo favorecían. En total, el 57 por ciento de los representantes democráticamente electos apoyaban oficialmente la independencia. El porcentaje real probablemente era mayor, ya que muchos oficiales electos eran renuentes a contradecir públicamente a su líder y presidente del partido, Muñoz Marín".[30]

El 16 de mayo de 1945, Tydings sometió otro proyecto de independencia, la Ley Tydings-Piñero, al cual Muñoz Marín también se opuso.[31] En 1946 abandonó toda apariencia de apoyar cualquier forma de independencia para Puerto Rico. En un cónclave de dos días del Partido Popular Democrático, los días 3 y 4 de julio de 1946, anunció que él ya no era independentista. Luego de un debate de diez horas, el cónclave adoptó la posición de Muñoz Marín y eliminó "la independencia" de su plataforma.[32]

Ya para 1948 la transformación de Muñoz Marín en una marioneta de Estados Unidos era total. Declaró a la prensa que "el único defecto serio en la relación entre Estados Unidos y Puerto Rico era la ley que no dejaba que la isla refinara su propia azúcar".[33] También en 1948 convocó una sesión legislativa extraordinaria para pasar la Ley número 53 (la Ley de la mordaza), que era casi idéntica a la Ley federal Smith. Como previamente se ha explicado, la ley convertía en delito el poseer o exhibir la bandera de Puerto Rico (aun dentro del hogar);[34] hablar a favor de la independencia de Puerto Rico; imprimir, publicar, vender o exhibir cualquier material que pudiera socavar al gobierno insular; y organizar cualquier asociación, grupo o asamblea de personas con un propósito similar. En menos de dos años, Muñoz Marín había utilizado la Ley número 53 para arrestar sobre 3.000 personas sin evidencia o debido procedimiento de ley y encarcelado a muchos de ellos por veinte años.

La prensa isleña protestó de inmediato en contra de la Ley número 53 como una amenaza a la libertad de prensa y la libertad de expresión.[35] Hasta convocó una asamblea de protesta el 25 de mayo de 1948 auspiciada por *El Imparcial*, *El Mundo*, *El Día* y el presidente del Círculo de Periodistas. Asistieron a esta cientos de periodistas, abogados, miembros de sindicatos obreros y maestros.[36] Cuando los periódicos comenzaron a llamar traidor a Luis, él contestó: "Esta ley es precisamente para evitar que nadie amordace al pueblo puertorriqueño mediante amenazas fascistas de fuerza. Le he pedido al FBI que la haga cumplir".[37]

Este fue el mismo FBI que tenía el record de su propia actividad criminal en el uso de narcóticos, el mismo FBI que lo tenía a él (y, a través de él, a la isla entera) agarrado fuertemente por el cuello.

Cinco meses después de que hiciera aprobar la Ley de la mordaza, Luis capturó el premio mayor, el mayor de toda su vida: se convirtió en el primer gobernador de Puerto Rico electo por el pueblo. Con el dominio total del Partido Popular Democrático a través de la isla y su control sobre el voto rural del jíbaro enfocado en llenar el estómago y sobrevivir, más que en los sutiles matices de la Primera Enmienda de la Constitución federal, no hubo forma de detener al coloso electoral Muñoz Marín.

Su inauguración en La Fortaleza, la mansión ejecutiva en el Viejo San Juan, fue un glamoroso evento cubierto por la revista *Life* y *The New York Times*, y las televisoras nacionales CBS y NBC. La revista *Time* colocó la fotografía de Muñoz Marín en la portada, típicamente

La Fortaleza, la mansión del gobernador

©Eric Fowke/Alamy

desaliñado. Los invitados incluyeron a senadores y congresistas federales, a David Rockefeller y a Beardsley Ruml, el presidente de la tienda Macy's. Miles de jíbaros bajaron de las montañas en camiones y guaguas (buses). Miles más caminaron por horas, trayéndole frutas y diversos regalos a su nuevo gobernador. La inauguración ameritó su propio sello de correos, con un tema definitivamente jíbaro.

Por los primeros dos años, Luis intentó mejorar la burocracia isleña y fusionó varias agencias de gobierno para controlar sus gastos, pero los cambios más grandes ocurrieron dentro de su propia mansión.

Luis se divorció de Muna Lee y se casó con su amante, la maestra de escuela Inés Mendoza; ella se convirtió en la decoradora principal de La Fortaleza. Inés conocía la importancia de causar una buena primera impresión, particularmente en dignatarios y magnates estadounidenses que visitaban. Hizo comprar antigüedades españolas de la reina Isabel II y el rey Alfonso XII, tapices con escudos de armas, pinturas y espejos europeos, mesas de mármol italiano, elaborados candelabros de bronce, lámparas de porcelana, cubiertos de plata grabados y una consola dorada para el Salón del Trono.

La vida en el palacio de La Fortaleza era buenísima, muy imperial, y Luis estaba orgullosísimo de ella. Había convertido como por arte de magia un diploma de equivalencia de escuela superior, una juventud disipada, un padre famoso y un gusto por las drogas en la gobernación de su país. El Presidente Harry S. Truman estaba al alcance de una llamada telefónica. La estación radial del gobierno, WIPR, trasmitía su programa semanal por toda la isla. Era dueño de un periódico y una imprenta. El noticiero Viguié filmaba todos sus discursos y distribuía noticieros de Muñoz Marín a todos los teatros de cine de la isla. Él ya no era un pobre poeta del Greenwich Village. Él era el protagonista, el escritor y el director de un drama que se estaba desarrollando alrededor de todo un pueblo.

Bien tarde en la noche, Luis deambulaba entre las sombras de la antigua mansión. Cruzaba el Salón del Trono, el Salón de la Reina, el Salón del Gobernador, el Salón Azul, el Salón de los Espejos, el Salón del Té y una docena más de salones, y entonces se preparaba un sándwich en la cocina. Se sentaba a leer en una biblioteca sobre cuya pared colgaba decorativamente la Carta Autonómica de Puerto Rico de 1897. Miraba pasar los barcos de la Marina de Estados Unidos por debajo de la Torre Sur y la luz de la luna bañar la Terraza de Caoba.

Los sábados por la noche eran su momento favorito. Luego de una larga semana de pulseo con la Legislatura, de bailoteo con la prensa y de leer los informes del FBI sobre el Partido Nacionalista, un toquecito de opio le ayudaba a recobrar algo de la poesía de su juventud. Cerraba con llave la puerta de su aposento del tercer piso, donde tenía la mejor vista de la inmensa bahía de San Juan. Se leía unas cuantas páginas del libro *Pensamiento y destino* de Harold Percival mientras escuchaba los cuartetos para violín de Mozart y el *Années de Pelerinae* de Lizst. Se sentaba sobre su pequeña cama de caoba labrada, adornada con un dosel forrado en fino brocado de seda, un espacio íntimo, como de vientre materno, totalmente sereno en la penumbra y el silencio.[38] Colocaba un pequeño cuchillito, dos agujas de tejer y una pipa de caña de azúcar sobre su bandejita de bambú, todo nítidamente alineado alrededor de una lámpara de aceite de coco. Entonces abría una cartuchera de cuero, sacaba y cortaba un buen pedazo de negro *chandoo* y lo dividía en diez bolitas, cada una del tamaño de un maní. Con las agujas de tejer, giraba y amasaba la primera bolita sobre la flama de la lámpara hasta que se ablandaba como caramelo y adquiría un color marrón y luego canela, y finalmente dorado bruñido (Georgie Yee lo llamaba "alas de cucaracha"). Formaba una pequeña pirámide con el material ablandado, la colocaba dentro de la pipa y le hacía un hoyito con una de las agujas. Entonces se recostaba sobre una cadera, inclinaba la pipa sobre la flama de la lámpara e inhalaba despacio. Muy pronto todo su cuerpo, hasta el tuétano de sus huesos, se relajaba por completo.

Inés le advirtió que la gente estaba comentando sobre sus pronunciadas ojeras y su hábito de beber y drogarse.[39] Él le contestó que solo estaba siguiendo la honorable y antigua tradición de Samuel Coleridge, de Benjamín Franklin, de Charles Dickens y de Pablo Picasso. La verdad, sin embargo, probablemente era más prosaica: sobre sus labios jamás había sentido un beso más dulce, más delicado y más embriagador que el de la boca de aquella pipa de opio. Esa era la que le proveía el néctar del paraíso, y de eso él no quería dejar de beber.

Jean Cocteau lo dijo una vez: "Es muy difícil vivir sin opio después de haberlo conocido porque es difícil, después de conocer el opio, tomarse la vida terrenal en serio".[40] Pero llegó el 30 de octubre de 1950 y la vida de Luis se tornó muy en serio. Estalló la Revolución Nacionalista y cinco nacionalistas vinieron a La Fortaleza a asesinarlo.

CAPÍTULO 12

El nacionalista

El 28 de julio de 1898, el general Nelson Appleton Miles, comandante en jefe del Ejército americano, entró con sus tropas a Ponce. En ese tiempo Puerto Rico era una provincia de España que acababa de asegurar su autonomía. Y ahora otro poder extranjero lo invadía de nuevo, haciendo que la isla pasara de un dueño a otro.

No hubo batallas significativas. El Ejército español sabía que los americanos ya habían ganado la guerra en Cuba y en las Filipinas, y no tenían ninguna intención de morir por la última colonia de su menguado imperio. Se adhirieron rígidamente a la orden del general Manuel Casado: "Si ven venir a muchos americanos, corran; si ven venir a unos pocos, escóndanse; si no ven venir a ninguno, háganle frente y peleen".[1]

Cuando Miles marchó por las calles de Ponce e izó la bandera americana en la plaza de las Delicias, unos cuantos reporteros y políticos locales se arremolinaron a su alrededor. Algunos ciudadanos escucharon su discurso, pero la mayoría no demostró interés alguno. Ahora, ninguno tenía más curiosidad que un muchachito descalzo de siete años, morenito como una castaña. Sus ojos y su boca formaban tres oes de asombro. Nunca había visto tantos fusiles, tantos hombres altos y una bandera tan grande. Tampoco había escuchado palabra alguna del extraño idioma que brotaba de la boca del general Miles, que a él le sonaba como a perro indigestado.

Todo era tan grandioso que cuando el general Miles terminó de hablar, el muchacho aplaudió y gritó: "¡Que viva Puerto Rico!", asumiendo que eso era lo correcto. Todo el mundo se volteó a mirarlo con caras muy serias, mientras los soldados vigilaban la multitud. El niño siguió sonriendo y gritando: "¡Que viva Puerto Rico!".[2] Su nombre era Pedro Albizu Campos.[3]

Albizu nació fuera de matrimonio a una mestiza llamada Juliana Campos. Su padre, don Alejandro Albizu Romero, era un rico comerciante vasco que se negó a reconocer a su hijo moreno, de manera que el pequeño creció pobre y corriendo descalzo por todo el barrio Tenerías de Ponce.

Juliana pasaba los días deambulando por las calles de Ponce, hablando sola y haciendo algo que a la gente le parecía extraño: quemaba la basura dentro de la choza familiar. Varias veces se llevó al jovencito Albizu al cercano río Bucaná para ahogarlo con ella, pero sus familiares y amigos la detuvieron. Los vecinos comenzaron a llamarle "la Llorona". Finalmente, cuando Albizu tenía unos cuatro años de edad, Juliana intentó cruzar el más caudaloso río Portugués y la corriente se la llevó hasta perderse en el mar.

Para ser un huérfano de cuatro años, Albizu parece haber sido un niño alegre y despreocupado. No fue a la escuela hasta los doce años. Su tía materna, Rosa Campos, lo adoptó, y durante los siguientes ocho años lo que hizo fue nadar, pescar y tirar bolas de barro en el mismo río que se había llevado arrastrada a su mamá. Compraba pastelitos de coco en la panadería de Ponce y un buen día amarró la campana del pueblo para que sonara a las tres de la mañana. Cuando conoció un nuevo deporte llamado béisbol y se enteró de que el Club de Béisbol Almendares le había propinado una paliza al Regimiento de Infantería Estadounidense, 32 carreras a 18, Albizu se propuso conocer todos los detalles del juego, despejó un solar baldío y les enseñó a los otros chicos del barrio a jugarlo. Se inventaba las reglas sobre la marcha, pero nadie protestó: esta fue su primera lección de liderato.

Albizu tuvo una niñez divertida y aventurera, algo así como la vida de Tom Sawyer con su tía Polly a orillas del río Mississippi. Al igual que Polly, la tía Rosa era una mujer devota, y lo llevaba caminando a su lado hasta la iglesia católica los domingos. También se aseguraba de que, aunque su propia ropita fuera usada y desgastada, siempre estuviera lavada y planchada.

Cada mañana, Albizu se levantaba soñoliento de su camita caliente y encontraba a tía Rosa hirviendo huevos al amanecer, y su ropa limpia ya tendida sobre una silla de la cocina. Al llegar de la escuela por las tardes, encontraba a doña Rosa cosiendo y planchando la ropa y preparando guisos en inmensas ollas marrones sobre un fogón de carbón. Ella se movía dentro de nubes de vapor como una modesta diosa, salía y entraba de las nubes, oliendo a tela de algodón tostada, a sofrito, al arroz y las habichuelas que se cocían en el fogón a fuego lento.[4]

Cuando Albizu entró al Colegio de Gramática Percy, a los doce años de edad, sus compañeros se reían a sus espaldas del alumno manganzón de primer grado. Sus burlas cesaron, sin embargo, cuando completó los ocho grados en cuatro años y medio. Dos años más tarde, a los dieciocho, se graduó de la *Ponce High School* con promedio de 96 por ciento. Fue *salutatorian* de la clase, capitán del equipo de debate y premiado con una beca a la Universidad de Vermont.[5]

En Vermont, Albizu vivió en el número 43 del Middle Converse Hall y se dio a conocer por "siempre llevar en la cabeza un sombrero negro tipo fedora" para protegerse del frío, ya que Burlington quedaba a 45 millas de la frontera con Canadá y promediaba 81 pulgadas anuales de nieve. En 1913 Pedro Albizu Campos fue admitido a la Universidad de Harvard.

Como el resto de Estados Unidos, Cambridge, Massachusetts, era una bestia alborotosa al principio del siglo xx. Automóviles ruidosos y camionetas de entrega humeantes ataponaban las calles. Carpinteros, albañiles y remachadores de vigas de acero poblaron el paisaje cuando el campus de Harvard explotó con una docena de proyectos de construcción: el estadio de Harvard, la Casa del Presidente, el Varsity Club, el Museo Peabody, el Museo Germánico, el Edificio de Música Paine, el Laboratorio Gibbs, el Puente Lars Andersen, la Biblioteca Widener, dos edificios de ciencia, tres dormitorios de estudiantes, y un recinto de ciencias médicas de 26 hectáreas.[6]

Desde el primer momento en que Albizu llegó a Harvard, el gigante académico crecía y crecía a su alrededor, echando brazos y piernas, desarrollando músculos nuevos, declarando por toda la ciudad de Boston su destino manifiesto de educar la crema y nata de América. Los herederos de este destino estaban claramente identificados. Vivían en un sector de tres cuadras de largo en la calle Auburn al que le decían "la Costa Dorada". Apthorp House, una de las más elegantes mansiones de Cambridge, era lo suficientemente amplia para que sus residentes jugaran al fútbol en su interior, practicaran el tiro al blanco y hasta mantuvieran un mono de mascota. El Randoph Hall tenía piscina, canchas de squash, un patio interior y un sistema de teléfono privado. Claverly Hall tenía piscina térmica, plafones elevados, arañas de cristal, decorados de madera de fresno, chimeneas de mármol, calefacción central y salones para el servicio en casi todas las suites de los estudiantes.

Los estudiantes de la Costa Dorada provenían de escuelas preparatorias prestigiosas —Éxeter, Andover, Groton, Deerfield, Taft, Choate, Hotchkiss, Milton Academy o St. Paul— y se mantenían unidos mediante los exclusivos "clubes finales", siendo los más notables el Porcellian y el AD. Estos eran un grupo selecto, definido por familia, clase social, y dinero. Teodoro y Franklin Roosevelt, J. P. Morgan, T. S. Eliot, Oliver Wendell Holmes, William Randolph Hearst y Owen Wister, todos pertenecieron a uno que otro de los clubes finales de Harvard.

Menos Albizu. Él veía pasar los autos caros Duesenbergs, Renaults y Mercedes y estacionarse frente a Claverly Hall, a los suplidores de licor marchando por la Costa Dorada, a los estudiantes tambaleando a la salida de sus clubes y vomitando sobre las calles adoquinadas. Con nada de eso él tuvo algo que ver. Solo se sentía agradecido porque había visto la cara íntimamente repugnante de la clase dirigente de Estados Unidos.[7]

Albizu disfrutaba los servicios vespertinos de los jueves en la Capilla Appleton y ver el sol ponerse sobre el río Charles. Disfrutaba al ver los ojos amoratados, las narices chorreando sangre y la ropa desgarrada de los Lunes Sangrientos, el día en que los estudiantes de primero y segundo año se propinaban golpes sin ninguna causa aparente hasta desfallecer. Disfrutaba los personajes que de vez en cuando pasaban por el campus: John *el Hombre Naranja*, que vendía frutas desde su carretón tirado por un burro; John Shea, quien podía localizar en tiempo record cualquier libro archivado en la Escuela Superior Walpole, tutoreaba a otros estudiantes en la Biblioteca Widener, y les decía a los estudiantes "no sean *laxantes* en su trabajo"; Adolphus Terry, la enciclopedia ambulante de Harvard, el que se aprendía de memoria los nombres de cuanta cara y registro existía y guardaba apuntes sobre cada estudiante de la universidad. Adolphus le caía bien al estudiante Albizu, más que nada porque era negro.[8]

Además de su lectura en Harvard, Albizu daba clases de español en la Escuela Superior Walpole y tutorías a sus condiscípulos en química, francés y español.[9] Escribía artículos para el *Christian Science Monitor* y salió presidente del Club Cosmopolitan, el cual auspiciaba las visitas de estudiosos y dignatarios extranjeros. Como estudiante excepcional, se graduó de bachillerato con honores en 1916 y fue admitido a la Escuela de Derecho de Harvard.[10]

Albizu se dio a conocer por todo el campus por su ética de trabajo, finos modales y serenidad de carácter. Su único acto impulsivo ocurrió cuando conoció a una estudiante peruana de posgrado llamada Laura Meneses. La invitó a almorzar en Union Hall. Al día siguiente almorzaron juntos otra vez. Al tercer día le propuso matrimonio. Ella se le rió en la cara en el momento, pero eventualmente accedió, y se hicieron pareja para toda la vida.[11]

Cuando Estados Unidos entró a la Primera Guerra Mundial, Albizu ingresó de voluntario al Ejército y sirvió como primer teniente. Ayudó a organizar y entrenar al Tercer Batallón de Infantería de Puerto Rico y era el único oficial "de color" en el Campamento Las Casas, la base de entrenamiento militar en la isla. Tanto en el Ejército como durante un recorrido militar por el Sur de Estados Unidos, Albizu se encontró con un racismo generalizado: lo veía en los transportes públicos y en los lugares de comer, así como en los baños, las tiendas, los correos, y hasta en las iglesias. Lo escuchaba en las burlas soslayadas de sus soldados, quienes no sabían que él entendía todo lo que decían.[12]

Cuando regresó a la Escuela de Derecho en 1919, Albizu ya había tomado una decisión. No importara cuántos diplomas se ganara o cuántas personas de Harvard le felicitaran con aprobación, él jamás sería uno de "ellos". Estados Unidos nunca le tomaría en serio, ni a él, ni a su gente ni a su patria. De hecho, los americanos no podían ni pronunciar correctamente el nombre de su isla natal. Por eso, para darle sentido y propósito a su vida, Albizu decidió dedicar el resto de su vida a la causa de la independencia de Puerto Rico.

Lo hizo sistemáticamente. Estudió la Magna Carta, la Declaración de la Independencia, los artículos de Confederación, la Constitución de Estados Unidos, el Congressional Record, la Enmienda Teller de 1898, la Enmienda Plant de 1901, el Tratado Cubano-Americano de 1903, las normas parlamentarias de las Cortes Generales de España, las resoluciones del Comité Internacional Marítimo y la Carta Autonómica de Puerto Rico. Confirmó que el Tratado de París fue un negocio más bien de bienes raíces y una violación de la ley internacional contra Puerto Rico.[13] Entonces hizo acercamientos a otros movimientos anticoloniales, y conoció a Éamon de Valera, presidente de la República de Irlanda y a Mahadev Desai, líder de los antiimperialistas de la India. Hizo campaña en las fábricas de Cambridge y los barrios irlandeses de Boston para conseguir donativos para el movimiento de liberación de Irlanda.[14]

Una noche hizo su entrada a un concurrido Teatro Sanders, donde mil cuatrocientos estudiantes, facultad y diplomáticos extranjeros acaloradamente discutían "el asunto de Irlanda". Haciendo referencias a la Constitución americana, a los Papeles Federalistas, al British Home Rule Act de 1914 y al ensayo satírico *Una modesta proposición* de Jonathan Swift, Albizu habló a favor de la revolución y electrizó a la audiencia. Lord Miller, en licencia diplomática del parlamento inglés, interrumpió la ovación para declarar: "Soy un noble británico, así que no es necesario que me pidan mi opinión sobre el asunto de Irlanda. Pero, señores, yo no sería inglés si dejara de admitir que el señor Campos acaba de pronunciar el discurso más completo y más brillante sobre el asunto que yo jamás había escuchado".[15]

En 1921, Albizu se graduó de Derecho como primer honor de la clase con el privilegio de dar el discurso de despedida, aunque no se lo reconocieron. Pero recibió múltiples ofertas de empleo: una práctica en la Corte Suprema de Estados Unidos, un puesto diplomático en la embajada americana de México, una posición de juez en Yauco, Puerto Rico, y una posición ejecutiva con una corporación norteamericana que pagaba 15.000 dólares al año. Albizu las rechazó todas y regresó a su Ponce natal para perseguir su creciente obsesión: la independencia de Puerto Rico.[16]

El sector La Cantera de Ponce era uno de los más pobres de toda la isla, con las vacas pastando en la placita pública, sus calles polvorientas y cientos de casuchas con piso de tierra y sin servicios de agua o luz. La basura llenaba los callejones con pepitas de mango, desechos de melón, y bagazo de caña de azúcar. Nubecillas molestosas de moscas y mosquitos descendían sobre el basurero por las mañanas y luego emigraban al interior de las casuchas a torturar a sus moradores.

Albizu alquiló una pequeña casa de madera al pie de un camino de tierra. Desde una loma detrás de su casa podía ver la central azucarera La Constancia. La vista le mostraba un mar infinito de caña: miles de hileras verdes, multiplicadas en espejos sucesivos, hasta llegar a las orillas del mar Caribe.

Laura Meneses llegó a Puerto Rico en 1922, Albizu y ella se casaron y tuvieron tres hijos: Pedro (1924), Rosa Emilia (1925) y Laura (1927). Fueron tiempos difíciles. Albizu practicaba básicamente derecho de pobreza, y sus clientes eran la gente más pobre —por lo general, los cortadores de caña y los jíbaros— que le pagaban con pollos, vegetales y a veces con un simple "muchas gracias". Sus hijos compartían la ropa entre sí y a veces se cubrían los tobillos con trapos empapados de vinagre para impedir que las pulgas les subieran por el cuerpo.[17] Albizu no contaba con ahorros ni propiedades, pero poco a poco estaba construyendo algo muy importante: una reputación como un hombre de principios, un hombre en quien se podía confiar.

Esta reputación creció aún más cuando comenzó a escribir para *El Nacionalista de Ponce* y abogando por la independencia alrededor de la isla. Continuó creciendo después que en un mitin político en 1925, antes de pronunciar su discurso, removió todas las banderas americanas que adornaban el podio y las guardó en sus bolsillos.

Su buen nombre creció entre 1927 y 1930, cuando viajó a Cuba, Panamá, México, Venezuela, Perú, República Dominicana y Haití, promoviendo y creando redes de apoyo para su revolución. Cuando hablaba de cómo los bancos estadounidenses se habían quedado con la tierra de los puertorriqueños, de cómo la Marina estadounidense controlaba sus fronteras, de cómo el Congreso escribía sus leyes, y de cómo las corporaciones estadounidenses pagaban sueldos de hambre a los obreros del cañaveral, todo el mundo sabía de lo que estaba hablando. Le recordó a su audiencia que "adondequiera que miras, ves un ejército yanqui, una marina yanqui, una policía yanqui y unas cortes yanquis" y que "de acuerdo a ellos, ser dueño de una persona te hace un canalla, pero ser dueño de todo un país te hace un benefactor colonial".[18]

En 1930, Albizu se convirtió en el presidente del Partido Nacionalista de Puerto Rico. Aunque el partido no había creado un aparato electoral de isla completa y ninguno de sus miembros ocupaban puestos públicos, cualificó para estatus de papeleta para el ciclo electoral de 1932 con los requeridos 28.000 miembros inscritos.[19] Los nacionalistas se dedicaban a una sola causa, pero esta era avasalladora: lograr la independencia de Puerto Rico tan pronto e incondicionalmente fuera posible. Esto incluía la reclamación de todas las tierras puertorriqueñas, la nacionalización de la instrucción en las escuelas públicas y la eliminación de pagos impositivos a Estados Unidos. Esta plataforma de independencia incondicional se tornó más apasionante cuando la Gran Depresión barrió todo Puerto Rico y el hambre se apoderó de la isla.[20]

También en 1930, Albizu utilizó su pericia legal para crear una serie de bonos registrados en Wall Street. Estos bonos eran inversiones en la República de Puerto Rico, redimibles del tesoro insular el día en que la isla se hiciese independiente. La primera oferta de bonos fue de 200.000 dólares en incrementos de 10, 50 y 100 dólares.[21]

En 1931, Albizu defendió a un nacionalista llamado Luis Velázquez, quien le había propinado una bofetada al juez jefe del Tribunal Supremo de Puerto Rico por motivo de una disputa política y había sido acusado de agresión.[22] El caso llegó hasta la Corte de Apelaciones de Estados Unidos, y cuando Albizu resultó ser el vencedor, el caso se conoció como "La bofetada de Velázquez". Durante los primeros años de la década de 1930, Albizu continuó hablando por toda la isla, y su público continuó creciendo.

En 1932, Albizu se postuló para un escaño en el Senado de Puerto Rico. Perdió la contienda, y el Partido Nacionalista no ganó ni un solo escaño. De hecho, un poeta llamado Luis Muñoz Marín arribó desde el Greenwich Village y ocupó el mismo escaño al que Albizu había aspirado. A pesar de todos los discursos, conferencias, debates, campañas, columnas editoriales y demandas, Estados Unidos todavía no estaba tomando a Albizu o a su Partido Nacionalista muy en serio.

Todo eso cambió con la huelga de la caña de azúcar de 1934. Desde ese momento en adelante, los americanos se empeñaron en sacar a Albizu del panorama.

A medida que la Gran Depresión empeoraba, los bancos norteamericanos que controlaban las centrales azucareras rebajaron los salarios en toda la isla. Los obreros de la caña, quienes habían recibido 75 centavos por un día de doce horas de trabajo quedaron en 45 centavos en 1933. La hambruna era general, y durante los últimos seis meses de 1933, 85 huelgas y protestas irrumpieron en las industrias del tabaco, de la aguja y de la industria de la transportación. El conflicto más intenso, sin embargo, ocurrió en los cañaverales.

El 8 de noviembre de 1933, los obreros de la Central Plazuela en Barceloneta se fueron a la huelga justo antes de la zafra y no regresaron al trabajo hasta el 5 de diciembre. El 6 de diciembre, un fuego causó muchos daños en la Central Coloso y otros 1.200 obreros se fueron a la huelga. Para el 31 de diciembre, el emporio azucarero más grande de Puerto Rico, la Central Guánica, también se había ido a la huelga.

Temprano en enero de 1934, los trabajadores de toda la industria de la caña estaban en huelga, no solo en contra de sus patronos sino también de sus líderes sindicales. Sin consultarle a su membresía, la Federación Libre del Trabajo firmó un convenio insular cuyos términos no les eran favorables a los obreros y dejaba sus sueldos prácticamente iguales. Los líderes sindicales de la Federación, cuya mayoría estaba cómodamente sentada en puestos del gobierno de Puerto Rico, habían traicionado a los trabajadores.[23]

Albizu se dirige a los obreros de la caña durante su huelga

Los papeles de Ruth M. Reynolds. Archivos de la Diáspora Puertorriqueña, Centro de Estudios Puertorriqueños, Hunter College, CUNY..

Finalmente, el 11 de enero de 1934, los trabajadores de la caña buscaron nuevo liderato. Le pidieron a Pedro Albizu Campos, como líder del Partido Nacionalista, que se dirigiera a una asamblea de 6.000 personas al día siguiente.

ᔓ

Era una noche calurosa en la plaza pública Cristóbal Colón. Una brisa del cercano mar Caribe apenas movía las palmeras de la plaza de Guayama, cuando un hombre vestido con chaqueta negra, camisa blanca y pajarita negra subió a la tarima del Partido Nacionalista. Sus ojos eran negros y penetrantes, sus pómulos salientes. No era alto, solo medía alrededor de cinco pies con cuatro pulgadas, pero habló con un electrizante fervor casi religioso.

Un murmullo se extendió por la muchedumbre: el Maestro había llegado. Y es que verdaderamente era un maestro, un gran pianista de ideas, capaz de sentarse ante su instrumento y desencadenar una furia wagneriana. Comenzó despacio y fue creando una cadencia hipnótica. Citó la historia y la religión, la cultura y la tradición. Comenzó a llover, pero nadie abandonó la plaza. Albizu le habló a su pueblo por más de dos horas sobre su trabajo, sobre su tierra y sobre su isla. Recitó el poema "Puerto Rico, Puerto Pobre" de Pablo Neruda[24] y, cuando terminó, la multitud de 6.000 almas aplaudió sin parar por más de cinco minutos y le pidió que por favor dirigiera a los trabajadores en su amarga huelga de la caña. Al otro día laboral, *El Imparcial* publicó su discurso entero en su portada.[25]

Albizu y los obreros de la caña formaron la Asociación de Trabajadores de Puerto Rico, y él negoció a nombre de ellos con las corporaciones azucareras y el gobierno. Albizu y los organizadores nacionalistas dieron discursos en muchos pueblos, incluyendo Arecibo, Fajardo, Bayamón, Humacao, Río Piedras, Yabucoa y Salinas. Las corporaciones estadounidenses, alarmadas, formaron el Comité Ciudadano de los Mil para la Preservación de la Paz y el Orden y le enviaron telegramas al presidente Franklin Roosevelt dramatizando su pánico ante "la anarquía que existe a través de toda la isla".[26]

Unos días después de su discurso, durante una reunión con obreros de Guánica, Albizu recibió una llamada telefónica. Era el coronel E. Francis Riggs, jefe de la Policía de Puerto Rico, para invitarlo a almorzar en el Escambrón Beach Club.[27] Albizu aceptó la invitación y colgó el teléfono. Ya sabía quién era Riggs, el heredero a la fortuna del Riggs National Bank y recién llegado a la isla para dirigir la Policía Insular.

Las oficinas centrales del Riggs National Bank quedaban en el número 1503-1505 de la avenida Pennsylvania Noroeste, frente a frente al Departamento del Tesoro federal y a dos pasos de la Casa Blanca. El banco le prestó al gobierno americano unos 16 millones de dólares en 1847 para la guerra con México y 7,2 millones de dólares en 1868 para la adquisición de Alaska. Catorce presidentes estadounidenses o sus familias habían usado el Riggs como su banco personal, incluyendo a Abraham Lincoln y a Ulysses S. Grant. Como el banco más grande de Washington, D. C., con sucursales a través de todo Estados Unidos, Inglaterra, Alemania y las Bahamas, el Riggs se especializaba en la "banca internacional privada" para clientes adinerados y en la "banca de embajadas" para el 95 por ciento de los ministerios extranjeros y embajadas localizadas en la capital federal.[28] Por toda la América Central se sospechaba que el Riggs National Bank les lavaba el dinero a los dictadores de

Oficinas Centrales del Riggs National Bank en Washington, D. C.
Cortesía de la Biblioteca del Congreso.

derecha, y había sobornado legislaturas enteras, desestabilizado gobiernos populistas, y financiado golpes de Estado militares disfrazados de "revoluciones", todo en nombre del United Fruit Company.[29]

Ahora en 1934, en el mismo medio de una huelga obrera que abarcaba la isla completa, el presidente de este banco había enviado un mensajero especial, a su propio hijo, como jefe de la Policía de Puerto Rico. Este "amistoso policía de barrio", con millones de dólares y miles de hombres armados a su disposición, acababa de invitar a Albizu Campos a una reunioncita para almorzar.

El Escambrón Beach Club era el lugar de veraneo turístico más espectacular de Puerto Rico. Su restaurante estaba ubicado en la orilla del mar con una maravillosa vista del Fuerte San Gerónimo y la costa de San Juan. Un paseo tablado en forma de herradura se extendía sobre el agua del mar, creando "la piscina exterior más grande del mundo".[30]

El 18 de enero de 1934, cuando hizo su entrada al Escambrón, Albizu notó la presencia de numerosos oficiales de la Marina americana, varios hombres de negocio locales, dos miembros del Senado de Puerto Rico, y a Fay Wray, la actriz canadiense-americana famosa por haber interpretado a la protagonista de la película *King Kong* en 1933.

Riggs le aguardaba sentado a una mesa de esquina, vestido con su impresionante uniforme de gala: chaqueta blanca con botones dorados, grandes hombreras, y el pecho cubierto de medallas. Recibió a Albizu con un fuerte apretón de manos. Con numerosos mozos, ayudantes de mozos y encargados del vino revoloteándoles a su alrededor, los dos hombres degustaron un espléndido almuerzo, mientras discutían el nuevo puente del Golden Gate de San Francisco, California, la Guerra Civil Española, la obra de Noel Coward *Diseño para la vida*, la audacia de John Dillinger, la dentadura de Lefty Gomez..., de todo menos de la huelga de la azúcar. El mozo que los atendía hablaba inglés y no se les despegaba, escuchando todo atentamente.[31]

Finalmente, Riggs puso el tema sobre la mesa. Le preguntó a Albizu qué pensaba de Luis Muñoz Marín, contra quien el nacionalista había perdido las elecciones al Senado. Acto seguido se ofreció para donar 150.000 dólares al Partido Nacionalista, para asegurarse de que Albizu ganara el escaño senatorial ese año o en 1936, y para ayudar a hacer a Albizu gobernador de Puerto Rico en los siguientes diez años. Millard Tydings, un buen amigo que le debía varios favores a los Riggs, estaba a punto de presidir el Comité Senatorial sobre Territorios y Asuntos Insulares. Tydings podría auspiciar un proyecto de ley permitiéndole a Puerto Rico elegir su propio gobernador, y Riggs podía garantizar que el puesto fuera para Albizu. A cambio de eso, Albizu tenía que retraerse de la huelga y permitirle a Riggs resolver la espinosa situación a su manera. Si Albizu rechazaba esta oferta, entonces Riggs se la llevaría a Muñoz Marín.

Al escuchar estas palabras, Albizu se puso de pie lentamente, le agradeció a Riggs el almuerzo, y le dijo, tajantemente: "Puerto Rico no está en venta. Por lo menos, no por mí".[32]

Albizu sabía bien quién era Riggs, pero algo que no sabía era que el nuevo jefe de la Policía Insular había trabajado en el Departamento de Inteligencia Militar en Washington, D. C. Tampoco sabía que Riggs acababa de llegar de Nicaragua, donde había estado asesorando a un

Albizu Campos en su ciudad natal de Ponce, Puerto Rico

Fotógrafo: Carlos Torres Morales; publicada en *El Imparcial*, 22 de diciembre de 1930, 5.

dictador emergente llamado Anastasio Somoza, quien un mes después de este almuerzo mandaría a asesinar a Augusto Sandino, el líder populista nicaragüense.

Albizu tampoco sabía que Riggs estaba a punto de triplicar el tamaño de la Policía Insular y de armar a sus oficiales con lanzagranadas, metralletas, carabinas y escopetas del calibre 12. Además de eso, se disponía a reclutar a más de cien agentes del FBI para perseguir a Albizu por toda la isla e infiltrase en el Partido Nacionalista.

El 23 de febrero de 1934, dos días después del asesinato de Augusto Sandino, la huelga de la caña se transó. Los trabajadores recibirían 1,50 dólares por un día laboral de doce horas, más del doble de lo que habían recibido antes. La prensa isleña completa reportó el gran triunfo de Albizu. Y según se fue esparciendo la noticia por todo Washington y Wall Street, llegó otra directriz "de arriba": había que parar el Partido Nacionalista a como diera lugar, por cualquier medio necesario.[33]

Y comenzó entonces la violencia. Después de recibir varias amenazas de muerte, Albizu mudó su familia a una casa menos expuesta en Aguas Buenas y montó vigilancia armada las veinticuatro horas, la cual interceptó y previno algunos atentados por parte del FBI y tres intentos de incendio en 1934 y 1935.[34]

Albizu, además, creó los Cadetes de la República, el grupo juvenil oficial del Partido Nacionalista. En 1936 ya había 10.000 cadetes marchando y entrenando en veintiún municipios. Su comandante en jefe era Raimundo Díaz Pacheco, uno de los amigos más confiables de Albizu. Vidal Santiago, el barbero personal de Albizu, era uno de los capitanes.

Nada de esto impresionó al jefe de la Policía Riggs. El 24 de octubre de 1935 un pelotón de policías llevó a cabo una redada en un mitin de estudiantes, baleando y matando a uno de los cadetes y a otros tres miembros del Partido Nacionalista, en lo que se llegó a conocer como la Masacre de Río Piedras.[35] La masacre apenas fue mencionada en la prensa estadounidense. El jefe Riggs le declaró a *La Democracia* que si Albizu continuaba agitando al pueblo a favor de la independencia, habría "guerra a muerte contra todos los puertorriqueños".[36] Tres meses más tarde, el 23 de febrero de 1936, Riggs fue asesinado camino al Escambrón. Los dos nacionalistas que lo mataron, Hiram Rosado y Elías Beauchamp, fueron arrestados, agolpeados y torturados por espacio de una hora, y finalmente ejecutados en un cuartel de la Policía en San Juan.

El gobernador Blanton Winship se movió rápidamente, ordenó una investigación y prohibió las manifestaciones públicas en toda la isla. La Policía Insular hizo redadas en decenas de oficinas y hogares, incautó documentos y grabaciones de los discursos de Albizu, y once días después arrestó a Albizu junto a ocho otros nacionalistas. Al no tener evidencia de asesinato o de incitación al asesinato, la fiscalía acusó a Albizu de conspirar para derrocar el gobierno de Estados Unidos.[37]

El primer jurado, compuesto por siete puertorriqueños y cinco norteamericanos, no logró llegar a un veredicto. Justo antes de un segundo juicio, en una recepción en la mansión del gobernador, el fiscal norteamericano Cecil Snyder le mostró a un conocido pintor visitante, Rockwell Kent, una lista de potenciales jurados para el juicio. Según lo relató el mismo Kent, las personas en la lista de Snyder eran precisamente las que luego fueron seleccionadas durante la examinación *voir dire* para juzgar a Albizu.

Kent compartió esta información públicamente, pero no tuvo efecto alguno sobre el caso. Habló directamente con la prensa, afirmando que "a Albizu Campos se le denegó el derecho a un juicio por jurado justo e imparcial". Hasta llegó a someter una carta al senador Henry F. Ashurst, presidente del Comité Senatorial de lo Jurídico, pero nunca se investigó su querella.[38] En el segundo juicio, el secretario de la Corte declaró que catorce miembros del jurado habían estado indispuestos o "excusados por causa", se removieron a otros cinco[39] y se controló el proceso completo de selección *voir dire*. Cuando se disipó el humo, el nuevo jurado consistió de diez norteamericanos y dos puertorriqueños.

En el primer día del juicio, 27 de julio de 1936, cada sala, pasillo, ascensor y escaleras del Edificio Federal José Toledo estaba llena de soldados americanos. Las calles circundantes estaban bloqueadas. Los agentes del FBI se mezclaban entre la gente. Miembros de la Guardia Nacional patrullaban los pasillos. En la Corte misma, más de la mitad de los espectadores eran policías y detectives encubiertos.[40] El 31 de julio de 1936, la Policía Insular llegó armada de subametralladoras Thompson, rifles y gas lacrimógeno y evacuó el edificio completo. Los comandantes militares del Campamento Santiago y el nuevo jefe de la Policía, coronel Enrique de Orbeta, observaban desde sus asientos cuando el jurado sometió su veredicto: todos culpables, y condenas de diez años de prisión para Albizu y seis años para los demás nacionalistas.[41]

Elmer M. Ellsworth, ayudante especial del gobernador Winship, era uno de los miembros de este jurado escogido a mano. En un arranque de remordimiento, escribió una carta al presidente Roosevelt donde afirmó: "El jurado estaba motivado por un intenso, por no decir violento, prejuicio contra los nacionalistas, y estaba preparado para declararlos culpables, independientemente de la evidencia. Diez de los miembros del jurado eran estadounidenses residentes de la isla y aun los dos puertorriqueños estaban íntimamente asociados con los intereses comerciales americanos. Fue evidente por la composición del jurado que los nacionalistas no recibieron ni podían recibir un juicio justo".[42] La carta no surtió ningún efecto; Albizu fue encarcelado en la prisión de la Princesa en San Juan. Una marcha de Domingo de Ramos terminó como la Masacre de Ponce. Finalmente, después de apelar infructuosamente,

Albizu fue trasladado a la Penitenciaría Federal en Atlanta, Georgia, el 7 de junio de 1937 para cumplir allí el resto de su condena.

ංෆ

Aunque la Penitenciaría de Atlanta era una instalación grande enclavada en 300 hectáreas y albergaba a 2.500 convictos, Albizu fue objeto de especial y constante atención. Le abrían y leían toda su correspondencia. Solo podía escribirse con una "lista aprobada" de personas (mayormente familiares) y no podía recibir revistas o periódicos. Se le permitía una sola visita al mes, y a mucha gente, incluyendo a la ganadora del Premio Nobel, la poetisa Gabriela Mistral, simplemente no se les permitía el acceso.[43] Su salud comenzó a deteriorarse. Los reclamos de que sufría de anemia y extremadamente baja hemoglobina pasaron desatendidos hasta que el congresisa Vito Marcantonio amenazó al alcaide. Marcantonio representaba al Harlem Este, el cual contenía la mayor concentración de puertorriqueños de ese tiempo en Estados Unidos continentales.[44]

A pesar de todo esto, Albizu se las arregló para escribir artículos en pro de la independencia de Puerto Rico, los que se publicaron en las revistas *Magazín Excelsior* de México y *Claridad* de Argentina bajo el ingenioso pseudónimo de Pedro Gringoiré. También les traducía las cartas a los demás prisioneros y trabajaba en la biblioteca del penal.

Un día, un representante del Departamento de Estado de Estados Unidos, Pedro Capó Rodríguez, apareció en la penitenciaría de Atlanta con una oferta para don Pedro.

Estados Unidos estaba dispuesto a liberar a todos los prisioneros nacionalistas, y asegurar que el Partido Nacionalista saliera al frente de la campaña electoral de 1940. Lo único que los nacionalistas tenían que hacer era declarar que "la independencia no está en *issue*". La propuesta fue rechazada.[45]

Otro dia, en la biblioteca, don Pedro encontró un singular libro titulado *La guerra es un chanchullo*, publicado por el general Smedley Butler. Butler había sido un infante de marina por trenta y tres años y el más condecorado de toda la historia de Estados Unidos. Había recibido dieciséis medallas, cinco por heroísmo, y era uno de solo diecinueve veteranos en recibir la Medalla de Honor del Congreso dos veces. Se retiró como general y, por un breve periodo, fue el comandante de más alto rango en el Cuerpo de Marines de Estados Unidos.

Un capítulo de su libro dice lo siguiente:

> La guerra es un negocio sucio. Solo un pequeño grupito sabe de lo que se trata. Se lleva a cabo para el beneficio de muy pocos a costa de muchos. Yo jamás volvería a pelear en una guerra como lo he hecho, simplemente para protegerle alguna maldita inversión de los banqueros.
>
> No hay un truco en la bolsa de los negocios sucios que la ganga de militares desconoce. Tienen a sus "apuntadores" para señalar a los enemigos, sus "matones" para destruir a sus enemigos, sus "cerebros" para planificar la guerra, y un jefe grande, que es el Capitalismo Supernacionalista.
>
> Yo pasé trenta y tres años en el servicio militar activo como miembro del Cuerpo de Marines. Serví en todos los rangos de oficial desde segundo teniente a general. Y durante todo ese periodo, fui mayormente un "matón" de alto nivel para las grandes corporaciones, para Wall Street y para los banqueros. En conclusión, yo fui un raquetero, un matón del capitalismo.
>
> Ayudé a asegurar nuestros intereses en México, especialmente Tampico, en 1914. Ayudé a adecentar a Haití y a Cuba para que los chicos del National City Bank pudieran recolectar nuestras ganancias.
>
> Ayudé a violar media docena de repúblicas de la América Central para el beneficio de Wall Street. Ayudé a purificar a Nicaragua para la casa banquera de los Brown Brothers en 1909-1912. Traje la luz a la República Dominicana para ayudar a nuestros intereses azucareros en 1916. En China me las agencié para asegurar que Standard Oil hiciera allí lo que se le antojase.
>
> Mirando hacia atrás, siento que le pude haber dado clases a Al Capone. Lo mejor que este pudo hacer fue operar sus negocios turbios en tres distritos. Yo operé los míos en cinco continentes.[46]

Luego Butler provee once páginas de datos y números que demuestran el margen de ganancias de cientos de corporaciones norteamericanas durante la Primera Guerra Mundial. La tabla que aparece en la página 125 muestra seis de las más atroces.

El padre de Butler había sido congresista por trenta y cinco años y presidió el Comité de Asuntos Navales de la Cámara de Representantes. Tras estudiar los documentos de asignaciones de fondos del Senado de Estados Unidos, Butler descubrió que 49 plantas de acero, 340 productores de carbón, 122 empacadores de carne, 153 suplidores de algodón y 299 manufactureros de ropa se habían enriquecido enormemente por la guerra. Esta había costado 5.200 millones de dólares, y 1.600 de esos millones (el 30 por ciento) constituía pura ganancia para los suplidores de materiales de guerra.[47]

Corporación	*Ganancia anual antes de la guerra (en millones de dólares estadounidenses)*	*Ganancia anual durante la guerra (en millones de dólares estadounidenses)*	*Incremento en ganancia (por ciento)*
DuPont Chemical	6,0	58,0	966 %
Bethlehem Steel	6,0	49,0	816 %
Anaconda Copper	10,0	34,0	340 %
Central Leather	1,167	15,0	1.320 %
General Chemical	0,8	12,0	1.400 %
International Nickel	4,0	73,0	1.830 %

La guerra es un chanchullo confirmó todo lo que Albizu había visto en Puerto Rico. Cuando intentó hacer algo para remediarlo dirigiendo huelgas obreras y abogando por la independencia, Estados Unidos manipuló un jurado para meterlo en la cárcel. Para este tiempo, el 3 de junio de 1943, Albizu fue liberado en probatoria en la ciudad de Nueva York. Había estado en la cárcel más de siete años.

Tres días después, el 6 de junio de 1943, Albizu fue recluido en el Hospital Columbus con un diagnóstico de arterioesclerosis, esclerosis coronaria, neuritis del plexo braquial y anemia. El director del FBI, J.

Edgar Hoover, no se creyó el diagnóstico y le envió un memorándum al Departamento de Estado: "Se ha informado que Albizu Campos está utilizando su habitación privada en el Hospital Columbus como los cuarteles del Partido Nacionalista de Puerto Rico en la ciudad de Nueva York. Allí recibe muchos visitantes notables y celebra reuniones. Campos sigue hospitalizado por cuenta propia para evocar simpatía y lucir como un mártir".[48]

Hoover mandó a poner micrófonos clandestinos en el cuarto y se espiaban las conversaciones hasta que una monja encontró uno en una lámpara. Ese mismo día, Vito Marcantonio vino de Harlem Este y arrancó toda la cablería mientras maldecía a Hoover y amenazaba con llevar toda la evidencia al piso del Congreso y ventilarlo a los cuatro vientos.[49]

Albizu permaneció en el Hospital Columbus hasta el 9 de noviembre de 1945 y vivió luego en el Bronx hasta el 11 de diciembre de 1947. Pero un día llegó hasta el Muelle de la Marina en el Bronx, abordó el vapor *USS Kathryn*, y regresó a Puerto Rico.[50]

Desde el primer momento en que Albizu plantó un pie en San Juan, Hoover se obsesionó con perseguirlo y registrar su más mínimo movimiento, convirtiéndose en esencia en su Boswell. En un memorándum al secretario del Interior, Julilus Krug, escribió:

> Pedro Albizu Campus, el presidente del Partido Nacionalista, arribó a San Juan el 15 de diciembre de 1947 desde Nueva York. Allí lo recibieron miles de seguidores nacionalistas, comunistas y otros líderes independentistas de Puerto Rico.
>
> Una muchedumbre de varios miles lo recibieron en el mismo muelle hasta con una guardia de honor de cuarenta "camisas negras" del llamado cuerpo de "Cadetes del Ejército de Liberación" bajo el mando del "coronel" Raimundo Díaz Pacheco.
>
> Más tarde, en un mitin masivo de los nacionalistas, comunistas e independentistas, Albizu condenó (1) la expropiación de Vieques, Puerto Rico, por la Marina de Estados Unidos; (2) la enseñanza del inglés en las escuelas públicas de Puerto Rico, y avisó de que esta era la hora de decisiones y acciones, no de palabras.[51]

Con la excepción de su histeria anticomunista, la descripción de Hoover estaba correcta. Efectivamente, miles de puertorriqueños y docenas de agentes del FBI recibieron a Albizu en el muelle. Atestaron la Catedral de San Juan y lo siguieron en una masa viviente hasta el Estadio Sixto Escobar, donde pronunció un discurso ante catorce mil compatriotas. Las banderas de Puerto Rico ondeaban por doquier: de los autos, de las vitrinas, de las casas, de los árboles y hasta de los techos del estadio. Las radioemisoras transmitieron el discurso de Albizu a toda la isla. Los agentes del FBI añadieron un toque de curioso *glamour*, pues se pasaron filmando y grabando el evento abiertamente y anotando los nombres y las tablillas de todo líder nacionalista que asistió.[52]

Un joven cantó "La Borinqueña", y entonces Albizu comenzó a hablar. "Mi nombre es Pedro Albizu Campos. Ustedes son mi pueblo. Y esta es nuestra isla." Un rugido ensordecer llenó el recinto. Por más de una hora, Albizu tronó a favor de la independencia. El estadio se estremecía con el aplauso, el pataleo, los cánticos y los vítores de la multitud, que agitaba sus puños al aire con fervor. El Maestro había vuelto a su casa.

Todos los periódicos cubrieron el dramático regreso de Albizu Campos a Puerto Rico. Después de una breve estadía en el Hotel Normandie, él recogió a su familia y se fueron a vivir a un apartamento de segundo piso en el Viejo San Juan, en la esquina de las calles Sol y Cruz. El flujo de visitantes era interminable, y en el primer piso debajo de ellos, el Bar Borinquen se convirtió en un lugar popular de encuentro de periodistas y estudiantes universitarios.

Durante las primeras semanas, Albizu sintió el gozo de estar con la familia a la que no había visto en diez años y de disfrutar el calor de las tradicionales fiestas: Navidad, Año Nuevo, el Día de Reyes y los ocho días de las Octavitas.[53] Pero muy pronto se dio cuenta de los cambios que habían ocurrido en la isla. La prensa ya no clamaba por la independencia. El movimiento sindical estaba estancado. Los fondos del Partido Nacionalista estaban escasos. La matrícula de los Cadetes de la República había mermado un 80 por ciento, a menos de mil.[54] Y la presencia militar de Estados Unidos estaba en todas partes.

Desfile militar en Viejo San Juan, día 4 de julio

La Marina había ocupado Vieques y lo usaban para prácticas de artillería, explotando 5 millones de libras de municiones al año. El Campamento Santiago ocupaba 12.789 hectáreas en el pueblo de Salinas. La Base Ramey de la Fuerza Aérea cubría 3.796 hectáreas en Aguadilla. Fort Buchanan tenía 4.500 hectáreas en el área metropolitana de San Juan, con su propio muelle, sus almacenes de municiones y una red masiva de trenes hasta la bahía de San Juan.

Cada 4 de julio, Estados Unidos flexionaba su potente mollero con un impresionante desfile militar: una banda musical, tres batallones de infantería, una compañía de tanques, un escuadrón de bombardeo, tres escuadrones de cazas aéreas, el Batallón de Artillería 504, el Escuadrón 18 de Caballería Mecanizada, y 4.000 soldados —el Regimiento 65 de Infantería completo— que marchaban desde la calle Fortaleza (a tres cuadras de la casa de Albizu) para recordarles a todos quién mandaba aquí.[55] Y además de todo eso, estaba Roosevelt Roads, la base naval más grande del mundo, con 32.000 hectáreas, 3 puertos, 9 muelles, 1.340 edificios, 110 millas de carretera, 42 millas de playa y una pista de aterrizaje de 1.000 pies. Albergaba a 17.000 personas y le daba servicio hasta a 1.000 buques de guerra al año.[56]

La política de la isla también estaba cambiando. Luis Muñoz Marín controlaba el Senado de Puerto Rico y había logrado mover el discurso de "independencia" a "desarrollo económico" con un programa conocido como "Manos a la Obra." En 1947, Puerto Rico pasó su primera ley de exención contributiva excusando a todos los nuevos negocios extranjeros de pagar impuestos locales e insulares. Ese mismo año, el gobierno legalizó los juegos de azar, construyó una inmensa fábrica de textiles y negoció con Conrad Hilton para construir un hotel de lujo, el Caribe Hilton.[57] Pero lo más importante fue que el 2 de mayo de 1947 el Congreso estadounidense autorizó a los puertorriqueños a escoger su primer gobernador, con la primera elección programada para 1948.[58]

En las páginas editoriales y programas radiales, en las barberías y salones de belleza, en las salas y comedores y mesas de dominó, la conversación había cambiado de "¿Será Puerto Rico independiente?" a "¿Quién será el primer gobernador boricua?". Las metas de Albizu habían sido echadas a un lado. A él lo habían hecho irrelevante. Para hacer su sueño realidad, Albizu tendría que hacer algo dramático, teatral y desesperado, algo que saliera más allá de las fronteras de Puerto Rico y explotara sobre el escenario mundial.

El FBI sabía esto, y por eso mantenía su casa en el número 156 de la calle Sol bajo continuo asedio; le estacionaban un carro de policía al frente, día y noche, y retrataban a todo el que entraba al edificio. Si Albizu salía a la calle, la noticia se transmitía a la estación central de radio de la Policía Insular. Si él o su familia salían a dar un paseo, los agentes los seguían. Hasta averiaron los semáforos alrededor de la casa, lo que les daba una excusa legal para detener cualquier conductor que pasaba por el vecindario e interrogarlo, multarlo, acosarlo o arrestarlo. Su correo era interceptado, y se transportaba en automóvil lo menos posible pues lo detenían a cada rato, tanto en las calles urbanas como en las carreteras de la isla. Las transcripciones de toda esta vigilancia —de Albizu, del Partido Nacionalista y de otros individuos "subversivos"— con el tiempo llegaron a tener casi 2 millones de páginas.[59]

El 29 de marzo de 1948 J. Edgar Hoover colocó al Partido Nacionalista en la lista del FBI de organizaciones que luchaban por destruir el gobierno de Estados Unidos. Esto le dio acceso a mayores fondos, más equipo de vigilancia electrónica y más agentes para Puerto Rico.

Unos meses más tarde, el lazo al cuello de los Nacionalistas se apretó aún más. El 10 de junio de 1948 Luis Muñoz Marín orquestó la aprobación de la Ley número 53 (la Ley de la mordaza). Esta ley, que era casi un calco palabra por palabra de la Ley federal Smith contra el comunismo, autorizaba a la Policía y al FBI a detener a cualquiera en la calle y a allanar cualquier hogar. Si la Policía encontraba allí una bandera de Puerto Rico, los residentes podían ser todos arrestados y metidos a la cárcel.[60]

El 19 de octubre, desde el hemiciclo del Congreso federal, el representante Vito Marcantonio dio el siguiente informe sobre Albizu Campos:

> Hoy día vive en San Juan bajo el tipo de vigilancia policiaca e intimidación que solo pudo haber existido en la Alemania de Hitler [...] Cuando el líder del Partido Nacionalista sale de San Juan para asistir a un mitin político o dar un discurso, una caravana de coches de policías armados le persigue por todo el trayecto. Cualquier hotel donde se hospeda es inmediatamente rodeado por un cordón de guardias armados. Cada reunión del Partido Nacionalista se lleva a cabo bajo la amenazante sombra de controles policiacos. Campos es un ciudadano americano, mas sin embargo él y sus seguidores son hostigados e intimidados a cada paso.[61]

El negocio se había triplicado en el Salón Boricua en los últimos dos años; la pequeña barbería se había convertido en un hervidero de rumores, discusiones y licor sin licencia. Las discusiones más ruidosas ocurrían cuando el bebido barbero cortaba un poco al cliente que estuviera afeitando.

Desde la aprobación de la Ley de la mordaza, Albizu frecuentaba el Salón Boricua cada dos semanas y siempre recibía la bienvenida de un héroe. Cuando entraba por la puerta, alguien le preguntaba: "¿Cómo le va, don Pedro?".

"Igual que siempre", respondía. "Tengo cuarenta agentes del FBI pegados del rabo".

Todo el mundo se reía, y Albizu se sentaba para que Vidal Santiago, el dueño de la barbería, le recortara el pelo; intercambiaba chistes con los parroquianos y compraba uno o dos billetitos de la lotería. Cuando pagaba el recorte, le pasaba una nota escrita a Vidal junto con el billete de a peso. A veces dejaba otro dólar debajo de la estatuilla de santa Bárbara. Entonces pasaba al baño, donde tenía una ventana de oportunidad que duraba cinco minutos.[62]

Albizu removía un panel falso que había en el cuartito de baño, se trepaba por encima de unos paneles de yeso y se metía gateando en el apartamento contiguo del número 353 de la calle Colton. Allí hablaba tres minutos con Raimundo Díaz Pacheco, con Blanca Canales y otros altos líderes del Partido Nacionalista. Entonces se volvía a meter en el angosto tunelcito hasta el baño, y halaba la cadena del inodoro.

"¿Te asistió el agente?", le preguntaba Vidal.[63]

"No lo dejé", le contestaba Albizu y los demás se echaban a reír.

Este intercambio era en realidad la señal de que la reunión se había llevado a cabo y que todo había quedado discutido. Por casi dos años, hasta la Revolución de Octubre de 1950, el Salón Boricua fue la cuerda de salvación para Albizu, pues le proveyó la única forma segura en que él se podía comunicar con el liderato de su partido.

El 7 de octubre de 1950, Albizu se enteró de que Faustino Díaz Pacheco y Vidal Santiago habían caído entre *los desaparecidos*. Faustino era el hermano de Raimundo Díaz Pacheco, el comandante en jefe de Albizu. Sin Vidal, Albizu ya no pudo visitar el Salón Boricua y meterse en el apartamento del lado. De hecho, la desaparición de estos dos solo podía significar que el partido entero había sido infiltrado. Las puertas se le estaban cerrando a Albizu, y decidió irse de paseo por la ciudad.

Dos agentes del FBI lo seguían de cerca cuando pasó por el Teatro Luna y miró los afiches de la película *Las arenas de Iwo Jima*. Dio la vuelta por el Fuerte San Cristóbal y siguió caminando por la acera que bordeaba el mar. A su izquierda estaba La Perla, el peor arrabal de San Juan, un poblado de casuchas de tablas con planchas de zinc como techo no muy lejos de la mansión del gobernador. Pasó por el frente de las murallas del Morro con sus vetustos cañones Ordóñez, que fallaron sin poder hacer nada para detener la invasión de 1898. Allá en la bahía un barco de guerra zarpaba desde Fort Buchanan y luego tomaría el rumbo hacia Vieques. Albizu volteó y tomó la ruta soleada del Escambrón, con sus nítidas canchas de tenis, sus mozos de la piscina con sus camisas floreadas, sus meseros con guantes blancos, y el restaurante donde el jefe de la Policía Riggs le había ofrecido un soborno de 150.000 dólares.

Se sentó a la orilla de la bahía y contempló la bella laguna del Condado. El Caribe Hilton, el Normandie, el Condado Beach y una docena de hoteles de lujo bloqueaban su vista al mar. Cientos de turistas jugaban en la playa y se bronceaban con el sol. Rótulos de Coca-Cola adornaban casi todas las calles. Le costaba trabajo reconocer a su islita. El paisaje de su niñez se estaba borrando palmo a palmo.

Y ahora, después de haber estudiado y trabajado tan duro, había estado preso y le habían quitado la licencia de abogado. No tenía forma de ganarse el sustento de los suyos, su teléfono estaba interceptado, lo seguían a todas partes, los agentes del FBI analizaban hasta lo que echaba en el bote de basura, y casi todos sus compañeros estaban presos o desaparecidos. Mientras tanto, Luis Muñoz Marín había negociado su trato con Estados Unidos y estaba recostado en La Fortaleza fumando opio.[64]

Albizu emitió un largo suspiro e hizo un gesto de asombro con la cabeza. ¿Sería posible que él estuviera luchando por una isla que hacía tiempo ya no existía? Tal vez lo que tenía que hacer era despertar de este sueño. Ya otros habían claudicado y se encontraban ahora construyendo trampas para turistas por toda la isla.[65]

Un grito de aclamación irrumpió en el dueto de hombres del FBI que lo acechaban a 50 pies de distancia. Compartían un pequeño radio de onda corta y escuchaban el cuarto juego de la Serie Mundial. Al ver que Albizu los estaba observando, ambos lo saludaron con euforia.

"¡Ganaron los Yankees!", le gritaron. Don Pedro sonrió y les devolvió el saludo.[66]

CAPÍTULO 13

El artista

A Juan Emilio Viguié le encantaba contar cuentos. Vino al mundo como una esponja y escuchó un millón de cuentos, la suma de los cuales se convirtió en su vida. Los cuentos tenían un inmenso poder y él lo sabía. Eran lo único que le importaba.

Igual que Pedro Albizu Campos, nació en 1891 en el pueblo de Ponce y quedó huérfano a una temprana edad. Pero distinto a Albizu, fue adoptado por don Caballer, un juez municipal que lo trató siempre como a un hijo y apoyó todos sus esfuerzos. A Juan le gustaba dibujar, de manera que el juez lo matriculó en la Academia Miguel Pou, donde estudió pintura y artes visuales, y donde aprendió a ver el mundo de una manera diferente, en términos de luz, forma, simetría y color.

A los diez años entró al Teatro La Perla por primera vez. La Perla era un teatro enorme de mil butacas, y allí Juan vio tres películas mudas —*La noche buena*, *La mariposa* y *Caperucita Roja*— y después no paraba de hablar de ellas. Al año siguiente, en el Teatro Luna de San Juan vio una copia de *Un viaje a la Luna* de Georges Méliès y en ese momento supo, a la edad de once años, que el cine sería su vocación. Dos años más tarde, en su primer viaje a París, vio diez cortometrajes de los hermanos Lumière en Le Salon Indien du Grand Café. Su favorita fue *El desayuno del bebé* porque mostraba el asombroso poder de este nuevo medio: la simple imagen de un bebé derramando comida por la barbilla mantenía completamente hipnotizados a todos los espectadores.

Juan consiguió su primer trabajo a los quince años como proyeccionista del Teatro Habana de Ponce. El gerente era un francés, y Juan gozaba mucho cuando los jíbaros se ponían impacientes durante el cambio de rollos y gritaban: "¡Apaga, misú!". Ya para 1911, Juan era un experto en el tema de los pioneros del cine, incluyendo a Edwin S. Porter, Robert W. Paul y Ferdinand Zecca. Compró una cámara Pathé, dos proyectores usados y abrió su propio cine en el pueblo de Adjuntas.[1]

Su primer documental, *Escenas de Ponce*, consistió de varias tomas de las calles del pueblo y sus paisajes cercanos, y se estrenó en varios teatros alrededor de la isla. Su cine era bastante rentable, pero un poco de aritmética le amplió su percepción: 13 teatros de San Juan cobraban la entrada a 10 centavos y entre todos sacaban 1.500 dólares al día. Cada teatro dejaba una ganancia de por lo menos 10.000 dólares al año, pero el mercado ya estaba saturado y Juan no contaba con el capital para competir con ellos. Además, él lo que quería era hacer cine, no mostrarlo, de modo que cuando se enteró de que había un nuevo estudio de cine en la Florida, hizo la maleta y se encaminó hacia el Norte.

De acuerdo con la revista *Moving Picture World*, el Estudio Lubin South de Jacksonville, Florida, tenía "las mejores instalaciones exteriores al este de Los Ángeles". Su director, Arthur Hotaling, había alquilado un enorme cobertizo para botes en la avenida Riverside y construido allí un enorme estudio al aire libre bien equipado con pantallas solares, filtros prismáticos de vidrio y un muelle privado en el río Saint John. Cuatro directores operaban cinco estudios con cincuenta empleados a tiempo completo y hasta trescientos residentes del área como extras. Cuando Juan llegó allí en 1913, Lubin South ya estaba produciendo 14.000 pies de cinta fílmica a la semana, y Oliver Newell Hardy (luego famoso con Stan Laurel como Laurel y Hardy) hacía su debut con su primera película, *Más listo que papá*.[2]

Juan se le presentó a Hotaling, le mostró *Escenas de Ponce* y fue contratado enseguida como manejador de culebras. Durante los meses siguientes pasó a ser pintor, carpintero, oficinista de guiones, asistente de camarógrafo y traductor al español de los carteles con los títulos. Pero había algo que le molestaba.

Muchas de las comedias de Hotaling se basaban principalmente en deplorables estereotipos étnicos. Mostraban a los italianos, judíos, alemanes, irlandeses, mexicanos y negros en términos raciales muy crueles. Los irlandeses eran los borrachos con cara de mono siempre buscando bulla; los italianos eran tramposos y libidinosos; los alemanes eran idiotas con panza de cerveza. Las más insultantes eran las comedias de los negros. *Coonstown Suffragettes* insultaba a todas las mujeres y hombres negros y fue la primera película donde apareció la nodriza negra de labios gruesos, la futura *Aunt Jemima*. En *Buscaba trabajo,* un negro disfrazado de albañil irlandés recibía una paliza casi mortal cuando una manguera de agua le borraba el maquillaje. A Juan esto no le pareció gracioso, pero estas comedias negras eran tan populares en el Sur americano que en 1913 Hotaling montó un estudio aparte para ellas nada más, con su propio salón comedor, a seis cuadras del estudio principal. Cuando Hotaling le pidió a Juan que fuera su gerente de producción, Juan renunció disgustado y se marchó al Oeste.

∽

En 1914 llegó a Presidio, Texas, con 10 dólares en el bolsillo. Cuando se bajó del tren, se le acercó un hombre mayor que se presentó como el teniente Manuel Ortega. Llevaba en la cabeza el sombrero más grande que Juan había visto en su vida. Parecía una lámpara mexicana.

Ortega invitó a Juan hasta su auto, se montaron en él y cruzaron la frontera mexicana. Finalmente llegaron a un campamento militar cerca de Chihuahua. No había carpas en aquel campamento, sino un gran número de soldados sin uniforme que yacían acostados sobre cobijas y sarapes, cada uno con su inmenso sombrero, sucia ropa de algodón, bandolera de balas cruzada en el pecho y pistola en la baqueta. El fuerte olor a tabaco y aguardiente provenía de algún lugar, probablemente de la misma ropa de los soldados. Unas cuantas mujeres cantaban mientras molían mazorcas de maíz con grandes piedras. Un anciano deambulaba por el campamento, mostrando unos papeles pintados y anunciando: "Dos centavos por una oración al Cristo Crucificado. Dos centavos...".

Se les acercaron dos hombres. Un joven bien parecido y muy seguro de sí mismo, obviamente americano, le dio la mano a Juan y le dijo: "Soy Raoul Walsh". El otro, de corpulencia de oso, con un feroz bigote, cabeza grande, hombros anchos, cuerpo fornido y ojos que a Juan le recordaban una pantera salvaje, dijo: "Yo soy Pancho Villa". No perdieron tiempo en formalidades porque Villa estaba en plena guerra con el gobierno de México.

Todo el mes siguiente, Juan trabajó como director auxiliar (sin crédito) de la película *La vida del general Villa*, la primera película de Raoul Walsh, la primera biografía fílmica y primer largometraje de la historia americana. El productor fue D.W. Griffith, quien dirigiría *El nacimiento de una nación* el año siguiente.

El concepto de la película era espectacular: Pancho Villa era la estrella. Walsh lo seguía con una cámara, filmando sus batallas según iban ocurriendo, y las incorporaba al film. A cambio, Villa recibía un adelanto de 25.000 dólares que utilizaba entonces para comprar cañones, rifles, caballos, carbón, dinamita y municiones. De esta manera, por conseguir pietaje para su épica fílmica, D. W. Griffith y su Mutual Film Corporation ayudaban a financiar la Revolución Mexicana. Se podría decir que Griffith financió el primer *reality show*.[3]

Para preparar a todos para el proyecto, Walsh llevó a Pancho Villa, al teniente Ortega, al general Tomás Urbina, a un guardaespaldas tuerto llamado Cholo Martínez, y a otros oficiales a un cine de Juárez que exhibía una película sobre Jesse James. Los problemas comenzaron en la boletería cuando el Cholo Martínez insistió en solo pagar medio precio porque tenía un solo ojo. El taquillero le ripostó que si todos en Juárez llegaran al cine con un parche puesto, entonces su teatro se iría a la quiebra. "En ese caso," insistía Cholo, "obligas a todo el que venga con parche que te muestre lo que hay debajo." Acto seguido se quitó el parche y le puso la cuenca vacía de su ojo en la cara del taquillero, quien se vomitó allí mismo y los dejó entrar a todos sin pagar.

La pantalla del cine consistía en una sábana blanca pegada a la pared y, cuando comenzó la película, se armó la grande. En cuanto la ganga

Pancho Villa ataca a los federales... de nuevo
Cortesía de la Biblioteca del Congreso.

de Jesse James salió en escena disparando en todas direcciones, muchos espectadores se lanzaron al piso debajo de las butacas. Luego salió la cuadrilla de ciudadanos de ley persiguiendo a los bandidos, y en el espíritu de hermandad criminal, alguien en el teatro intentó defender a Jesse disparándole al alguacil y a sus secuaces. En un instante se formó el tiroteo del siglo dentro del teatro, que resultó en la muerte de cuatro espectadores. Cuando se disipó el humo de la balacera, todos querían seguir viendo la película, pero el proyeccionista había sido una de las víctimas y al caer había tumbado y destrozado el proyector. La audiencia estaba lista para pegarle un tiro al gerente de la casa en son de protesta, pero a este ya se lo habían llevado a sacarle una bala que alguien le había pegado en un muslo. Cuando iban de regreso al campamento, Pancho Villa resumió todo el evento: "Algo que se puede decir sobre el cine", exclamó filosóficamente desde su caballo, "solamente deben permitir verlo a personas con nervios muy fuertes".

El 26 de enero de 1914, Villa y sus hombres tomaron por asalto la ciudad de Durango. Él envió su caballería a rodear las fuerzas contrarias y cortar toda vía de retirada. Entonces su infantería formó tres largas hileras de batalla que atacaron en sucesivas oleadas. La batalla duró unas cuantas horas, pero en cuanto los hombres avasallaron y sobrepasaron los muros y abrieron las puertas de la ciudad, todo terminó demasiado pronto para que Raoul Walsh y su camarógrafo, Hennie Aussenberg, pudieran captarlo en el rollo de película.

Había muertos por todos lados, muchos heridos, muchísima sangre y dos caballos con las cabezas partidas. Dentro de la ciudad, los hombres de Villa estaban tiroteando a los oficiales federales y colgándolos de los árboles. Una turba de campesinos les sacaba con piedras los dientes a los cadáveres para extraerles el oro de sus empastes. Pero Walsh quería todavía "más drama", y le tocó a Juan persuadir a Pancho Villa que simulara algunas escenas de batalla para filmarlas antes de que removieran los muertos del área.

"Joder", dijo Villa. "¿Él quiere que los mate de nuevo?"

"Un poquito", dijo Juan.

"¿Y si lo fusilo a él, sería más dramático?"

"Bueno yo..."

"En vez de *La vida de Pancho Villa*, podemos filmar *La muerte de Raoul Walsh*."

Tras mucha diplomacia y adulación, Juan logró convencer a Villa para que, por la gloria de la Revolución, se dejara hacer las tomas adicionales que necesitaba la película.

Grabaron a Villa cuando entraba a caballo en Durango y cuando disparaba su pistola por encima de la cabeza del camarógrafo. Lo grabaron escondido detrás de un gran peñón, disparándoles a los federales. Lo grabaron saltando del peñón. Les quitaron la ropa, las gorras y las botas a una docena de federales muertos y se las pusieron a los hombres de Villa para simular otra batalla. Villa ofreció otra idea.

"¡Callate, quebracho muerdealmohadas, que te meto la verga por el hocico!"

"*Excuse me?*" preguntó Walsh, en inglés. Villa desenfundó su pistola y las tensiones subieron hasta que Juan tuvo una idea genial.

"Vamos a emborrachar a los federales".

"¿Vamos a qué?"

"Como todos los federales son alcohólicos, deberíamos emborracharnos para dramatizarlos bien."[4]

La escena fue un rotundo éxito, y casi doscientos hombres se ofrecieron de voluntarios para participar en ella. La batalla simulada quedó muy bien pero hubo que repetirla varias veces porque los hombres de Villa se morían de risa durante los momentos más cruentos. Cuando Villa atacó los pueblos de Ojinaga y Torreón, Walsh insistió de nuevo en repetir algunas escenas que realmente mostraran el salvajismo de la batalla.[5]

La película se demoró unos días porque Villa secuestró a un ranchero en León y pidió un rescate de cinco mil dólares más doscientas vacas. Se demoró otro día cuando Villa se robó un tren del Ferrocarril Central Mexicano y lo llenó con las vacas del ranchero.

Cuando Villa por fin capturó la Ciudad de México el 17 de febrero, su ejército completo ya estaba hastiado con todo el *pinche* equipo de filmación, pero menos mal que Walsh ya tenía suficiente pietaje y había regresado a Hollywood. La película se estrenó en Nueva York el 14 de mayo de 1914 con una crítica favorable, distribución nacional y gran éxito taquillero. Juan trabajó con Walsh por un tiempo (en las películas (*Regeneration*, *Carmen* y *Peer Gynt*) y fue contratado en 1916 por la Tropical Film Company para ayudar a filmar algo titulado *Tras la bandera en México.*

Desde el primer momento en que llegó a Columbus, Nuevo México, Juan se dio cuenta de que la Tropical Film Company no era más que una unidad de propaganda del Ejército de Estados Unidos. Cada miembro del equipo de trabajo vestía uniforme militar, y *Tras la bandera en México* consistía de entrevistas con los generales John Pershing y Frederick Funston y el presidente de México, combinada con pietaje que había sobrado de *La vida del general Villa*. Como Villa había atacado recientemente un cuartel militar estadounidense en Columbus, a Juan esto no le extrañó demasiado. De hecho, todo aquello le intrigaba. El Ejército de Estados Unidos estaba utilizando y manipulando el pietaje de *La vida del general Villa* para contar una historia completamente distinta. Parecía como si él hubiese descubierto un arte totalmente nuevo: el arte de mentir a millones de personas a la misma vez en todas partes del mundo.

Afiche anunciador de *Nuestras nuevas posesiones*

Cortesía de la Biblioteca del Congreso.

El 2 de marzo de 1917 el Congreso de Estados Unidos pasó la Ley Jones-Shafroth, la cual autorizó una Carta Puertorriqueña de Derechos, una legislatura bicameral, un comisionado residente electo al Congreso federal y ciudadanía americana inmediata para los puertorriqueños.[6] Los críticos de la ley —incluyendo a miembros de la Cámara de Representantes de Puerto Rico, a historiadores insulares y hasta al mismo Albizu Campos— señalaron sus profundas deficiencias: (1) el Congreso de Estados Unidos podía ignorar cualquier Carta de Derechos puertorriqueña; (2) podría anular y sustituir cualquier ley que pasara la Legislatura de la isla; (3) el comisionado residente no tendría voto en el Congreso federal, y (5) la ciudadanía norteamericana era un instrumento creado para reclutar a los hombres puertorriqueños para el Ejército americano.[7]

Exactamente al mes de aprobarse la Ley Jones-Shafroth, el presidente Woodrow Wilson presentó al Congreso la declaración de guerra contra Alemania. Luego, el 27 de junio de 1917, Wilson ordenó la inscripción y reclutamiento de todos los habitantes varones de Puerto Rico entre las edades de veintiún y treinta y un años.[8]

Antes de que pudieran enviar a Juan Emilio Viguié a cualquier trinchera europea, él se comunicó con algunos de sus contactos de *Tras la bandera en México* y se ofreció de voluntario para la división de cine del Comité para la Información Pública (CPI). Sirvió el resto de la guerra editando un noticiero llamado *Revista Oficial de Guerra*, que aparecía en los cines de toda la nación. Además escribió los subtítulos en español para una película de Charlie Chaplin y *The Service Star* para Goldwyn Pictures.

El CPI también había filmado unos cuantos "noticiarios reales" mostrando a soldados alemanes lanzando bebés de pisos altos y violando a enfermeras y maestras. Juan se mantuvo alejado de estas, pero le confirmaron lo que había visto en *Tras la bandera en México:* que este medio era poderoso y fácilmente abusado. Entonces, en 1918, vio los resultados de un experimento con público realizado por el director de cine ruso Lev Kuleshov.

El experimento fue muy sencillo. Kuleshov intercaló una toma de un actor entre tres otras imágenes: una niña muerta, un tazón de sopa y una mujer hermosa. El clip se mostró a diversas audiencias, todas las cuales creyeron que la expresión del rostro del actor cambiaba dependiendo de qué o a quién estaba "mirando": a la niña en el ataúd, el tazón de sopa o la hermosa mujer. Las audiencias hasta expresaron admiración por la destreza del actor y la profundidad de sus cambiantes emociones. Sin embargo, en todos los casos, Kuleshov había usado la misma y única toma del actor.[9]

Para Kuleshov esto demostró la importancia del montaje en la edición de una película. A Juan le confirmó lo que él ya sabía: el cine era la expresión artística más poderosa y también la más peligrosa del mundo. Y como para confirmar esta conclusión, una semana después del anuncio de Kuleshov, se circuló un memo interno en la CPI titulado "Cómo sacarle partido al efecto Kuleshov para apoyar nuestro esfuerzo de guerra".

Al regresar a Puerto Rico después de la guerra, Juan notó cuánto había progresado el arte de hacer cine en la isla. Los cortometrajes sobre turismo estaban de moda, mostrando vistas de la isla como "nuestra nueva posesión" (americana). En San Juan, la Farándula, el Cine Lido y otros lugares habían instalado docenas de traganíqueles (kinescopios operados con monedas) con temas de tipo adulto, escritas y filmadas por equipos norteamericanos. Muchas de esas primeras películas muestran un vulgar e inmoral Puerto Rico y todas fueron filmadas en Estados Unidos usando bailarinas de burlesco.[10]

La única compañía peliculera activa en la isla era Porto Rico Photoplays, la cual contrató a Juan como camarógrafo para una producción de la Paramount protagonizada por Reginald Denny y Ruth Clifford. La trama se desarrollaba en el pueblo de Loiza Aldea, pero la película estuvo muy mal planificada y destinada a fracasar desde el primer día de filmación. Juan era el único puertorriqueño en todo el equipo de producción, y todos los personajes eran interpretados por actores americanos que no hablaban español y hablaban con un acento ridículo. Para oscurecer su piel los actores utilizaban grueso maquillaje de Max Factor, el cual se derretía bajo las intensas luces y el calor tropical. Escena tras escena terminaba en desastre total.

Para empeorar las cosas, el primer actor Denny y el director Ralph Ince discutían mucho e intercambiaron fuertes amenazas durante toda la filmación. Denny llamaba "tonto" a Ince, y este le contestaba: "Yo he dirigido ciento diez películas. ¿Cuántas has dirigido tú?". Entonces Denny lo retaba a pelear a los puños.[11] El equipo de producción disfrutaba estas garatas porque cada demora aumentaba su pago de horas extras en un Puerto Rico exento de la prohibición de alcohol. La película finalmente se canceló inconclusa cuando uno de los iluminadores por poco se electrocuta y se regó el rumor de que había sido por culpa de Eusebio, el brujo más poderoso de Loiza Aldea, que le había echado un *fufú* (un maleficio) a la producción.[12]

Como era de esperarse, *Amor Tropical* fracasó en 1921. Porto Rico Photoplays cerró y Juan le compró todos sus equipos. El año siguiente, se inauguró Radio El Mundo (WKAQ), la primera radioemisora de la isla, y Juan anunció la creación del *Noticiero Viguié* (*Viguié News*), que, por los próximos treinta años, se convirtió en el principal historiador gráfico de Puerto Rico. Hasta que abrió el primer canal de televisión en 1954, Viguié proveyó el único record permanente de los huracanes, los sucesos políticos, desfiles militares, entrevistas a celebridades, juegos de pelota, historias de interés humano y el paisaje cambiante de la isla.

Juan todavía aspiraba a ser director de cine, y en 1926 dirigió las escenas exteriores de *Aloma de los mares*, una producción de la Paramount. Sus documentales sobre la visita a Puerto Rico de Charles Lindbergh y la devastación causada por el huracán *San Felipe* le ganaron reconocimiento global, y llegó a firmar contratos de distribución internacional tanto con Metro-Goldwin-Mayer como con Fox News.[13] Con la inversión de un abogado de San Juan, finalmente dirigió un largometraje en 1934, *Romance tropical*, un ambicioso proyecto con grandes números musicales, música original y fotografía submarina.

La película fue un exitazo, con exhibición extendida en Nueva York, Los Ángeles y Puerto Rico. Rompió record de taquilla en el Teatro Campoamor de Madrid. La Metro quedó tan impresionada que le ofreció a Juan un contrato para hacer cuatro películas, y Frank L. Clemente, el director de la Metro para producciones latinas, pensó establecer sus oficinas en Puerto Rico.[14]

Lamentablemente, una disputa por los derechos de autor se suscitó entre Juan y su socio de *Romance tropical*, y la Metro canceló su contrato con Producciones Viguié. Amargado y desilusionado, Juan juró que nunca más haría cine comercial... hasta que vio una obra maestra alemana.

Juan podía reconocer a un matón cuando lo veía. Había visto cientos de ellos en la corte de su padre adoptivo y cientos más en el negocio del cine. Y esa fue la genialidad inquietante de *El triunfo de la voluntad*: transformó a un enano demente llamado Adolf Hitler en un semidiós sacado de un escrito de Nietzsche. La película no tenía más actores que Hitler. Sin embargo, mediante las posiciones de la cámara, las tomas móviles y de ángulos bajos, el lente de ángulo ancho, fotografía aérea, múltiples instalaciones, retroiluminación, disolución escénica y música sinfónica, Leni Riefenstahl creó la mejor película de propaganda que jamás se ha hecho, entrelazando multitudes masivas con banderas, águilas y cruces esvásticas e intercalando simbolismo visual con estímulos emocionales en cada toma. En realidad era la película más manipuladora pero también la más fascinante que había visto jamás.[15]

El triunfo de la voluntad impactó a Juan de otra manera también. Al salir del Teatro Luna con las imágenes del inmenso mitin de Núremberg bailándole en la cabeza, sus pies lo llevaron a los muelles de San Juan. Escuchó el tierno canto del coquí y la risa de tres hombres que jugaban una partida de dominó. Vio a una anciana bajando las escalinatas de una iglesia del siglo XVI y a dos amantes debajo de un flamboyán escarlata contemplando el salir de las estrellas. Según se acercaba al mar y sentía su poder oscuro, Juan tomaba consciencia de que no necesitaba dieciséis equipos de cámara, setecientos mil extras ni a un dictador psicótico, como necesitó Leni Riefenstahl, puesto que él ya tenía igual conocimiento técnico, una isla preciosa a su alrededor y un pueblo cuya historia todavía no se había contado.[16]

A través de los años, Juan Emilio Viguié desarrolló la mejor compañía de noticieros documentales en la isla de Puerto Rico. Filmó eventos políticos y deportivos, cortos educativos y noticieros en español. Las agencias noticiosas del mundo entero usaban el pietaje de su Noticiero Viguié, especialmente sobre los huracanes. A medida que su negocio crecía, Juan fue montando su propio laboratorio de cine —usando fenidona, ácido acético, tiosulfato de amonio, baño de enjuague y fijador— y construyó sus propios gabinetes para secar los rollos. Para efectos de sonido contrató al mejor técnico de Foley que había conocido, el Blablazo.

El hombre invisible de la radio puertorriqueña, el Blablazo, se pasaba de estación en estación como el famoso judío errante. (En realidad era judío y se comentaba que poseía tres propiedades en Aguadilla). Era un hombre grueso, calvo y moreno, vestía como un mendigo y andaba con sus herramientas de trabajo a cuestas: un pliego de papel de aluminio, un tablón de madera, un abanico, un cubo de agua, un mirlitón (*kazoo*), un arpa judía, una barra de jabón, un saco de arena, una pistola de grapas, dos cáscaras de coco, cuatro zapatos de tacón alto, una cabeza de lechuga y media puerta. El Blablazo era un genio en materia de sonido. Lo contrataban sobre todo para los juegos de béisbol, los informes del tiempo y las radionovelas, y lo que montaba era todo un espectáculo.

Durante la década de 1930, los puertorriqueños creían que estaban oyendo los juegos en vivo desde el estadio de los Yankees en Nueva York —pero lo que estaban oyendo era al Blablazo haciendo de las suyas. Tres horas después de que un bateador pegara un cuadrangular en Nueva York, el Blablazo se enteraba al leer el teletipo de alguna estación de radio sanjuanera. Ahí mismo chocaba dos palitos, tocaba un disco FX y gritaba: "Jon ron! Beibi Ruj botó la bola!".

Para los noticieros de Juan Viguié, el Blablazo estudiaba el libreto y preparaba su equipo. Entonces, a la señal de Juan, recreaba los sonidos de una calle congestionada, un choque de autos, una trifulca de cantina, un té de señoras encopetadas, un huracán y tal vez un zoológico. Charrasqueando con la lengua, haciendo gárgaras, emitiendo sonidos y susurrando, generaba charlas intermitentes, griteríos, ecos y las risas de una concurrida plaza de recreo. Con su abanico eléctrico y papel de aluminio desataba aguaceros, ventoleras y hasta huracanes. Creaba el paso de caballos con los cocos y el *crac* de huesos rotos con las lechugas. Rugidos, bramidos, mugidos y quejidos: hacía vibrar a todo un zoológico. Al final de cada sesión de grabación, el Blablazo —jadeante, con grandes ojeras bajo sus ojos y sudando como un caballo— parecía que acababa de correr un maratón.

El Noticiero Viguié tenía efectos especiales nunca antes vistos en la isla, y en 1937, para elevar la calidad de sus imágenes, Juan adquirió una cámara Arri 35. En marzo del mismo año, se enteró de que iba a haber un desfile de Domingo de Ramos en apoyo de Albizu Campos. Se llevaría a cabo en Ponce, su pueblo natal, de manera que se alegró de tener que ir hasta allá. Haría la primera prueba con su Arri 35. Aquel domingo 21 de marzo, Juan encontró el ángulo perfecto para su cámara desde la ventana superior de un almacén vacío que dominaba la vista completa de la ruta del desfile. La antigua corte de su padre estaba a la vuelta de la esquina. La plaza de recreo de Ponce, la alcaldía y varias iglesias solo quedaban a tres cuadras de su palomar.

Entonces ocurrió la Masacre. Diecisiete personas fueron asesinadas a plena luz del día. Desde su alta ventana, en penumbras, Juan lo grabó todo.

Salió volando de allí para su laboratorio y desarrolló los tres rollos de 400 pies de película cada uno que había filmado y los miró por la moviola. El avance implacable de los policías, los disparos a mansalva, el terror en cada rostro, los cuerpos caídos, la sangre… Todas las imágenes le recordaban escenas de *El acorazado Potemkin*. Aunque la masacre de la escalinata de Odessa nunca había ocurrido, esto de Ponce era demasiado real. María Hernández del Rosario, la mujer de cincuenta y tres años cuyos sesos se derramaron por toda la calle, había sido la nana de Juan Viguié.

Juan estudió cuidadosamente cada fotograma. En aquellos trece minutos aprendió una vida entera de historia, filosofía, psicología, ciencias políticas, sociología, antropología y economía. Le dijeron todo lo que él necesitaba saber sobre lo que los hombres eran capaces de hacer a otros hombres, y lo que los hombres estadounidenses pensaban de él y de su gente. Para ellos, los puertorriqueños no eran sus iguales, ni ciudadanos con derechos, ni humanos completos. Eran animales. Y, por lo tanto, podían ser tiroteados un Domingo de Ramos como perros rabiosos en plena calle.[17]

Si Juan no se cuidaba, alguien podía venir y matarlo a él también. Así que desarrolló una segunda copia de la película y guardó las dos copias y el negativo en tres latas selladas. Y esa misma noche enterró las tres latas en el patio de su casa.

Durante los días siguientes Juan se mantuvo callado y con los oídos muy abiertos. La Policía había perseguido a los heridos hasta el Hospital Tricoche y los había arrestado en sus mismas camillas y camas de hospital. Pedro Rodríguez Serra, el fiscal auxiliar de Ponce, se encontraba presionando a los testigos y familiares para que firmaran falsas declaraciones juradas sobre los hechos de aquel día. La prensa insular vociferó su protesta por la Masacre de Ponce y docenas de nacionalistas fueron arrestados.

Juan nunca olvidó lo que vio aquel Domingo de Ramos, y su recuerdo le dio una nueva dirección a su vida. Algún día él contaría esta historia, toda la historia, aun cuando había tenido que enterrar los pedazos en su patio. Salvaría esos pedazos hasta que el cuento estuviese completo. Entonces uniría los pedazos y le mostraría al mundo entero lo que los hombres eran capaces de hacer.

Desde ese día, Juan Emilio Viguié se convirtió en el implacable documentarista del movimiento nacionalista en Puerto Rico. Filmó pietaje de los Cadetes de la República y de los eventos nacionalistas en Puerto Rico. Cuando Albizu regresó a Puerto Rico en 1947 después de diez años de encarcelamiento y exilio, Juan estuvo preparado para filmar su trayectoria. Albizu sería su personaje central, la fuerza motriz de la épica documental de Viguié sobre su Puerto Rico.[18]

Juan filmó el regreso de Albizu en el *S. S. Kathryn*, la multitud tumultuosa, la marcha por la calle San Agustín, las banderas, las caravanas y el discurso ante catorce mil seguidores en el Parque Sixto Escobar. Hizo un corto noticiero del evento, *Recibimiento a don Pedro*, y les dio una copia a los nacionalistas.[19] Siguió a Albizu por toda la isla, filmando sus discursos en Ponce, Lares, Río Piedras, Fajardo, Mayagüez, Aguada,

Utuado, Jayuya, Manatí y Arecibo. Contactó a sus amigos en las estaciones radiales WENA, WPBP y WPRP y consiguió copia de los discursos de Albizu transmitidos por la radio.

El Maestro había vuelto a su isla y la revolución se sentía en el aire. Por su causa, muy pronto, Juan superaría a Leni Riefenstahl. Donde ella y D.W. Griffith habían manufacturado mentiras, Juan Emilio Viguié preservaría la verdad.[20]

CAPÍTULO 14

El agente de la OSS

En el barrio sanjuanero de Santurce hay un pequeño cementerio, como de unas 1,5 hectáreas de extensión, enclavado en el sector de Villa Palmeras. Su tumba número 285 es muy diferente de las demás: está dedicada, no a una persona, sino al Club Nosotros, que murió el 7 de enero de 1942. De las muchas historias que se cuentan sobre la muerte del Club, una tiene que ver con Waller Booth, un hombre conocido como el más zalamero y popular de todos los agentes de la Oficina de Servicios Estratégicos (OSS) en la historia de la América Latina. Algunos puertorriqueños lo comparan con James Bond. Otros dicen que trataba de imitar a Rick Blaine, el personaje que hizo Humphrey Bogart en *Casablanca*.

Booth nació en 1904 en Owensboro, Kentucky. Desde 1791 su familia había trabajado, labrado, salvado y acumulado una serie de terrenos a lo largo del río Ohio que habían ido pasando de generación en generación. Era gente honesta y trabajadora, y sus documentos familiares reflejan un siglo entero de cotillones, asuntos eclesiásticos, concesiones de tierra y pagarés pagados todos al centavo y a tiempo. Owensboro hasta tenía una avenida Booth y una carretera llamada Booth Field Road.

Waller Booth se educó en las Academias Greenbrier y Phillips Andover y en la Universidad de Princeton, donde se graduó en la clase de 1926. Residió en el mismo dormitorio que F. Scott Fitzgerald (12 University Place), cenaba en el Ivy Club, el comedor más prestigioso de Princeton, jugó para el equipo *varsity* de fútbol y fue electo presidente de su clase y del Triangle Club de teatro, el más antiguo de Estados Unidos. Protagonizó cuatro producciones del Triangle y el papel titular de *Fortuno,* una ópera cómica sobre el amor y la traición en la Italia renacentista, que se fue de gira artística a catorce ciudades distintas.[1] Hasta *The New York Times* dijo que Booth "hizo bien el papel del héroe bien parecido".[2]

Pero entonces la realidad se metió de por medio. La venerable y acaudalada familia Booth le recordó que la actuación no era una profesión respetable, sobre todo para un actor sureño de apellido "Booth", igual que John Wilkes Booth, el actor que asesinó a Abraham Lincoln. Waller se graduó y consiguió trabajo como director de viajes de la Compañía Raymond & Whitcomb organizando recorridos por América del Sur.[3] Los folletos informativos de la compañía aseguraban que América del Sur todavía era "una tierra de un primitivismo fascinante, de colores y ritmos salvajes. Te hará sentir como un verdadero aventurero, un descubridor de romance y de misterio". La compañía organizaba viajes para "la mejor clase de norteamericanos" a las islas del Caribe, Cuba, Panamá, Ecuador y todos los demás países de Sudamérica. Hacía lo mismo para África y la China. El viajante serio podía hacer un crucero de todo un año al Tercer Mundo y "ver el zoológico en su propia casa".

Booth se encargaba de la transportación marítima, los boletos de tren y las reservaciones de hotel, los paseos en automóvil y en carroza; las reservaciones de restaurantes y los recorridos turísticos; de contratar guías, mensajeros e intérpretes; y de prestar cualquier servicio "extra" que el viajante solicitase. El trabajo tenía sus recompensas: Booth aprendió a hablar español a la perfección y francés con bastante fluidez. Les organizó viajes a numerosos condiscípulos de Princeton, quienes a su vez le pagaron generosamente por servirles de anfitrión.

Catorce años después de hacer solo esto, Booth recibió una llamada de otro exalumno de Princeton llamado Allen Dulles. Como secretario del

Consejo de Relaciones Exteriores del gobierno americano, Dulles estaba organizando un nuevo servicio de inteligencia y buscando a ciertos individuos que tuvieran "eso especial" que requería este tipo de trabajo.[4] Como presidente de su clase de 1926, jugador de fútbol y viajero internacional que hablaba tres idiomas, Booth parecía ser el candidato ideal. Dulles y él tuvieron una conversación muy animada, y a los pocos días Waller Booth se ofreció de voluntario para el servicio de inteligencia extranjera.[5]

"Baja la cabeza… ¡Bájala!"

A Booth no se lo tenían que decir dos veces. Dos ametralladoras Browning M1919 disparaban balas del calibre .30 sobre su cabeza mientras él gateaba por debajo de un campo lleno de alambre de púas. Durante tres meses fue tiroteado, golpeado, abofeteado, lanzado, ahogado, congelado, desnutrido, engañado, inyectado con drogas, empujado de aeroplanos y de precipicios. Algunos le llamaban a esto el Campamento X, otros la Escuela del Caos y la Matanza, pero así fue como Waller Booth aprendió su nueva ocupación, el arte de ser espía.[6]

Aprendió toda la mecánica del rifle, la carabina, la pistola automática Colt 45, el rifle automático Browning, la liviana ametralladora Bren, la pistola inglesa Bren, la subametralladora Thompson, la bazuca M1, el mortero M2 y el cañón QF de 6 libras.

Estudió el uso de diferentes tipos de explosivos y dispositivos temporizadores para volar rieles de tren, puentes, túneles, antenas de radio, depósitos de abasto e instalaciones industriales.

Practicó cómo infligir o resistir interrogatorios brutales, instalar micrófonos ocultos y confeccionar documentos falsos, certificados y pasaportes.

Corría 5 millas todos los días, nadaba en las heladas aguas del lago Ontario, y aprendió a incapacitar o asesinar al enemigo con sus manos, sus pies, con cuchillo o con cualquier otro instrumento que tuviera a la mano.

Como ejercicio de graduación, Booth se infiltró en una fábrica canadiense de armas y se robó sus informes financieros. Se escapó lanzándose de noche en paracaídas sobre un bosque boreal sin agua ni brújula, y regresó sano y salvo a su campamento a 50 millas de distancia.

En 1942 lo designaron comandante de la OSS.

Con su español perfecto y su conocimiento real de la América Latina, a Booth lo asignaron para "echarle el ojo a las cosas" en Puerto Rico. El Ejército de Estados Unidos estaba especialmente preocupado por dos cosas: la primera, que los nacionalistas estaban comprándoles armas a soldados puertorriqueños del Regimiento 65 de Infantería conocidos como los "Borinqueneers" estacionados en el Campamento Las Casas de Santurce;[7] y la segunda, que los nacionalistas estaban dizque planeando asesinar a todos los ejecutivos y capataces de las principales azucareras.[8]

Booth fue enviado a monitorear a los Borinqueneers y a los nacionalistas, y para hacerlo se ingenió una pantalla excelente para su trabajo de encubierto. Nunca viajaba de uniforme ni se refería a sí mismo como militar. Por el contrario, entró a Puerto Rico como el presidente de la Booth Carroll Bottling Company, una firma de envasado e importación de aguardiente y ron de caña, lo que le permitió realizar visitas de seguridad a todas las centrales azucareras bajo el pretexto de que se trataba de visitas de "ventas y mercadeo".

A principios de 1942, Booth abrió una cantina medio cutre llamada Club Nosotros en la esquina de la avenida Eduardo Conde y la calle Martinó. Quedaba frente a la entrada del cementerio de Villa Palmeras, y, más importante aún, a media milla del Campamento Las Casas. Con sus tragos a mitad de precio y su vellonera de discos de 78 rpm, el Club Nosotros se hizo muy popular entre todos los soldados y las señoritas de Santurce.

Cuando Estados Unidos le declaró la guerra a Japón, el comandante Booth fue llamado a servicio activo. Cerró la barra y exactamente un mes después del ataque a Pearl Harbor, el 7 de enero de 1942, alguien colocó la tarja del Club Nosotros en la tumba 285 en el cementerio de Villa Palmeras. Al parecer, echó mucho de menos el antro que había montado Booth.

Miembros del Regimiento 65 de Infantería, conocidos como los Borinqueneers

Los Borinqueneers vieron acción bélica en Panamá, en Francia, en Italia y Alemania, y sufrieron un total de 47 bajas en combate.[9] Para muchos de ellos, su destino más memorable fue a Casablanca en noviembre de 1942. Dos semanas después de haber llegado allí, el 26 de noviembre de 1942, la película *Casablanca* fue estrenada y una copia especial fue exhibida en la ciudad del mismo nombre. Miles de soldados llenaron el teatro, noche tras noche para silbarle y gritarle a la pantalla. Los Borinqueneers estuvieron allí. Y Waller Booth también.

Booth fue agente encubierto por toda África del Norte y España.[10] Su hazaña más espectacular ocurrió en 1944, cuando se tiró en paracaídas sobre Vichy, en Francia, como comandante de la Misión Marcel Proust para recoger inteligencia y desarrollar equipos de apoyo táctico detrás de las líneas de combate. Una semana antes de la invasión de Normandía el famoso *D-Day*, 6 de junio de 1944, Proust realizó su mejor golpe: sus operativos le robaron los documentos oficiales al coronel Klaus von Strobel, el comandante alemán.[11]

Cuando la guerra terminó, Booth regresó a Puerto Rico de encubierto otra vez con su antigua compañía ficticia Booth Carroll Bottling Company. Las barracas del Campamento Las Casas fueron permanentemente clausuradas en 1946, pero Booth quería mantener su vigilancia sobre los soldados y veteranos boricuas. Recordando las tumultuosas presentaciones de *Casablanca* en Marruecos, convirtió una casa de dos pisos en Hato Rey (no lejos de su antiguo club) en un bar temático. En el segundo piso, instaló una sala de proyección, la cual solo exhibía una película, *Casablanca.* Abajo, Rodney Rabassa, un pianista de Caguas que se parecía a Dooley Wilson (el negro que toca "As Time Goes By" en *Casablanca*), amenizaba el ambiente con su pequeña banda musical.

Rodney, bajito y regordete, se sentaba en el piano como un reyecito y tocaba...

Yo soy negro social
Soy intelectual y chic.

Booth le bajó el tono a las monerías de Rodney, y la banda comenzó a tocar un repertorio más "clásico", como "Lamento borincano", "Preciosa", "Bésame mucho" y, por supuesto, "As Time Goes By".

Cuando abrió sus puertas en 1947, el club no tenía nombre y mucho menos un rótulo exterior, pero Booth debió de haber sido muy persuasivo porque la CIA invirtió mucho dinero en él. En la noche de apertura él mismo saludaba a todos efusivamente, y a las nueve de la noche el espectáculo *Fantasía caribeña* comenzó. El número introductorio presentó a unas retozonas señoritas, un par de congueros y a una bailarina principal en biquini con una pila de sombreros de hasta 4 pies en la cabeza. Luego, bailó un grupo de bomba y plena, seguidos por la versión de Rodney de "As Time Goes By".

Entonces le tocó el turno a un número espectacular titulado "Sun Sun Babaé".[12] Seis guerreros taínos en taparrabos bailaron enérgicamente al son de tambores *batá* y se mezclaron con la audiencia. Se detuvieron ante una diminuta y asustada muchacha que tomaba un daiquiri de banano en una mesa de esquina. Un reflector alumbró a los sudorosos guerreros cuando levantaron a la muchacha en vilo y la subieron al escenario. Ella hizo como que intentaba escapar, pero los hombres, cantando "Sun Sun Sun, Sun Sun Babaé" la detuvieron.

Entonces ocurrió algo muy extraño. La aterrorizada mujer pareció interesarse y poco a poco a intoxicarse con los tambores y el estribillo de la canción, que fueron subiendo de volumen e intensidad. El público lució hipnotizado y un poco confundido, al no estar seguro de si esto era algo real o parte del *show*. En ese momento, y sin previo aviso, la mujercita se arrancó su traje negro de cóctel y quedó solo vestida con ropa interior de encaje y el cinturón que le sujetaba las ligas de las medias de nilón. Ya el público sospechó que esto era parte del espectáculo, aunque la mujer aún lucía medio atontada y bailando locamente bajo el embrujo de los espíritus de los Orisha, y los guerreros la elevaban y se la pasaban de uno a uno con los brazos en alto. Entonces, cuando la música y la danza llegaron al punto máximo de frenesí, la mujer despertó de su trance, miró a todos a su alrededor, pegó un grito espantoso, recogió rápidamente su ropa y corrió del escenario y del club nocturno de Waller Booth.

Pasaron unos segundos de silencio, hasta que todo el mundo dentro del club saltó de sus sillas y profirió una gran ovación, con silbidos, pataleos y puños en las mesas. Todos gritaron "¡Bravo!" y aplaudieron por varios minutos, asombrados, deleitados y excitados a la misma vez. Cuando la banda comenzó a tocar "Mambo en el Ritz", el club completo estaba riendo, bailando y bebiendo. La inauguración del Club Sin Nombre había sido un rotundo éxito. Según fue pasando la noche, Booth comenzó la costumbre de acomodarse en una esquina oscura del piano bar, donde se la pasaba fumando y observando a todo el que entraba por la puerta. Después de todo, para eso le pagaba la CIA. Cuando a las seis de la mañana contaron la recaudación de la noche, el total llegó a casi 800 dólares, el equivalente a 7.900 dólares de 2014.

La exhibición de *Casablanca* en el segundo piso desarrolló su propio grupo de asiduos seguidores. Todas las noches docenas de puertorriqueños recitaban a viva voz sus parlamentos favoritos simultáneamente con Humphrey Bogart en la pantalla. Y los que no hablaban inglés solo exclamaban sus comentarios. La película se exhibía continuamente hasta las cuatro de la madrugada, a menos que se armara una pelea cuando cantaban "La Marsellesa". Booth comenzó a asistir también, ya que muchos nacionalistas descontentos estaban viniendo y era fácil detectarlos porque recitaban su propio diálogo con los actores en la pantalla:

"¡Tócala otra vez, Sam!"

"¡Siempre nos quedará al FBI!"

"¡Detengan a los nacionalistas habituales!"

Ya para el 1948 se había demarcado una división social en el Club que a Booth no le gustó. Los soldados norteamericanos socializaban abajo con los isleños de dinero, mientras que los más pobres y trigueñitos se iban arriba a gritarle cosas a Humphrey Bogart. La pasaban muy bien, y algunas de sus expresiones eran muy originales.

"Como el líder de toda la actividad ilegal en San Juan, soy un hombre influyente y respetado."

"Mataron a J. Edgar Hoover. Esto (brindando) es para ti, muchacha."

"Hay ciertos sectores de Ponce que te recomiendo no se te ocurra invadir."

El Club se hizo aún más popular y Booth se convirtió en casi un héroe local cuando un agente del FBI entró un día y trató de arrestar a un sospechoso de ser nacionalista. Booth salió de la penumbra de su esquina, se paró entre ambos hombres.

"¿Hay un problema aquí?"

"Sí. Este hombre es un nacionalista".

"¿Y te debe dinero?"

"No."

"En ese caso, dejelo tranquilo."

"Esto no es asunto suyo", dijo el agente, mostrando su placa del FBI y sonriendose.

Booth también se sonrió y levantó una mano a la cadera, revelando brevemente el revólver que cargaba bajo el hombro izquierdo. La banda hizo silencio y Rodney el pianista comenzó a agacharse por si había tiroteo. Todos los ojos se fijaron en los dos hombres, en el mismo centro del club. El agente finalmente balbuceó algo entre dientes, dio media vuelta, y se marchó.

Todos se miraron los unos a los otros.

De repente se rompieron a vitorear: "¡Que viva Waller!" y "¡Que viva Humphrey Bogart!". La banda tocó "La Borinqueña" y muchos cantaron el himno nacional puertorriqueño. Los demás se abalanzaron sobre Waller, para pagarle un trago y brindar con él.[13]

∽

Unos días después, se formó un alboroto en el Salón Casablanca, y Booth tuvo que subir rápidamente al segundo piso. Un nacionalista borracho le había gritado improperios a los alemanes de la película, y los demás le gritaron a él.

"¡Cállate ya, viejo sucio! ¡Quiero oír 'La Marsellesa!'"

"¡Papo, deja la jodienda!"

Pero Papo siguió gritando, y los otros le comenzaron a lanzar trocitos de maní. En la pantalla los alemanes cantaban "Die Wacht am Rhein" y los franceses "La Marsellesa" y alguien le pegó a Papo con una naranja. Todo era en broma hasta que dos hombres sacaron sus placas del FBI y trataron de arrestar a Papo.

"¡Un momento!", advirtió Booth, y llegó corriendo.

El primer agente le lanzó un golpe, pero Booth le pegó en el gaznate y lo tumbó del golpe. El segundo agente derribó a Booth agarrándole por las piernas, y de pronto otro par de agentes entraron al salón. Las sillas volaron, las botellas se rompieron, las mujeres gritaron mientras Booth se fajaba a puños con los cuatro agentes. "La Marsellesa" seguía sonando desde la pantalla, y la etiqueta blanca de Booth se manchó toda de sangre hasta que sacó su .38 de la baqueta y disparó un tiro al aire.

El mundo entero se detuvo.

Booth y los agentes se miraron fijamente. Hasta la música del primer piso cesó. Los cinco hombres jadearon en silencio. Entonces Booth les dijo a los agentes que la próxima vez que entraran a su club, los iba a matar.

Los agentes enfilaron para marcharse, y Booth, al notar una de sus placas en el piso, la recogió y le pegó a uno de los agentes en la espalda con ella. Ellos se fueron, Booth se limpió la sangre de la boca, y el salón entero irrumpió en aplauso.[14]

Lo que los presentes desconocían era que Booth y el FBI habían simulado todas aquellas peleas. Fueron calculadas para crearle simpatía y afecto a Booth y generar confianza en su club. El plan funcionó: noche tras noche, las ganancias entraban por montones y Booth seguía sentado en su esquinita oscura, alumbrado por una lamparita, y observándolo todo y a todos. Siempre se mostraba amable y servicial, y si alguien intentaba involucrarlo en una discusión política, les decía tranquilamente: "Me perdonan, señores, pero lo de ustedes es la política y lo mío es manejar esta cantina". Pero no dejaba ni un minuto de escuchar y observar.

Cuando implantaron la Ley de la mordaza, el club de Waller se hizo aún más popular. Entre los mojitos, los daiquiris, los cubalibres y el jolgorio del Salón Casablanca, a nadie le importaba que algunos nacionalistas se emborracharan y maldijeran en voz alta la situación política. Iban y venían sin problemas, discutían abiertamente y le añadían sabor al ambiente. El Club Sin Nombre era el único lugar en toda la isla donde la Primera Enmienda de la Constitución americana todavía existía, siempre y cuando pagaras la cuenta. Y Booth se enteraba de todo.

Esto terminó con la Guerra de Corea.

Desde 1941 Estados Unidos había ocupado la isla de Vieques, una isla de 84 millas cuadradas a 8 millas al este de la Isla Grande, Puerto Rico, para ejercicios militares, como campo de tiro y lugar para probar misiles y bombas de nueva fabricación. Cada año el Ejército detonaba un promedio de 5 millones de libras de municiones en la isla, especialmente en las playas.

El 8 de marzo de 1950, Estados Unidos "invadió" Vieques con todas sus Fuerzas Armadas —Ejército, Marina, fuerza aérea, *marines*—. Los ochenta mil hombres incluyeron infantería, paracaidistas, hombres rana, agentes encubiertos y guerrilleros. El ataque de tres días requirió dos meses de planificación. Era el mayor simulacro de guerra en la historia de Estados Unidos, un ensayo final para la Guerra de Corea, conocido como Operación Portrex.

Booth fue designado para dirigir todas las actividades de espionaje y guerrilla del 65 de Infantería, los Borinqueneers de Puerto Rico, al cual se le asignó defender la isla. Esto revelaría su identidad encubierta de dueño civil de una barra, pero ese dato no se consideró importante. De todos modos, en cuanto declararan la guerra, él se marcharía para Corea, así que a él tampoco le importó.

En verdad, la guerra era su elemento preferido. Con menos de doscientos hombres, organizó una unidad de guerrilleros que se vistieron como militares norteamericanos y se infiltraron en las fuerzas enemigas, sabotearon las comunicaciones, comunicaron los movimientos de tropas y artillería y penetraron la red radial para emitir direcciones falsas a los cañoneros. Los hombres de Booth "mataron al enemigo" y a sus comandantes solo con tumbarles las tiendas de campaña, entregarle a cada uno una mochila, un saludo, y desaparecer. Las mochilas contenían bombas falsas que explotaban al contacto manchando de tinta roja a los contrarios.[15] Los métodos heterodoxos y sorprendentemente efectivos de Booth fueron años después recreados en una película titulada *Doce del patíbulo (The Dirty Dozen).*

Gracias a la Operación Portrex, Booth se convirtió en el héroe de los Borinqueneers, todos los cuales eran puertorriqueños. Cientos de soldados les contaron a sus familias sobre el gran coronel Waller Booth, quien ayudó a defender a Vieques de la plaga de ochenta mil yanquis. Las noticias volaron por todo Puerto Rico y hasta gente de Cabo Rojo, Mayagüez y Guánica hicieron su peregrinaje a ver *Casablanca* en el Club Sin Nombre. Booth manejó toda la atención con sencilla elegancia, pero exigió a sus superiores que lo trasladaran inmediatamente. Ya que su rol de encubierto había sido delatado, solo era cuestión de tiempo antes de que los nacionalistas le pusieran una bomba al bar como cuestión de orgullo y principio.

El Club Sin Nombre cerró en 1950 y Booth abandonó la isla. Llegó a comandar una unidad de guerrilleros nativos en Corea del Norte durante la guerra, y luego se unió al primer Grupo de Asistencia Militar en Vietnam, fue profesor en la infame Escuela de Las Américas en Fort Benning, Georgia, y consultor en combate de guerrilla, contrainsurgencia y actividades clandestinas a través de todo el Tercer Mundo.[16] Pero el único recuerdo que queda de su tiempo en Puerto Rico es la tumba marcada "Club Nosotros-7 de enero de 1942" en el cementerio de Villa Palmeras.

Waller Booth, sin embargo, dejó atrás un largo rastro de leyendas y rumores.

Algunos dicen que solo fue un brillante maestro del entretenimiento, un Florenz Ziegfeld caribeño que robó el número "Sun Sun Babaé" del Club San Souci de La Habana y una copia de *Casablanca* de la bóveda de la Warner Brothers.

Otros dicen que fue un diletante del Ivy League, miembro del Club "Oh-So-Social" (la OSS), que vivió la guerra y la paz como una aventura personal.

Otros dicen que solo fue un heredero riquito cuyo pasaje por Raymond & Whitcomb, por la OSS y por la CIA fueron disfraces que se puso para poder "ver el zoológico en su propia casa" y asegurarse de que se quedara allí mismo.

Otros afirman que siempre fue un agente de seguridad para el Riggs National Bank y el amigo íntimo del nefasto jefe de Policía E. Francis Riggs, y que ambos ayudaron a Anastasio Somoza en Nicaragua, a Jorge Ubico en Guatemala, y a otros tantos dictadores de derecha por toda Latinoamérica.

Otros juran que él fue quien coordinó los interrogatorios, torturas y desapariciones de los prisioneros nacionalistas y comunistas en varios lugares secretos a través de la isla, especialmente el que estaba cerca de la base de la Fuerza Aérea Ramey en Aguadilla.

Pero para ser justos con Booth, hay que admitir que son solo rumores. En los borrosos confines de la historia, en esa zona gris que oscurece la verdad, el record demuestra que Waller Booth fue un oficial y un caballero, que nunca le echó agua a los tragos, pero sí le puso un toque de clase al espionaje colonial.[17]

CAPÍTULO 15

El barbero

Vidal Santiago Díaz fue el barbero más famoso de Puerto Rico. Graduado de la Academia de Barberos de Arecibo y autor del texto *La barbería práctica y científica,* fue el dueño del Salón Boricua, una barbería de cuatro sillas, repleta de clientes y ladrones. Allí la acción no paraba. Todos los días a alguien lo echaban del salón. Todas las semanas, tres barberos sin licencia se escapaban por una ventana trasera cuando los inspectores de Salud de San Juan allanaban el establecimiento. Todos los meses, los cimeros ciudadanos de segunda categoría llenaban el lugar con feroces debates sobre las mujeres, la política, el béisbol, la caña de azúcar y cómo los malparidos yanquis seguían oprimiendo a Puerto Rico.

La gente iba al Salón Boricua para un recorte, un préstamo, un trago o una nevera usada. Podían hacer mejores negocios allí que en la mayoría de los bancos. Aprendían más de las tertulias que de cualquier periódico o noticiario. Y a la verdad que lo pasaban muy bien. Durante el juicio de Vidal Santiago por traición, el gobernador Luis Muñoz Marín dijo: "Solo abre la puerta de esa barbería, y las mentiras se derraman hasta la calle".[1]

Vidal amaba su salón, con todo y su aroma de pomadas y polvos de talco y los olores fuertes del agua hamamelis, la malagueta, y el tónico de cabello Tigre con Suerte. Le encantaban sus espejos de bordes biselados, las fotos en la pared, las máquinas Oster de recortar, y los aparatos Campbell para hacer espuma de afeitar. Amaba su butaca de recortar marca Koken, un monstruoso trono de 300 libras labrado de roble y nogal, con su acojinado asiento, ceniceros en los brazos, y palancas hidráulicas laterales. Le encantaba bailar alrededor de la silla, sobre todo los mambos que tocaba la radio, y llevar el compás de Machito y su orquesta con las tijeras.

Más que nada, amaba lo que su barbería significaba. Estaba allí, en la esquina de las calles Colton y Barbosa del Barrio Obrero, colindando con Villa Palmeras, desde el comienzo del segundo término de Calvin Coolidge. Había sobrevivido dos huracanes y la Gran Depresión. La silla Koben costó 400 dólares y estaba pagada. Todo allí estaba pagado.) Los profesionales del Salón Boricua no estaban cavando zanjas ni cortando caña para otro patrono. Estaban trabajando para ellos mismos. Y uno de ellos era el dueño del salón.

Por treinta años el abuelo de Vidal Santiago, uno de los hombres más respetados del pueblo de Aguas Buenas, utilizó su fuerte vozarrón para hacer de lector, para leerles a los obreros del tabaco durante el día, todos los días, mientras hilaban los puros. Como no había televisión ni radio, y muchos obreros eran analfabetos, el lector constituía un enlace vital entre ellos y el mundo externo.[2]

Todas las mañanas, los lectores subían una angosta escalerita hasta la tribuna (una butaca montada sobre una plataforma que tenía una baranda alrededor) y veían aquel vasto espacio lleno de mesas de madera cubiertas de hojas de tabaco. Siempre llegaban antes que los trabajadores para tomarse una taza de fuerte café puertorriqueño y saludarlos según iban llegando. A las nueve de la mañana comenzaban a leer en voz alta los periódicos del día, que contenían noticias locales e internacionales, editoriales, columnas deportivas y hasta muñequitos. Por la tarde leían novelas de Émile Zola, Miguel de Cervantes o León Tolstói, obras

El lector les lee a los obreros de las tabacaleras

Cortesía de los Archivos Estatales de la Florida.

de Kropotkin o Unamuno y discursos de José Martí y Simón Bolívar. A las mujeres les leían *Marianela*, de Benito Galdós o *Madame Bovary*, de Gustave Flaubert. A veces les leían poemas escritos por ellos mismos. Y hasta podían leer una petición de matrimonio de un trabajador a una trabajadora.

El trabajo era más arduo de lo que parecía. Los lectores pagaban los libros y periódicos de su propio bolsillo, desarrollaban distintos acentos y voces para los personajes de las historias, y tenían que proyectar sus voces con sonoridad y enunciar con propiedad. Sufrían a menudo ataques de laringitis, dolores de garganta e inflamaciones de cuerdas vocales. Pero las recompensas eran positivas. Igual que a los grandes cantantes de ópera o actores del teatro clásico, a los mejores lectores los contrataban las compañías tabacaleras más grandes. Al final de su carrera, el abuelo de Vidal les estaba leyendo a quinientos trabajadores, quienes le pagaban 15 centavos cada uno a la semana. Se ganaba unos

300 dólares al mes y con eso se convirtió en uno de los hombres más prósperos de Aguas Buenas. Además era lector visitante en las compañías tabacaleras de Ybor City, Florida.[3]

Un lector era también un líder, y la gente le pedía al abuelo de Vidal consejos sobre casi todos los temas. Él los dispensaba generosamente y sentía orgullo cuando escuchaba a los tabaqueros, casi sin saber leer ni escribir, discutir libros como *Germinal* de Émile Zola o *Campos, fábricas y talleres*, de Kropotkin mientras paseaban por las noches en la plaza de recreo. También se sentía orgulloso de la admiración de su familia, la cual bien sabía que podían depender de él para todo.

"Quédate en la escuela", le aconsejaba a Vidal, insistiendo en que la educación marcaba la diferencia entre convertirse en un hombre que hilaba tabacos y uno que se paraba en la plataforma del lector… Vidal siguió el consejo de su abuelo, pero cuando llegó su momento de graduarse de escuela superior, Puerto Rico había cambiado para siempre.

Comenzando en 1926, la compañía United Porto Rico Sugar compró todas las fincas de tabaco en Aguas Buenas y construyó la segunda central azucarera más grande de la isla, con una chimenea de 205 pies y unas calderas que procesaban 9 millones de libras de caña al día. El National City Bank compró otras 54.000 hectáreas de terreno agrícola más los almacenes, facilidades portuarias y 133 millas de ferrocarril. El American Colonial Bank, la Casa de Morgan y el Banker's Trust controlaban otras 100.000 hectáreas. Entre todos convirtieron Puerto Rico en una economía de monocultivo, basada en una sola cosecha.[4]

El abuelo de Vidal perdió su empleo y en unos cuantos años ya no quedaba ni un lector en Puerto Rico. Cuando Vidal se graduó de escuela superior, su abuelo estaba cortando caña en la Central Santa Juana, y Vidal cortaba caña también a su lado. Ya no había ni lector, ni plataforma, ni Cervantes, solo un mar verde de caña en todas las direcciones.

Desde lejos, las fincas de caña de azúcar lucían pintorescas —un puente arqueado, edificaciones de ladrillo, casetas de metal y la espesa arboleda—, como algo pintado por un artista medieval. Pero de cerca eran más bien la glotonería de líneas verdes geométricas, lógicas y cuadriculadas, como las páginas de un balance financiero o un informe bancario. Miles de inmensos muros verdes que se multiplicaban por todos lados en sucesión infinita hasta el horizonte.[5]

Era una vida degradante y agotadora. Ya el abuelo de Vidal pasaba de sesenta años de edad. Los otros cortadores de caña le extendían toda clase de cortesía y consideraciones posibles al que había sido su lector, pero su espíritu se había quebrado, y su cuerpo también retrocedía sin demora. Durante su segunda temporada de cosecha, en mayo de 1928, sufrió un ataque al corazón mientras cortaba caña. Se tambaleó y cayó muerto con el machete en la mano, con su hijo Vidal a su lado.

Un mes después del sepelio, Vidal visitó a su abuelo en el cementerio con su tarjeta de calificaciones en la mano. Se había graduado con honores de la Escuela Superior Josefa Pastrana de Aguas Buenas. Vidal enterró la tarjeta al pie de la tumba de su padre. Y antes de llegar a su casa, juró que jamás volvería a trabajar en el cañaveral. Visitó a algunos amigos de su abuelo y de uno de ellos supo de un barbero llamado José Maldonado que estaba buscando a alguien. La barbería estaba en el Barrio Obrero, al este de San Juan, colindando con Villa Palmeras. Se llamaba Salón Boricua.

El Barrio Obrero, *ensandwichado* entre el Campamento Las Casas y los hoteles del área del Condado, era el sector más densamente poblado de Puerto Rico —aún más que Nueva York—, con once mil personas por kilómetro cuadrado. Las calles estaban atestadas de niños, caballos, perros, vendedores de frutas, estibadores, socialistas y soldados. Los fines de semana eran *sálvese-quien-pueda*, y los soldados perseguían con fogosidad a las muchachas disponibles hasta que tocaban las campanas de la capilla de Nuestra Señora de Lourdes los domingos por la tarde. La tranquilidad temporera duraba hasta el siguiente viernes.

Santurce era la encrucijada de los caminos de Puerto Rico. Muy cercana al Viejo San Juan, estaba a una corta distancia del Capitolio y contaba con el aeropuerto internacional dentro de sus límites. Tenía dieciséis muelles y 3 millas de playa; estaba rodeada de seis cuerpos de agua —el océano Atlático, la bahía de San Juan, el caño de Martín Peña y tres lagunas— ideal para los nadadores de día y los contrabandistas de noche. Si alguien quería entrar o sacar algo de la isla ilegalmente, el lugar para hacerlo era Santurce.

Con su diploma de cuarto año en el bolsillo, Vidal Santiago caminó las 15 millas desde Aguas Buenas hasta el Barrio Obrero. Vio el rótulo de la calle Colton número 351, entró y encontró a once hombres en la barbería pero a ninguno le estaban recortando el pelo. Tres barberos contaban chistes parados al lado de sus butacas, ocho estaban sentados en bancos de madera de pino conversando o leyendo el periódico, todo el mundo hablaba a la vez y muy duro, y un niñito les servía tragos de ron cañita a los adultos. Discutían el tema de la Mussolinia, el nuevo programa de distribución de tierras en Italia, y los pros y contras del voto femenino. Vidal echó un vistazo a su alrededor y vio docenas de fotos en blanco y negro autografiadas por famosos personajes locales y extranjeros que adornaban los espejos colgados de cada pared.

Vidal se le presentó a José Maldonado y le mostró el diploma de escuela superior. José lo miró de arriba abajo; el muchacho era bajito y su cara parecía haber sido diseñada por un comité. Las orejas le sobresalían como pistolas desenfundadas; los desordenados rizos de su pelo le crecían en todas las direcciones.

José había conocido al abuelo del chico, de manera que lo contrató en el acto. Vidal no perdió tiempo alguno, y enseguida se puso a limpiar el baño, a lavar las ventanas y a deshacerse de los clientes cuando ya estaban recortados. En unos pocos días, los regulares le hacían seña a José como que había encontrado al mejor empleado. Al poco tiempo, José le confió el funcionamiento de "La Máquina", una radio Octagon de General Electric que ninguno había podido poner a funcionar. Algunos alegaban que el FBI había instalado un ojo de mal agüero en el panel superior para espiarlos.

Con el tiempo, Vidal llegó a amar su trabajo. El lugar tenía cosas raras que llamaban la atención de cualquiera. Uno de los barberos estaba casi ciego; otro era tan bajito que tenía que trepar a un taburete para alcanzar al cliente; estos dos no tenían licencia, así que se escapaban por la ventana cada vez que aparecían los inspectores de Sanidad. Los clientes eran más pintorescos todavía: a Santo le faltaba un ojo y decía que era sacerdote; Tato vendía seguros en su tiempo libre; Sergio robaba pollos y después los vendía. Filadelfo tocaba el violín y juraba que Xavier Cugat le debía 10.000 dólares. Chicharra suspiraba mucho porque tenía una mujer mandona y dominante. Diógenes bebía demasiado, hasta un día en que su iracunda mujer irrumpió en el local y lo abofeteó tan duro que la silla en que cayó dio varias vueltas con él sentado.

Había un cliente que nunca dijo su nombre ni recibió un recorte de pelo. Simplemente entraba y se sentaba en la silla más apartada; se ponía a leer la misma revista una y otra vez. Cada cinco minutos entraba otro hombre y se metía en el baño, seguido por el misterioso visitante. A la larga, Vidal entendió lo que estaba pasando: el hombre era el bolitero del barrio, y allí era donde hacía su negocio clandestino.

El salón no solo era como un teatro; era también el medio de transmisión más poderoso. Cualquiera que quisiese compartir o enterarse de las noticias lo hacía en la iglesia o en el Salón Boricua, y de ahí a todos los confines del pueblo en menos de veinticuatro horas. La gente llamaba al salón Radio Bemba porque era más efectivo que cualquier emisora radial.

A los tres meses fue que Vidal dio su primer recorte. El cliente tenía el pelo lago, lo que le daba más margen para errores, y por supuesto, cuando Vidal terminó de recortarlo, el hombre exclamó: "¡Ea, rayo! ¡Me dañaste el pelo!". La barbería entera hizo silencio mientras el barbero tuerto vino al rescate y le arregló el pelo al hombre. Vidal se fue a dar una caminata, y cuando regresó, le dañó el pelo a su próximo cliente, además de tumbarle la mitad del bigote. Resultó ser que Vidal sufría de astigmatismo, pero José lo respaldó en todo momento, y en menos de un año Vidal llegó a ser un barbero de primera clase que podía manejar cualquier estilo de recorte y afeitar a cualquier hombre con solo catorce trazos perfectos de su navaja.

Vidal compraba espejuelos nuevos todos los años. Leía libros sobre barbería y revistas de cine para desarrollar un completo repertorio de estilos, los cuales anunciaba en hojas sueltas que repartía por el vecindario y un rótulo grande en la entrada. Ya para 1930, el negocio del Salón Boricua estaba sólido. Aun así, existía otro aspecto desconocido de esta barbería.

José Maldonado tenía muchos amigos militares, incluyendo a dos sargentos de cocina y un oficial de compras que se autodenominaba el capitán Astro, miembros del Regimiento 65 de Infantería (los Borinqueneers). Ellos compraban la comida para los cuatro mil soldados estacionados a menos de 1 milla de distancia en el Campamento Las

Casas. Para el capitán Astro, quien preparaba 360.000 comidas al mes, no era nada difícil desviar 5.000 de ellas y vendérselas con descuento a su amigo.[6]

Cada mes, José recibía un camión cargado de huevos, arroz, habichuelas, queso, maíz, carnes saladas y raviolis enlatados. Él, entonces, alquilaba la casa al lado del Salón Boricua y "vendía" la comida desde allí. En realidad, la regalaba casi toda a las familias pobres del área aunque le añadía un precio nominal de 2 centavos por una docena de huevos o 5 centavos por un buen pedazo de carne para mostrar su respeto a la dignidad de sus clientes. Según pasaba el tiempo, Vidal se dio cuenta de que ese era el verdadero propósito del Salón Boricua. José había encontrado una forma para alimentar a casi cincuenta familias con un poquito de ayuda del gobierno americano.

En mayo de 1930, un hombre muy callado, con lazo de pajarita, camisa blanca y chaqueta negra llegó por primera vez al Salón Boricua. José se lo presentó a Vidal: era don Pedro Albizu Campos, que acababa de llegar de un viaje de tres años por México, Cuba, Venezuela y otros países suramericanos adonde había ido a buscar respaldo internacional para la independencia de Puerto Rico. Unos días antes, había sido electo presidente del Partido Nacionalista.

José entronizó a don Pedro en la gran silla Koken, donde recibió un recorte más las opiniones y comentarios de todos los presentes en la barbería. Todos parecían conocerlo y respetarlo. Después de una hora de faena barberil, José se lo llevó al otro apartamento, donde conversaron en privado el resto de la tarde. Entonces le llenó el automóvil de comida y don Pedro se marchó. El Maestro no guiaba. Siempre lo conducía un compañero.

El día después de la visita de Albizu, José llamó a Vidal desde el apartamento contiguo, que tenía las cortinas bajas y todo en penumbra. Vidal vio que el lugar estaba repleto de carne cecina y melocotones enlatados, sacos de arroz y habichuelas rojas, y una pared entera de cajas y sacos de papa. De algún lado extrajo un marco con una fotografía amarillenta. Mostraba a José mismo montado en un caballo blanco, ondeando un machete y dirigiendo la Intentona de Yauco, una revuelta contra España en 1897. La revuelta había fracasado, pero el rol de José le había ganado una reputación nacional como el Águila Blanca.[7]

Ya que Albizu Campos había regresado, José le contó a Vidal que iba a ayudarlo a obtener algunas armas del Campamento Las Casas para la revolución nacionalista. Miró cuidadosamente por entre las cortinas y entonces añadió que solo compartía con él esta información por un motivo: que algún día él no estaría allí para continuar esa importante labor, y que cuando ese día llegara, él esperaba que Vidal la continuara en su lugar. Alguien tenía que hacerlo.[8]

El día de hacer algo llegó antes de lo esperado. En septiembre de 1930, José acudió al Hospital Presbiteriano para tratarse una anemia y allí un doctor nuevo llamado Cornelius Rhoads le puso unas inyecciones de "hierro". Dos semanas más tarde, José no podía tragar comida sólida, y ya para noviembre no podía tragar nada, ni su propia saliva. Perdió rápidamente 20 libras, aunque ya de por sí era un hombre delgado.

El doctor Rhoads le puso a José otra serie de inyecciones y le aseguró que su cuerpo se adaptaría al nuevo medicamento. Pero esto nunca sucedió. Al poco tiempo le salió un bulto en la garganta, y en enero de 1931 Rhoads anunció que José tenía un tumor canceroso en la garganta.

Por consejo de don Pedro, José pidió su expediente médico pero el hospital se lo denegó con el pretexto de que todos los expedientes eran confidenciales. Don Pedro se preparó para demandar al doctor y al hospital, cuando un día, a finales de febrero, José comenzó a vomitar sangre y murió en el baño de su propia barbería.

Cientos de personas —agricultores, soldados, cortadores de caña, amigos de la cárcel, clientes de la barbería y cuanta persona había recibido comida de José por los últimos diez años— asistieron a su funeral. Los dolientes contaron muchas anécdotas sobre el Águila Blanca y derramaron muchas lágrimas, todos de acuerdo en que el mundo acababa de perder a un hombre bueno. Cuando todos se marcharon, don Pedro le mostró a Vidal el testamento de José Maldonado: le dejaba el Salón Boricua, con todas sus alegrías y todos sus sinsabores, a Vidal Santiago.

Unos meses más tarde, don Pedro descubrió que el doctor que le puso las "inyecciones de hierro" a José había sido Cornelius Rhoads, el mismo que una vez escribió que "los puertorriqueños son la raza de los hombres más sucios, haraganes, degenerados y ladrones que ha habitado este planeta [...] yo he hecho lo más que he podido para adelantar el proceso de exterminarlos matando a ocho e inyectándoles cáncer a otros pocos [...] todos los médicos se deleitan con el abuso y la tortura de estos desafortunados sujetos".

Don Pedro envió copias de la carta de Rhoads a la prensa, a las embajadas, a la Liga de las Naciones y hasta al Vaticano. Nadie hizo nada al respecto, pero Vidal nunca olvidó la forma en que el Águila Blanca había sido asesinado.[9]

ꕤ

El Salón Boricua había sobrevivido a la Gran Depresión. El negocio creció con descuentos a los clientes mayores, recortes a medio precio para los calvos y el especial "César Romero" de los sábados. Vidal creó "el muro de la fama" con fotografías de cantantes italianos —Frank Sinatra, Tony Bennett, Perry Como, Dean Martin y Mario Lanza—, todos autografiados como si hubiesen visitado la barbería. También generó una enorme buena voluntad durante la huelga de la caña de azúcar de 1934 recortando gratis a los trabajadores de la caña que estuviesen desempleados. Solo tenían que llevar sus machetes, mostrar los callos de las manos o decir que don Pedro los había enviado. El salón también recortaba gratis a los Cadetes de la República.

En una esquina de la barbería, justo detrás de donde se lustraban zapatos, Vidal montó un pequeño santuario. Sobre este colgó la fotografía de su padre, el lector, y la del Águila Blanca al mando de unos cuantos valientes en la revuelta contra España. Debajo de ellos colocó una biblia, un rosario y la imagen de santa Bárbara que su padre le había dejado, la única herencia que pudo pagar.

Hubo tres puntos críticos en la vida de Vidal: el día de la muerte de su papá, el día en que murió el Águila Blanca, y el día que presenció la Masacre de Ponce de 1937. Había asistido al desfile, y fue uno de los pocos que se escapó ileso. Observó cómo la Policía Insular le disparó con metralletas a hombres, mujeres y niños y macaneó a una mujer por la cabeza tan duro que se le derramaron los sesos por toda la calle.

Días después asistió al sepelio. Más de veintinueve mil personas escoltaron a los muertos por las calles de Ponce. No hubo discursos en el Cementerio La Piedad cuando bajaron los ataúdes a sus fosas, solo el silencioso dolor de una ciudad entera. Ese mismo día Vidal se hizo nacionalista.

El Partido Nacionalista estaba comenzando a sufrir en el 1937. Albizu Campos había sido removido de la isla para una condena de diez años. El FBI arrestó a muchos miembros del partido, allanando sus hogares y logrando que los despidieran de sus empleos. Algunos simplemente desaparecieron.

Cuando la noticia de la Masacre de Ponce se regó por toda la isla, muchos temieron que si revelaban sus sentimientos nacionalistas o decían "¡Que viva Puerto Rico libre!" en el momento y lugar equivocados, corrían peligro de muerte. En muy pocos meses, los Cadetes de la República dejaron de reclutar nuevos miembros y el grupo se redujo a solo quinientos reclutas. Las reuniones del partido se tuvieron que hacer en secreto. Pero nada de esto detuvo a Vidal.

Llamó al capitán Astro y regateó intensamente con él para obtener un cargamento "especial" además de la comida. A finales de 1937, las armas y las municiones acompañaron cada entrega mensual al Salón Boricua. Durante los siguientes diez años, hasta que Albizu regresó de la prisión, Vidal fue acumulando un verdadero arsenal para la Revolución Nacionalista. Esto incluyó armas de fuego (24 revólveres, 17 pistolas, 6 rifles, 3 escopetas y 1 subametralladora), municiones (2.200 balas, 600 cartuchos de escopeta, 270 cintas de ametralladora y 20 pistoletes), explosivos (72 cápsulas fulminantes, 56 cócteles Molotov, 23 cartuchos de dinamita, 22 granadas, 19 bombas explosivas y 1 detonador) y cuchillos (5 machetes, 5 dagas, 5 cuchillos y 1 sable).[10]

Almacenó las armas en un falso sótano en el apartamento contiguo, debajo de los fardos de comida. Le construyó una entrada secreta desde el Salón Boricua, por un panel falso escondido en el baño. Por 200 dólares, el capitán Astro le mostró cómo cargar y descargar, disparar, y darles mantenimiento a las armas y hasta lo entró a escondidas dentro del campo de práctica de tiro del Campamento Las Casas para que afinara su puntería.

Vidal hizo todo esto callada y pacientemente. Nunca pudo igualar la valentía del Águila Blanca o la de su propio padre, pero su falta de arrojo le vino bien porque podía trabajar en las sombras, desde donde algunas batallas decisivas también se podían ganar.

En 1946, Vidal notó que los nacionalistas se estaban desanimando. Ocurrieron demasiados arrestos y muchos rumores de torturas y ejecuciones. Quedaban menos de cien cadetes de la República y la moral estaba muy baja en todos lados. Vidal decidió crear un programa de internado para cadetes. Ofreció recortes y entrenamiento de barbero gratis. A principios no se presentó nadie. Pero en diciembre llegó uno, y la siguiente semana llegaron dos más. Antes de Navidad ya vinieron cinco adicionales, para un total de ocho.

El 6 de enero de 1947, durante una fiestecita de Reyes, Vidal prendió la radio, Filadelfo tocó el violín y Santos hizo su cuento del ojo tuerto. Vidal sacó entonces su ron cañita de 120 grados, lo prueba y pronuncia un largo y apasionado brindis por el Águila Blanca, el Robin Hood de Puerto Rico y líder espiritual de todos los barberos. Sus palabras sonaron un poco enredadas, pero fue un gran discurso, y a todos se les aguaron los ojos cuando los ocho cadetes de la República hicieron su entrada con recortes de pelo perfectos.

Raimundo Díaz Pacheco, el comandante en jefe de los Cadetes, entró con ellos, y le pidió a Vidal que fuera su capitán. Vidal aceptó con gusto y de ahí en adelante formó parte de la cadena de mando del partido, que encabezaba Albizu como presidente e incluía a Tomás López de Victoria como comandante auxiliar. Como capitán de Santurce, Vidal se hizo responsable del reclutamiento y entrenamiento de jóvenes para el ejército de liberación de don Pedro.

Vidal ejercitaba a sus tropas sin misericordia. Hacían calistenia y marchas, y subían corriendo al monte Hatillo durante semanas y semanas. El capitán Astro le consiguió el *Manual de normas de campo de infantería del Ejército de Estados Unidos*, y sus cadetes lo seguían al pie de la letra, y se aprendieron todos los movimientos coordinados de un pelotón, más las señales de mano. Cada sábado practicaban uno de los cinco ejercicios de combate: ataque de brigada, reacción al contacto, cómo romper contacto, reacción a emboscadas cercanas y lejanas, y cómo destruir un búnker. No tenían armas ni municiones —solo rifles de palo, señales de mano, y alaridos de guerra—, pero toda carencia la compensaba su entusiasmo. De vez en cuando, el comandante se aparecía con su hermano, Faustino.

Durante un agotador asalto al monte Hatillo, el cineasta Juan Emilio Viguié apareció y se presentó. Invitó a Vidal a comer en una popular fonda de la calle Tapia, donde conversando encontraron que tenían muchas cosas en común. Más importante todavía era el hecho de que ambos habían presenciado la Masacre de Ponce, y ese evento les había cambiado la vida a los dos. Al otro día, Viguié llevó a Vidal a su laboratorio fílmico y le mostró varias horas de pietaje noticioso, incluyendo los trece minutos de la Masacre de Ponce. Ambos lo vieron en total y absoluto silencio. Al final de la noche, Vidal estuvo de acuerdo en permitirle a Viguié que filmara a sus cadetes.

Viguié exclamó "¡Acción!" y los Cadetes de la República la emprendieron monte arriba con renovada energía y vigor. Uno de ellos tuvo que gatear por el lodo. Otro se lanzó detrás de un árbol, rodó hacia la izquierda y saltó y se puso de pie y disparó. Todos gritaban como fantasmas atormentados al capturar la bandera que Vidal colocaba en la cima de la montañita de 266 pies sobre el nivel del mar.

"¡Corten!", exclamó Viguié, y pasaron a la próxima toma. Los cadetes aplaudieron, se felicitaron entusiastamente, dándose palmadas en las espaldas y burlándose de la pésima actuación de unos y otros.

Durante una semana el Cuerpo de Cadetes de Santurce fue aumentando hasta casi triplicar su tamaño. Una vez se regó que estaban filmando una película, aparecieron muchos que querían "liberar la isla de sus malvados opresores".

En el momento en que se aprestaban para correr monte arriba por vigésima vez, llegaron Raimundo y Faustino Díaz Pacheco. Se habían enterado de que se estaba filmando esta producción de "Hollywood" y querían hablar con Vidal.

Después de una breve discusión, Vidal regresó al grupo y a Viguié con la mala noticia: no habría ninguna película sobre los Cadetes de la República. El comandante hasta había sugerido que destruyeran el negativo filmado. De modo que los muchachos se fueron a sus casas y Viguié empacó su equipo de filmación. Para consolarlo, Vidal se lo llevó al Salón Boricua y le contó la historia del Águila Blanca. Le dijo que el espíritu del Águila todavía visitaba la barbería y estaba planificando otra revolución.

El 15 de diciembre de 1947, el día en que Albizu regresó de prisión, Vidal estuvo en el muelle con sus cadetes de Santurce y los 15.000 jubilosos isleños que le dieron la bienvenida al Maestro y lo siguieron por las calles de San Juan. Durante los meses siguientes, Vidal y sus cadetes escoltaron a Albizu a docenas de pueblos y estaciones de radio, donde tronó apasionadamente contra el imperialismo yanqui y a favor de la independencia de Puerto Rico.

Cuando se implantó la Ley de la mordaza en 1948, la gente comentó en la barbería que su propósito era arrestar de nuevo a Albizu y que el gobernador Luis Muñoz Marín se había convertido en el perrito faldero de los americanos, un traidor de marca mayor. Vidal también sabía (aunque no se lo dijo a nadie en el momento) que la Ley de la mordaza iba a empujar a Albizu a tomar alguna acción. Impedido de comunicar, motivar e inspirar a nadie, Albizu se vería obligado a hacer algo drástico. Y dicho y hecho: en agosto de 1948, se abrió la puerta del salón y entró don Pedro.

Por unos minutos, Vidal le murmuró al oído sobre el panel secreto del baño y las armas escondidas en el sótano de la casa de al lado. Don Pedro esperó un rato y entonces se dirigió allá. Cuando regresó al cabo de un buen rato, le dio un apretón de manos a Vidal y le preguntó en voz baja quién más sabía del arsenal. Vidal le aseguró que él no se lo había dicho a nadie, y don Pedro le dijo que dejara las cosas así, porque había delatores dentro del partido y ya no sabía en quién confiar.

Durante los siguientes dos años, don Pedro visitó el Salón Boricua una vez al mes, y en cada visita el comandante Raimundo Díaz Pacheco y otros líderes nacionalistas lo estaban esperando en el apartamento contiguo, detrás del panel secreto en el bañito de la barbería. La noche antes de cada visita, Vidal cuidadosamente colocaba tres o cuatro armas debajo de los sacos de arroz para que ellos se las llevaran. Entonces tapaba la entrada al sótano otra vez. Nadie excepto Albizu y Vidal sabían de la existencia de ese sótano y el almacén de armas que contenía.

Después de su breve visita al baño, don Pedro se despedía y salía del salón con su nítido recorte de César Romero. Se montaba en el sedán Chrysler negro de 1941 con la tablilla 910, y un compañero lo llevaba a su casa seguido de dos autos del FBI. Si no hacía mucho calor y quería molestar un poco a los agentes, don Pedro regresaba a su casa caminando las 5 millas y dejaba que todos vieran su flamante recorte de película.

Vidal estaba feliz con este arreglo y con su lugar en el mundo. No era un hombre rico pero sentía que estaba haciendo algo importante con su vida. Era dueño de su propio negocio y alimentaba a cincuenta familias todos los meses, tal y como lo había hecho el Águila Blanca. Estaba ayudando la causa nacionalista calladamente como uno de los hombres en quien Albizu más confiaba. De vez en cuando se daba la vuelta por el Club Sin Nombre y le gritaba relajos a Humphrey Bogart. Hasta se compró espejuelos nuevos para ver mejor la pantalla.

Las cosas cambiaron para Vidal en agosto de 1950. El Regimiento 65 de Infantería zarpó hacia Corea y finalizaron los cargamentos de comida del Capitán Astro. A finales del mes de septiembre, el FBI, como parte del intenso acecho a todos los nacionalistas, comenzó a merodear por la barbería varias veces al día, lo que hizo que Albizu dejara de ir.

El 6 de octubre, a las siete de la mañana, las calles aledañas al Salón Boricua estaban desiertas, excepto por un borracho que aparentaba dormir recostado en el muro de las casas al otro lado de la calle.[11] Vidal bostezó, se frotó las manos y encendió el viejo poste automático de franjas rojas, blancas y azules que al girar el día entero anunciaba que la barbería estaba abierta.

Cuando Vidal entró a la barbería, el borracho tosió fuertemente y de pronto apareció un Buick negro de donde saltaron cuatro agentes del

FBI que irrumpieron en el local con armas en mano. Vidal se identificó y uno de los agentes le propinó un fuerte golpe en la cara. Los otros tres lo sujetaron, lo esposaron y lo sacaron a empujones hasta el Buick. Todo pasó en menos de tres minutos. Se llevaron a Vidal y el borracho desapareció sin dejar rastro.

CAPÍTULO 16

La Academia de la Verdad

La Base Ramey de la Fuerza Aérea norteamericana ocupaba 3.796 hectáreas de bella costa marina en la esquina Noroeste de Puerto Rico, cerca del pueblo de Aguadilla. Como una base de bombarderos del Mando Aéreo Estratégico de Estados Unidos, albergaba el Ala de Reconocimiento Estratégico #55 y se rumoraba que contenía almacenes subterráneos para la bomba atómica Truman.[1] La base contenía una pista de aterrizaje de 2 millas de largo, diecisiete hangares, numerosas barracas y su propia escuela elemental y superior, hospital, club de oficiales, piscina y campo de golf.[2]

El viaje hasta Ramey tomó, desde la barbería Salón Boricua, poco más de dos horas, pero Vidal no pudo ver nada del paisaje; los agentes del FBI le habían puesto una capucha sobre la cabeza. Cuando llegaron por fin a un edificio sin rótulo alguno, como a 1 milla de la base, Vidal no tenía idea de dónde podían estar, excepto cerca del mar porque lo podía oler. Dos asistentes agarraron a Vidal y lo llevaron a empujones a un sótano, donde le quitaron la capucha.

El edificio era una barraca construida a medias en la base de la Fuerza Aérea estadounidense; sobresalían las varillas del concreto desempañetado. Las escaleras no tenían baranda; la cablería eléctrica y sus tubos de goma colgaban de los plafones. Cuando lo subieron por las escaleras, Vidal tuvo una visión fugaz de movimiento constante de prisioneros vestidos de harapos con barbas de varios días. La mayoría lucía boricua, o al menos latina. En medio del alboroto que hacían las pisadas de las botas, risotadas y comentarios burlones de los soldados norteamericanos, los prisioneros eran movidos a la fuerza de un piso a otro.[3] El eco de muchas conversaciones retumbaba a través de todo el edificio.

Un olor asqueante, como la peste a carne podrida, golpeó fuertemente a Vidal al llegar al tercer piso. Miró hacia un lado rápidamente y vio una hilera de cuartuchos con reja de metal alineados como el pasillo de una prisión. En un cuarto, el rastro ensangrentado de unos pies arrastrados llegaba hasta la puerta.

En el cuarto piso, los soldados lanzaron a Vidal de un empujón dentro de una amplia sala de un apartamento parcialmente habilitado. Contenía solo una mesa plegadiza, algunas fotos borrosas de individuos buscados por la ley pegadas en la pared, y un viejo teléfono portátil. A la mesa estaba sentado un capitán del Ejército. Vidal no pudo determinar su rango, pero le llamó la atención que llevaba puesta una boina demasiado grande para su cara, que era curiosamente pequeña, triangular y alargada, como una zorra de desierto. Su voz era chillona y aguda, con un tono de monaguillo malcriado, que resonaba por todo el piso.[4]

"Buen día. Yo soy el capitán Rolf, el encargado de su expediente."

"¿Expediente de qué?"

"El que lo trajo aquí."

Rolf le exhortó a que le hablara abiertamente. Cuando Vidal preguntó cuáles eran los cargos que pesaban contra él, Rolf lo ignoró y comenzó a preguntarle sobre las armas escondidas por los nacionalistas. Pasó una hora, y Vidal todavía no sabía por qué lo habían arrestado. Rolf extendió una mano y agarró el teléfono. "Preparen una sesión", dijo. "Y envíenme a Moncho."[5]

A los pocos minutos entró al cuarto un hombre bajito, vestido de uniforme de Policía Insular. Tenía la piel color de aceituna, la frente pequeñita y el pelo muy bien peinado con una pomada olorosa. Este era Moncho, quien agarró a Vidal por la camisa y se lo llevó hasta la cocina de otro apartamento a medias en el tercer piso, donde solo había un fregadero, una estufa de cerámica y una pila de cajas de madera que tapaba la ventana. El cuarto estaba oscuro.

"Quítate la ropa y los espejuelos", dijo Moncho. Vidal obedeció y Moncho lo empujó, desnudo, hasta lo que parecía un dormitorio pues estaba ocupado por una cama de metal sin colchón que olía a excremento y a vómito. Vidal notó varias gotas de sangre seca en el piso bajo la cama.

"Acuéstate", le ordenó Moncho a Vidal. Como Vidal no se movía, entraron cuatro soldados que lo agarraron y lo acostaron a la fuerza sobre el marco de la cama de metal. Le amarraron los brazos y las piernas con gruesas cadenas de hierro, mientras Moncho observaba desde una esquina con los brazos cruzados y el ceño fruncido.

Hablando en un inglés con marcado acento, Moncho le informó a Vidal de que *mister Rolf* le estaba dando tiempo a que pensara, que reflexionara en lo que iba a decir, porque más tarde tendría que hablar por obligación. Tarde o temprano, todos hablaban. A la larga o a la corta, él les contaría todo lo que ellos querían saber.

Vidal escuchó un grito que provino desde un cuarto lejano. Pensó que también escuchó los motores de un avión, cuando un viento frío que entró por la ventana le causó un escalofrío. Como estaba desnudo sobre la cama de metal, no pudo evitar el tembleque que se apoderó de su cuerpo. Moncho, pensando que esto significaba terror, le preguntó si estaba listo para hablar. Vidal le contestó que lo que tenía era frío, no miedo. Moncho le dijo burlonamente: "En quince minutos más vas a hablar hasta por los codos".

El capitán Rolf entró fumando un cigarrillo. Los cuatro soldados automáticamente se cuadraron en atención, pero él, con un ademán de mano, los mandó a descansar y se le acercó a Vidal. Su voz retumbó por todo el piso. Quería que todos los prisioneros lo escucharan.

Pidió un pedazo de papel y algo con que escribir, y los soldados le colocaron una de las cajas de madera al pie de la cama para que se sentara. Moncho entonces rodó hasta la cama un generador magnético y se lo conectó a la cama con dos pinzas. Rolf tomó una de las pinzas y se la pegó a Vidal en la cara, y le preguntó: "¿Tú sabes lo que es esto?".

Para mostrar que no tenía miedo, Vidal exigió que lo entregaran a las autoridades apropiadas dentro de veinticuatro horas según prescribía la ley. De paso le solicitó dignamente al capitán que lo tratara de *usted* en vez de *tú,* porque él no era un niño ni un amigo ni un familiar cercano. Su brava afirmación hizo que los soldados se echaran a reír a carcajadas.

Entonces Rolf dio la señal. Un soldado se le sentó a Vidal sobre el pecho, sonriéndole perversamente como un muchacho de escuela a punto de hacer una cruel maldad. Los otros tres se alinearon a ambos lados de la cama y otros más entraron para gozarse el espectáculo de la tortura.

∽

A las nueve de la mañana del mismo día, Santo pasó por la calle Colton y se dio cuenta de que la puerta del Salón Boricua estaba abierta de par en par. Entró y miró con su único ojo bueno y vio que no había nadie allí. Esto nunca había pasado antes. A esa hora Vidal siempre estaba ya en la barbería, leyendo el periódico y tomando café, con su corbatita puesta, listo para recortar a los clientes. Santo miró por todos lados, por si había un ladrón adentro.

"¿Hola?"

Nadie respondió. Notó que allí había habido un forcejeo. Unas cuantas jarras de pomada estaban rotas por todo el piso, al igual que el retrato del Águila Blanca, que estaba hecho trizas sobre las losetas. *Algo bien malo pasó aquí,* pensó. Corrió al teléfono y marcó un número.

∽

El cuerpo de Vidal brincaba como un resorte sobre la cama de metal cada vez que Rolf le conectaba corriente eléctrica.[6] El barbero se retorcía, gritaba y luchaba hasta que las cadenas que le sujetaban le cortaron la carne. Rolf le pegaba un corrientazo tras otro mientras le repetía una y otra vez la misma pregunta:

"¿Dónde están las armas?"[7]

Moncho le echaba agua fría al pecho de Vidal para aumentar la intensidad de los corrientazos, y Rolf le pegaba las pinzas a Vidal en el pecho, en la barriga y en el tabique de la nariz. El barbero mordía una de sus medias para aliviar los dolorosos calambres que hacían contorsionar su cuerpo. Pero no habló.

En el Salón Boricua se había congregado el grupo de Santo, Sergio, Diógenes y casi una docena de clientes, incluyendo al *bolitero.* Uno de los cadetes de Santurce, que no tenía su uniforme puesto aquel día, barrió y mapeó el piso. No habían llamado a ningún nacionalista porque allí al frente, en la calle, estaba estacionado un flamante Buick Roadmaster, obviamente del FBI, con dos agentes adentro locos por venir y arrestarlos a todos.

"Esto luce muy mal", dijo Santos.

Los amigos buscaron afanosamente por todo el local, por si Vidal había dejado una nota explicativa. Buscaron en el baño, en la silla del limpiabotas, y hasta debajo de la estatuilla de santa Bárbara. No encontraron nada. Vidal había desaparecido sin dejar huella, y un auto del FBI continuaba aparcado frente a su barbería.

En la oficina, Rolf ordenó a dos soldados que buscaran a un hombre llamado Lázaro. Cuando los soldados lo trajeron arrastrado, Vidal lo reconoció como un viejo nacionalista a quien él había recortado muchas veces. Ahora arrastraba los pies como un anciano, pálido y esquelético sin casi poder mantenerse en pie. Parecía que había perdido más de 100 libras.

"Anda… dile", le urgió Rolf.

Lázaro miró fijamente a Vidal desde un lugar de infinita tristeza, y le dijo: "Esto es duro, Vidal". Allí mismo rompió a llorar y los soldados se lo llevaron. Lázaro era claramente un hombre roto. Por "enésima" vez, Rolf le hizo la pregunta.

"¿Dónde están las armas?"

"Yo no sé", afirmó Vidal.

Rolf hizo señas a sus hombres. En pocos segundos levantaron a Vidal en vilo y lo ataron a una plancha de madera que estaba en la cocina.

Moncho le conectó un tubo de goma a la llave del fregadero, mientras uno de los soldados le recostaba la cabeza a Vidal sobre el borde del fregadero. Le envolvieron la cabeza en un trapo, le forzaron un pedazo de madera entre los labios, y le dieron un consejo.

"Cuando te decidas en hablar, solo tienes que mover los dedos."

Abrieron la llave del agua. El trapo se empapó rápidamente y el agua se le metió a Vidal por la boca, la nariz, los ojos y por toda la cara. Trató desesperadamente de tomar aire y contraer la garganta para no tragarse el agua. Mantuvo el aire en los pulmones lo más que pudo, pero no aguantó más que unos breves segundos.[8]

Los dedos le temblaban. Sus músculos se tensaban en vano. Estaba mareado por la falta de aire. Vidal se estaba ahogando. Cuando su tenso cuerpo empezó a aflojarse, los soldados dejaron de echarle agua, pero solo lo suficiente como para permitirle que vomitara el agua que había tragado y recobrara la respiración. Entonces le echaron agua una y otra vez, hasta que el barbero perdió el conocimiento. Pero no dijo ni media palabra.

ഗ

Cuando Vidal volvió en sí se encontró en una celda totalmente oscura. Buscó con la mirada algún atisbo de luz alrededor de la puerta y las paredes, pero la tiniebla era total. Era un mar de tinta negra.[9]

Pasaron muchas horas y de pronto un soldado metió unas llaves en alguna cerradura y Vidal, a oscuras, escuchó el crujir de un mecanismo desconocido. Gateando con dificultad en dirección del sonido, palpó las paredes hasta que tocó lo que resultó ser un plato de sopa y un pedazo de pan colocado sobre una pequeña plataforma que alguien había insertado a través de un panel retractable. Vidal se lo comió todo en segundos y puso el plato otra vez sobre la plataforma. De nuevo oyó el sonido de una palanca que se tragaba la plataforma dentro de la misma pared.

Durante los siguientes días lo alimentaron con un plato de la misma sopa rala de guisantes. Vidal contaba los días por el número de platos que le habían servido. Dos veces no pudo comer nada porque alguien se había orinado en la comida. Lo estaban matando lentamente de hambre.

Trató de no moverse mucho. Se sintió mareado cuando intentó ponerse de pie, y el polvo le llenaba los orificios de la nariz cada vez que se movía en el suelo. Cuando se recostaba, sentía que muchos insectos le caminaban por encima de la cobija y debajo de la ropa.

Al sexto día, después de comerse su plato de sopa de guisantes, Vidal se arrastró hasta el fregadero para beber un poco de agua. Con su mano izquierda encontró la llave y trató de abrirla. Cuando oyó el chorrito de agua le puso una taza debajo para llenarla. Se la llevó a los labios con cuidado y se dispuso a tomarse el agua.

Automáticamente Vidal sintió los cuerpos y patas de los insectos que le cubrieron la cara, los ojos y toda la cabeza. Lanzó la taza contra la pared y se tapó la cara con las manos para protegerse de aquel ataque. Escuchó el desgarrador grito de alguien a la distancia, y era él mismo quien gritaba. Se desplomó contra una pared y enseguida rebotó contra otra pared. Siguió dando tumbos de esa manera, de pared a pared, gritando y totalmente fuera de sí.

∽

A finales de octubre, Raimundo Díaz Pacheco se presentó al apartamento de don Pedro Albizu Campos en la calle Sol. La desaparición de Vidal los tenía a ambos muy preocupados. Si alguien lo había secuestrado y le obligaba a hablar, Albizu y el liderato nacionalista serían encarcelados otra vez, probablemente para siempre. A través de los cadetes de San Juan y de diecisiete otros pueblos, el comandante regó la voz sobre la desaparición de Vidal. Si alguien sabía algo o visto algo, él necesitaba que se lo informaran inmediatamente.

Raimundo también les envió el mensaje a aquellos nacionalistas que habían recibido armas de parte de Vidal. Estas armas se encontraban ocultas por toda la isla en nueve hogares diferentes, en tres fincas, en un cañaveral, en una cueva, y hasta en una gasolinera Esso. Si alguien tenía conocimiento de estas armas, incluyendo a familiares, tendría que ser relocalizado inmediatamente para protegerlo.

∽

"¿Estás listo para hablar?" dijo Rolf, y le ofreció un cigarrillo a Vidal.

El barbero ya no estaba en el "cuarto oscuro". Había perdido unas 10 libras en dos semanas, y respirar se le estaba haciendo cada vez más difícil. Apenas tenía suficiente energía para mantener erguida la cabeza y poder repetirle a Rolf que no tenía nada que decir sobre el asunto.

"Hemos sido muy pacientes contigo, Santiago. Pero no te apures. Algunos salen de aquí, otros no, pero *todos* hablan al final. Esta es la Academia de la Verdad."

Vidal solo le miró fijamente y se limpió la sangre de la boca. Entonces Rolf le dijo que le daría una última oportunidad.

Rolf mandó a buscar un proyector de 16 milímetros y un número considerable de soldados llenaron el salón para ver la película que proyectó sobre la pared. Los soldados se rieron a carcajadas viendo a los cadetes de Vidal corriendo y bajando por todo el monte Hatillo. Se veía a Vidal al fondo de la escena, ladrando órdenes militares en imitación del *Manual de normas de campo de la Infantería de Estados Unidos.* La escena que había filmado Viguié solo duró unos pocos minutos, y afortunadamente, no dejaba ver con claridad que aquel comandante era él mismo, así que Vidal se mantuvo callado.[10]

Lo sacaron de allí y lo llevaron al tercer piso, el cual estaba lleno de celdas que contenían pequeños grupos de hombres desnudos, y lo bajaron a empujones por otras escaleras hasta un sótano. El nauseabundo olor a vómito, excremento y carne quemada permeaba todo el ambiente. Le arrancaron de encima los pantalones, la camisa, la ropa interior, las medias y los zapatos.

Cuando quedó completamente desnudo, le colocaron las esposas otra vez. Vidal sintió que se le mojaron las plantas de los pies con una sustancia pegajosa que cubría el áspero piso de concreto. Lo metieron en otro cuarto más oscuro, lo sentaron en una silla preparada con placas de metal y le ataron los pies y las manos con correas de cuero y abrazaderas metálicas.

No pasó nada durante los primeros minutos y Vidal comenzó a rezar. Entonces uno de los soldados roció el aire con lo que Vidal reconoció como la colonia English Leather. Ya sus ojos se habían acostumbrado a la oscuridad y pudo verles las caras a las personas que se agolpaban a su alrededor. Detectó a Rolf entre ellos por su diminuta cara puntiaguda. A su lado había otro oficial, de pie; ese tenía una cara flácida, doble papada y barriga prominente.

Vidal estuvo a punto de decirles que juntitos se parecían a Laurel y Hardy, el Gordo y el Flaco de las películas mudas, cuando un corrientazo eléctrico lo trincó contra las correas y abrazaderas que lo sujetaban. Sintió el pinchazo de muchas agujas en todos los poros de su cuerpo. Su cabeza le estalló en bolitas de fuego y vomitó el verde de las tripas. Lo revivieron con un balde de agua fría a la cabeza y, entonces, para sorpresa suya, empujaron a Lázaro y a otro nacionalista dentro del cuarto para, aparentemente, atemorizarlos con el espectáculo.

"Cuéntame de Albizu Campos."

"Yo no sé nada."

Un segundo corrientazo lo estremeció contra sus amarras. Vidal sintió que los ojos se le salieron de sus órbitas, como a un mismo sapo, y perdió el conocimiento. Los soldados lo revivieron con cubos de agua fría y Rolf le aplicó la carga eléctrica una tercera vez.

La mandíbula de Vidal quedó sellada por la corriente. No podía, por más que tratara, separar los dientes. Sus párpados se abrían y cerraban sin control. Su cabeza chocaba una y otra vez contra el espaldar duro de la silla. Se desmayó de nuevo, y esta vez ni los cubos de agua fría lo pudieron revivir.

Rociaron el aire otra vez con English Leather para disipar la peste a vómito y carne chamuscada. El viejo Lázaro rompió a llorar y se lo llevaron arrastrado. Entonces vino un médico para certificar la muerte de Vidal.

Vidal, aún con vida, no fue el único prisionero en ser electrocutado muchas veces. Desde su celda podía ver parte del pasillo, y parte de las escaleras. Las delgadas paredes de la celda le permitían escuchar trozos de conversaciones que provenían de las otras celdas. No había privacidad alguna. Pero eso a Vidal no le importaba. Al contrario, le permitía observar cómo funcionaba la Academia de la Verdad, esta nefasta instalación de tortura.

Durante el día había un incesante ir y venir en los pasillos y escaleras de soldados moviendo a los prisioneros de un lado para otro. En cada piso —menos en el tercero— mantenían de cinco a diez presos en cuartos convertidos en calabozos. Los prisioneros dormían en el piso de cemento, o dos o tres compartían un colchón. Vivían en la penumbra porque las persianas siempre estaban cerradas para que nadie pudiera mirar desde fuera. Tenían que esperar días y semanas para ser interrogados, trasladados a alguna otra prisión o tiroteados por la espalda durante "un intento de fuga".

Dos veces al día, cerca de las diez de la mañana y las dos de la tarde (si a los soldados no se les olvidaba) los prisioneros recibían un bizcochito y un poco de agua. Como a las ocho de la tarde les daban un trozo de pan y un plato de sopa preparado con las sobras de la comida de los soldados. En una ocasión Vidal encontró un diente mezclado con su comida, en otra una bandita sanitaria usada, y en otra ocasión, gorgojos.

Un puertorriqueño llamado Chicharín estaba encargado de esta distribución. Medía 5 pies y vestía un ridículo uniforme de montar y una casaca militar, como si fuera el general Patton en miniatura o un jinete de adorno de jardín. Llevaba una boina azul en la cabeza y portaba una macana de goma que usaba de vez en cuando para agradar a sus superiores. Todos odiaban a este lacayo, tanto los soldados como los prisioneros.

Varias veces en semana llegaban más "sospechosos", casi todos hombres jóvenes. Muchos no habían tenido tiempo ni de vestirse cuando fueron arrestados, por lo que algunos estaban todavía en ropa interior. Las mujeres iban a un ala separada. El proceso para admitir a estos nuevos prisioneros comenzaba en cuanto llegaban. A la hora de haber ingresado al penal, se desataba el pandemónium de gritos, insultos y risa escandalosa. Luego el primer alarido desgarrador cortaba el silencio de la noche. Anunciaba que alguien acababa de conocer la cama eléctrica.

Una noche Vidal escuchó cuando torturaron a un hombre del piso superior: era bastante mayor, juzgando por el tono de su voz. Entre los horribles gritos provocados por la tortura, José oyó cuando dijo, ya exhausto: "¡Que viva Estados Unidos… Que vivan los Estados Unidos!", Pero los soldados solo se rieron de él y lo siguieron torturando.

Alrededor de la medianoche, la puerta del calabozo se abrió inesperadamente. Un soldado llamaba a uno de los prisioneros, y le grita: "¡Levántate, gorgojo!". Todos sabían lo que eso quería decir. Se hacía entonces un largo silencio, y el soldado tenía que levantar al interpelado del piso a la fuerza, y sacarlo a patadas de la celda. Minutos después, los gritos del hombre retumbaban por todos los pasillos.

Durante cierto momento de rara tranquilidad, otro de los prisioneros que estaba en una celda contigua le contó a Vidal dos historias de horror. La primera fue que el gobernador Luis Muñoz Marín se había convertido en un adicto al opio en Nueva York y que el gobierno de Estados Unidos lo sabía y utilizaba dicha información para controlar cada uno de sus pasos y acciones.

La segunda fue la historia más cruel que Vidal había escuchado en su vida. Un nacionalista de Jayuya había matado a un guardia, por lo que lo dejaron sin comer por dos semanas. Una noche, en vez del usual bizcochito, le trajeron un suculento plato de carne, pero sin tenedor ni cuchillo para comer. El hombre, hambriento, se tragó aquella comida en un santiamén con las dos manos hasta que no quedó nada en el plato. A los pocos minutos entró un oficial y le preguntó si había disfrutado la carne de su hijo. El hombre le preguntó de qué rayos estaba hablando. Entonces otro soldado, con una macabra sonrisa, entró cargando la cabeza cercenada del hijo del prisionero, agarrada por los pelos. "¿Te gustó la carne de tu hijo?", le preguntó el soldado. "Te lo cocinamos especialmente para ti". El pobre viejo vomitó en el piso. Entonces entró en *shock* y se murió allí mismo de un infarto.[11]

Vidal no pudo dormir esa noche. Se había caído por el abismo del mismo infierno. De pronto pensó que sus carceleros algún día serían honrados como héroes, subidos de rango, condecorados por sus fechorías con los más altos honores militares y civiles. No pudo evitar pensar que su tortura se basaba en rencor racial. Nunca le harían eso a su propia gente. Las barbaridades cometidas en aquel edificio escondido de Aguadilla eran la más clara expresión de cómo estos hombres del Norte veían a Vidal y a toda la gente como él.

El afiche de Margaret Bourke-White, *The American Way*, que Vidal Santiago Díaz vio en la sala de interrogatorio médico en Aguadilla

© Margaret Bourke-White/time Life Pictures/Getty Images.

Al otro día, pasado el atardecer, Vidal fue llevado a la enfermería, un amplio salón sin ventanas con algunas camas y una mesa cubierta de medicamentos en completo desorden. Una de las paredes tenía un enorme afiche pegado.[12]

Vidal también vio varios fórceps sobre la mesa. Pensó con horror que los iban a usar para sacarle los dientes. De pronto apareció un médico a quien Vidal no había visto antes, vestido de guayabera y sonriendo amistosamente.

"Buenas tardes," le dijo el médico. "He oído mucho de usted. Me llamo doctor Hebb."

El doctor sonrió, le tomó el pulso y le auscultó el pecho con su estetoscopio. Un asistente le inyectó una aguja en el brazo derecho, y en cuestión de segundos, Vidal perdió el conocimiento. Despertaba momentáneamente y volvía a desmayarse. Durante sus momentos de consciencia el doctor lo acribillaba a preguntas sobre su familia, sobre la barbería, sobre Albizu Campos, y sobre el lugar donde escondía las armas.[13]

Era un interrogatorio más bien suave pero persistente. Y según pasaba la noche, el doctor, aunque amable, se tornaba más y más implacable. En una ocasión, hasta dijo que él era "Albizu Campos" y que necesitaba saber dónde estaban las armas. Pero el barbero no le dijo absolutamente nada.

Una segunda inyección del ayudante médico sumió a Vidal en un profundo sueño.[14] Cuando despertó, Vidal tenía pegado a su cara a un hombre delgado con una cara angulosa de comadreja que lo miraba intensamente. Vidal reconoció a Faustino, el hermano de Raimundo Díaz Pacheco, comandante en jefe de los Cadetes de la República.

"Oye, Vidal, Raimundo necesita un fusíl. ¿Dónde están los fusiles?"

"No hay ningunos fusiles."

Faustino le imploró que le diera el nombre de algún contacto para encontrar las armas. Así se mantuvo un largo tiempo, intentando con trucos y artimañas sacarle la información a un Vidal confundido por la droga que le habían administrado. Pero el barbero estaba exhausto y se quedó profundamente dormido. Los interrogadores hicieron señas, y se dirigieron hacia la puerta.

Súbitamente, Vidal se despertó con total claridad de pensamiento. Vio a Faustino parado al lado de la puerta y le gritó a todo pulmón:

"¡Me pueden volver a poner en la cama eléctrica, que yo no les tengo miedo! ¡Porque yo no soy un traidor!"

Los acontecimientos

CAPÍTULO 17

Los últimos días

La noticia del secuestro de Vidal Santiago se regó rápidamente por todo el Partido Nacionalista. El 23 de octubre el paradero de Vidal y de Faustino Díaz Pacheco todavía era desconocido y ya llevaban casi tres semanas desaparecidos. La tensión creció a través de la isla según las huestes de la Policía Insular allanaban más y más hogares en busca de armas, banderas de Puerto Rico y todo tipo de material subversivo. Varios prisioneros de la Princesa afirmaron que habían sido torturados en Aguadilla en un lugar cercano a un aeropuerto. Tal vez Vidal estaba allí.

Todos tenían muy claro que el Partido Nacionalista había sido infiltrado. Fuere mediante soborno, engaño o tortura, alguien a un nivel bastante alto los había traicionado. Eran demasiados los arrestos, y la Policía y el FBI demasiado precisos; sabían exactamente dónde buscar y a quién perseguir. Para colmo de males, don Pedro Albizu Campos recibió la confidencia de que alguien —del FBI o de la CIA, o tal vez un mercenario a sueldo— lo buscaba para asesinarlo.[1]

Para justificar todo esto, el gobernador Luis Muñoz Marín acusó a Albizu y a los nacionalistas de ser comunistas,[2] fascistas,[3] subversivos[4] y gánsteres políticos.[5] J. Edgar Hoover estaba furioso. Como director del FBI, se suponía que le tocaba a él controlar la expansión del comunismo en Estados Unidos, y ahí estaba el gobernador Muñoz Marín quejándose de los comunistas en Puerto Rico. Eso daba a entender que Hoover y los más de doscientos agentes del FBI en la isla no estaban haciendo su trabajo.

Cuanto más lo pensaba, más le echaba Hoover la culpa de todo a Muñoz Marín. Según él, Muñoz era un desastre, fumando opio y bebiendo ron mientras los nacionalistas compraban armas, ondeaban banderas y celebraban mítines por toda la isla. ¿Para qué servía entonces un gobernador que no podía mantener a su propia gente bajo control? "El adicto este quiere tener su república bananera, pero con aire acondicionado americano", le dijo a Clyde Tolson, su ayudante especial; entonces hizo innumerables llamadas.[6] "Arresten a alguien, ¡hijos de puta!", le gritó a Jack West,[7] el pobre agente que contestó el teléfono en la oficina del FBI en San Juan.

En menos de veinticuatro horas, el número de hombres asignados a vigilar a Albizu fue duplicado, y se les emitió una orden de "tolerancia cero" a todos los miembros de la Policía Insular y del FBI. Los nacionalistas deberían ser perseguidos, hostigados y arrestados como nunca antes. Hoover también llamó a la Base Ramey de la Fuerza Aérea con instrucciones sobre un prisionero llamado Vidal Santiago, conocido como el barbero personal de Albizu y miembro del capítulo de Santurce del Partido Nacionalista.[8]

Vidal estaba esperando el final. Podría venir esa misma noche como al día siguiente en la madrugada; de cualquier modo, vendría pronto. Después de que le inyectaron el pentotal sódico, lo habían dejado tranquilo, pero Vidal sabía que solo era cuestión de tiempo. No habían podido romperle la resistencia. Ahora tenían que matarlo.

Esa misma noche, alrededor de las diez, Rolf vino a su celda y le dijo que se preparara. Vidal se puso los calzones sucios y la camisilla rota, sin decir palabra alguna. En por lo menos una docena de veces en el pasado él se había preparado para el momento final de su vida. Pensó en su papá, pensó en don Pedro y en todos a los que había amado, y se sintió agradecido de morir fiel a su ideal y a sus compañeros de lucha.

Unos soldados lo esposaron y encapucharon, lo sacaron afuera, lo metieron dentro de un automóvil negro con cristales ahumados y partieron. Rolf iba al frente, Vidal atrás entre dos soldados. Cerró los ojos en su minúsculo y apretado espacio e intentó hablar con Dios como lo había hecho tantas veces antes, pero no pudo concentrarse en ninguna plegaria; era demasiada su ansiedad. Dios lo entendería.

Después de casi una hora de camino, el auto se detuvo en algún punto de las montañas de la cordillera Central. Un pelotón de soldados había acordonado un sector de la carretera y bloqueado el tránsito en ambas direcciones. Este tenía que ser el lugar de la ejecución. Pero no, lo que hicieron fue cambiar a Vidal de un auto a otro idéntico y proseguir la marcha.

Cuando pasaron por Vega Alta en la carretera número 2 y estaban a 20 millas de San Juan, a Vidal se le ocurrió otra posibilidad: que a lo mejor no lo iban a matar, sino a meterlo en la cárcel por el resto de su vida. Seguramente ya habían descubierto las armas en el sótano contiguo a la barbería, o tal vez Faustino Díaz Pacheco lo había delatado, pero no querían hacer de él ningún mártir. O quizás lo desacreditarían en un enrevesado juicio —pintándolo como un terrorista malvado, un anticristo psicótico— y entonces lo encerrarían y botarían la llave, igual que le habían hecho a don Pedro.

A pesar de la capucha, Vidal sabía que estaban pasando por La Peña y los picachos Vergara. Estas eran las carreteras de más baches y curvas del área de Bayamón. Era imposible no identificarlas. El auto ya estaba a menos de 10 millas de San Juan.

Vidal no estaba seguro si Rolf todavía estaba en el auto con ellos. Nadie había hablado una palabra en la pasada hora. Permanecían callados mientras el coche brincaba por los baches y giraba en las curvas. Finalmente detuvieron la marcha en un lugar que Vidal desconocía. Le arrancaron la capucha de la cabeza y abrieron la puerta del auto. Uno de los soldados le ordenó que saliera y lo lanzó a la fuerza contra el áspero suelo de la carretera.

Cuando Vidal miró hacia arriba, lo que vio fue la bota de Rolf a una pulgada de su cara. Encogió todo su cuerpo esperando un golpe que nunca llegó. Lo que hizo Rolf fue levantarlo bruscamente y señalar a cuatro coches negros marca Buick Roadmaster que estaban estacionados

Asamblea estudiantil en la Universidad de Puerto Rico; bajo la Ley de la mordaza número 53, todo el mundo en esta asamblea corrió el riesgo de ser arrestado y encarcelado por diez años por motivo de la presencia de la bandera puertorriqueña

Los Papeles de Ruth Reynolds, Archivos de la Diáspora Puertorriqueña, Centro de Estudios Puertorriqueños, Hunter College, CUNY.

en las cuatro esquinas de una calle urbana. Formaban una de las redes de espionaje del FBI.

Rolf le indicó que los autos estaban allí esperando por él. Si quería ir a cualquier lado, aunque fuera a la iglesia, tenía que pedirle permiso al FBI o, de lo contrario, lo matarían.

Por un momento, como a una cuadra de distancia, Vidal, aún desorientado, vio una cara conocida: a uno de sus antiguos cadetes de Santurce. Sin pensarlo, emitió un fuerte grito: "¡Faustino es el chota!". Las palabras retumbaron a lo largo de la calle. Rolf lo abofeteó con todas sus fuerzas y lo empujó por una puerta a un salón muy amplio,[9] se montó en uno de los autos y se perdió en la noche.

Vidal quedó allí solo. Cuando miró a su alrededor, se dio cuenta de que estaba de vuelta en su vieja barbería, en el Salón Boricua.

El mismo día, el 26 de octubre, Albizu Campos y otros nacionalistas viajaron al pueblo de Fajardo para conmemorar el nacimiento del general Antonio Valero de Bernabé, el héroe independentista del siglo XIX. Visitaron su tumba portando inmensas banderas puertorriqueñas —cada una de las cuales medía sobre doscientos pies cuadrados— en violación abierta de la Ley de la mordaza.

El FBI y la Policía Insular rodearon el cementerio pero no arrestaron a Albizu por las banderas. Ya Faustino Díaz Pacheco les había informado de que vendrían violaciones mayores por parte de los nacionalistas. La Policía solo tenía que esperar. A eso de las ocho y media de la noche. Albizu transmitió un discurso por la estación WMDD sobre el general Valero de Bernabé y su sueño de independencia para la isla.

Durante la cena que celebraron después del discurso, un joven nacionalista entró al restaurante y le dijo a don Pedro que Vidal Santiago estaba de vuelta en el Salón Boricua rodeado de un tropel de agentes del FBI. Entonces se le acercó al oído y le susurró lo que Vidal había gritado: "¡Faustino es el chota!".[10]

Albizu asintió lentamente con la cabeza; ya lo había sospechado. Faustino había desaparecido por completo. Solo tres personas en toda la isla sabían dónde estaban las armas, cuál era el itinerario y la estrategia de toda la revolución, y la identidad de sus líderes: Albizu, el comandante Raimundo Díaz Pacheco y su hermano Faustino.

Albizu vio por la ventana del restaurante tres coches de la Policía Insular aparcados afuera. Le comentó a sus compañeros: "Nos podrían matar aquí mismo, si pudieran salirse con la suya". Era ahora hermano contra hermano en Puerto Rico.

Albizu nunca guiaba; siempre lo conducía un compañero. Después de la cena, regresaron a San Juan en una caravana de seis automóviles: el que llevaba a Albizu, dos autos llenos de nacionalistas, y los tres de la Policía.

A la salida del pueblo, los autos de la Policía intentaron repetidamente forzar el coche de Albizu a la cuneta del borde de la carretera, pero los autos de los nacionalistas lo lograron evitar. Finalmente, después de muchas maniobras, don Pedro llegó sano y salvo a su casa.

Los otros dos vehículos, sin embargo, no tuvieron tanta suerte. A las tres y diez de la madrugada, el sargento Astol Calero arrinconó uno de ellos en la avenida Juan Ponce de León, cerca del Caño de Martín Peña.[11] Le abrió la maletera y allí encontró dos pistolas del calibre .37, cinco cócteles Molotov y una metralleta Thompson.

A las tres y cuarto, los oficiales Elmo Cabán y Vicente Colón recibieron una llamada por radio en el Cuartel de Santurce. "Traigan una camioneta, ¡rápido!", les gritó el sargento Calero.

A las tres y media llegó la camioneta y Antonio Moya Vélez fue arrestado.

A las cuatro, el segundo auto de los nacionalistas fue detenido cerca de la calle Guayama en Hato Rey. Los oficiales encontraron cócteles Molotov en la maletera. Rafael Burgos Fuentes, Eduardo López Vázquez y José Mejías Flores fueron arrestados.[12]

Y así comenzó todo.

Cuando despertó a la mañana siguiente, don Pedro se enteró de los arrestos. Y si no hacía algo pronto, él también sería arrestado, al cabo de unos días, y si no, horas. Le juzgaría un jurado amañado, lo emboscarían con la Ley de mordaza, y lo meterían preso por diez años más. Y ese sería el fin de la revolución.

También se enteró, por la periodista Ruth Reynolds. de que el secretario de la Defensa federal le había ordenado al gobernador Muñoz Marín que liquidara al Partido Nacionalista y arrestara a todos sus líderes. Si el arresto se tornaba difícil, entonces que mandara matar a esos líderes.

Pero no, esta vez ellos no serían las víctimas. Esta vez ellos pelearían y se defenderían con cualquier arma que encontraran. El 27 de octubre de 1950, Albizu Campos dijo: "No más". Ese mismo día se puso en contacto con sus líderes principales y la Revolución puertorriqueña se puso en marcha.[13]

Al otro día el mismo periódico publicó dos noticias muy diferentes:

"OCUPAN BOMBAS, PISTOLAS A LÍDERES NACIONALISTAS"

y

"DUPONT HACE UNA BOMBA DE HIDRÓGENO SUPERPODEROSA"

La primera describía las armas encontradas en un automóvil de nacionalistas: tres pistolas y cinco cócteles Molotov. La segunda describía la nueva bomba norteamericana hecha de hidrógeno: una bestia de 10,4 megatones, cientos de veces más poderosa que las que lanzó Estados Unidos a Japón, cuya nube nuclear alcanzó 120.000 pies en la estratosfera. Mucha gente en la isla la bautizó "la bomba atómica de Truman". Además, durante la Segunda Guerra Mundial, Estados Unidos había construido 22 portaaviones, 357 buques de guerra, 48 cruceros, 420 escoltas de convoy, 203 submarinos, 99.000 aviones cazas, 97 aviones bombarderos, 57.000 aviones de entrenamiento, 23.000 aviones de transporte, 92.000 tanques, 105.000 morteros, 257.000 piezas de artillería, 2,3 camiones militares y 2,6 millones de ametralladoras.

En la versión de siglo XX del cuento bíblico de David frente a Goliat, Albizu Campos y sus nacionalistas libraron una revolución contra la nación más poderosa de la historia.[14]

CAPÍTULO 18

Revolución

El 28 de octubre de 1950, la Revolución puertorriqueña comenzó inadvertidamente con una fuga de presos planificada por el prisionero Pedro Benejam Álvarez y ejecutada por un notorio criminal llamado Correa Cotto.[1]

Benejam era un veterano. Él hizo todos los arreglos, y Correa Cotto proveyó la locura. El día del motín, Correa Cotto formó una pelea durante un juego de béisbol mañanero en el campo de ejercicio de la Penitenciaría Estatal de Río Piedras, conocida popularmente como "el Presidio" o "el Oso Blanco". Él se aseguró de que la reyerta se regara hasta el comedor del penal, donde ambos equipos se lanzaron uno al otro no solo puños sino también platos, bandejas y comida. Correa Cotto aprovechó el caos para degollar a uno de los guardias penales, quitarle la pistola y las llaves y dirigir el ataque al arsenal de la prisión. Una docena de presos armados lo siguieron hasta el portón principal, donde mataron a un segundo guardia, hirieron a cuatro más y dispararon a diestra y siniestra hasta que se escaparon de la cárcel.[2]

En cuestión de veinte minutos, los prófugos estaban huyendo por las calles Bori y Cavalieri, la avenida José de Diego y otra docena de calles de Río Piedras. Quinientos presos se amotinaron y ciento diez lograron escapar y se regaron por todos los confines de la isla.[3] Como publicó *El Imparcial* en su primera plana:

MOTÍN EN EL PRESIDIO
110 SE FUGAN TRAS MATAR GUARDIAS

Fue una movida audaz y poco común. En vez de estar persiguiendo a los nacionalistas, la Policía Insular tuvo que dedicarse a perseguir a ciento diez fugitivos por toda la isla. Además, como Correa Cotto era un criminal de carrera sin interés alguno en la política,[4] nadie le pudo echar la culpa a los nacionalistas por la fuga presidiaria. Desde el punto de vista de relaciones públicas, luciría demasiado absurdo que arrestaran a Albizu Campos mientras cientos de asesinos, violadores y ladrones andaban sueltos por todas partes.

El juego de ajedrez había comenzado.

El gobierno hizo la primera movida. La misma noche del motín carcelero, basándose en lo que dijeron informantes confidenciales, la Policía Insular allanó la casa de Melitón Muñiz Santos, presidente del capítulo de Ponce del Partido Nacionalista. En cuestión de minutos encontraron pistolas y municiones, 22 cócteles Molotov, 69 banderas puertorriqueñas y un retrato de Pedro Albizu Campos, todas violaciones de la Ley número 53.[5]

La mañana siguiente, el 29 de octubre, mientras la Policía Insular perseguía a los prófugos, J. Edgar Hoover envió sesenta agentes adicionales del FBI a Puerto Rico. Le exigió al gobernador Muñoz Marín que declarara un estado de ley marcial para facilitar los arrestos que, según Hoover, "hacía tiempo debieron haberlo hecho". Pero como Hoover no estaba en campaña para la reelección, y Muñoz sí, no se declaró ninguna ley marcial.[6]

En cuestión de pocas horas, las balas volaron en ocho municipios.

Peñuelas

Melitón Muñiz Santos no estaba en su casa cuando el FBI allanó su casa en Ponce, pero según reportó su propia madre, los agentes sabían exactamente dónde buscar para encontrar las armas. Fueron directamente a ellas. Era obvio que alguien le había dicho al FBI dónde estaban escondidas.[7]

Melitón Muñiz Santos enseguida se dirigió a varios lugares del área de Ponce y pudo relocalizar más de cincuenta cajones de metralletas, pistolas, municiones y granadas. Las escondió en una finca del Barrio Macaná en el pueblo de Peñuelas.[8] Pero no sirvió de nada porque la Policía también sabía de este sitio. A eso de las tres de la mañana del 30 de octubre, tres docenas de policías insulares rodearon la finca y atacaron la casa principal. Cuando los recibió una copiosa lluvia de balas nacionalistas, se retiraron a sus vehículos y tirotearon la casa desde lejos durante cerca de una hora.

En un momento dado, un joven nacionalista llamado Guillermo González Ubides horrorizó a los combatientes de ambos bandos de la balacera. Abrió una puerta y salió, caminando despacio, como si estuviera en un trance, hacia la Policía. Todos dejaron de disparar. Él no dijo una palabra; simplemente miraba de frente y caminaba. Cuando estuvo a 20 pies de los policías, alzó la mano en que llevaba la pistola.

"¡No!", gritaron sus compañeros, pero ya era muy tarde. Todas las armas de la Polici reaccionaron con disparos, y alcanzaron a Guillermo por todos lados. Más de una docena de balas penetraron su cuerpo y su cara Aun así, Guillermo se mantuvo en pie y dio otros pasos hacia el frente. Llegó a estar a solo 10 pies de los automóviles policiacos.

Levantó de nuevo la pistola.

Una segunda balacera lo hizo pedazos, pero nadie se movió.[9] Se hizo un silencio total. Solo los coquíes cantaban en un prado cercano. Una vaca asustada mugía en un viejo ranchón. El humo de los rifles se elevó en ondas espirales hacia el cielo.

La batalla no duró mucho después de eso. Seis policías resultaron heridos; tres nacionalistas murieron y el resto fueron arrestados. El líder de la redada, el policía insular teniente Ismael Lugo Torres, recibió un reconocimiento departamental especial.

Dos días después, los campesinos del lugar alegaron que habían visto el fantasma de Guillermo caminando en círculos, pistola en mano, como patrullando los campos.[10]

Jayuya

Ocho horas después de la refriega en Peñuelas, en el hogar jayuyano de Blanca Canales, dieciocho nacionalistas se alinearon ante la bandera puertorriqueña e inclinaron las cabezas mientras Blanca les leyó el solemne juramento que ellos repitieron:

"Juro dar mi vida por la libertad de Puerto Rico".[11]

Entonces los componentes del grupo se metieron, muy apretados, dentro de tres vehículos y se fueron de la Casa Canales en el Barrio Coabey de Jayuya. Al mediodía, dos de los vehículos llegaron al cuartel de la Policía de Jayuya y catorce nacionalistas rodearon el edificio.[12]

"¡Rindan sus armas y no habrá que derramar ninguna sangre aquí!", gritó el líder, Carlos Irizarry Rivera. Carlos era un hombre respetado en Jayuya —veterano de la Segunda Guerra Mundial y estudiante de Derecho en la Universidad de Puerto Rico—, pero la Policía Insular le hizo caso omiso y comenzó a disparar.[13] Al primero a quien alcanzaron las balas fue a Carlos.[14]

Los tiros se oyeron por todas las calles Figueras y Mattei, y los policías se atrincheraron detrás de unos barriles de acero, bloqueando toda entrada al edificio.

Un auto de la Policía llegó del Barrio Mameyes y se posicionó en la calle Torrado. Pero en menos de una hora, los policías se lanzaron de un balcón, corrieron hasta la casa parroquial de la iglesia Nuestra Señora de Monserrate y les pidieron asilo a los sacerdotes.

A las una menos cuarto de la tarde, el cuartel de la policía ardía en llamas.[15]

El correo se incendió a las dos de la tarde.

El Servicio Selectivo de Estados Unidos fue tomado poco después, entre las dos y media y las tres y media de la tarde. Los nacionalistas sacaron todas las tarjetas de inscripción, los documentos y el equipo de oficina al medio de la calle y allí mismo le pegaron fuego a todo.

A las cinco de la tarde, ya Blanca Canales había cortado todas las líneas telefónicas del pueblo.[16]

A las seis de tarde, una multitud se había congregado en la plaza de recreo. El humo todavía salía del cuartel de la Policía cuando Blanca anunció el comienzo de la revolución. Le temblaban las manos pero Heriberto Marín Torres —uno de los compañeros patriotas— le ayudó a desplegar la bandera puertorriqueña.[17]

"¡Que viva Puerto Rico libre!", gritó, y levantó la bandera. Pronunció un breve pero apasionado discurso, y entonces se le acercó un niñito

El Regimiento 296 de la Guardia Nacional llega a Jayuya y a Utuado para tomarlas por asalto

© Bettmann/Corbis.

para decirle que Carlos Irizarry Rivera estaba mal herido. Poco más tarde, Carlos se desangró y murió.

Blanca Canales fue arrestada a las afueras de Jayuya esa misma noche mientras buscaba un médico para Carlos. La Policía Insular no se atrevió a entrar en el pueblo, y le dijo a la prensa que "cientos de nacionalistas con ametralladoras habían asaltado el cuartel de la Policía". Su cuento fue tan convincente que el 1 de noviembre, Estados Unidos envió diez aviones de guerra Thunderbolt P-47 a Jayuya, y bombardearon el pueblo entero.[18]

De acuerdo con el periodico *El Imparcial*, los aviones descargaron bombas de 500 libras y ametrallaron el pueblo con balas para perforar armaduras del calibre .50m, cada Thunderbolt disparando 1.200 municiones por minuto. De acuerdo con el reportaje de *El Imparcial*, esta fue la única vez en la historia en que Estados Unidos ha bombardeado a sus propios ciudadanos.[19]

Los aviones también ametrallaron las fincas, las siembras de caña de azúcar y las montañas que rodeaban el pueblo. Cualquiera que saliera de su casa, herido o ileso, era arrestado inmediatamente.[20] Arrestaron a la gente en las calles, carreteras y en sus propios hogares.

El día después del ataque aéreo, el Regimiento 296 de la Guardia Nacional ocupó Jayuya. Llegaban por centenares en camiones del Ejército.

La Guardia Nacional rodea la casa de Blanca Canales

© Bettmann/Corbis.

Los efectivos tomaron por asalto todos los vecindarios y bloquearon todas las avenidas. Casi 4.000 soldados marcharon por las calles de un pueblo que solo tenía 12.000 residentes. Establecieron posiciones estratégicas en las intersecciones y paradas de transporte público, allanaron las escuelas y arrestaron a la gente al azar. También atacaron la casa de Blanca Canales, aunque adentro no había nadie.

En el Barrio Coabey y el Barrio Mameyes, en la calle San Felipe y la avenida Vicéns, las tropas formaron líneas de fuego con ametralladoras, morteros, carabinas y rifles semiautomáticos Garand. Dispararon más de 1.000 rondas de municiones contra una sola montaña y se escondieron en las ruinas de casas bombardeadas para disparar a cualquiera que se acercara. El 3 de noviembre, el ayudante general de la Guardia Nacional, Luis Raúl Esteves, le informó al gobernador de que Jayuya había sido pacificada.[21]

Utuado

Utuado era un pueblo estratégicamente importante. Ubicado cerca del centro de Puerto Rico, era uno de los municipios más grandes de la isla, y el que lo controlara, controlaría los movimientos de tropas en la mitad Oeste del país. El tupido bosque de Río Abajo en la colindancia de

Utuado y Arecibo proveía 9 millas cuadradas de escondites potenciales. Utuado también tenía una agricultura local fuerte y varias haciendas de ganado cuyos dueños simpatizaban con la causa de Albizu.

Con todas estas ventajas naturales en mente, Albizu elaboró un plan de dos pasos para la revolución con Utuado como centro. Primero, los nacionalistas iniciarían revueltas simultáneas al mediodía en San Juan, Jayuya, Peñuelas, Arecibo, Mayagüez, Naranjito, Ponce y Utuado. Segundo, después de la primera oleada de escaramuzas, todos los rebeldes se dirigirían a Utuado, donde se atrincherarían por un mes o más.

Utuado, por lo tanto, era crucial a la revolución. Los nacionalistas no tenían que ganar la guerra contra Estados Unidos, lo que de por sí sabían que era imposible. Solo tenían que llamar la atención del mundo para que las Naciones Unidas y otras organizaciones internacionales presionaran a Estados Unidos para que dejara libre su colonia.

El gran defecto de aquel plan era que los americanos ya se lo sabían al detalle, pues había sido reportado de antemano por Faustino Díaz Pacheco.[22] Por eso, el 30 de octubre de 1950, lo que ocurrió en Utuado fue una verdadera tragedia.

Temprano en la mañana, 32 nacionalistas se congregaron en la casa de Heriberto Castro Ríos y se dividieron en dos grupos. El primero atacó el correo justo antes del mediodía y le pegaron fuego.[23] El segundo atacó el cuartel de la Policía Insular, pero los oficiales, como estaban avisados, se prepararon y los esperaron con francotiradores apostados y barricadas levantadas todo a lo largo de la avenida Estévez. Mataron en minutos a varios nacionalistas e hicieron que los demás se retiraran a la casa de Damián Torres, presidente del capítulo de Utuado del Partido Nacionalista.[24]

"¡Ea, rayo!", exclamó Antonio González al ver que los disparos los persiguieron hasta la casa y no habían cesado casi dos horas después. Los nacionalistas devolvieron el fuego desde el balcón, y cientos de casquillos de bala se amontonaron en el piso. Después de la primera hora, Antonio, de diecisiete años, comenzó a descontrolarse. Las lágrimas le bajaban por las mejillas y gemía cada vez que recargaba la pistola, apuntaba, disparaba y volvía a recargar.

En las sombras los efectivos de la Policía los acechaban. Intentaron tumbar una puerta trasera, pero los nacionalistas los detuvieron.

A las ocho de la noche mil soldados de la Guardia Nacional invadieron Utuado. Concentraron sus tropas alrededor de la casa de Damián, y una de sus unidades montó una ametralladora M2 Browining del calibre .50 en una gasolinera que estaba a 120 yardas de distancia. A las once dispararon seiscientas balas por minuto por espacio de cinco minutos en dirección de la casa. A las once y media lo volvieron a hacer. Todos los residentes de Utuado oyeron la ametralladora cuando le volaba los pedazos a la sólida estructura de mampostería.[25]

Los nacionalistas se mantuvieron acostados en el piso mientras la casa explotaba a su alrededor. La escalera se hizo añicos y parte del segundo piso se derrumbó sobre la sala. Algunos de los nacionalistas comenzaron a rezar; otros tuvieron que ser rescatados de debajo de los escombros.

"'Ay, santo!", gritó un nacionalista, haciendo que los demás corrieran hasta él. Su líder, Heriberto Castro, había muerto, baleado en el cuello y el pecho. Entre todos lo recostaron sobre un colchón agujereado, lo envolvieron en una gran bandera puertorriqueña[26] y rezaron una oración rapidita por el descanso de su alma.

De prontó resonó una voz fortísima: "¡Salgan con las manos en alto, y nadie resultará herido! ¡Garantizamos su seguridad si se rinden! Si no se rinden, ¡volaremos la casa con granadas dentro de cinco minutos!".[27]

Los nueve sobrevivientes nacionalistas discutieron acaloradamente entre sí. Ninguno de ellos confiaba en la Guardia Nacional, pero a los cinco minutos salieron en fila de la casa. Inmediatamente fueron rodeados por armas y bayonetas, derribados al suelo y cateados.

"¡Todos en el piso!"

Los tiraron a todos en el piso, y los registraron. Luego los guardias los empujaron con sus bayonetas hacia la calle doctor Cueto y les ordenó que se quitaran los zapatos, correas y objetos personales. Marcharon por la calle casi desnudos, aguantándose los pantalones y soportando la risa burlona de los guardias nacionales que los escoltaban.

A la una de la madrugada llegaron cerca del cuartel de la Policía, pero nunca alcanzaron la puerta principal. Los guardias nacionales los metieron en un callejón, en la esquina de la calle Washington y la avenida Betances, donde tenían ya preparada una ametralladora Browning M1919A4.

La Guardia Nacional ocupa los pueblos de Jayuya y Utuado
Los Papeles de Ruth M. Reynolds, Archivos de la Diáspora Puertorriqueña, Hunter College, CUNY.

"No van a volver a matar policías en su vida", dijo un oficial, y la ametralladora abrió fuego.[28]

Todos los nacionalistas cayeron al suelo fusilados. Antonio Ramos murió al instante, baleado por la cabeza y el pecho. Las piernas de Agustín Quiñones Mercado quedaron hechas trizas como si fueran carne molida; la pierna izquierda fue casi completamente cercenada de su cuerpo, y quedó colgándole solo de dos tendones.

Antonio González pidió agua mientras se desangraba. "¿Tú quieres agua?", le preguntó un guardia, y acto seguido le clavó la bayoneta en el pecho.[29]

Julio Feliciano Colón murió escribiendo "Asesinos" en el pavimento con su propia sangre. Los soldados lo borraron.[30]

La ametralladora les disparó a los hombres por varios minutos. Unas cuantas ventanas y puertas se abrieron a lo largo de Cumbre Alta, y algunos civiles les gritaron: "¡Asesinos! ¡Criminales! ¡Estamos viendo lo que hacen!". Los guardias nacionales les dispararon por encima de los techos y les gritaron en respuesta que cerraran las puertas y no se metieran en lo que no les importaba.[31]

El cuartel de la Policía quedaba a menos de 200 pies, pero nadie —ni la Policía ni la Guardia Nacional— buscó ayuda médica. Simplemente

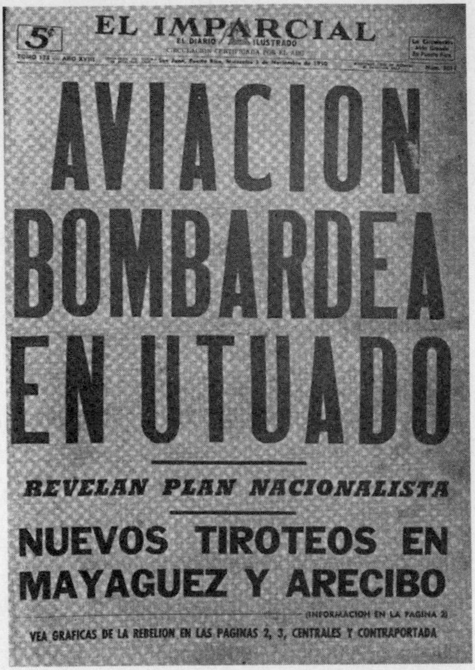
EL IMPARCIAL
EL DIARIO ILUSTRADO
5¢
AVIACION BOMBARDEA EN UTUADO
REVELAN PLAN NACIONALISTA
NUEVOS TIROTEOS EN MAYAGUEZ Y ARECIBO
(INFORMACION EN LA PAGINA 2)
VEA GRAFICAS DE LA REBELION EN LAS PAGINAS 2, 3, CENTRALES Y CONTRAPORTADA

se quedaron allí mirando a los hombres desangrarse, y oyéndolos rogar por agua según se iban deshidratando.

Cuatro horas más tarde los primeros obreros de la caña salieron de sus casas a trabajar. Al pasar por el lugar de la masacre, vieron los cuerpos de los nueve hombres tirados en la calle dentro del charco de su propia sangre. Cuando un doctor finalmente apareció a las cinco de la mañana, cinco nacionalistas estaban gravemente heridos y cuatro ya estaban muertos. Los cadáveres se dejaron allí mismo, de exhibición y escarmiento, para que el pueblo entero los viera, por espacio de cinco horas más, hasta las diez de la mañana. La sangre corrió por las cunetas y los perros realengos husmearon a los muertos, lamiendo sus caras y comiéndose sus intestinos, que se habían derramado por la calle.[32]

Más tarde ese mismo día, la Guardia Nacional se retiró provisionalmente de Utuado mientras cuatro aviones Thunderbolt P-47 bombardeaban el pueblo peor de lo que lo habían hecho en Jayuya. Cuando terminaron su misión, el pueblo entero estaba en ruinas.[33] *El Imparcial* puso en su primera plana un titular de página completa que decía: "Aviación bombardea en Utuado".

El cura de la parroquia de San Miguel, el padre Barandiarán, había escapado de España por la Guerra Civil española. "Este pueblo entero se ha vuelto loco", dijo en Utuado. "Si yo hubiera sabido esto, me habría quedado en Navarra".[34]

Arecibo, Mayagüez, Ponce y Naranjito

Los levantamientos del 30 de octubre en Arecibo, Mayagüez, Ponce y Naranjito fueron un desastre de desorganización. Tras la apresurada orden de comenzar la revolución, todo sucedió demasiado temprano o demasiado tarde. Las decisiones se tomaron sobre la marcha. No hubo coordinación ni comunicación entre los pueblos. Una vez la Guardia Nacional clausuró las carreteras principales, cada pueblo quedó aislado de los demás.

Arecibo comenzó muy temprano. Era el único pueblo que tuvo a su favor el factor sorpresa cuando atacó el cuartel de la Policía a las once de la mañana. Los nacionalistas mataron al teniente Ramón Villanueva y a otros tres policías, pero no lograron capturar el cuartel. Se tuvieron que retirar y uno de ellos, Hipólito Miranda Díaz, fue baleado y murió mientras cubría la retirada de sus compañeros.[35]

Mayagüez comenzó demasiado tarde. Para cuando los nacionalistas atacaron el Cuartel de la Policía a eso de las dos de la tarde, los policías llevaban casi dos horas esperándolos. Los nacionalistas tuvieron que retirarse.[36] Al otro día, en el Barrio La Quinta, la Policía atacó la casa de José Cruzado Ortiz,[37] y los nacionalistas huyeron hacia las montañas.[38]

En Ponce, un nacionalista trató de incendiar un edificio de la calle Victoria del Barrio Segundo y fue arrestado.[39] Otro grupo fue detenido frente a la fábrica de cemento de Ponce.[40] Se desató un tiroteo y el oficial de la Policía Aurelio Miranda cayó abatido por las balas nacionalistas.[41]

La Policía también estaba preparada y esperando en Naranjito. Los nacionalistas fracasaron en la toma del cuartel y se internaron en las montañas circundantes. Un veterano de la Segunda Guerra Mundial, José Antonio Negrón, logró emprender una lucha notable de una semana entera de redadas y tiroteos contra la Policía y la Guardia Nacional.[42]

Ñin Negrón era un hombre que no bebía, ni jugaba ni le debía un centavo a nadie. Era "un hombre de respeto" y altamente estimado por todos sus compueblanos, lo que le ayudó a librar una guerrilla unipersonal contra las fuerzas de ley hasta el 10 de noviembre, sin que nadie lo delatara.[43] Cuando finalmente fue arrestado en el Barrio Palos Altos de Corozal, un reportero le preguntó cómo había resistido tanto. Negrón le contestó: "Darnos por vencidos no era una opción. Quisimos llamar la atención internacional sobre la realidad de Puerto Rico".[44]

San Juan

Un automóvil Plymouth azul, modelo de 1949, se fue acercando a la mansión del gobernador. Eran las doce menos cinco de la mañana de un día inusualmente caluroso, el 30 de octubre, y los nacionalistas tomaron la calle Fortaleza con rumbo al Oeste. Dondequiera que posaban los ojos —en los tejados y en cada esquina, en los balcones y vehículos estacionados—, veían la evidencia de la traición de Faustino Díaz Pacheco. Soldados y francotiradores les esperaban a lo largo de todo su camino.[45]

Durante los pasados cuatro días, el FBI y la Policía Insular habían arrestado nacionalistas por toda la isla. Sabían exactamente dónde estaban las armas escondidas y quiénes las habían escondido.[46]

El mundo se le vino abajo al Partido Nacionalista desde el momento en que Vidal Santiago había gritado: "¡Faustino es el chota!". Con gran pesar, Pedro Albizu Campos se dio cuenta de que Vidal tenía razón y removió a Raimundo de su puesto de comandante en jefe. El jefe militar de la revolución era ahora Tomás López de Victoria,[47] y Raimundo fue excluido de toda planificación y toma de decisiones. Del paradero de Faustino, por supuesto, nadie tenía idea.

Raimundo no pudo tolerar la vergüenza. Su propio hermano había convertido la revolución en un horrendo martirio a lo largo y ancho de Puerto Rico. Ahora solo quedaba una última misión suicida, y Raimundo se sintió obligado a cumplirla.

Nadie habló en todo el trayecto; todos sabían lo que les venía encima. Si por algún milagro llegaban a penetrar al interior de la mansión, correrían hasta las oficinas del segundo piso, para encontrar al gobernador y amenazarlo de muerte. Entonces llamarían a todas las agencias noticiosas para reclamar la independencia de Puerto Rico. Matar al gobernador no era la prioridad, aunque estaban preparados para hacerlo si fuere necesario.

La mansión ya estaba a solo 1.500 pies de distancia; un auto de la Policía los seguía 200 pies detrás de ellos. Policías insulares, miembros de la Guardia Nacional y francotiradores apostados en todos los techos cubrían todas las intersecciones —de las calles O'Donnell, Cruz, McArthur, Cristo y Clara Lair—; sin embargo, nadie detuvo el automóvil. Con cada cuadra que pasaba, se dirigían directamente hacia la trampa que les habían tendido.[48]

Dos hombres iban en el asiento del frente y tres atrás, todos ensimismados en sus propios pensamientos, diciéndoles un adiós mental a sus familias, amigos y seres queridos, elevando oraciones fugaces. Todos se habían puesto su mejor ropa de domingo: su mejor traje, su mejor camisa, su mejor corbata y zapatos. Todos iban preparados para morir.[49]

Raimundo les dijo: "¡Prepárense!", y los cinco empuñaron sus armas. Raimundo llevaba una metralleta en el piso del vehículo. Cuando se acercaron a la entrada principal de La Fortaleza, el primer disparo contrario alcanzó al chófer, Domingo Hiraldo Resto, en la sien. Con el impacto fue lanzado fuera del auto, quedando con la cabeza debajo de la carrocería.[50]

Raimundo fue el primero en salir del auto. Saltó del asiento delantero, disparó su metralleta e hirió a dos de los guardias. Le disparó entonces a las ventanas del segundo piso y se guareció detrás de una palma. Roberto Acevedo Quiñones saltó de la puerta trasera derecha y disparó en todas las direcciones, corriendo hacia la mansión ejecutiva. Solo alcanzó cubrir unos 20 pies. Una bala lo detuvo y lo hizo caer boca abajo con tremendo golpetazo en la cabeza. Manuel Torres Medina saltó por la puerta izquierda, giró hacia la derecha y fue abatido tan rápido como Quiñones a menos de 10 pies del automóvil.

Desde el techo de la mansión, el detective Carmelo Dávila apuntó cuidadosamente con su carabina y disparó solo una vez. Raimundo cayó muerto al instante bajo el candente sol, al pie de la espléndida palmera.[51] El conductor, Domingo Hiraldo, aunque herido en la sien, logró arrastrarse hasta la mansión y se recostó contra uno de sus muros. Los policías lo creyeron muerto, pero se le acercaron con armas en mano para asegurarse. "Ya estoy muerto. No me disparen más, por favor", les suplicó Hiraldo. Y ellos lo acribillaron allí mismo.[52]

El único sobreviviente, Gregorio Hernández, de veintitrés años de edad, se metió debajo del auto e intercambió fuego con los policías por casi una hora, mientras se desangraba poco a poco. Cuando por fin perdió el conocimiento, lo sacaron por los pies de debajo del auto. Tenía diecinueve heridas de bala y cinco balas todavía dentro de su cuerpo.[53]

El gobernador Muñoz Marín observaba todo desde la mansión. Cuando una bala penetró por las persianas y se alojó en la pared de su oficina, salió corriendo por el lado de su comisionado de Justicia, y se atrincheró en un cuarto interior, desde donde llamó con urgencia al general de brigada Edwin L. Sibert y exigió que enviara un batallón de la Guardia Nacional a combatir a los cinco nacionalistas.[54] Sibert le recordó al gobernador que había sido él mismo quien no quiso declarar la ley marcial en la isla, y Muñoz le ripostó: "¡Pues la estoy declarando ahora!".[55]

Poco después, esa misma tarde, un fotógrafo captó la escena en una foto panorámica desde un ángulo superior: dos muertos yacen al sol. Nadie les presta atención. La Policía y el FBI conversan, toman notas, comparten opiniones, fuman cigarrillos y matan el tiempo. Los muertos yacen en su propia sangre, sus brazos extendidos y sus piernas grotescamente dobladas, desprovistos de toda dignidad, como juguetes rotos bajo el sol caliente.

Así comenzó el fin de la revolución en San Juan.

A menos de seis cuadras de distancia, en el número 156 de la calle Sol, docenas de policías y guardias nacionales habían rodeado el apartamento de don Pedro. Se apostaron en todas las esquinas, detrás de los automóviles y en los techos aledaños. Montaron dos ametralladoras Browning del calibre .50 en lados opuestos de la calle, ubicando el balcón de Albizu en el puro cruce de un fuego mortal. Efraín López Corchado intentó llegar hasta el apartamento de don Pedro y fue abatido en la puerta.[56] Los soldados retiraron el cadáver como si fuera una bolsa de la basura de la noche anterior.

Poco después de las cinco de la tarde, Albizu se asomó por las persianas y notó cómo aumentaba la potencia armada abajo en la calle. Él y tres de sus

Patio interior de La Fortaleza, luego del ataque nacionalista del 30 de octubre

© Bettmann/Corbis.

seguidores —José Muños Matos, Doris Torresola y Carmen María Pérez— comenzaron a hacer una barrera en las ventanas con los libros de don Pedro. Cuando ya alcanzaba unos 4 pies de altura, se oyó la voz de un oficial por un megáfono: "Pedro Albizu Campos, usted está bajo arresto. ¿Se rendirá pacíficamente?". Era una orden más que una pregunta, y Albizu la ignoró. Siguieron construyendo la barrera hasta que, sin previo aviso, una andanada de balas de ametralladora perforó toda una pared del apartamento.[57]

Las cortinas se hicieron trizas y los ocupantes de la sala se lanzaron al piso mientras las balas penetraban las paredes, destruyendo todo lo que tocaban. Los libros volaron y una mesa se rajó en dos. Cuando la ráfaga de tiros cesó, Doris yacía en el piso, con un tiro en la garganta.[58] don Pedro le apretó una toalla contra la herida, pero la hemorragia no paraba. Por petición de don Pedro, José y Carmen cargaron a Doris hasta la calle, donde los tres fueron arrestados en el acto.

En la confusión del momento, por cosas del destino, un nacionalista llamado Álvaro Rivera Walker logró subir al apartamento. Había sido cadete de la República y visitaba ocasionalmente a don Pedro. El viejo le tenía confianza. Lo dejó entrar y le entregó una pistola. Durante las siguientes horas vigilaron la ventana y la puerta, e intercambiaron disparos con la Policía. Al caer la noche, Albizu comprendió la situación.

"Les encantaría asesinarme pero no pueden."

"¿Por que?"

"Porque necesitan un prisionero, no un mártir."[59]

La luz y el agua les habían sido cortadas, pero don Pedro tenía dos galones de agua y unas latas de sardina. Durmieron por ratitos esa noche; a cada rato, un disparo suelto alcanzaba el área de la ventana.

Temprano en la mañana, el jefe de la Policía Salvador T. Roig se encontraba sentado dentro de un carro blindado, y desde allí, a través de un megáfono, solicitó una conferencia pacífica. Don Pedro y Álvaro salieron cautelosamente al balcón, desde donde vieron docenas de hombres avanzando en todas las direcciones. A pesar de esto, Roig les aseguró que no corrían peligro.

"¿Quien de ustedes tiroteó mi ventana toda la noche?"

Cuando nadie respondió, don Pedro se dirigió a la prensa.

"¿Reportaron la muerte de Efraín López?"

Nadie contestó.

"¿Dónde está Doris Torresola?"

Tampoco hubo respuesta.[60]

Don Pedro notó que un camión de la basura de la ciudad bloqueaba la calle Sol. Miró hacia la derecha y vio a otro camión de la basura en medio de la calle. Vehículos de la Policía bloqueaban ambos extremos de la calle Cruz. Lo tenían atrapado.

La encerrona era una verdadera zona para matar. Había vehículos militares y policiacos por todas partes; soldados, policías y detectives agachados detrás de los vehículos. Habían instalado reflectores, montado ametralladoras y bazucas, escondido francotiradores en los techos y vehículos blindados esperaban en el perímetro. Esto era un asalto a gran escala, una escena sacada de la Segunda Guerra Mundial.[61]

Don Pedro movió la cabeza en señal de disgusto y salió del balcón. Durante el resto del día miraba ocasionalmente por la ventana, y Álvaro vigilaba la puerta, mientras Salvador T. Roig esperaba. El tiempo estaba de su lado. En un momento dado, hizo que alguien lanzara al balcón de don Pedro los periódicos que enumeraban todos los arrestos y los muertos nacionalistas de los pasados dos días.

Don Pedro los leyó cuidadosamente sin pronunciar palabra. Notó el comentario del presidente Harry Truman menospreciando la revolución como "un incidente entre puertorriqueños".[62] Esa noche conversó largamente con su único acompañante. Habló de Vidal, de la barbería, y del rumor de que había sido secuestrado. Habló de religión y de lo difícil que era cambiar el destino, tanto de las personas como de naciones enteras.

Entonces hizo una pregunta extraña: "Álvaro, ¿seremos acaso invisibles?". Explicó que parecía como si ellos dos solo existieran uno para el otro en su propia isla, pero que nadie más los oía ni los veía. Álvaro le respondió: "Dios nos ve".[63]

Al otro día, el 1 de noviembre de 1950, dos arrojados puertorriqueños trataron de asesinar al presidente Harry Truman para probarle al mundo que la revolución no era solo "un incidente entre puertorriqueños", sino más bien, una guerra entre dos naciones. Llegaron tan lejos y arriesgaron tanto para ser vistos y oídos.

Unas horas después del atentado en Washington, la Guardia Nacional atacó el apartamento de don Pedro con gases lacrimógenos, el FBI irrumpió en él, y la Policía Insular lo puso bajo arresto.[64]

Washington, D. C.

A las dos y viente de la tarde del 1 de noviembre, el presidente Harry S. Truman estaba tomando una siesta en calzoncillos. Hacía mucho calor ese día, y los Truman se hospedaban en el edificio llamado Casa Blair, el número 1651 de la avenida Pennsylvania mientras la Casa Blanca estaba siendo restaurada.[65] Unos ruidos estruendosos lo despertaron, y el presidente caminó descalzo hasta la ventana del segundo piso, miró hacia abajo y vio un feroz tiroteo en plena puerta de su casa.[66]

Griselio Torresola y Óscar Collazo habían venido a ajusticiarlo y a morir —a sacrificarse ellos mismos— por su patria. Óscar era el presidente del capítulo de Nueva York del Partido Nacionalista de Puerto Rico. Griselio era el hermano de Elio Torresola y de Doris Torresola, la

Albizu Campos arrestado en San Juan

© AP Photo

mujer herida de bala en el apartamento de Albizu, y primo de Blanca Canales, la líder del levantamiento de Jayuya.

Los dos habían planificado el ataque con mucho cuidado. Habían estudiado bien la ubicación de la Casa Blair, dibujado todas sus defensas, coreografiado y ensayado el asalto, preparado y aceitado sus armas, y deambulado como turistas toda esa mañana. Una vez hubiesen penetrado la casa y matado al presidente, sabían que no podrían escapar. Era una misión suicida, igual que el ataque a La Fortaleza en San Juan. Pero por lo menos tenían a su favor el elemento de sorpresa. Aunque no tuvieran ningún éxito, el mundo se enteraría de que la revolución era real. No era un circo caribeño ni un mero "incidente entre puertorriqueños".

Después de bajarse de un taxi a las dos y doce de la tarde en la esquina de la calle 15 y la avenida Pennsylvania, frente al augusto edificio

Óscar Collazo después del intento de asesinato del presidente Truman

© AP Photo/Harvey Georges.

del Riggs National Bank, se dieron un último paseo por el frente de la Casa Blair. Nada había cambiado allí. Los mismos cuatro guardias de seguridad ocupaban sus puestos.

Tal y como hicieron Raimundo Díaz Pacheco y los nacionalistas que atacaron La Fortaleza, Óscar y Griselio vistieron sus mejores telas. Griselio llevaba un traje gris, zapatos negros y un sombrero marrón. Óscar se puso un traje de rayitas, como un banquero, zapatos color marrón y un pañuelito en el bolsillo del saco.

Los hombres se acercaron a la Casa Blair desde direcciones opuestas, cargando una pistola Walther P38, una Luger, y 69 balas. Se suponía que Óscar disparara primero, pero su pistola se trancó. La golpeó contra su pecho y finalmente disparó. Griselio hirió a uno de los guardias y corrió hacia la puerta de la Casa Blair. Nadie tuvo tiempo ni de pensar. Más de cien tiros sonaron. Truman se asomó por una ventana, y Griselio, a solo 31 pies de distancia, lo vio y recargó su Luger. En tres o cuatro segundos tendría una gran probabilidad de pegarle un tiro al presidente.

Pero Griselio nunca llegó a disparar. Una bala le traspasó la cabeza, esparciendo los pedazos de su cerebro cuando cayó abatido encima de unos arbustos. El guardia herido, Leslie Coffelt, falleció. Óscar recibió múltiples disparos y cayó sobre la acera con tres chorros de sangre bajándole por el rostro.[67]

Al otro día, casi todos los periódicos estadounidenses escribieron sobre el atentado.[68] Mostraron diagramas del tiroteo.[69] Algunos lo llamaron "el tiroteo más grande del Servicio Secreto en la historia de Estados Unidos" y "la primera conspiración para asesinar a un presidente desde que Booth mató a Lincoln". Muchos llamaron a Óscar y a Griselio "terroristas"[70] y "desesperados".[71] La plana mayor de *The Washington Post* tronó con lo siguiente:

ASESINO ABATIDO, OTRO DISPARA A LA PUERTA DE TRUMAN; TERRORISTAS PUERTORRIQUEÑOS MATAN GUARDIA, HIEREN 2; EL PRESIDENTE VE BATALLA DESDE SU VENTANA.

En un sagaz intento de camuflar la revolución, el gobernador Muñoz Marín afirmó que los comunistas estaban detrás del atentado contra Truman y de la Revolución Nacionalista.[72] La revista *New Republic* escribió: "Los puertorriqueños que intentaron matar a Truman fueron estúpidos además de fanáticos".[73] La revista *Life* reportó: "Los actos de violencia no tienen sentido, excepto para los comunistas que se ceban en trastornar el Caribe y otros lugares".[74] *Time* lo catalogó como "un extraño complot de asesinato" que involucró "comportamiento irracional e impredecible".[75]

Los periódicos reportaron lo que Óscar y Griselio habían hecho. Pero ninguno escudriñó sus razones para hacerlo. Ninguno mencionó que en las veinticuatro horas previas al atentado, la hermana de Griselio, Doris, había sido baleada en la garganta, que su hermano Elio había sido arrestado, y que la casa de su prima Blanca había sido invadida por tropas americanas, ni que ahora los tres se enfrentaban a posibles cadenas perpetuas.

Ningún periodista se preguntó por qué las medias de Óscar eran color naranja y verde, los colores de la bandera de Jayuya.[76]

Y lo más importante, ningún periódico mencionó que solo veinticuatro horas antes, la Fuerza Aérea estadounidense había bombardeado Jayuya, el pueblito donde estos dos hombres habían nacido, donde se criaron y donde sus familiares todavía vivían.

CAPÍTULO 19

Salón Boricua

Era el 30 de octubre. Los autos Buick Roadmaster seguían aparcados frente a la barbería. El FBI había asignado a diecisiete agentes a vigilar a Vidal veinticuatro horas al día, y la vigilia ya iba por su quinto día. El primer día, a dos viejos clientes del salón, Filadelfo y Santo, los arrestaron al salir de la barbería. Nadie visitó a Vidal después de eso, y el FBI le impedía salir a ningún lado. Hasta rompieron el semáforo frente a la barbería para controlar el tránsito a su alrededor.[1] El semáforo roto no le molestaba mucho. Era una señal inútil que otorgaba un permiso que nadie había pedido ni necesitaba; ciertamente, nadie de los que frecuentaban el Salón Boricua.

Los agentes del FBI le traían comida, agua y el periódico. El teléfono funcionaba pero, obviamente, estaba interceptado; a cualquiera que lo llamara lo arrestarían tan rápido como a Filadelfo. Era una tragedia la que se estaba gestando, pero Vidal no podía hacer nada para detenerla. Solo podía encender la radio y escuchar, igual que todos los demás.[2]

Vidal se frotó un poco de aceite de coco Rabassa en las quemaduras del pecho y pierna derecha donde Rolf había apagado unos cuantos cigarrillos. Durante los pasados cuatro días había escuchado la radio y leído *El Imparcial*. Se enteró de la fuga del Oso Blanco, del tiroteo en La Fortaleza, de los cuarteles de la Policía quemados, de la declaración del gobernador de la ley marcial, del destacamento de cinco mil efectivos de la Guardia Nacional y del asedio a la casa de don Pedro. Y no había nada que él pudiera hacer al respecto.

Fue un momentito al baño y confirmó que el panel secreto todavía estaba allí. El sótano clandestino del apartamento contiguo contenía docenas de armas cargadas y más de seis mil reservas de municiones. *¡Ea, rayo!*, probablemente pensó. *¡Esas armas deberían estar donde se liberen las batallas, no aquí!*

Vidal le daba vueltas al salón, hablando solo y gritándole malas palabras a la radio. Cuando bajó el sol, Vidal sacó una botella de ron del Barrilito de debajo del taburete del limpiabotas y la abrió.

Al otro día amaneció con resaca. El FBI había lanzado su copia de *El Imparcial* contra la puerta. Lo leyó de principio a fin, fijándose especialmente en el número de arrestados a través de toda la isla. En San Juan, Ponce y Peñuelas, cuatrocientos sospechosos de ser nacionalistas habían sido detenidos; se esperaban casi mil arrestos más. El gobernador Muñoz Marín había pedido aún más tropas americanas (además de los cinco mil efectivos de la Guardia Nacional) y el uso del Fuerte Buchanan como centro de detención.[3]

La noticia más desconcertante era sobre don Pedro. Le habían cortado la luz y el agua, y habían colocado barricadas en las calles aledañas a su hogar. Cientos de francotiradores, policías y guardias nacionales lo tenían rodeado, y ya habían herido a Doris Torresola en la garganta. Cualquier cosa le podía ocurrir a don Pedro.

Entonces le vino una idea a la mente, una forma de salirse del arresto domiciliario y hacerle saber a don Pedro que todavía tenían armas. Montones de armas. Aun después del arresto inevitable del Maestro, la revolución podría continuar.

Vidal habló con los agentes del FBI en el portal de la barbería y, por petición suya, ellos le enviaron un telegrama a Vicente Géigel Polanco, el comisionado de Justicia de Puerto Rico. Vidal se había ofrecido para negociar la entrega de don Pedro.[4] Entonces Vidal llamó a *El Imparcial* y le dijo a la prensa que enviara un reportero porque el barbero de Albizu estaba listo para hablar.[5]

Pasaron tres largas horas. Vidal llamó directamente a la oficina del comisionado de Justicia dos veces y dejó mensajes. Ya era más de mediodía, pero nadie había venido ni llamado. Lo que Vidal notó fue un aumento en el número de automóviles que se aparcaban frente a la barbería, casi todos pertenecientes a la Policía.

Vidal entrecerró los ojos y divisó que llegaba al lugar otro coche desde el cuartel de la Policía de Santurce. La emisora radial WIAC —la mejor en noticias de la isla— repetía todo lo que él ya había leído en *El Imparcial*, de manera que sintonizó la NBC y escuchó con irritación los anuncios comerciales de los cigarrillos Lucky Strike, la pasta dental Ipana, el laxante Ex Lax, y los avisos de programas americanos como Bucky Beaver y Roy Rogers. Pensó con un poco de ira que los hombres que se levantaban a las cuatro de la mañana, subían y bajaban montañas sol, llueve o relampaguee para ganarse el pan y cortaban caña con mosquitos metidos en la boca, no necesitaban que ningún imperio les dijera lo que tenían que hacer, qué idioma hablar, qué bandera saludar, a qué héroes venerar ni qué productos comprar.[6]

Vidal se dio un palo de Barrilito para calmar los nervios. Lamentablemente le quedaba muy poco. Se acercó al taburete del limpiabotas y al altarcito que tenía detrás, y rezó con fervor, algo muy raro en él. Hojeó la Biblia, pasando las páginas lentamente, rozándolas suavemente con la yema de sus dedos. Tomó la estatuilla de santa Bárbara y le rogó que guiara sus pasos. Entonces algo le llamó la atención, y corrió hacia una de las ventanas.

Había llegado un camión del Ejército, del cual saltó una docena de guardias nacionales. No le parecieron la escolta adecuada para ir a ver al comisionado de Justicia. Tenían rifles y granadas y se estaban apostando frente al Salón Boricua.

Soldados y policía rodean al Salón Boricua

Vidal miró rápidamente alrededor de la barbería, vio que todos los soldados se preparaban para algo y se le ocurrió otro plan. Subió el volumen del radio, se metió en el baño y cerró bien la puerta. Abrió entonces el panel escondido, gateó hasta el sótano clandestino y agarró un cajón lleno de armas. En cinco minutos había sacado dos cajones más y los había traído hasta la barbería. Miró por las ventanas y allí estaban los soldados en posición de ataque, pero esperando nuevas órdenes. No estaban mirando hacia la barbería; más bien charlaban entre sí, como si estuvieran en una excursión o en algún ejercicio de entrenamiento.

Vidal se paseó por la barbería, cantando lo que oía en la radio, la canción "Solito bajo la luz de la luna" junto al Cuarteto Campeón de Polifonía tipo *barbershop*. Cuando la canción terminó, Vidal ya había colocado tres escopetas y cinco revólveres en diferentes puntos del salón, concentrándose en las dos ventanas y la puerta principal. Alineó seis cócteles Molotov en las escaleras que daban al segundo piso. Se colocó una pistola Colt M1911 en la cintura. Al lado del taburete del limpiabotas, detrás de una columna de 3 pies de espesor, escondió otra escopeta, dos cócteles Molotov, una metralleta M3A1 y cuarenta cargadores, cada uno con treinta cartuchos de balas ACP del calibre .45.

Estaban pasando por radio un comercial sobre la harina de maíz Aunt Jemima cuando un policía insular entró a la barbería con su arma en la mano. Vidal le preguntó: "¿En qué le puedo ayudar?", y acto seguido le disparó. La gorra del guardia voló y este salió corriendo de la barbería.[7] Vidal corrió a esconderse detrás del taburete del limpiabotas y unos segundos después, una lluvia de balas agujereó la pared detrás de él. Dos de los espejos cayeron en pedazos sobre la silla de recortar marca Koken.

Vidal respiró hondo y levantó la metralleta M3A1 y disparó cuarenta cartuchos de balas por las dos ventanas y la puerta principal. También le disparó a las lámparas sobre las cuatro sillas de recortar, sumiendo la barbería en penumbra.

Los soldados esquivaron el fuego, sorprendidos ante el inesperado fuego de una ametralladora.

El reportero Imperio Rodríguez corrió hasta El Machango, una cantina localizada en el número 379 de la calle Colton y telefoneó a *El Imparcial* para pedirles que enviaran un fotógrafo a Barrio Obrero inmediatamente.

Los soldados rodearon el edificio de la esquina de las calles Colton y Barbosa, mientras los francotiradores de la Policía Insular se posicionaban en los techos de las esquinas adyacentes. Con su pintoresca fachada de estuco y bonita terraza superior, el Salón Boricua parecía un inofensivo asilo de ancianos, hasta que de su segundo piso voló un cóctel Molotov y cayó como un cometa rabioso sobre un vehículo de la Policía, haciendo que los guardias y los soldados corrieran espantados en todas las direcciones.

Los soldados acribillaron la terraza con el fuego de sus rifles, pero entonces una careta de bronce con dientes de marfil apareció en la ventana del segundo piso, y otro cóctel Molotov explotó cerca de un *jeep* de la Guardia Nacional.

"¡Ea, rayo!", exclamó un soldado. "¿Cuántos barberos hay allí adentro?"

Mientras todos corrían a guarecerse de las balas, otra lluvia de balas ACP del calibre .45 rociaron los techos e hicieron que los francotiradores se agacharan rápidamente. Entonces todo el mundo comenzó a disparar como locos, y la radioemisora NBC se fue a una pausa comercial.

Herido en una pierna, Vidal se cubrió el muslo con una toalla y evadió la balacera que entraba por las dos ventanas, mientras comenzaba el *Bell Telephone Hour* y la cantante Eve Young cantaba su éxito, "Si hubiera sabido que venías, te habría horneado un bizcocho".

Vidal se tuvo que reír. Dadas las circunstancias, era lo más gracioso que había oído ese día. Comenzó a cantarla con ella y a la vez disparaba la escopeta, primero por una ventana, y luego por la otra.[8]

El fotógrafo de *El Imparcial* llegó. Ya Imperio había tomado dos rollos de película tan buenos que se le ocurrió hasta calcular el aumento que iba a pedir esa misma tarde. Esas fotos no tenían precio, y ella lo sabía. *El Imparcial, El Mundo* y *El Día* habían enviado a sus mejores reporteros del área metro. Más de una docena de radioemisoras enviaron sus unidades móviles, incluyendo WIAC, WNEL, WITA y WKAQ (San Juan), WPRB (Ponce), WCMN y WEMB (Arecibo); WSWL (Santurce), WMDD (Fajardo), WENA (Yauco/Bayamón) y WVJP (Caguas). Hasta Mayagüez envió una unidad radial de WECW, desde el lado opuesto de la isla. Un tiroteo en vivo entre treinta nacionalistas y la Guardia Nacional americana no era cosa que uno se quería perder.

Mientras los reporteros, fotógrafos y locutores se preparaban para transmitir, más guardias nacionales llegaron al lugar con ametralladoras, rifles, carabinas y un bazuca, fortaleciendo la línea de fuego de la calle Barbosa.[9]

Luis Enrique *el Bibí* Marrero y Miguel Ángel Álvarez, de WIAC, se presentaron a la escena. Bibí era nacido y criado en el sector chícharo de Santurce y conocía a Vidal personalmente.[10]

"¿Cuántos nacionalistas hay allí adentro?", le preguntó al teniente.

"Veinte o treinta."

"¿Esta seguro?"

"Como mínimo."

El teniente no tenía motivos para exagerar, pero Bibí no estaba convencido. Nunca había visto a veinte nacionalistas que se pusieran de acuerdo en nada, mucho menos en coordinar una defensa militar. Tal vez las cosas habían cambiado. Si ese fuere el caso, tal vez esta revolución tenía alguna probabilidad de triunfar.

Pero entonces Bibí notó que los soldados estaban montando dos ametralladoras Browning M1919A4 y unos misiles M6A3. Se le olvidó que él era solo un reportero desvinculado de lo que estaba ocurriendo y trató de ponerle razonamiento a la situación.

"Oye, Vidal", gritó Bibí.

"¿Quién habla?"

"Soy yo, Bibí. ¿Cómo te va?"

"Estoy jodido."

"¡Coño, Vidal, te has hecho famoso! Toda la radio esta aquí."

"Yo tengo una radio también. Con mucha mierda americana."

"¿Necesitas algo allá adentro?"

"Sí, un pasaje de avión a Cuba."

"Quizás se pueda conseguir. ¿Cuántos están contigo?"[11]

Una docena de soldados comenzaron a disparar, y Bibí corrió a guarecerse. De allí nadie se movía aquel día. Contó quince policías y veinticinco soldados que concentraban su fuego en la puerta principal y las ventanas. Las ametralladoras volaron una de las ventanas de sus bisagras y se oyó el sonido de botellas que explotaban dentro de la barbería.

Entonces apareció un loco en el marco de la puerta y barrió el perímetro de la calle con rondas calientes de balas ACP del calibre .45, y desapareció rápidamente dentro del salón. Las balas volaban, un bazucazo estremeció la barbería y los reporteros gritaron del susto.

Todo el mundo corrió y se agachó detrás de los automóviles, camiones y postes de la luz. Los reporteros de la radio se mostraron excitados, pues todos los pueblos de Puerto Rico estaban sintonizados y oían el tiroteo por la radio. Por primera vez en la historia, la isla entera escuchó el mismo acontecimiento en vivo. Los reporteros informaban por los micrófonos con ojos desorbitados y las balas zumbaban sobre sus cabezas mientras describían la escena.[12]

Dentro del salón, Vidal vio a los reporteros chachareando, de manera que llegó gateando hasta su gran radio Octagon General Electric, que había recibido más disparos que el mismo Vidal y milagrosamente funcionaba todavía. Desde su posición en el piso, Vidal levantó un brazo y giró el cuadrante de una estación a otra: WIAC, WPRB, WSWL, WENA, WVJP, WECW. Todas reportaban que veinte o treinta nacionalistas se enfrascaban en un tiroteo con el gobierno de Estados Unidos desde el Salón Boricua. Vidal tuvo que mover la cabeza en señal de asombro. Se suponía que toda esta tecnología iba a unir a la gente

La Policía y la Guardia Nacional se guarecen de los tiros del barbero

Los Papeles de Ruth M. Reynolds, Archivos de la Diáspora Puertorriqueña, Centro de Estudios Puertorriqueños, Hunter College, CUNY.

y crear un mejor entendimiento. Sin embargo, lo que hacía era separarlas y confundir las cosas más sencillas. Tal vez ese era su verdadero propósito.[13]

"Santiago," anunció el teniente por el megáfono. "No queremos hacerle daño".

"Díselo a mi pierna, pendejo. La dañaste bastante bien."

"Salga con sus amigos con las manos en alto."

"Yo no tengo ningunos amigos."

"Lo que sí tienes es un minuto. O sales o entramos."[14]

Vidal no necesitó un minuto. Se movió sigilosamente hacia el segundo piso por las escaleras de atrás y lanzó tres cócteles Molotov a la calle, aunque solo uno de ellos explotó. Dos ametralladoras trituraron el edificio a balazos. Las balas del calibre .30 tumbaron todas las puertas, ventanas y persianas, agujerearon la fachada estucada y redujeron a añicos el balcón de madera.[15]

Vidal bajó corriendo y se escondió detrás del único punto protegido: la columna de 3 pies de concreto al lado del taburete del limpiabotas junto a las escaleras. Arrastró la radio hasta su lado y la aseguró detrás de la columna. Sintió el impacto de otra ráfaga de ametralladora. Los espejos quedaron triturados, las botellas de tónico explotaron; todo quedó vaporizado, atomizado y licuado en todas direcciones.

Vidal recargó su metralleta y varias pistolas. Le quedaban bastantes balas, y desde su posición detrás de la columna podía disparar a través de tres ventanas distintas y dos puertas. Era un ejército de uno, por lo menos aquel día.

Buscó otras estaciones en la radio hasta que escuchó algo útil. WAJH estaba transmitiendo un viejo discurso de don Pedro. Vidal lo puso a todo volumen de manera que los reporteros y los soldados lo pudieran escuchar desde fuera.[16]

> ¿Por qué votamos por esta gente? Este año, el día de las elecciones, mejor quédese en su cama con su mujer. De aquí al año que viene, el gobernador Luis Muñoz Marín convertirá el quedarse en cama el día de las elecciones en un delito castigable con un año de prisión.[17]

Vidal disparó una ronda ACP del calibre .45 por las ventanas, treinta balas en fogonazos cíclicos completos. Fuera todos buscaron dónde protegerse y Vidal aprovechó para esconderse detrás de la columna de cemento y recargar su metralleta.

> Si la independencia se pudiera lograr con un cigarrillo en la boca, con una botella de champán o paseando con una muchacha bonita, yo sería el primero que me acostaría aquí mismo en la plaza y esperaría por la independencia bebiendo champán. Pero la independencia se gana con las armas.[18]

Disparos de los francotiradores rebotaban del piso y se estrellaban contra las paredes. Las ametralladoras hacían volar grandes pedazos de cemento, vidrio y madera por el aire; uno de ellos le rozó una mejilla a Vidal, cortándole como una navaja. Rodó por el piso, agarró la ametralladora situada al lado de la ventana central y le disparó directo a un vehículo de la Policía justo cuando un fotógrafo le tomaba una foto desde la calle.

> Por los últimos cincuenta años, Estados Unidos ha estado en guerra con Puerto Rico. Nos roban la tierra, esterilizan a nuestras mujeres, nos inyectan cáncer y tuberculosis, envían a traidores para que nos gobiernen, parásitos que viven robándole a su propia gente… escondidos en palacios donde se drogan con morfina y beben ron continuamente.[19]

Una lluvia de balas rajó una pared, dejando una nube de polvo que impregnó toda la barbería.

> Los imperios son demonios disfrazados de ángeles guardianes. La bandera americana es una calavera y dos huesos sobre dos racimos de guineos. La Democracia es una dama que se presenta con una ametralladora entre las piernas, gases lacrimógenos en el pecho y sombrero adornado con pistolas y revólveres del calibre .45.[20]

El Salón Boricua comenzó a derrumbarse. La metralla volaba por todas partes. Proyectiles en forma de cristales y concreto golpearon a Vidal una y otra vez.

> Nuestro país ya no necesita discursos. Los puertorriqueños tienen que luchar por su libertad con las armas a su alcance. Debemos luchar por nuestra salud mental… porque su propaganda es tan completa que la única realidad es la que nosotros creamos para nosotros mismos.[21]

La batalla continuó una hora más. Cuatro balas alcanzaron a Vidal y le volaron tres dedos de la mano izquierda, pero como un hombre poseído, continuó disparando desde la columna de cemento, por las tres ventanas y hasta por la puerta principal del Salón Boricua.

> De acuerdo a los yanquis, poseer a otra persona te hace un canalla, pero poseer a una nación entera te hace un benefactor colonial. Cuarenta detectives me persiguen, inclusive hasta el baño. Por donde quiera que miras, ves al Ejército yanqui, la Marina yanqui, la Policía yanqui y los tribunales yanquis. Pero algún día nuestra paciencia se va a acabar… porque el hombre es esencialmente libre, la libertad es algo más fuerte que cualquier imperio en la Tierra.[22]

Una multitud se había congregado a una cuadra de distancia en el callejón La Esperanza, y los vecinos atisbaban con cautela por las persianas de sus ventanas. En la cantina El Machango comenzaron a apostar sobre cuántos nacionalistas habría en el salón y hasta cuándo iban a poder resistir. Algunos periodistas veteranos ya habían sometido sus historias y ahora tomaban cubalibres cuando entró un muchachito y anunció que Vidal estaba cantando.

Todos corrieron afuera a presenciar este último acontecimiento. Y era cierto: Vidal estaba cantando un aguinaldo navideño tradicional con unos nuevos versos improvisados. Cada verso lo puntualizaba con un disparo de su pistola Colt.

Yo tengo una pistola
Con manejo de marfil
Para matar *to'* los yanquis
Que vienen por ferrocarril.

Los reporteros rompieron a reír, especialmente cuando el teniente de la Guardia Nacional pidió una traducción. Sus ojos se abrieron considerablemente cuando se la dieron.[23]

Cuando los reporteros comenzaron a aplaudir a Vidal, los soldados decidieron que ya era demasiado. El teniente se acercó al teléfono portátil, habló por unos momentos y regresó con sus órdenes. La hora había llegado.

El universo se iluminó con miles de disparos que hicieron volar el edificio palmo a palmo. Las balas repicaron por encima de la cabeza de Vidal y él tuvo que lanzarse violentamente al piso de un lado y de otro muchas veces, cortándose y lacerándose cada vez; su ropa se hizo trizas. Recibió una bala en las costillas y vio cuando el dedo pulgar de la mano izquierda desapareció en un instante; un pedazo de pómulo le voló rociándole toda la cara con huesos rojos pulverizados. Y, aun así, Vidal todavía luchaba, disparando de detrás de la sólida columna, rociando balas ACP del calibre .45 por toda la calle, hasta que las escaleras colapsaron y lo enterraron bajo los escombros.

Vidal oyó el repique de la iglesia del Espíritu Santo. Vio a su papá leyéndoles a los tabaqueros otra vez, y su papá lo saludó con la mano.

Vio el cuarto donde había nacido, inmaculado, con una máquina de coser en una esquina. Y entonces perdió el conocimiento.[24]

Los soldados no sabían esto. Lanzaron tres latas de gas lacrimógeno y esperaron dos o tres minutos. Entonces se fueron acercando lentamente a la barbería. Bibí y los demás reporteros estiraban los cuellos para ver qué demonios estaba pasando allá dentro. Todos esperaban ver salir a veinte o treinta nacionalistas de lo que había sido el Salón Boricua, pero no apareció ninguno.

El teniente ordenó a los soldados a que lanzaran más gas lacrimógeno al segundo piso. Tres latas más volaron por el aire, dos entraron por las ventanas y una cayó en el balcón. El gas permeó todo el ambiente y, aun así, no salió nadie.

A la señal del teniente, cinco soldados con máscaras de gas irrumpieron por el portal en ruinas; seis más los cubrieron desde las tres ventanas. Los soldados rebuscaron de un lado a otro, listos para dispararle a cualquier cosa que se moviera, pero no encontraron a ningún nacionalista, solo cuatro muros manchados de sangre y una pila de escombros que cubría por completo el primer piso.

Buscaron por si existía una salida trasera o cualquier trampilla, pero no encontraron nada. Era como si hubieran estado luchando con un espíritu. De pronto, de detrás de la columna de concreto, uno de los soldados los llamó para que vieran algo.

Vidal yacía allí entre los escombros, inmóvil, aparentemente muerto, pero para asegurarse, otro de los soldados le removió los escombros de encima y le disparó a quemarropa. La bala le explotó por la frente y se le alojó en el cerebro. "Que viva *Porto Rica*", exclamó el soldado con acento sureño, entonces arrastró el cuerpo de Vidal por los pies hasta la calle.[25]

Los soldados completaron el reconocimiento del lugar y se miraron unos a otros con incredulidad. Era una escena demasiado embarazosa: el diminuto barbero del Salón Boricua, completamente solo, había mantenido a cuarenta militares armados. Pero justo en ese momento, al sacar el cadáver de Vidal hasta la calle, las cosas se pusieron peor.

El cadáver abrió los ojos.

Del susto los soldados lo dejaron caer al suelo. Uno de ellos gritó: "¡Oh, Jesús!". Y otro gritó: "Pero ¡creí que lo habías matado!". Un

Vidal Santiago Díaz, después de abrir los ojos

tercero se escondió detrás de un auto y comenzó a rezar. Los reporteros corrieron por todos lados, tomando fotos, hablando por los micrófonos, diciéndole a dos millones de puertorriqueños que Vidal Santiago todavía estaba vivo.

Los policías insulares levantaron a Vidal del suelo y posaron para una foto, como si hubieran atrapado un gran pez. Entonces lo lanzaron sin miramientos dentro de una ambulancia.

Ya eran las seis de la tarde. La batalla había durado tres horas. La gente la había seguido por la radio desde sus casas, sus trabajos y sus automóviles. La escucharon en todos los pueblos, hospitales, escuelas, casas de empeño, barberías, salones de belleza y colmados. El gobernador la había escuchado. El comisionado de Justicia la había escuchado. Los prisioneros en el Oso Blanco y la Princesa la habían escuchado. En solo tres horas, Vidal Santiago Díaz se había convertido en el nacionalista más famoso de la historia puertorriqueña, después de don Pedro Albizu Campos, .

Fue el barbero que desafió el Imperio con una bala en el cerebro.[26]

Más tarde, esa misma noche, los soldados acordonaron el área y buscaron hojas sueltas con propaganda nacionalista, banderas puertorriqueñas y cualquier otro material subversivo. No hablaron mucho con la prensa porque ya habían pasado demasiado bochorno para un solo día.

Encontraron varias armas, un radio roto y docenas de fotografías. La estatuilla de santa Bárbara todavía estaba detrás del taburete del limpiabotas en lo que quedó del Salón Boricua. Los retratos del papá de Vidal y del Águila Blanca habían sido cuidadosamente guardados debajo de ella. Los soldados nunca encontraron el panel secreto del baño ni el sótano clandestino del apartamento contiguo. Destruyeron el edificio de la barbería por completo y rebuscaron entre las ruinas por si hallaban pistas, pero todavía a la medianoche no lograban entender cómo un hombre completamente solo pudo haber librado semejante batalla. No parecía humano. Los escombros escondían un inmenso misterio.

A 100 yardas de distancia, otro hombre solitario observaba desde un techo cercano, medio escondido, grabando todos los movimientos de los soldados y policías. Sabía qué era lo que estaban buscando y comprendía todo lo que había sucedido. Pero lo que él sabía y comprendía no importaba. El mundo no estaba listo para oírlo.

Vidal, héroe por un día, desaparecería mañana. Estuvo condenado a morir como un simple código misterioso de una vasta operación estadística; el médico forense le contaría los dientes, y su familia tal vez guardaría un mechón de su pelo: pero, por otra parte, su muerte sería desconocida, deshonrada y olvidada.

Él sabía que Vidal había existido —un hombre de sustancia, de carne y hueso, de fibra y sangre, de mente poderosa—; pero, con todo y eso, un hombre invisible para el Norte porque el Norte se negaba a conocerlo. Solo miraban a su entorno, o a sí mismos, o a los productos de su propia imaginación; veían cualquier cosa y a todas las cosas, pero no veían a Vidal.

Él sabía que algunas carreras se corrían en solitario, y que la historia de Vidal nunca saldría de la isla.

Él sabía que el semáforo frente al Salón Boricua había sido dañado a propósito.[27]

Él sabía que a las personas las encarcelaban los hábitos, actitudes, derrotas, aburrimientos, callada desesperación y rabia contenida, fría y autodestructiva de los demás, y que esto se aplicaba tanto a los individuos como a las naciones.

Él sabía que la Masacre de Ponce no había sido un incidente aislado.

Él sabía que en esos momentos había personas siendo interrogadas, torturadas, bombardeadas y asesinadas.

Él sabía que su misión estaba clara: quedarse callado y documentarlo todo, mantener intacto el record, pasarlo a la próxima generación, hasta que algún día la historia se pudiese contar.

Con eso le bastaba. Lo mejor que un artista podía esperar era dejar cuentas claras de sí mismo, aunque fuera solamente el derecho del ahorcado a decir una última palabra.

Por eso, a través de un potente lente de acercamiento, Juan Emilio Viguié filmó a los soldados cuando pululaban por la calle, cuando arreglaban el semáforo que ellos mismos habían dañado, y cuando rebuscaban entre la osamenta del Salón Boricua.

CAPÍTULO 20

La caja de las chinches

Inmediatamente después de la revuelta, el gobernador Luis Muñoz Marín declaró la ley marcial en todo Puerto Rico.[1] Efectivos militares estadounidenses clausuraron pueblos enteros, bloquearon muchas carreteras y detuvieron automóviles por toda la isla para registrarlos. Agentes del FBI, la Policía Insular y la Guardia Nacional allanaron miles de hogares en busca de material subversivo que violara la Ley número 53, la Ley de la mordaza, incluyendo folletos impresos y banderas puertorriqueñas. Entonces vinieron los arrestos. La Policía Insular arrestó a los nacionalistas, a los simpatizantes de los nacionalistas, y hasta a la gente que jugaba al dominó con los nacionalistas o que simplemente los conocía. Arrestaron a muchos prófugos y los acusaron de ser nacionalistas.

Le prensa culpó a un nacionalista de nombre Juan Esteban Núñez Laracuente por la mitad de las cosas que acontecieron en Utuado, incluyendo la quema del Correo, la Telefónica y la Clínica San Miguel. *El Imparcial* apuntó en dos primeras planas distintas:

ARRESTOS EN MASA
CAPTURAN 32 DE LOS PRÓFUGOS

Nacionalistas de Jayuya arrestados por la Guardia Nacional estadounidense

©Bettmann/Corbis.

Sin embargo, inspecciones posteriores demostraron que estos reportes estaban equivocados: ninguno de esos edificios sufrió incendio alguno.[2]

El gobernador y *Associated Press* alegaron que los nacionalistas, como parte de una conspiración comunista, habían destruido el pueblo de Jayuya. En un artículo registrado el 31 de octubre de 1950, James Fowler, el corresponsal de *Associated Press* en Puerto Rico, citó al gobernador cuando tildó la revolución de "una conspiración contra la democracia, apoyada por los comunistas". Luego afirmó que el pueblo de Jayuya quedó "prácticamente destruido por el fuego" e insinúa que los nacionalistas fueron los responsables. El artículo no menciona en ninguna parte que fueron los aviones Thunderbolt de Estados Unidos los que bombardearon y ametrallaron el pueblo por varias horas, dejándolo en ruinas.[3]

Con la ley marcial firmemente implantada, la ola de arrestos fue creciendo. Los soldados arrestaron campesinos y maestros de escuela, hombres, mujeres y niños. Sacaron a los jíbaros de sus casuchas en la montaña y los metieron a la cárcel. En Jayuya los agarraron en plena faena agrícola y los hicieron desfilar por las calles del pueblo. Igualmente hicieron con las esposas de estos campesinos. Muchas mujeres cayeron en las redadas. La periodista Ruth Reynolds, la profesora Olga Viscal y el ama de casa Carmín Pérez fueron acusadas de traición, intento de asesinato y conspiración para derrocar el gobierno estadounidense.[4] La siguiente gráfica enumera algunas de las mujeres arrestadas y las sentencias que recibieron.[5] Después de los primeros doscientos

Mujeres y niños arrestados como "sospechosos de ser nacionalistas"
Los Papeles de Ruth M. Reynols, Archivos de la Diáspora Puertorriqueña, Centro de Estudios Puertorriqueños, Hunter College, CUNY.

arrestos en Jayuya, la Guardia Nacional ocupó varias escuelas para retener a todos los arrestados. Algunos eran menores de edad, apresados en sus propias escuelas.

Nombre: **Blanca Canales**
Cargos: Quemar el Correo de Jayuya
Sentencia: Cadena perpetua
Prisión: Alderson, West Virginia; en 1956, de vuelta a Vega Alta; sirvió diecisiete años

Nombre: **Olga Viscal**
Cargos: Violación de la Ley número 53; 37 casos de desacato
Sentencia: De 1 a 10 años; 31 meses
Prisión: La Princesa (San Juan) y Cárcel de Distrito de Arecibo

Nombre: **Rosa Collazo**
Cargos: Arrestada (sin cargos)
Sentencia: 2 meses
Prisión: Centro Federal de Detención de Mujeres, Ciudad de Nueva York

Nombre: **Leonides Díaz**
Cargos: Violación de la Ley número 53; cuatro cargos de asesinato en primer grado; seis cargos de intento de asesinato
Sentencia: Cadena perpetua sin derecho a libertad condicional (496 años); 7 años de trabajo forzoso
Prisión: Cárcel de Mujeres de Vega Baja

Nombre: **Juanita Ojeda**
Cargos: Violación de la Ley número 53
Sentencia: De 8 a 13 meses
Prisión: Cárcel de Distrito de Arecibo

Nombre: **Carmen Pérez**
Cargos: Intento de asesinato
Sentencia: 22 meses
Prisión: La Princesa (San Juan) y Cárcel de Distrito de Arecibo

Nombre: **Ruth Reynolds**
Cargos: Violación de la Ley número 53
Sentencia: De 2 a 6 años
Prisión: La Princesa (San Juan) y Cárcel de Distrito de Arecibo

Nombre: **Isabel Rosado**
Cargos: Violación de la Ley número 53
Sentencia: 1 año y 3 meses
Prisión: Cárcel de Distrito de Humacao

Nombre: **Carmen Torresola**
Cargos: Arrestada (sin cargos)
Sentencia: 2 meses
Prisión: Centro Federal de Detención de Mujeres, Ciudad de Nueva York

Nombre: **Doris Torresola**
Cargos: Violación de la Ley número 53
Sentencia: 10 años
Prisión: La Princesa (San Juan), Cárcel de Distrito de Arecibo

La Policía Insular, la Guardia Nacional y el FBI viajaban juntos por docenas de municipios. En el campus de Río Piedras de la Universidad de Puerto Rico, arrestaron a estudiantes que iban camino a clase. Alrededor de la isla, arrestaron a personas por la mera sospecha o acusación. No necesitaron orden de arresto, ni evidencia ni causa probable, simplemente utilizaron una "lista" de nacionalistas y "confidencias" a la Policía. Cualquier informante que estuviera enojado

Arresto al borde de una carretera de sospechosos de "ser nacionalistas"
© Bettmann/Corbis.

con otro, o que le debía dinero, o que le interesaba su mujer, lo denunciaba como nacionalista y era automáticamente arrestado.[6] La lista era un viejo documento y estaba tan plagada de errores que incluía al comisionado de Justicia de Puerto Rico, al alcalde de Caguas, al presidente de la Cámara de Representantes y hasta a la esposa del gobernador Muñoz Marín, doña Inés María Mendoza.[7] No importaba. La "lista" se convirtió en la excusa del gobernador para arrestar a todo el que le dio la gana.

El terror se abrió paso por todos los pueblos. Cualquiera podía ser arrestado a cualquier hora del día o la noche. A muchos los sacaron arrastrados de sus camas. Algunos prisioneros llegaron a la cárcel en pijamas. La Guardia Nacional y la Policía Insular mantuvieron a miles de personas bajo custodia sin un proceso legal y sin fianza.[8] En el área de San Juan los arrestos seguían las veinticuatro horas. Alineaban a los ciudadanos contra muros de cemento; las tropas estadounidenses les apuntaban a la cabeza con sus rifles y ametralladoras.

Todavía perturbado por el asalto a su propia mansión, el gobernador Muñoz Marín pidió tropas norteamericanas adicionales y el uso del

Fuerte Buchanan para contener a los prisioneros. Sazonó su exigencia con una llamada al secretario federal de lo Interior, Oscar L. Chapman, "para discutir el vínculo de los nacionalistas con los comunistas de la isla".[9]

En cuestión de unos pocos días, más de tres mil personas fueron arrestadas en toda la isla.[10] En la Princesa nada más, los trescientos cincuenta prisioneros tuvieron que hacerle espacio al maremoto de nacionalistas arrestados; otros trescientos fueron metidos por la fuerza en la cárcel de Arecibo, y sobre quinientos fueron a parar al Oso Blanco, la penitenciaría estatal de Río Piedras.[11]

Pasaron unos meses muy largos (durante los cuales la evidencia y las declaraciones juradas fueron elaboradas), antes de que se iniciaran los juicios, que fueron muy severos. He aquí un testimonio de primera mano, el de don Heriberto Marín Torres:

> Nos llevaron al tribunal. Aquello fue un circo. Todos sabíamos el veredicto de antemano: un juez prejuiciado, un jurado preseleccionado, y

Arresto en masa de "sospechosos de ser nacionalistas" a punta de pistola

© Bettmann/Corbis.

fiscales con órdenes estrictas de meternos a todos a la cárcel. Entramos a la corte esposados, y cuando mi papá trató de abrazarme, un policía lo alejó de un empujón. Mi papá se tuvo que conformar con decirme: "Dios te bendiga, hijo mío".

El juicio duró varias semanas. Los fiscales presentaron hasta los huesos del policía que había muerto en Jayuya. Nos llamaron traidores, asesinos y subversivos. Usaron cuanto epíteto se les ocurrió. Tiraron la bandera puertorriqueña al suelo como si fuera un trapo sucio, sin respeto alguno. Estaba claro a todos que el veredicto estuvo predecidido desde el comienzo.

Estábamos cansadísimos de este circo. Finalmente, el jurado regresó, nos mandaron a poner de pie y el juez Padró Parés leyó el veredicto con mucha ceremoniosidad: "Culpable". Todos salimos culpables de todos los cargos: asesinato, incendio, asalto y posesión de armas.

Cuando le tocó sentenciarme a mí, el juez me miró a los ojos. Parecía estar enojado conmigo. "Heriberto Marín Torres, este honorable tribunal le sentencia a cadena perpetua con trabajo forzado, más 45 años adicionales a servirse consecutivamente". Escuché una conmoción detrás de mí, y era que alguien se había desmayado: mi madre. Un alguacil corrió hacia mí, me agarró por un brazo y me ordenó que no me moviera.

El juez vació la sala. No le gustó mucho que mi mamá se desmayara. Cuando todos habíamos sido sentenciados, el juez sonrió y los fiscales se felicitaron unos a otros. Se dieron la mano y nos miraron con inmenso desprecio.[12]

Después de ser sentenciados y enviados a la Princesa, al Oso Blanco y a otras penitenciarías, los nacionalistas fueron objeto de mucho maltrato. Bombillas brillantes alumbraban sus celdas las veinticuatro horas del día. Nunca les dieron sábanas, ni toallas ni papel higiénico. Solo les permitían bañarse cada tres semanas; las visitas y la correspondencia estaban prohibidas. Sus líderes fueron colocados en confinamiento solitario.

Por las noches, miembros de la Guardia Nacional disparaban sus armas al lado de sus celdas. Durante el día los prisioneros tenían que pedirles permiso a estos mismos hombres para ir al baño. Sus comidas consistían de arroz crudo, pan viejo y patitas de cerdo con gusanos.

Más arrestos de "sospechosos de ser nacionalistas" en San Juan

Fotógrafo Juan Hernández, 5 de noviembre de 1950; publicado en *El Imparcial*, 6 de noviembre de 1950.

Según pasaba el tiempo, de tanta hambre que sentían, los nacionalistas simplemente les sacaban los gorgojos y se comían lo demás.

Los relatos de estos hombres y mujeres parecen sacados del *Archipiélago Gulag*. Sus experiencias —cateos desnudos, cateos de los orificios corporales, privación del sueño, de la comida, de compañía humana, y la humillación constante— estaban diseñadas para destruir su dignidad y quebrar su espíritu.

En el Oso Blanco había un cuarto conocido como *la caja de las chinches* que estaba infestado de cientos, tal vez de miles de agresivos insectos que, por falta de fumigación, habían proliferado espantosamente. Los guardias le quitaban la camisa al nacionalista y lo echaban dentro de la caja. Inmediatamente las chinches hambrientas le caían encima, desde el plafón o desde el piso. A principio, el nacionalista las combatía, aplastándolas con su cuerpo o contra la pared, sofocado por su peste. Pero después de varias horas se debilitaba y dejaba que le chuparan la sangre sin protestar.

La guerra psicológica fue igual de implacable. Dos meses después de su arresto, aunque todavía no se le había radicado cargo alguno, Heriberto Marín Torres recibió una buena noticia: iba a ser liberado de la Princesa. Repartió sus humildes pertenencias, se despidió con tristeza de sus compañeros, y lo llevaron a la oficina del alcaide, donde le esperaban varios agentes del FBI. Le dijeron que su mamá estaba muy enferma pero que tal vez su liberación le haría mucho bien, solo tenía que revelarle al FBI todo lo que sabía de sus mismos compañeros, y se podía marchar en el acto. Heriberto no dijo una palabra.[13]

Justo Guzmán Serrano perdió a su mamá en esos días. El Departamento de Justicia Federal le prohibió asistir a su funeral. El cortejo fúnebre pasó frente a la cárcel y los que cargaban el féretro, como sabían que Justo estaba allí encerrado, hicieron silencio absoluto. En aquel silencio, se oyó la voz quebrada de Justo cuando lanzó el grito: "¡Adiós, mamá!", y se tapó la cara con sus manos para que no lo vieran llorar.[14]

Gregorio Hernández Rivera (*Goyito*) fue el único sobreviviente nacionalista del ataque a La Fortaleza. Había perdido varios dedos y una docena de balas habían marcado su cuerpo; cuando sanaron sus heridas, lo metieron en solitaria. Pasó más de un año antes de que le permitieran tener visitas. Abrazó y besó a su esposa antes de preguntar por su hijita de dos años. "Pero ¿no recibiste mi telegrama?", le preguntó su esposa. "La niña murió hace unos meses." Aparentemente las autoridades habían echado el telegrama a la basura.[15]

Deusdédit Marrero, un trabajador social, no había formado parte de la revuelta. Lo arrestaron por ser socialista —no era nacionalista, pero casi casi para las autoridades— y lo condenaron de tratar de derrocar el gobierno de Estados Unidos, aunque siempre estuvo en su lugar de empleo durante toda la revuelta y dejaba atrás una esposa embarazada. La brutalidad de estos cargos eventualmente lo volvió loco. Cuando se enteró de que ella se había suicidado,[16] perdió la razón. Al terminar su sentencia, Deusdédit pasó sus últimos años sin familia alguna, desamparado y deambulando por las calles de Río Piedras.[17]

A Ricardo Díaz lo arrestaron "por ser miembro de una familia revolucionaria". Los guardias se mofaban de él sin piedad, acosándolo para ponerlo violento o para que se suicidara. Al no poder fabricar suficiente evidencia para condenarlo, lo liberaron después de siete meses en la cárcel.[18]

Francisco Matos Paoli fue arrestado por tener una bandera puertorriqueña en su casa y sentenciado a veinte años de prisión. El alcaide sabía que Matos Paoli era el secretario general del Partido Nacionalista y un poeta fecundo, de modo que le impuso un castigo perverso: no le permitió nunca tener papel ni con qué escribir. Pero para su indignación, Matos Paoli siempre se las arreglaba para conseguir un lapicito o dos, y cubrió las paredes de su celda con poemas. Inclusive llegó a escribir hasta en el plafón. Años más tarde, en 1977, Matos Paoli fue nominado para el Premio Nobel de Literatura.[19]

Los médicos del Ejército americano llevaron a cabo experimentos médicos en la Princesa y en el Oso Blanco. Dos o tres veces a la semana, visitaban el hospitalito y persuadían a presos saludables a que tomaran "drogas nuevas experimentales contra las enfermedades del trópico". Les pagaban a estos presos con cartones de cigarrillos. Los "tratamientos" duraban varios meses, y cuando alguno de ellos moría, la causa de muerte que se registraba era "fibrilación atrial" o "infarto del miocardio"; nunca mencionaban las drogas experimentales.[20]

En el Oso Blanco, los doctores convencieron a Héctor, un asistente en el hospitalito, de que se tomara unas pastillas nuevas para la bilharzia, aunque él no padecía de esa enfermedad. A los pocos días, Héctor comenzó a vomitar, sangraba al evacuar y se le inflamó el hígado; los dolores que padeció fueron insoportables. El gobernador le conmutó la sentencia y lo liberaron. A la semana de estar en casa, su madre lo encontró muerto.[21]

El experimento médico más radical fue revelado eventualmente en el seno de las Naciones Unidas y dado a conocer alrededor del mundo. Todavía lo rodea una espesa nube de misterio.

CAPÍTULO 21

Linchamiento atómico

A eso de las tres de la mañana del 1 de noviembre de 1950, mientras el mundo dormía, don Pedro Albizu Campos, presidente del Partido Nacionalista de Puerto Rico y líder de la revolución de 1950, era trasladado a la Princesa. Una docena de policías insulares rodearon el vehículo que lo transportó hasta el hospitalito, mientras otra docena de oficiales, todos armados con armas largas, controlaban el pasadizo hasta la puerta. En el silencio total de la madrugada, entraron al hombre por una puerta lateral, y la camioneta partió con las luces apagadas, tan rápida y tan calladamente que lo único que se oía eran los coquíes y las olas marinas del puerto de San Juan.[1]

Los oficiales dejaron a Albizu en una celda solitaria, especialmente equipada, y volvieron a sus deberes rutinarios. La celda, contigua a un cuarto cerrado con llave y no identificado, estaba contigua al hospitalito; tenía cuatro paredes sin ventanas ni ventilación, solo un cubo que servía de letrina. La pestilencia era fuerte e impregnaba todo el ambiente. Ahí permanecería don Pedro Albizu Campos por seis largos meses, sin visitas ni acceso a abogados, sin teléfono, sin instrumentos para escribir.[2]

A los pocos meses después de su llegada, a principios de 1951, unos rumores extraños comenzaron a circular por la prisión. Una "máquina mortal" diseñada e instalada por un científico loco —un médico estadounidense o, sabe Dios, por el mismo Josef Mengele, llegado de Argentina— tenía la capacidad de transmitir "rayos mortales" a través de las paredes de la Princesa y matar a los prisioneros mientras dormían en sus celdas. La idea parecía ridícula, pero el alcaide interrogaba intensamente a cualquiera que comentara algo sobre ello a los guardias penales y lo castigaba con solitaria por hacerlo.[3]

El juicio de don Pedro comenzó en agosto de 1951. Fue condenado el 15 de agosto y sentenciado a cadena perpetua el 29 de agosto.[4] Pero justo antes del juicio, antes de que viera a ningún abogado, y atrapado dentro de aquel asfixiante bloque de cemento, comenzaron a sucederle cosas raras.

El 18 de febrero, seis meses antes del juicio, unas luces extrañas de alguna manera penetraron las paredes de su celda. Vio claros listones multicolores de luz en todas las paredes, brillantes como la aurora boreal. A veces parecían una cascada de oro licuado.[5] Entonces, por primera vez en su vida, don Pedro perdió el conocimiento.

Cuando volvió en sí, tenía un dolor de cabeza insoportable y se sintió como quemado por el sol en todo su cuerpo. Al otro día las luces regresaron, y también el dolor de cabeza. Las luces nunca cesaron después de eso; solo variaba su intensidad. Aun cuando no había una luz visible, él podía sentir los rayos. Al cabo de una semana notó que con cada ola de radiación se le iban hinchando las piernas, las manos, la cabeza, y cualquier otra parte del cuerpo alcanzada durante solo cuatro minutos.[6]

Como estaba en total aislamiento, don Pedro no pudo comunicarle nada de esto a nadie. Tres meses después, cuando por fin le permitieron escribir, le envió una carta al alcaide de la Princesa, Juan S. Bravo, el 10 de mayo de 1951.[7] No recibió respuesta alguna. El 29 de mayo, ya había escrito cuatro cartas sobre el tema, ninguna de las cuales fue contestada.[8] En cambio, durante los días 12, 16, 19, 21 y 22 de mayo, cinco doctores diferentes y dos psiquiatras lo examinaron. Aunque notaron marcas de quemaduras y señales de hipertensión, las ignoraron y solo informaron de que Albizu sufría de "psicosis interpretativa de

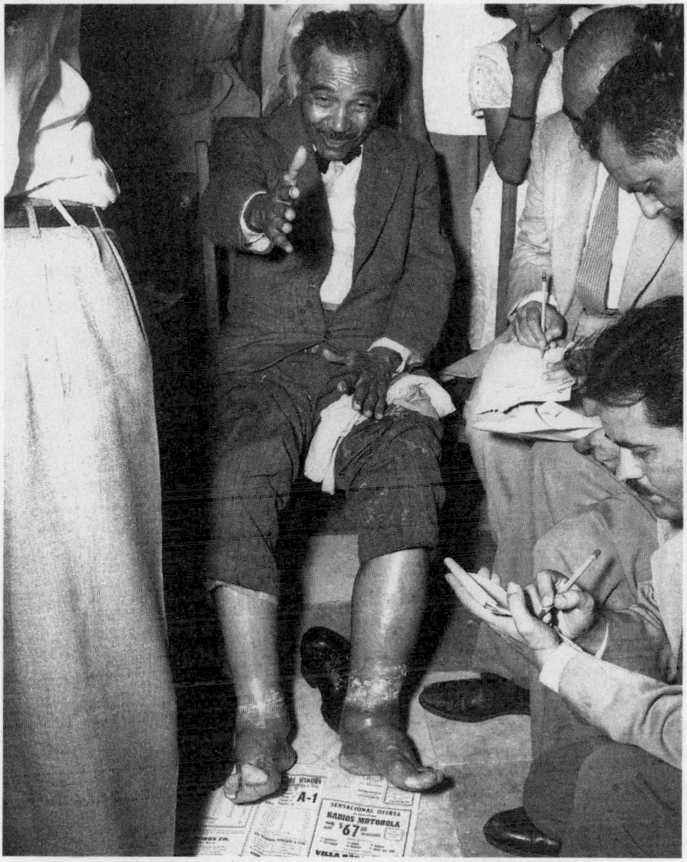

Pedro Albizu Campos muestra sus quemaduras y lesiones a la prensa

Los Papeles de Ruth M. Reynolds, Archivos de la Diáspora Puertorriqueña, Centro de Estudios Puertorriqueños, Hunter College, CUNY.

daños y peligro", "señales de paranoia"[9] y "alucinaciones de todos los cinco sentidos".[10] En efecto, lo declararon loco.

En un memorándum enviado al secretario de Justicia federal, J. Howard McGrath, al secretario de Interior, Oscar L. Chapman, al jefe del Servicio Secreto, U. E. Baugham, al Pentágono, al Tesoro federal y la Oficina de Inteligencia Naval, J. Edgar Hoover se jactó de que Albizu "se queja de que los americanos le están proyectando rayos cósmicos a la cabeza", de que "está siendo atacado por rayos luminosos que alega son parte de experimentos electrónicos del Ejército norteamericano", de "sentirse débil por causa de los rayos", y de "sufrir continuos dolores de cabeza".[11] Más tarde, en junio de 1951, Hoover escribió otro memo que incluía el record médico del doctor Troyano de los Ríos, el psiquiatra del Departamento Insular de Prisiones, en cuya evaluación "la causa de su paranoia es [...] su extrema urgencia de ser lo que no es, es su complejo de inferioridad".[12]

Hoover se olvida de mencionar en estos escritos que otros prisioneros estaban reportando la misma irradiación que Albizu. Por sugerencia del doctor, dos presos llamados Roberto Díaz y Juan Jaca Hernández fueron trasladados de manera temporal a la celda con Albziu, y casi inmediatamente comenzaron a quejarse de dolores de cabeza y quemaduras de radiación.[13] El alcaide Bravo intercambió otros prisioneros a la celda de Albizu, y estos también escribieron una carta el 7 de junio de 1951 quejándose de "rayos electrónicos", "rayos oscuros" y "emanaciones blancas" que les quemaban el pecho, la barriga y los tobillos.[14] Tres mujeres recluidas en la Princesa —Ruth Reynolds, Doris Torresola y Carmín Pérez— también reportaron zumbido de motores, vibraciones y choques eléctricos dirigidos a sus cabezas mientras dormían.[15]

Ya para octubre de 1951, a don Pedro le permitieron visitas limitadas: una visita de media hora cada dos semanas. Sus visitantes casi siempre eran su hermana, Ana María Campos, su abogado, Juan Hernández Valle, o algún amigo de la familia. Unos meses más tarde, a pesar de todos los esfuerzos del alcaide Bravo para suprimir la historia, esta explotó por toda Latinoamérica.

Un artículo en *El Mundo*, que llevó el titular "Albizu Campos alega que le están lanzando rayos", informó que su presión arterial se había elevado a 220/120,[16] que casi no podía caminar,[17] y que estaba sufriendo "torturas atómicas".[18] *El Imparcial* reportó que los pies, el pecho y el estómago de Albizu estaban severamente inflamados y que los músculos del cuello estaban infectados.[19]

En Argentina, la revista *Verdad* puso a don Pedro en su portada con el titular "El linchamiento atómico de un mártir por la libertad" e informó de que "el apóstol de la libertad puertorriqueña está siendo lentamente asesinado en prisión por medio de rayos electrónicos".[20] En

México, la revista *Correo Indoamericano* acusó: "Usan rayos fatales contra Albizu Campos".[21] El diario *Tiempo Cubano* informó de que Albizu era la víctima de un plan científico para inducirle derrame cerebral, colapso cardiaco, o ambos, y que estos ataques le producían quemaduras visibles en las extremidades, inflamación de la cara y atragantamiento de la garganta. El artículo concluyó dramáticamente, "Dios sabe que esto es un linchamiento a la altura de era atómica".[22]

Al periodista Teófilo Maldonado le permitieron visitar a don Pedro el 23 de septiembre de 1953.[23] En otra ocasión un periodista cubano llamado Vicente Cubillas también recibió permiso para visitarlo; escribió su detallado testimonio visual:

> "Se cubre la cabeza con dos toallas mojadas; su cuello descansa sobre una bolsa de hielo, y se lo cubre con otra bolsa de agua fría. Sobre su corazón se coloca dos pañuelos empapados de agua helada y con dos cobijas húmedas se cubre la barriga y las piernas. Su colchón y sus sábanas también están empapados de agua. Se embadurna el cuerpo con crema para la piel y pomada Pomedero.
>
> El ataque electrónico es deslumbrante y abrasador, y lo único que puede hacer para protegerse es taparse con toallas y sábanas mojadas en agua helada."[24]

Debido a la creciente preocupación en toda Hispanoamérica, el gobierno cubano solicitó que trasladaran a don Pedro de la Princesa. El 28 de mayo de 1951 la Cámara de Representantes de Cuba pasó una resolución que declaraba: "Tomando en consideración el grave estado de salud del patriota puertorriqueño doctor Pedro Albizu Campos, DECLARAMOS [que] se obtenga la libertad condicional del DOCTOR PEDRO ALBIZU CAMPOS, y que sea trasladado a la República de Cuba para atender a su curación".[25]

El 19 de diciembre de 1952, una petición registrada a nombre de don Pedro en la Asamblea General de las Naciones Unidas denunció su tortura en la cárcel la Princesa y exigió su extradición a cualquier territorio fuera de Estados Unidos.[26] Esta petición iba apoyada del testimonio personal del doctor Frédéric Joliot-Curie, ganador del Premio Nobel de Química por descubrir la "radiactividad artificial", que la tecnología para "irradiar totalmente el cuerpo humano" ya existía y que estos ataques eran totalmente posibles.[27] Tras la evaluación de dicha petición por el FBI, el secretario federal de Interior, el Departamento de Justicia, el Servicio Secreto y las agencias de inteligencia del Ejército norteamericano, la misma fue denegada.[28]

En 1953, el Congreso Internacional de Escritores José Martí envió una carta al presidente Dwight D. Eisenhower a favor de Albizu y los prisioneros nacionalistas. Veintiocho prominentes escritores, periodistas e intelectuales de once países distintos la firmaron. Esta carta fue totalmente ignorada.[29] Más tarde ese mismo año, el doctor Orlando Daumy, presidente de la Asociación Cubana del Cáncer, examinó a don Pedro, y confirmó que (1) sus llagas eran el producto de quemaduras por radiación; (2) sus síntomas correspondían a los de una persona que había sido irradiada intensamente; y (3) que cubrirse lo más posible con toallas mojadas había sido la mejor manera de aminorar la intensidad de la radiación.[30]

Como resultado de toda esta presión internacional, don Pedro fue brevemente liberado de la Princesa desde el 30 de septiembre de 1953 hasta el 6 de marzo de 1954.[31] En noviembre de 1953, Carmín Pérez, Doris Torresola e Isabel Rosado Morales vinieron a su casa en calle Sol número 156 (la misma donde fue arrestado en 1950) y fueron testigos presenciales de un fenómeno fisiológico alarmante. Se le acercaron a don Pedro con un contador Geiger que registró de 4 a 9 pulsaciones por minuto en cuanto entraron a su habitación y 14 pulsaciones cuando estuvieron a su lado. Al colocarle el artefacto al lado del cuerpo, la aguja comenzó a saltar sin control y el aparato se descompuso por completo.[32]

Los informes del FBI le llegaron directos a J. Edgar Hoover, y reconocían que "Albizu está físicamente incapacitado por la hinchazón de su cuerpo", que tenía "manchas azulosas por todo el cuerpo", "fiebre y dolor", "alta presión arterial", "dolores de cabeza y piernas hinchadas", que "su salud es tan mala que apenas puede caminar", y que "está muy enfermo y le queda poco tiempo de vida" y "tal vez no se pueda recuperar de su actual enfermedad".[33]

A pesar de todo esto, no se hizo nada para mejorar la condición médica de Albizu Campos. Estados Unidos se pasaba enviando equipos de psiquiatras a su celda, todos los cuales lo declaraban loco.[34] Él mismo solicitó que lo examinara un radiólogo o un físico nuclear, pero fue en vano.[35] Una y otra vez, afirmó que la radiación tenía como propósito inducirle un fallo cardiaco o un derrame cerebral.[36] En diciembre de 1952, le informó a la Organización de Estados Americanos que esperaba sufrir un infarto o una hemorragia cerebral.[37]

Y eso, precisamente, fue lo que sucedió. En una admisión asombrosa, un informe interno del FBI declara que Albizu sufrió una trombosis cerebral en prisión el 27 de marzo de 1956, y fue trasladado al Hospital Presbiteriano el 29 de marzo. En otras palabras, después de sufrir un severo derrame, don Pedro no recibió atención médica por dos días enteros.[38] El resultado era predecible: por el resto de su vida, don Pedro tuvo el lado derecho del cuerpo paralizado. Y jamás pudo volver a hablar.[39]

Albizu Campos quedó silenciado para siempre.

CAPÍTULO 22

Ciencia rara en Puerto Rico

Hay mucho en juego al determinar si el gobierno de Estados Unidos "irradió" a Pedro Albizu Campos o no. Si no lo hizo, entonces uno podría concluir que él en efecto estaba loco, lo que le daría sustancia a la lógica del gobierno americano: que nadie en su sano juicio optaría por la independencia de Puerto Rico. Si, por el contrario, Albizu en efecto fue irradiado, entonces concluimos que el gobierno americano actuó con un salvajismo científico al usar la física y la matemática con el propósito de asesinar a sus prisioneros indefensos al quemarlos dentro de sus propias celdas.

Una determinación definitiva e irrefutable de la acusación de Albizu es imposible, puesto que el gobierno estadounidense mantuvo completo dominio sobre el cuerpo de Albizu y controló todo acceso a él, además de que los informes del FBI encerraron los únicos documentos sobre ese cuerpo. Pero a pesar de estas limitaciones, un análisis razonable todavía es posible, sobre todo, dado que los hechos comenzaron a conocerse en la década de1980.

En noviembre de 1986, el congresista Edward Markey sometió un informe al Comité Congresional sobre Energía y Comercio. Titulado

"Conejillos de Indias americanos: tres décadas de experimentos de irradiación en ciudadanos estadounidenses", abarcó 695 casos de personas expuestas a la irradiación en 31 experimentos auspiciados por el Ejército de Estados Unidos y la Comisión Estadounidense de Energía Nuclear, algunos en las década de 1940 y 1950. En muchos de los casos, el gobierno encubrió la naturaleza de los experimentos cuando los sujetos fallecieron.[1]

Estas víctimas incluyeron 131 prisioneros de cárceles estatales en los estados de Oregon y Washington cuyos testículos fueron irradiados con rayos X durante un estudio de diez años entre 1963 y 1973. Los niveles alcanzaron 600 roentgens por cada exposición, en intervalos de dos semanas, a pesar de que el nivel "seguro" de exposición testicular es solo de 5 roentgens al año. En otros estudios médicos realizados durante 1943 y 1944, la gente se sometía a irradiación corporal total (TBI) sin previo conocimiento en cuanto a los posibles daños causados por los rayos X.[2] Este fue solo el comienzo.

En agosto de 1995, el Departamento Federal de Energía dejó caer una verdadera bomba al anunciar que los experimentos auspiciados por el gobierno federal habían involucrado a veinte mil hombres, mujeres y niños entre la Segunda Guerra Mundial y mediados de la década de 1970.[3] Unos 435 experimentos confirmados utilizaron a niños, a pacientes mentales, a discapacitados mentales y a prisioneros penales. En muchos de los casos, estos individuos fueron expuestos a irradiaciones letales y luego fallecían.[4] En doce experimentos secretos de la Guerra Fría, investigadores de las bombas nucleares liberaron miles de veces la radiación que se consideraría segura hoy día.[5] En los peores casos, los experimentos se le mantuvieron ocultos al público y a las mismas víctimas para "evitarle riesgos legales o situaciones embarazosas al gobierno."[6] Para un estudio bastante cínico, a unos niños mentalmente incapacitados del estado de Massachusetts se les dijo que estaban ingresando a un club de ciencias pero en realidad les estuvieron poniendo material radiactivo en su cereal durante unos diez años (1946-1956).[7]

Toda esta exposición, combinada con el más agresivo periodismo, forzó al Departamento Federal de Energía a pagar 4,8 millones de dólares a familiares desconsolados en "un esfuerzo por compensar en algo por los muchos experimentos antiéticos de irradiación que los médicos, científicos y oficiales militares del gobierno americano llevaron a cabo en veinte mil personas entre 1944 y 1974".[8]

El caso a favor de Albizu

No es totalmente seguro, pero sí es muy posible que Albizu Campos haya sido uno de los veinte mil ciudadanos sometidos a experimentos de irradiación. No es totalmente seguro, pero sí es muy posible que Albizu haya sufrido TBI por espacio de cinco años. Los informes del FBI frecuentemente mencionaban los aparentes efectos físicos. No hay duda alguna de que don Pedro manifestó:

- Las piernas hinchadas
- Llagas en las piernas, brazos y torso
- Manchas azulosas en la piel
- Hinchazón de la cara y el cuello
- Piel escamosa en las manos y los pies
- Alta presión arterial (220/110)

Estas condiciones persistieron durante todo su encarcelamiento, desde 1951 hasta su derrame cerebral en marzo de 1956.[9] Además, Albizu se quejaba de continuos dolores de cabeza que se intensificaban inmediatamente después de las alegadas irradiaciones.[10]

Un radiograma del FBI enviado el 21 de enero de 1954 directamente a J. Edgar Hoover afirmó que "Un médico cubano visitó a Albizu en noviembre de 1953 y al regresar a Cuba informó que piensa declarar sobre el caso de Albizu ante el próximo congreso de médicos. La identidad de este médico es desconocida". El mismo radiograma continúa diciendo que "... una muestra de material de una ampolla de la pierna del sujeto [Albizu] se le mostró a un médico mexicano, quien afirmó que no había duda alguna de que esta había sido producto de algún tipo de emanación radiactiva o electrónica". Y concluye que "Se le ha pedido a [las oficinas del FBI en] Nueva York y Chicago que obtengan de sus informantes cualquier información de médicos cubanos o mexicanos que hayan estado en contacto con el sujeto".[11] Al fondo del radiograma había escrita una directriz de Hoover: "Si la inteligencia contenida en el pasaje descrito arriba se distribuye fuera del Negociado, se sugiere que sea apropiadamente parafraseada".

Otro radiograma del FBI instruía a esas mismas oficinas a "proveer cualquier información disponible sobre la identidad de alegados 'grupos de peritos' y provean los planes de médicos o peritos que vayan a visitar a Albizu en Puerto Rico".[12] De este modo, en vez de intentar identificar las causas orgánicas de la enfermedad de Albizu, el gobierno estadounidense instituyó la continua vigilancia clandestina de cualquier científico que intentara por su cuenta diagnosticar su condición. Esta vigilancia alcanzó proporciones épicas con el doctor Nacine Hanoka.

Un memo dirigido a J. Edgar Hoover dice: "El sujeto [Albizu] está buscando ayuda médica de doctores que alegadamente son expertos en radiación". El memo indica que entre la correspondencia interceptada en casa de Albizu había una carta de un tal doctor Hanoka de Miami Beach, Florida. El memo concluye con una directriz: "Se le instruye a la oficina de Miami que identifique al tal DR. HANOKA, que confirme si este ha viajado a Puerto Rico desde 30/9/53 y provea cualquier información acerca de él".[13]

El FBI entonces desató una espectacular investigación del doctor Hanoka. Un rastreo por los archivos de los Departamentos de Policía de Miami Beach, Miami, la Oficina del Alguacil del Condado de Dade y la Corte Municipal de Miami no produjo ninguna historial delictiva de su parte. Una investigación del Negociado de Crédito mostró que sus ingresos no pasaban de 8.000 dólares anuales, o sea, unos 71.000 dólares actuales. Una petición informativa reveló que Hanoka vivía en la sección de Washington Heights de la ciudad de Nueva York, y que tenía una dirección de invierno en la avenida Collins número 42 de Miami.

La investigación se extendió a Kansas City y Chicago, produciendo el dato de que un tal doctor N. Hanoka había residido en la avenida South Kedzie número 215, luego en la calle 42 Oeste de Nueva York antes de mudarse a Dogan Place número 12. Los archivos del Servicio de Inmigración y Naturalización mostraron que, en relación con la petición #148314, Nacine Samuel Hanoka también había vivido en la calle 117 con Oeste número 65, y que había nacido en Turquía el 6 de enero (Día de Reyes) de 1886.[14] Otra búsqueda de su historial de crédito reveló que el doctor Hanoka no había vivido en el número 300 sino en el 340 de la calle 42 Oeste. Una carta del inspector jefe de la División Legal del Servicio de Inmigración y Naturalización y la Oficina del Comisionado de Inmigración de Ellis Island requería información sobre un tal doctor Nacine Hanoka, "alegado comunista".[15] Un perfil del doctor eventualmente reveló que era blanco, delgado, medio calvo, de cutis curtido, ojos marrones y cabello negro encanecido. Su estatura era de 5 pies con 9 pulgadas, pesaba 150 libras y usaba espejuelos a tiempo parcial. Era un conversador inteligente, lo cual indicaba sus extensos viajes, y era un dentista retirado que alegaba haber tratado a Pandit Nehru. Su única peculiaridad era ser vegetariano.[16]

Esta mánica investigación del doctor Hanoka fue una colosal pérdida de energía y dinero de los contribuyentes. Claramente indica los esfuerzos del gobierno por bloquear el acceso a Albizu Campos, especialmente de médicos que intentaban diagnosticar su condición.

A principios de 1951, entró otro médico en escena: en febrero o marzo, el doctor Marshall Brucer, director de la división médica del Instituto Oak Ridge para Estudios Nucleares, visitó Puerto Rico. Se reunió con varios agricultores y con administradores de la Universidad de Puerto Rico para comenzar un estudio sobre las plantaciones de café puertorriqueñas.[17] El record liberado de Albizu Campos no dice explícitamente la fecha de la visita del doctor Brucer a la isla, pero luego se confirmó que esta coincide exactamente con el primer informe de Albizu sobre irradiaciones en su celda.

El instituto del doctor Brucer fue la primera instalación en Estados Unidos dedicada a construir y operar cámaras de TBI (irradiación corporal total). Construyó el primer irradiador de mediana exposición (METBI) y la primera cámara de irradiación corporal de baja exposición (LETBI) y los utilizó para irradiar a más de doscientas personas durante un periodo de quince años.[18] El Ejército de Estados Unidos y la Administración Nacional de Aureonáutica Espacial (NASA) proveyeron el extenso financiamiento para que el Instituto de Brucer estudiara los efectos de la administración de radiación en sujetos humanos de nivel sencilla, repetida y a largo plazo. Estos estudios utilizaron las cámaras METBI y LETBI para esos propósitos.[19] El instituto también administró las tres pruebas de campo de guerrilla radiológica para el Departamento de Defensa.[20]

En este enjambre de casualidades —documentos del FBI desaparecidos y cámaras de irradiación corporal— se dio otra notable coincidencia. A principios de la década de 1950, la Agencia de Armas Especiales del Departamento Federal de la Defensa le otorgó al Instituto Sloan-Kettering de Nueva York un contrato multimillonario para estudiar el síndrome de posradiación en seres humanos.[21] Desde 1945 hasta 1959 el director del Instituto Sloan-Kettering fue nada menos que el doctor Cornelius P. Rhoads, quien también era consultor de la Comisión de Energía Nuclear de Estados Unidos.[22] El nombre de Rhoads sale en los documentos contractuales de este estudio del síndrome de posradiación.[23] Tal y como lo discutimos anteriormente en este libro, Albizu había sido el que logró sacar a Rhoads de Puerto Rico, después que Rhoads escribió su famosa carta sobre haber "matado a ocho puertorriqueños" y "transplantado cáncer en ocho puertorriqueños más".

Finalmente, en términos de médicos y cuidado de su salud, el hecho de que Albizu haya sufrido un grave derrame cerebral y se le haya negado atención médica por dos días completos dice tomos enteros sobre el ambiente hostil en que se encontraba encarcelado. Una gran cantidad de evidencia, tanto directa como circunstancial, apoya el reclamo de Albizu Campos de que fue sometido a irradiación corporal total. Miremos ahora los argumentos del gobierno americano en su contra.

El caso contra Albizu

Albizu Campos alega que lo están "irradiando". Por lo tanto está loco.

Esa es la totalidad de la posición del gobierno federal.

Estados Unidos no investigó el asunto ni proveyó un radiólogo ni un físico nuclear para examinar a Albizu. Por el contrario, azuzó los sabuesos del FBI en contra de cualquier médico que intentara averiguar algo sobre su salud o tan siquiera le enviara una carta. Durante cinco años una caravana, de psiquiatras bien pagados hizo la única evaluación oficial. No le hicieron prueba científica alguna ni proporcionaron respuestas coherentes sobre las quemaduras y lesiones que le cubrían el cuerpo a don Pedro, los cuales periodistas de todo el hemisferio occidental presenciaron, fotografiaron y reportaron. El gobierno de Estados

Unidos simplemente negó la evidencia física y se limitó a declarar que Albizu Campos estaba loco.

ꟹ

En 1994, la reportera Eileen Welsome, de *The Albuquerque Tribune*, ganó el Premio Pulitzer de Reportajes Nacionales por su exposición extensa de los experimentos de irradiación realizados por el gobierno federal desde 1944 hasta 1974. Luego publicó un libro titulado *Los archivos de plutonio*, en el cual concluyó que:

- El gobierno de Estados Unidos realizó cientos de experimentos secretos de irradiación de sus propios ciudadanos.
- Miles de estadounidenses fueron utilizados como conejillos de Indias en estos experimentos de irradiación financiados por el gobierno federal.
- Los experimentos de irradiación revelaron un intento deliberado y una disposición de infligir daño.
- Los procedimientos de la irradiación corporal total (TBI) causaron intenso sufrimiento y muertes prematuras.
- Una telaraña de engaños y negaciones ayudaron a que los experimentos continuaran a lo largo de varias décadas.[24]

Treinta y cinco años después de la muerte de Albizu Campos, su expediente del FBI vio la luz pública, y le quitó el velo de secretismo. La evidencia física indica abrumadoramente que Albizu cayó atrapado en aquella perversa red de engaño y negación y que fue irradiado durante un periodo muy extenso. No se ha presentado ninguna evidencia contraria, ni en los archivos del FBI ni en los archivos médicos, ni en ninguna parte. Es difícil no llegar a la conclusión de que don Pedro Albizu Campos fue uno de los veinte mil ciudadanos estadounidenses tratados como ratas de laboratorio. En el caso de don Pedro, fue lo que finalmente lo mató.[25] Y como reclamó un titular de prensa:

PIDEN INVESTIGAR LA MUERTE DE ALBIZU CAMPOS

CAPÍTULO 23

El Rey de las Toallas

En junio de 1951, la Princesa estaba desbordándose otra vez. Una segunda ola de nacionalistas la inundó según se fueron completando sus juicios y sentencias. Pedro Albizu Campos y sobre cincuenta patriotas más recibieron condenas de cadena perpetua.[1] Algunos recibieron sentencias de cuatrocientos años;[2] las sentencias impuestas en toda la isla sumaron más de dieciséis mil años.[3] Una primera plana apareció en el *Daily Worker*: "Albizu Campos encarcelado por orden de Wall Street".[4]

Como prisioneros políticos, los nacionalistas eran tratados con suma dureza. Cada vez que llegaba un grupo grande, más de cien soldados de escolta y guardias nacionales formaban un corredor armado para ingresarlos a la prisión. Les apuntaban con rifles y ametralladoras en la cara y los rodeaban de perros furiosos. Entonces los metían en cuartos cuyos pisos estaban cubiertos de agua sucia y los mandaban a desnudarse.

Según los nacionalistas se iban quitando la ropa, los guardias la agarraban, la registraban y la lanzaban al piso mojado. Entonces les ordenaban que se pusieran la misma ropa sucia y mojada. En esta condición eran procesados, "tocaban el piano" (les tomaban las huellas digitales) y se les asignaba a una de las galeras.

Construidas para grupos de cien prisioneros, las galeras estaban atestadas con cuatro veces su capacidad. No había momentos ni facilidades para hacer ejercicio. No les daban ropa de cama ni se les permitía privacidad alguna. A nadie se le permitía estar solo, ni siquiera para dormir. Esposas filosas le cortaban la piel hasta que las manos se les hinchaban y se adormecían. Les servían arroz y habichuelas todos los días. Por las noches miles de hormigas y chinches les mordían el cuerpo. Se les confiscaban los relojes; no les permitían recibir cartas, periódicos ni contacto con el mundo exterior. Al que se atreviera pedir ver a un abogado se le encerraba en confinamiento solitario.

Los líderes nacionalistas estaban todos en solitaria hasta que el alcaide decidía que ya no representaban una amenaza. Albizu Campos estaba metido en un calabozo especial al final de un oscuro pasillo. Los prisioneros de las celdas adyacentes cambiaban todas las semanas; todos se comportaban de manera muy extraña; él estaba seguro de que le espiaban continuamente, y que lo acosaban para volverlo loco.[5]

A su izquierda, el preso llamado Cano lucía tatuajes de la flora y la fauna africanas: elefantes y leones, monos y aves raras con enormes picos. Tenía un inmenso ojo humano dibujado en la base de su garganta. Cano lo llamaba "el ojo de la Policía".

A su derecha, el preso Eliezer se pasaba arañando la pared día y noche, imaginándose que su madre se estaba muriendo en la celda contigua (la de Albizu). Le sangraban los dedos, desgastados hasta el hueso.

A don Pedro se le cayó un diente. Estaba desarrollando escorbuto; le sangraban las encías; sus piernas se tornaron púrpuras y negras. Como no había ventana ni ventilación alguna, su propia temperatura corporal y su respiración elevaban el calor de su diminuta celda a 95 grados Fahrenheit. Se cubría con toallas húmedas y caminaba a lo largo de su celda, cinco pasos para adelante y cinco para atrás. La vida lo había convertido en un péndulo. Todo había sido matemáticamente calculado.

Uno, dos, tres, cuatro, cinco... y vuelta...

Tenía que seguir moviéndose —mantener el flujo de su sangre, llenar de aire los pulmones e hidratar sus coyunturas— para evitar que su cuerpo colapsara.

Uno, dos, tres, cuatro, cinco... y vuelta…

Sentía que era probable que nunca saliese vivo de allí. Recordaba los atardeceres ponceños, la sonrisa de la vieja tía Rosa, las calles alumbradas con faroles de aceite y el sereno que anunciaba la hora y que todo estaba bien. Recordaba tantos rostros, voces, llantos, murmullos... y a todos les fue diciendo adiós.

Uno, dos, tres, cuatro, cinco... y vuelta…

Recordó una lucecita verde en la otra orilla del río Bucaná. La contempló muchas veces durante su niñez, desde la vasta oscuridad lejos del pueblo. La luz relampagueante le había dado esperanza, un sentimiento de que si él corría más rápido o estiraba más sus brazos, siempre habría un sueño grandioso para él, tan cerca que sería imposible no alcanzarlo.

Uno, dos, tres, cuatro, cinco... y vuelta…

Escuchó una voz de pronto, un llanto angustioso y desesperado dentro de su celda. ¿Qué podría ser el llanto aquel? ¿El final triste de su sueño? ¿Habría salido el llanto de sí mismo? Sonaba como un hombre a quien torturan y que se está volviendo loco: enloquecer era tan fácil en las celdas, donde no pasaba nada, nunca.

Uno, dos, tres, cuatro, cinco... y vuelta…

Su rostro se oscureció, y su piel comenzó a despellejarse. La cabeza se le hinchó. Le salieron úlceras en las piernas. Verrugas oscuras y azulosas le cubrieron los brazos, los muslos y el escroto. Don Pedro se estaba pudriendo en vida.

Uno, dos, tres, cuatro, cinco... y vuelta…

Sabía lo que sus carceleros les estaban haciendo a los demás nacionalistas: dándole de comer gusanos, sepultándolos de las voraces chinches, manteniéndolos de pie por horas y horas, privándolos del sueño por días consecutivos, interrogándolos en cuartuchos con pisos ensangrentados, arrestando a sus amigos y amenazando familiares, todo en nombre de la libertad y la democracia.

Uno, dos, tres, cuatro, cinco... y vuelta…

La Princesa los estaba matando a todos, poco a poco, convirtiendo sus espíritus en ceniza y excrementos. Los más altos niveles de la ciencia y los más bajos niveles de gobierno se habían juntado para crear un monstruo… que te robaba tu juventud, tu salud y tu humanidad. Te robaba tu casa, tu tierra y tu cuerpo y, finalmente, tu mente. Era un cáncer maligno.

Uno, dos, tres, cuatro, cinco... y vuelta…

El cáncer te ataba una soga al cuello y te secuestraba, desde tu nacimiento hasta el ataúd que te vendía en sobreprecio para tu sepultura. Aquel cáncer se nutría de riqueza; la creada por los demás, por los pobres, por los desposeídos de su tierra, los sudorosos, los grasientos, los abrasados por la fiebre, los cegados por su física miseria, los hombres tumbados de presentes, con su pasado rodeado por alambre de púas, y su futuro poseído y manejado por el cáncer.

Uno, dos, tres, cuatro, cinco... y vuelta…

Ellos lo habían hecho un muerto en vida, un fantasma solitario que balbuceaba unas verdades que nadie más escucharía. Don Pedro había aprendido a aceptar su realidad. Sabía que la gente moría cada día, exprimidos hasta quedarse en nada, huecos por dentro, y entonces rellenados con el cáncer.

Uno, dos, tres, cuatro, cinco... y vuelta…

Ya no tenía propiedades, profesión, futuro… nada —solo le quedaban 4 centímetros cúbicos dentro de su propio cráneo—, pero el cáncer y sus operadores también querían eso. Y si no lograban poseerlo, lo destruirían con precisión quirúrgica y científico salvajismo.

Uno, dos, tres, cuatro, cinco... y vuelta…

Parecía ser que poseer a un hombre nada más te hacía un canalla, pero poseer a una nación entera te hacía un benefactor colonial. El aire se volvió más espeso. Comenzó a llover. Y si lloviera cuarenta días y cuarenta noches, se preguntó, ¿caería suficiente lluvia para lavar de una vez y por todas los pecados de los hombres?

Uno, dos, tres, cuatro, cinco... y vuelta…

Afuera rugía una tormenta. Los mosquitos invadieron la celda y le mordieron todo el cuello, como si la lluvia fuera su culpa. Una rata ascendió por la pared y se largó de la celda, llevándole a alguien un mensaje urgente. No, don Pedro nunca saldría de esta jaula. La crearon especialmente para el, en el momento de su nacer —y si un dia saliese de allí, sería en pedacitos, de poquito en poquito— en la boca de las ratas que lo mordían, y los insectos chupando su sangre.

Uno, dos, tres, cuatro, cinco... y vuelta...

Había caminado por la vida con una revolución en su cabeza, una visión de hombres, mujeres y una isla que vivían en la paz de un Jardín del Edén donde no había cáncer. Pero la visión agonizaba en el holocausto de una ciencia rara. Ardía en un infierno montado por humanos.

Uno, dos, tres, cuatro, cinco... y vuelta...

Era imposible fundar una civilización sobre el temor, el odio y la crueldad. Tal civilización no duraría, no tendría vitalidad alguna; se desintegraría. Se mataría a sí misma.

Al matar a Pedro Albizu Campos se mataban ellos mismos, aunque eran demasiado jóvenes para saberlo. La lección tendría que envejecer y madurar, como un buen vino en una bodega olvidada.

Uno, dos, tres, cuatro, cinco... y vuelta...

Cada pasito lo acercaba más a su final preacordado. En los últimos días, en los momentos finales, jamás traicionó su sueño. Lo llevó con dignidad, lo proclamó con todo el corazón, lo protegió con sus toallas mojadas.

El gobierno lo había llamado terrorista. Los médicos lo declararon loco. Los guardias penales se le rieron en la cara y le llamaron el Rey de las Toallas.

Uno, dos, tres, cuatro, cinco... y vuelta...

El gobierno se equivocó. Pedro Albizu Campos fue la consciencia de su pueblo. Mataron su cuerpo pero se olvidaron de su voz, y ahora esa voz retumba más allá de todas las fronteras, desde el siglo que pasó al siglo que viene: Albizu era el paladín de la libertad.

Un profeta.

Una luz resplandorosa.

Un soldado caído en la guerra contra todos los puertorriqueños.

Epílogo

El 11 de diciembre de 1964, poco antes de la muerte de don Pedro Albizu Campos, Ernesto *Che* Guevara habló en su nombre ante la Asamblea General de las Naciones Unidas. Dijo que "Albizu Campos es un símbolo de la todavía no libertada pero indomable América Latina. Ni los años de años de encarcelamiento, ni las increíbles presiones de la prisión, las torturas mentales, la soledad, la separación de su pueblo y su familia, ni la insolencia del invasor y sus lacayos en la misma tierra que lo vio nacer..., nada de esto quebró su voluntad".[1]

Albizu Campos falleció el 21 de abril de 1965. Su familia recibió cientos de telegramas, cablegramas y cartas de todos los confines del mundo. Tanto el Senado como la Cámara de Representantes de Puerto Rico lo conmemoraron, y el Parlamento venezolano observó cinco minutos de silencio en su memoria. Oficiales del gobierno, periodistas y amigos de todas las naciones latinoamericanas se desplazaron a San Juan a asistir a su sepelio. Durante tres días antes del funeral, más de cien mil personas pasaron por su ataúd abierto, y setenta y cinco mil personas llevaron una cinta negra en el brazo como señal de luto.[2]

La vida, tortura y muerte de Albizu Campos fueron el resultado directo, casi inevitable de la política extranjera de Estados Unidos y de un defecto persistente en el carácter de los norteamericanos. El cadáver maltrecho de Albizu lanza un fuerte reflector sobre las grietas que cursan a través de esa psiquis nacional.

Hace mucho tiempo que esas grietas son aparentes. Siglos de esclavitud negra y genocidio de los nativos indios americanos contradicen la dudosa afirmación: "Todos los hombres son creados iguales". Después de anexionar casi todo el territorio mexicano a Estados Unidos, Teodoro Roosevelt declaró sin ambages: "Era inevitable y, en el sentido más excelso, deseable que, por el bien de la humanidad en general, los norteamericanos hayan desplazado a los mexicanos. No era aceptable pensar que los texanos iban a someterse al dominio de una raza inferior".[3] Al aplicar esta filosofía de "una raza inferior" a la América Latina, Roosevelt añadió: "Es el Destino Manifiesto que una nación posea las islas que bordean sus playas [...] Si alguna nación suramericana se porta mal, se le debe castigar".[4]

Igual que la doctrina del Imperio británico sobre "la carga obligatoria del hombre blanco" de gobernar a las razas inferiores, la idea americana de un Destino Manifiesto se basaba en la creencia en la superioridad de la raza anglosajona y su derecho a regir los destinos de todo el hemisferio occidental. El presidente William Howard Taft cándidamente proclamó ese derecho en 1912: "Todo el hemisferio será nuestro, tanto por razón de nuestra superioridad racial, como ya es nuestro moralmente."[5] Este debate llegó a unos niveles ridículos en el hemiciclo del Senado federal cuando, en abril de 1900, un legislador advirtió que los puertorriqueños eran salvajes y "hostiles al cristianismo", "incapaces de gobernarse a sí mismos" y "adictos a la cacería de cabezas y al canibalismo".[6] Tan tarde como en 1940, la revista *Scribner's Commentator* afirmó: "Todos los puertorriqueños carecen de moral, por eso a ninguno le molesta vivir en la peor depravación moral". Por supuesto, este sentido americano de superioridad moral sirvió de preludio al saqueo que se dio.

En 1912 la Compañía de Bananos Cayumel (de origen norteamericano) orquestó la invasión militar de Honduras y la exportación libre de impuestos de toda la cosecha de bananos. A la altura de 1928 la United

Fruit (también norteamericana) poseía sobre 200.000 hectáreas de la mejor tierra de cultivo colombiana. En diciembre de ese mismo año, sus oficiales terminaron brutalmente una huelga de obreros con lo que se llamó luego la masacre de los Bananos, la matanza de mil hombres, mujeres y niños. Para 1930, la United Fruit era la dueña de más de 1 millón de hectáreas en Guatemala, Honduras, Colombia, Panamá, Nicaragua, Costa Rica, México y Cuba. En 1950, la United Fruit controlaba el 50 por ciento de toda la tierra privada de Honduras. En 1942, poseía 75 por ciento de toda la tierra privada de Guatemala, además de casi todas las carreteras de Guatemala, sus centrales de energía eléctrica y líneas telefónicas, su único puerto en el Pacífico y todas las vías ferroviarias. Hacia 1950, los bancos estadounidenses poseían más de la mitad de la tierra cultivable de Puerto Rico más el sistema insular de correos, todo el ferrocarril y el aeropuerto internacional de San Juan. El Pentágono controlaba otro 13 por ciento de la isla.

Durante todo el siglo XX, Estados Unidos instaló regímenes totalitarios en Latinoamérica que protegían sus intereses con el apoyo de las milicias locales. Con su política de "buena vecindad", en realidad lo que hizo fue apoyar a los peores dictadores: a Rafael Leónidas Trujillo en la República Dominicana, Juan Vicente Gómez en Venezuela, Jorge Ubico en Guatemala, Tiburcio Carias en Honduras, Fulgencio Batista en Cuba, Augusto Pinochet en Chile y la dinastía Somoza en Nicaragua. El gobierno estadounidense financió todos esos regímenes y proveyó apoyo militar siempre que fue necesario. Cualquier protesta o discusión de la soberanía nacional fue vista como "rebelión" y aplastada sanguinariamente, no para defender la "democracia" ni la "civilización sino para garantizar el beneficio de los intereses creados.

El general Smedley Butler confirmó esta práctica con chocante claridad y detalle en un artículo de 1935, "Yo fui un gánster para el capitalismo": "Ayudé a violar media docena de repúblicas centroamericanas por el beneficio de Wall Street. Ayudé a purificar a Nicaragua para la casa bancaria internacional Brown Brothers de 1909 a 1912. Ayudé a pacificar a México en 1914 para los intereses petroleros americanos.

Eduqué a la República Dominicana para proteger nuestros intereses azucareros en 1916".[7]

Este "excepcionalismo" americano —el sentido de superioridad racial y destino nacional— apoyó psíquicamente el saqueo internacional. En el caso de Puerto Rico, el primer gobernador civil, Charles Herbert Allen, vio las oportunidades para la explotación inmediata: "Con el capital americano y las energías americanas, la labor de los nativos puede ser utilizada para el beneficio duradero de todas las partes [...] Se necesita introducir sangre nueva".[8] Justificado por el Destino Manifiesto, Allen renunció a la gobernación y asumió control sobre toda la economía de Puerto Rico mediante una compañía que eventualmente se conoció como Domino Sugar.

El excepcionalismo le funcionó bien a Allen, a los banqueros estadounidenses y a otros miembros de la élite americana. Irónicamente, aunque los intereses creados se mantienen todavía, el excepcionalismo probó ser solo un mito. En 2007, la China se convirtió en el primer exportador del mundo. Para 2010 develó el computador más potente y además se convirtió en la fuente primaria de comercio global. También en 2012, por segunda vez consecutiva, los estudiantes chinos lideraron los niveles del Programa de Evaluación Estudiantil Internacional en lectura, matemáticas y ciencia. Corea del Sur y Japón fueron el segundo y tercero. Estados Unidos acabó en trigésimo sexta posición, detrás de Vietnam, Taiwán, Nueva Zelanda, la República Eslovaquia y casi todas las naciones de Europa oriental y occidental. El Siglo de Hegemonía Norteamericana ha concluido, con un gemido más que con una explosión.

Don Pedro Albizu Campos comprendió el fraude que encerraba el excepcionalismo americano. Al ser el primer puertorriqueño en estudiar en la Universidad de Harvard y en su Escuela de Derecho, fue testigo presencial de lo que era el poder y el privilegio en sus etapas iniciales, y voluntariamente rechazó sus atractivos: rechazó posiciones judiciales y corporativas y sobornos descarados, y se dedicó de manera obsesiva a un solo objetivo, la causa de la independencia de Puerto Rico.

Su recompensa fue veinticinco años en la cárcel. Su familia fue objeto de constantes privaciones y amenazas de muerte. Sus hogares fueron atacados en Ponce, Aguas Buenas y San Juan. Su licencia para practicar el derecho fue revocada. Sus vecinos fueron investigados. Su teléfono y su correspondencia fueron interceptados. El FBI aparcaba sus vehículos frente a su casa para intimidarlo; docenas de agentes lo perseguían siete días a la semana por toda la isla. La Ley de la mordaza, la Ley número 53, fue aprobada específicamente para entorpecer su misión, para silenciar su libertad de expresión. Finalmente, la evidencia contundente sugiere que, después de ser condenado a cadena perpetua, Albizu fue irradiado hasta que un derrame cerebral le paralizó la mitad del cuerpo y lo dejó sin la capacidad de hablar. Su único crimen fue recordarle al público americano sus propios principios fundacionales: que todos los hombres son creados iguales y que el gobierno exige el consentimiento de los gobernados.

La historia de Albizu Campos es la historia de Puerto Rico. Es también la historia de un imperio. Comenzó hace cien años, cuando Estados Unidos era un potencia en ascenso, y continúa hasta el día de hoy. El teólogo Reinhold Niebuhr escribió una vez: "Uno de los aspectos más patéticos de la historia humana es que cada civilización se expresa de la forma más pretenciosa, expresa sus valores parciales y universales de la forma más convincente, y reclama la inmortalidad para su existencia mortal en el preciso momento en que el deterioro que precede a la muerte ya ha comenzado".[9] Albizu Campos comprendió esto. Trató de advertírselo al mundo y salvar a una pequeña isla del caos resultante.

Cincuenta años de caos

Después de la muerte de Albizu, los próximos cincuenta años vieron el descenso hacia la vorágine, una espiral descendiente de caos y corrupción que convirtió a una bella isla en un boxeador atontado, inseguro de sus pasos, tambaleándose sobre sus pies y dando golpes a ciegas. Hasta sus propios líderes ven tres bolas que vienen e intentan pegarle a la bola del medio. Una alfombra roja se extiende desde San Juan hasta Wall Street. Cada año una ola nueva de aventureros empresariales vuelan desde el Norte con esquemas para hacer dinero rápido disfrazado de "proyectos de desarrollo económico". Durante cincuenta años, esta farsa ha drenado la economía de la isla, y más trágicamente aún, ha drenado su espíritu.

El Hotel Caribe Hilton provee un ejemplo temprano de este capitalismo depredador disfrazado de "ayuda económica para Puerto Rico". A través de la Compañía de Fomento Industrial, el gobernador Luis Muñoz Marín construyó un complejo turístico de trescientas habitaciones a un costo de 7 millones de dólares (69 millones en dólares actuales), y se lo entregó a Conrad Hilton, con todo y edificio, casino y piscinas) bajo un contrato de arrendamiento de veinte años.[10] Al año de haber abierto, en 1950, el pueblo de Puerto Rico y también el congresista Vito Marcantonio (D-NY) estaban todavía esperando que el gobernador revelara los términos de ese contrato. El congresista lo tildó de ser parte del plan económico "Operación Cazabobos" de Muñoz para la isla.[11]

Todo lo que se usaba en el hotel, incluyendo los muebles y hasta la azúcar, se compraba y se traía por avión desde Estados Unidos. Casi todos los empleados gerenciales eran americanos continentales. Fomento pagaba la mitad de los costos publicitarios del hotel (150.000 dólares en 1950), pero todas las ganancias (excepto un fondo de regalías ambiguas para los políticos locales) eran repatriadas a la Corporación Internacional Hilton. Nada se reinvertía en la isla.[12] Los puertorriqueños tienen un dicho para describir este arreglo: "Monda la china *pa'* que el otro la chupe".

Este patente abuso del terreno puertorriqueño, de los impuestos y mano de obra local se repitió a lo largo y ancho de la isla durante la Operación Manos a la Obra. Para 1965 las fábricas promovidas por Fomento decoraban el paisaje isleño, atraídas por la mano de obra barata y una exención contributiva de diez años. En vez de cultivar frutas, café y caña de azúcar, los puertorriqueños ahora manufacturaban sostenes y afeitadoras entre paredes de cemento. Lamentablemente, cuando Playtex y Schick encontraron mano de obra más barata en Asia, las fábricas boricuas se esfumaron. Al final, en vez de proveer una base económica de crecimiento autosostenible, la Operación Manos a la Obra produjo aún más dependencia de Estados Unidos y más desempleo.[13]

En 1965, el Congreso federal creó exenciones contributivas especiales para la industria petroquímica, y Philips Petroleum, Union Carbide y Sun Oil volaron a construir plantas en Puerto Rico. Cuando el embargo petrolero de la OPEP explotó en 1973, estas empresas cancelaron sus planes y cerraron sus operaciones isleñas.[14]

En 1976, el Congreso aprobó el Código de Rentas Internas número 936, un crédito contributivo para empresas que operaban en Puerto Rico, popularmente conocido en la isla como "la 936". Como resultado, la industria farmacéutica explotó en la isla. Johnson & Johnson se ahorró mil millones de dólares en impuestos federales entre 1980 y 1990; Smith-Kline Beecham ahorró 987 millones de dólares; Merck & Company, 749 millones de dólares; Bristol-Myers Squibb, 627 millones de dólares. Puerto Rico se convirtió en el paraíso fiscal para toda la industria farmacéutica americana y el mayor productor del mundo de fármacos, que suponían el 25 por ciento de todas sus exportaciones. Todo esto terminó cuando el Congreso eliminó el crédito contributivo en 2006, y cien mil puertorriqueños se quedaron sin empleo de la noche a la mañana.[15]

Un crecimiento económico sostenido de 6 por ciento en la década de 1950 se redujo a 5 por ciento en la de 1960, al 4 por ciento en la de 1970, y el 0 por ciento en la de 1980. De 1972 a 1986, el número de puertorriqueños empleados en manufactura bajó en 2.000, y la nómina del gobierno subió en 49.000. En 2015, la tasa de desempleo sobrepasa el 15 por ciento, y el gobierno se tambalea ante el fatasma de una quiebra estrepitosa.[16] La Operación Manos a la Obra, con sus regalías corporativas y economía truquera de chorreo, ha sido un fracaso total para Puerto Rico.[17]

Dentro de todo el caos, no existe un plan claro de desarrollo económico para la isla, solo una serie de refugios fiscales para las corporaciones mejor conectadas. Como lo señaló el historiador y periodista Eduardo Galeano, este patrón es muy común a través de toda Latinoamérica: "Siempre existen los políticos y los tecnócratas que están preparados para demostrar que la invasión del capital industrial extranjero beneficia a los invadidos. En su versión, el imperialismo de nuevo modelo llega en una misión genuinamente civilizante, una bendición para los países dominados... (pero) lo que hace es esparcir la pobreza más ampliamente y concentrar la riqueza más estrechamente... y asume derechos de propietario". Con gran sabiduría, Galeano concluye que "'la ayuda' funciona como el filántropo que le coloca una pata de palo a su cerdito porque se estaba comiendo la suya poquito a poco".[18]

Durante varias décadas el cerdito se ha seguido defendiendo. En 1954 Lolita Lebrón, Rafael Cancel Miranda, Andrés Figueroa Cordero e Irvin Flores Rodríguez, cuatro valerosos nacionalistas, dieron la voz mundial de alarma ante nuestra situación colonial, tiroteando el hemiciclo de la Cámara de Representantes federal. En 1971, el Hotel Caribe Hilton, el Centro de Servicio Selectivo y una oficina de General Electric fueron bombardeadas en San Juan. Un grupo revolucionario llamado Los Macheteros se apropió de 7,1 millones de dólares de una sucursal de la Wells Fargo en West Hartford, Connecticut, el 12 de septiembre de 1983, el aniversario del nacimiento de Pedro Albizu Campos.[19]

El Imperio contestó persiguiendo implacablemente al fugitivo líder machetero, Filiberto Ojeda Ríos, hasta atraparlo y acribillarlo, con perverso simbolismo, el 23 de septiembre de 2005, el 137° aniversario del Grito de Lares, dejándolo desangrarse hasta morir.

Pero la dignidad incólume de los patriotas brilla y sufre en la estoica y noble saga de Óscar López Rivera, el preso político más antiguo del mundo, convicto por el mismo "crimen" que condenó a don Pedro: "conspiración sediciosa para derrocar el régimen de Estados Unidos en Puerto Rico", que no es otra cosa que ejercer el derecho a la autodeterminación de tener su patria libre. La tragedia continúa.

La teoría del caos

Hoy, cincuenta años después de la muerte de Albizu, el crédito está agotado y el caos está en todos lados. El desempleo (15,4 por ciento) es el más alto en todo Estados Unidos,[20] y la tasa de pobreza (45 por ciento) es casi el doble de la de Mississippi, el estado más pobre de la Unión Americana.[21] El ingreso per cápita de 15.200 dólares es poco más de una tercera parte del de Estados Unidos.[22]

En 2006, el gobierno cerró operaciones por dos semanas porque no tenía dinero para cubrir sus gastos. Desde 2010, la isla ha eliminado 33.000 empleos, redujo las pensiones, aumentó la edad de jubilación, subió las matrículas universitarias y aumentó los impuestos de venta y comercio. Los costos de agua y luz son un 300 por ciento más altos que en Estados Unidos. Por todo San Juan y otras ciudades más pequeñas, se pueden ver muchos edificios y hogares reposeidos y vacíos.[23]

Puerto Rico debe 7.300 millones de dólares en deuda pública y 1.300 millones en compromisos de pensión sin fondos para pagarlos, lo que equivale a 22.000 dólares adeudados por cada hombre, mujer y niño en la isla. Esta deuda es mayor que la de la ciudad de Nueva York y cuatro veces superior a la de Detroit. El 4 de febrero de 2014, Standard & Poor (S&P), la casa acreditadora, rebajó la categoría crediticia de Puerto Rico a estatus de basura y Moody's Investor Service la rebajó a Ba2, un grado menos que la de S&P.[24]

El embrollo no termina ahí. La criminalidad se ha disparado, con una tasa de asesinatos per cápita de seis veces (600 por ciento) más que en Estados Unidos. En 2011, Puerto Rico batió su propio record, con 1.136 homicidios, comparables al de áreas en guerra civil como el Congo y el Sudán. De estos asesinatos, el 70 por ciento están relacionados al tráfico de drogas, y el 80 por ciento de esa droga continúa hacia Estados Unidos.[25] Igual que en algunos lugares del Norte, la carrera más accesible a muchos jóvenes es vender droga, ser tiroteado, ir a la cárcel o convertirse en un cantante de reguetón. La isla entera se ha puesto así de cínica.

La Policía no ayuda mucho. En 2001, en uno de los casos de corrupción policíaca más grandes de la historia de Estados Unidos, veintiocho oficiales fueron arrestados por distribuir drogas, proteger a distribuidores de cocaína y transportar drogas dentro y fuera de la isla.[26] Entre 2005 y 2010, más de mil setecientos oficiales fueron arrestados por cargos que iban desde robo y asalto a tráfico de drogas y asesinato.[27] En 2011, el Departamento de Justicia publicó un informe donde describe "el asombroso nivel de crimen y corrupción en la Policía de Puerto Rico que incluye trasiego de drogas, tráfico de armas y asesinatos".[28] Una investigación de 2012 de la American Civil Liberties Union determinó que la Policía de Puerto Rico "es una organización disfuncional y recalcitrante que hace años anda a la deriva".[29]

Muchos ciudadanos están huyendo de la isla. En 2011, la isla perdió unos 54.000 residentes, casi el 1,5 por ciento de toda la población. Tanto en 2012 como en 2013, perdió otro 1 por ciento. Los boricuas se están yendo a Florida, Nueva York o Texas para escapar de la criminalidad rampante en su propia tierra. Más de 5 millones viven ahora en Estados Unidos continentales, más de 1 millón en Nueva York o Florida. Puerto Rico podría perder el 40 por ciento de su población para 2050.[30] Y se están yendo porque el Puerto Rico que conocieron ya no existe.

¿Existirá una solución para todo esto? Por supuesto. Pero las soluciones complicadas jamás funcionan. Las que se han ensayado incluyen preferencias para el capital extranjero, subsidios corporativos a las farmacéuticas gigantes, programas de austeridad domestica, un IVU de 11,5 por ciento, una guerra fraudulenta contra las drogas, y especulación de bienes raíces. Estas "soluciones" engendran fraude gubernamental, corrupción policiaca, propietarios ausentes, inventos periodísticos, bonos basura y construcción desmedida de hoteles, centros comerciales y estacionamientos.

La solución podría ser mucho más sencilla. Comienza con una franca autoevaluación. Reconoce que se está dando ahora mismo un desahucio de todo un pueblo —literal y sistemático— de su propio país. Reconoce que la economía depredadora es un parásito insaciable que a la larga destruye al organismo anfitrión. Reconoce que Puerto Rico es un presagio amenazante de consecuencias culturales y políticas que son inminentes, globales e imparables.

Demasiadas personas se han vuelto deudores, arrendatarios, consumidores, votantes ingenuos, contribuyentes abusados, trabajadores mal pagados, audiencias pasivas para el beneficio de unos pocos privilegiados. La idea de venderles un estilo de vida americano a costa de un planeta completo ya no se sostiene, especialmente cuando esa vida consiste en poco más que en un Viernes Negro de rebajas, pantallas anchas de televisión, salas de chateo cibernético, películas de héroes inverosímiles y fraude corporativo y político.

Un futuro positivo para Puerto Rico y otras repúblicas comparables requerirá menos codicia y más humildad. A lo ancho del orden social, desde el 1 por ciento al 99 por ciento, podríamos escuchar un poco más a nuestros artistas y menos a nuestras corporaciones. Aquí está un buen lugar para comenzar:

Hombre eres hombre y no lo sabías
Tuya es la tierra y el cielo que dominas
Tuya la inmensa cúrva de los mares
Como es tuyo tu esfuerzo
Y el humo de tus fábricas escaleras del aire
Y el trigo de tus surcos amado por el viento
Hombre eres hombre y no lo sabías
Pero hoy los clarines rojos te dicen

Te lo gritan los árboles
Te lo cantan los mares
Despierta de tu sueño ya no eres más esclavo
Eres hombre sal de ti mismo sal de tus profundidades muéstrate al sol
Libra tus fuerzas despliega tus energías
Eres hombre eres hombre

VICENTE HUIDOBRO
Despertar de octubre de 1917

APÉNDICE

Nota del autor

La siguiente monografía fue el artículo de portada del *Harvard Political Review* en el año 1977. El autor, Nelson Denis, lo publicó inmediatamente antes de graduarse de la Universidad de Harvard, donde recibió su licenciatura en Ciencia Política.

El análisis se concentra en la Ley Pública 600, la Ley de Relaciones Federales de Puerto Rico (*Puerto Rico Federal Relations Act*), el referendo constitucional de marzo 1952, la Resolución 1514 (XV) de la Organización de Naciones Unidas (ONU), y el proceso diplomatico y electoral por el cual el estatus del Estado Libre Asociado (ELA) de Puerto Rico fue certificado ante el mundo en el 25 de julio en 1952.

La tesis propuesta y documentada por Denis, es que el estatus de "ELA" fue una fraude internacional, que Puerto Rico nunca dejó de ser una colonia norteamericana, y que la condición política de la isla es una violación, obvia y continua, de la Resolución 1514 (XV) de la ONU.

Notablemente, José Trías Monge fue el arquitecto principal de "ELA", y de la "constitución" puertorriqueña que fue sometida a la ONU. Trías Monge tambien fue el asesor legal del gobernador Luís Muñoz Marín, y el juez principal de la Corte Suprema de Puerto Rico.

Al final de su carrera, en el año 1997, Trías Monge publicó *Puerto Rico: The Trials of the Oldest Colony in the World* (Yale University Press, 1997). En este libro, Trías Monge explicó, con mucho detalle y documentación, que Puerto Rico no es un "Estado Libre Asociado", sino una colonia al cien por ciento.

Desde 1977 hasta hpoy, Denis ha continuado su estudio e investigaciones sobre la historia constitucional de Puerto Rico, y el movimiento nacionalista en la isla.

HARVARD POLITICAL REVIEW

Winter 1977 Volume V Number 2 $1.50

THE CURIOUS CONSTITUTION OF PUERTO RICO

THE CURIOUS CONSTITUTION OF PUERTO RICO

A history of "friendly paternalism" has made a sham of this island's autonomy.

by Nelson A. Denis

Citizens of San Juan awakened one morning in February 1971 to find that their Selective Service office, the local branch of General Electric and a portion of the San Juan Hilton Hotel had all been bombed. An extreme expression of the widespread dissatisfaction with its political relationship to the United States, such attacks have become a daily fact of life in Puerto Rico. Coincident with the growing Puerto Rican independence movement of the 1970's have been an approximate 100 annual bombings, the majority aimed at American corporate offices. The underlying target of these assaults has been the popular image of Puerto Rico as the "happy commonwealth" — a sultry playground for American tourists and the showcase of U.S.-guided progress in the Caribbean. While the dust from the first pro-independence explosions was settling more and more Puerto Ricans, especially the young, were beginning to see how tourbook rhetoric concealed the bitter fact that their island has been and continues to be the only classic colony in the American experience.

As a people under the rule of one country or another for the past 500 years, colonial status is nothing new for the Puerto Ricans. Coming close to achieving independence in 1897 through an autonomous constitution from Spain, Puerto Rico lost it one year later when the island was "ceded" to the U.S. as part of the spoils of victory in the Spanish-American War. Ruled first by the U.S. military, later by presidential appointees, and only recently by an elected governor, Puerto Ricans have had little power over the fate of their island; they were even declared U.S. "citizens" in time for World War I, over the objection of their one elected body. U.S. federal agencies today control Puerto Rico's foreign relations, customs, immigration, postal system, communications, radio, television, commerce, transportation, social security, military service, maritime laws, banks, currency and defense — all of this without the people of Puerto Rico having a vote in U.S. elections.

The extent of military control over the island is particularly striking. One cannot drive five miles in any direction without running into an army base, nuclear site, or tracking station. In 1969 a detachment of Green Berets was discovered in the famed El Yunque rain forest, presumably using the island as a training ground. The Pentagon controls 13 percent of Puerto Rico's land and has five atomic missile bases, including Ramey Air Base. A major base for the Strategic Air Command, Ramey includes in its confines everything from guided missiles to radio jamming stations which prevent Radio Havana reaching Puerto Rico and Santo Domingo. In addition to the major bases, there are about 100 medium and small military installations, training camps, and radar and radio stations.

It is within this context that the island's major political document — its constitution — must be studied. Designed as the international legitimator of U.S. — Puerto Rican relations, the construction, substance, and implementation of this constitution all reflect the paternalistic arrangement over which it presides. Although the advent of the United Nations necessitated a change in U.S. Congressional and State Department vocabulary from the realpolitik of "Caribbean possession" and "Panama Canal protectorate" to "the self-governing territory" and "the commonwealth of Puerto Rico," American policy from the Cold War to the present represents no departure from the priorities under which control of Puerto Rico was originally assumed.

Early on, the United Nations had proclaimed its own authority in the matter of determining whether territories had or had not attained a measure of self-government. On January 11, 1952 the General Assembly issued Resolution 567 (VI), appointing an Ad Hoc Committee to establish the criteria by which to evaluate a condition of "self-government." The Ad Hoc Committee submitted a preliminary list of criteria which was provisionally approved by the General Assembly in its seventh session on December 10, 1952. As long as a territory did not meet the requirements approved by the General Assembly, the conclusion would be that colonial or dependant status still existed.

According to the United Nations Charter, Article 73e, the United States was obliged to periodically submit information regarding economic, social, and educational conditions in its non-self governing territories. Since 1946, the United States had done so for Puerto Rico. However, in March 1953, the United States announced during the eighth session of the General Assembly that its reports were no longer necessary because Puerto Rico's new political status, that of "commonwealth," removed it from the non-self-governing category. Henry Cabot Lodge asserted "Congress has agreed that Puerto Rico shall have . . . freedom from control or interference . . . in respect to internal government." The overall impression conveyed was that Puerto Ricans had chosen "by an overwhelming vote to associate themselves with their larger neighbor."

Even Puerto Rican Governor Luis Muñoz Marín and Resident Commissioner Dr. Fernos-Isern appeared before the U.N. *on behalf of the United States*, claiming their representation of a "free people with a voluntary government." During the hearings held by the 4th Committee on Trusteeships, Fernos-Isern defended "Public Law 600" as a basic status change, asserting that Puerto Rico was locally governed by a Constitution and that she was related to the mainland by a compact which could *not* be amended unilaterally. With the two-thirds rule waived in November

NELSON A. DENIS is a member of the Editorial Staff. He is a senior, with a special interest in the domestic politics of Puerto Rico.

1953, the U.S. petition for acceptance of Puerto Rico's "new status" was approved over the opposition of Socialist states, recently liberated countries, and the Latin American nations of Mexico, Uruguay, and Guatemala.

Let us examine the grounds on which the U.S. was able to exempt itself from submitting reports on Puerto Rico to the United Nations. Public Law 600, passed in the U.S. Congress on July 3, 1950, provided for "the organization of a constitutional government by the people of Puerto Rico." If the people voted "yes" then "the legislature of Puerto Rico would be authorized to convoke a Constituent Convention that would work out a Constitution for the island of Puerto Rico. Said Constitution would provide a republican form of government, and include a declaration of rights." In late 1951, the "Constituent Convention" was in fact organized to draw up the Puerto Rican Constitution. A large number of outside "experts" in constitutional and international law were contracted — and highly salaried by the U.S. government — to conduct hearings and arrive at some type of resolution between federal control and the creation of a "new," "Free Associated State" (Estado Libre Asociado, ELA).

As soon as the bill for P.L. 600 was introduced in the 81st U.S. Congress, the State Department began lobbying in favor of its passage. A letter for example, from Asst. Secretary of State Jack K. McFall to Sen. Joseph C. O'Mahoney, the relatively progressive Chairman of the Senate Committee on Interior and Insular Affairs, urged passage "in order that formal consent of the Puerto Ricans may be given to their *present* relationship to the United States" and cited the pending constitution's "great value as a symbol of the basic freedom enjoyed by Puerto Rico, *within the larger framework of the United States of America* (author's emphasis)." Secretary of the Interior Oscar L. Chapman also sent the Chairman the written reminder that "the bill under consideration would not change Puerto Rico's political, social, and economic relationship to the United States."

Thus before even considering the content of the subsequent constitution, P.L. 600 was intended as a political legitimization of Puerto Rico's relationship with the U.S., with a minimum of either bilateral American obligation towards the Puerto Rican government or regard for the constitutional demands of the Puerto Rican people.

On June 4, 1951, the Puerto Rican electorate voted in favor of a constitutional convention. Of the 777,391 total registered voters, 387,016 voted for and 119,169 against P.L. 600. Turnout was thus 65%, with 75% of the recorded vote favoring P.L. 600. March 3, 1952 saw the constitution itself accepted by significantly fewer numbers: of 783,610 eligible voters, only 457,562 voted — 374,649 in favor and 82,923 against.

In brief, these elections demonstrate the repeated mismanagement of democratic process. The June '51 election occurred under an undeclared state of martial law. A nationalist uprising on October 30, 1950 in eight major towns which included attempts on Governor Muñoz Marín's (Oct. 30) and President Truman's (New York City, Oct. 31) lives incurred reinforcement of Public Law 53, a translation of Section 2 of the U.S. Smith Act which made it a felony to "promote, advocate, advise, or preach ... paralyzing or subverting the insular government or any of its political divisions, by means of force and violence," or to "print, publish, edit, circulate, sell, distribute or exhibit publicly any writing or publication where the above mentioned acts were advocated, as well as any attempt to organize an association, group, or assembly of persons to carry out these acts." The colonial government made mass arrests of all the leaders of the Nationalist Party and held the entire country under police and military control. While this may have represented an understandable military response to armed rebellion, it clearly created a condition of political uneasiness and coercion unsuitable for free exercise of the franchise. It is certainly possible that thousands of citizens eager to vote for the rejection of P.L. 600, whether Nationalist and Independence Party sympathizers or not, abstained from registering on November 3rd and 4th, 1950. In its Sept. 1, 1953 memorandum to the U.N., the Puerto Rican Independence Party also cited instances where "government agents prohibited the registration of new voters at the date prescribed by law, used public property for political campaigning, controlled the radio, the press and all means of communication with the people."

No major increases in political sovereignty or even in protection of individuals' rights accrued from the 1952 constitution.

As a possible consequence of this, though also because the acceptance of P.L. 600 and not the specific provisions of the Puerto Rican constitution were crucial in the U.S. presentation to the U.N., the island electorate refrained from, or was not prodded into, voting heavily on the "constitutional referendum" of March 3, 1952. Turnout failed to reach 60% and, as on June 4, 1951, the question was settled by less than half of the total eligible electorate.

The best way to evaluate the substance and impact of the constitutional arrangement "chosen" by the Puerto Rican people in 1952 is in light of the U.S. claims made in the U.N. in its behalf. The general thesis behind the U.S. documents transmitted to the U.N. was that the people of Puerto Rico had "acquired a new constitutional status." Yet no major increases in political sovereignty or even in protection of individual rights accrued from the 1952 constitution. The congressional committee hearings of 1950-1952 amply demonstrated, as Gordon K. Lewis notes, that "at no time ... did any group conceive of seriously abrogating the Congressional review power; or that Congress was binding itself permanently not to intervene in local affairs under certain circumstances; or indeed that it was doing anything more radical than merely engineering an enlargement of the local self-governing power, as it had done previously in 1917 ... even the most liberal of Senators, Senator O'Mahoney, for example did not want to go beyond the stance of 'friendly paternalism.' "

U.S. documents submitted to the U.N. indicated that with the July 25, 1953 enactment of the constitution of Puerto Rico, the "Commonwealth of Puerto Rico" (Free Associated State, in the Spanish version voted on by the Puerto Rican people) had been created. Yet under the political and constitutional structure of the United States there are no "Commonwealths," no "Free Associated States." There are States and territories: the *States*, as component units of the Federal Union; the *territories* — as possessions, either incorporated as was the case for Hawaii and Alaska in 1952, or unincorporated as it was for Puerto Rico. The latter do not form part of the United States, but simply belong to it. Under the Law of Federal Relations, these are subject to the plenary powers of the U.S. Congress. Certainly the "free association" of Puerto Rico is compromised and cir-

EL SALVADOR DE PUERTO RICO
TIO SAM
Excuse me, Señor, but you're standing on my foot!
Omar

cumscribed by such federal edicts — notably by Section 9 of P.L. 600 itself, which asserts that "the statutory laws of the United States which are not locally inapplicable, excepting what has already been provided in this respect and what in the future may be provided, will have the same force and effect in Puerto Rico as in the United States, except for the internal revenue laws."

To rename a body politic as "Commonwealth" or "Free Associated State," then, means nothing if essentially the same political structure imposed since 1898 is maintained. Such names — especially the Spanish version of "Free Associated State" — are misnomers of greatest utility in the realm of public relations.

The U.S. went on to inform the U.N. that the people of Puerto Rico had freely expressed their will through democratic processes. In addition to the irregularity of the conditions during the June 4, 1951 and the March 3, 1952 elections, however, was the surprising dismissal *without a hearing* of election infraction charges brought before the Puerto Rican Elections Board by the Independence Party. Thereafter, local law routed appeals not to a court of justice, but to the same individual who had personally presided over the referanda themselves — Governor Luis Muñoz Marín.

U.S. documents further indicated that a free association had been agreed upon by the territory of Puerto Rico and the United States. This reference to "agreement" implies the important dimension of joint action, a compact of sorts, entered into by two consenting and mutually independent parties. Given the wording of the aforementioned Puerto Rico Federal Relations Act regarding "Puerto Rico and adjacent islands *belonging* to the United States", (author's emphasis) however, it is implausible that the United States expected a *territorial possession* to enter into free and equal agreements with its administering power. With no acknowledged legal status from which to negotiate, both the Puerto Rican "constitution" and the notion of "compact" with the U.S. assume a transparent and offensive air.

Not having been incorporated into the community of sovereign nations of the globe, Puerto Rico must always have her international relations sifted through the U.S. State Department.

Finally, the "Constitution of the Commonwealth of Puerto Rico" presented to the U.N. stated that the Puerto Rican people had attained internal autonomy. Yet when the constitution stated that political power "emanates from the people and shall be exercised in accordance with their will," it was directly contradicted by the entire Puerto Rican Federal Relations Act; by Joint Resolution 151 of the 82nd Congress, 2nd Session; and by Article IV, Section III, paragraph 2 of the Constitution of the United States. The precedent behind these laws, as applied to Puerto Rico, was simply that the Congress of the U.S. would exercise concurrent jurisdiction in all affairs of local character and exclusive jurisdiction in all external matters. As in the cases of the Rent Control Law, the Fair Labor Standards Act, the Bankruptcy Law, and various other federal statutes, whenever Congress legislated on purely local Puerto Rican affairs all Puerto Rican laws on such affairs became automatically inoperative. Before and after the Puerto Rican "constitution," U.S. Congressional legislation immediately terminated Puerto Rican "autonomy" over the subjects related thereto, as clearly shown by the long list of U.S.-controlled Puerto Rican affairs.

This perogative of congressional decree was exercised over the determination of the final form of the Puerto Rican Constitution itself. After lengthy debates on whether Congress would be legally bound to "consult with the people of Puerto Rico on future changes in U.S.-Puerto Rican relations, the U.S. Senate itself changed parts of, and then passed, the Puerto Rican Constitution. They deleted Article II, Section 20 on basic human rights, Article II, Section 5 on compulsory school attendance, and objected to the use of the word "democracy" when the United States Constitution required a "republican form of government" from each of the states. Even more serious changes were proposed by South Carolina Senator Olin Johnston, whose business friend Leonard Long had suffered a financial disappointment in San Juan. These did not emerge from committee, but the other changes concerning human rights and school attendance were accepted. On July 3, 1952 President Truman approved the new constitution by signing Public Law 947. Congress then finished its revisionary cycle with the

In brief, these elections demonstrate the repeated mismanagement of democratic process.

decision that the amended constitution would not take effect until another "Constitutional Convention" passed a new resolution accepting the changes — at which point the Puerto Rican people were to relegitimize the entire procedure through yet another "referendum." This referendum occurred on July 10, 1953.

Thus the apparent motivations, the highly structured constitutional conventions and elections yielding low turnouts, and the casualness with which the U.S. received the constitution's strictures, combine to form a legal pattern, of almost fraudulent overtones. The Puerto Rican people *did* yield a plurality in favor of their "constitution," although the numbers were not convincing and the conditions surrounding such elections were clearly not conducive to clear choice. A document providing for ostensible "self-government" *was* drawn up, but its range of jurisdiction was humiliatingly minute. The newspaper *El Mundo* had told Puerto Ricans that "once the compact is formalized, the Constitution of Puerto Rico may not be ammended except in the manner provided for in the Constitution itself" and had assured them that "Public Law 600 would solve the status problem of Puerto Rico." Apologists on the mainland composed predictable accounts, such as Earl Parker Hanson's noble but untrue assertion in *Puerto Rico: Ally for Progress* that when the island voted to accept their Constitution, "Congress voluntarily relinquished the powers to legislate specifically for Puerto Rico." And even on the island, Governor Munoz Marín would tell his own people that "the principle of compact and consent is really the fundamental feature of the act." That statement was a sad deception.

The facts are clear for assessing the quality of Puerto Rico's highly opportune "autonomy." Events subsequent to the adoption of a "constitution" such as the shelving in committee of the 1959 Fernos-Murray Bill (HR 9234) to clarify Puerto Rico's commonwealth status and to determine her debt-incurring capacity, and the 1967 "status plebiscite" which repeated the irregularities and utilized the same malapropisms as the 1952 referenda, indicate the limits to how far Puerto Rico will be permitted to travel towards self-determination while in its present economic and political relationship to the U.S. At present, the island serves as America's "showcase" to the world — and especially to Latin America — of "democratic politics" and "free market" economics. Not having been incorporated into the community of sovereign nations of the globe, Puerto Rico must always have her international relations sifted through the U.S. State Department.

That this is an arrangement suitable to U.S. interests is demonstrated by its determined refusal to permit the Committee on Decolonization of the United Nations to include Puerto Rico on the list of territories which "have still not obtained their independence" under the provisions of Resolution 1514 (XV), passed by the General Assembly of the United Nations in December 1960. Using to good advantage the control which she had over this international body, the United States has maintained — like Portugal in the case of Angola — that the matter of Puerto Rico is an "internal affair" which only concerns her and not the United Nations. The U.S. delegate even threatened in the Committee on Decolonization to abandon the session if the case of Puerto Rico was brought up — a threat in violation of provisions of the Charter of the United Nations.

The greatest native opposition to colonial status lies with the Partido Independentista de Puerto Rico (PIP). Led by Oxford- and Yale Law School-educated Ruben Barrios, the PIP has acquired strength in numbers and respectability. Numbering four former Puerto Rican Bar Association presidents and other comparable situated members of the Puerto Rican establishment among its membership, the movement is centered around the intellectual community of the University of Puerto Rico, and its growing "segundo nivel" (second level) membership among individuals in government, the major political parties, and the press provide it with inside intelligence.

The Independence movement leaders can arouse some sympathy and support by pointing to the sad state of the Puerto Rican economy: a 30 per cent unemployment rate (about 300,000 workers), a per capita income of approximately $1600 ($450 less than that for Missssissippi, the lowest of the 50 states), and a cost of living 20 to 25 per cent higher than that of New York City. But the movement still confronts a juggernaut, and must struggle against the fear of direct economic retribution against any nationalistic tendencies which Puerto Rico might exhibit. Such accession and resignation to the present arrangement by the Puerto Ricans at once represents both the perseverance of a long-repressed people and the greatest obstacle to mobilization of effective opposition to American domination. The recent Nov. 2, 1976 election yielded a familiar

With no acknowledged legal status from which to negotiate, both the Puerto Rican "constitution" and the notion of "compact" with the U.S. assume a transparent and offensive air.

outcome: Carlos Romero Barcelo won the island governorship heading the ticket of the insurgent New Progressive Party (Partido Nuevo Progresivo), whose avowed aims include eventual statehood of Puerto Rico. While radical independentistas are hard pressed to interpret this as electoral victory for their movement, dissatisfaction with the present political arrangement is clearly widespread.

Today, through the simultaneous profession of the island's "self-governing" status and maintenance of laws such as the Puerto Rico Federal Relations Act, the United States perpetuates its failure to fulfill its legal and moral obligation to place in the hands of the Puerto Rican people all those powers that are concomitant with the existence of a sovereign nation. Self-determination is the indispensable key to Puerto Rico's future and until it occurs every plebiscite, every election held in that country, will but further legitimate or appear to legitimate the present order, further postponing the resolution of colonial status. Not until Puerto Rico is given or is able to procure that choice, will it emerge from the margin of historical development.

AGRADECIMIENTOS

"Una masa heterogénea de mestizos."
"Salvajes adictos a la cacería de cabezas y el canibalismo."

Esta fue la primera opinión sobre los puertorriqueños que se expresó en el foro del Senado de Estados Unidos. Ha mediado un largo camino desde esa percepción hasta la publicación de este libro.

Estoy profundamente endeudado con los nacionalistas que arriesgaron sus vidas y sustento para defender ese principio humano que llamamos "libertad". Volvieron a arriesgarse al confiarme sus recuerdos. Este libro no habría sido posible sin ellos.

Gracias a Migdalia Bernal por leer este libro, amarme a mí, vivir con ambos, educar a los dos y mostrarnos su infinita paciencia.

Luis González Argüeso se dedicó incansablemente a la traducción de este libro. Luis es un luchador. Un hombre apasionadamente dedicado a la tierra en que nació. Las palabras en este libro emanan de su corazón.

Mi familia —Evelyn Lebrón, César Morales, el licenciado Reinaldo Torres Rivera, Oneida Torres, Edna del Pino, Orlando Torres, Dannice Sotomayor, Mildred Palmer, Carlos, Charlie, Jr., y América Cuadrado— me ha guiado por todas partes de la isla, ayudándome en mis investigaciones y difundiendo el mensaje del libro. De lo que más orgulloso me siento es el de poder compartir esta obra con ellos.

Mike Nieves abrió muchas puertas en Nueva York, José López Rivera las abrió en Chicago y Quique Ayoroa Santaliz y Carlos Reyes

Alonso las abrieron en Puerto Rico. Nunca me olvidaré de su ayuda y su compañerismo.

Ed Vega Yunqué, brillante escritor, enfocó mi entendimiento histórico y me enseñó a formular las preguntas correctas. Ed se marchó de este mundo demasiado pronto, pero su espíritu reside en este libro.

El archivero mayor Pedro Juan Hernández y el bibliotecario-archivero Yosenex Orengo, del Centro de Estudios Puertorriqueños, proveyeron una ayuda de valor incalculable en todo lo que fue investigación de archivos, recopilación de datos estadísticos y localización de documentos y fotografías.

Tony *el Marino* Santiago, creador de sobre seiscientos artículos para Wikipedia sobre la historia y biografía de Puerto Rico, fue un consejero y una inspiración clave.

Gracias a Bertil Nelson por su rigor intelectual, sólidos consejos y por leer mis trabajos de los últimos treinta años. Gracias a Álex Rodríguez, Jr. por dedicarle muchos días y noches a investigar cientos de fotos, tanto en la ciudad de Nueva York como en la Universidad de Puerto Rico en Río Piedras.

Gracias a Remy García, Georgie Varona, Lombardo, y Roberto por creer en mí, y a Aniki Ladora y William García por defenderme.

Gracias a Richard Realmuto por su incisiva lectura y atinados consejos desde las etapas iniciales del proyecto, y a Wendy Realmuto por su ayuda investigadora en la Biblioteca de Libros y Manuscritos Raros de la Universidad de Columbia. Gracias a todo el personal de esa Biblioteca, y lo mismo a la División de Fotografías y Grabados de la Biblioteca Pública de Nueva York.

Gracias a Gretchen Oppenheimer por su valiosa colaboración con Luis González Argüeso, en la organización y traducción de las notas.

Gracias al Professor Carlos J. Guilbe López, M.P., Ph.D., por su mapa extraordinario de la Revolución Nacionalista de Octubre 1950. Gracias a Pablo Ortíz por su redacción tan completa y profesional, y a Ruben Berríos Martínez por su perspectiva y fuerza moral. Salvador Tió es un gran caballero, un intelecto incansable, y un hermano.

Hope Savides, de Duggal Visual Solutions, prestó una asistencia vital en la restauración de fotos antiguas y delicadas.

Eduardo Rivadeneyra es un promotor y defensor incansable del valor, y el mensaje, del libro.

La Asociación Nacional de Periodistas Hispanos, el Consejo Estatal de las Artes de Nueva York y la Fundación de Nueva York para las Artes han apoyado mis escritos a través de los años. El Colaborativo de Maestros y Escritores, el Grosvenor Neighbohood House, los Poetas en el Servicio Público, y el Teatro del Repertorio Shaman me han permitido enseñarlo. Les estoy profundamente agradecido a todos.

El Diario/La Prensa me permitió publicar sobre trescientos editoriales en su rotativo. La investigación que tuve que hacer para esos editoriales ha fortalecido múltiples aspectos de este libro, y aprecio eso inmensamente.

La *Harvard Political Review* y su presidente, Daniel Backman, le pusieron mucho entusiasmo y le dieron un gran apoyo al libro.

Gracias a mi agente literario Ronald Goldfarb, mi publicador Clive Priddle y mi editor de Nation Books, Daniel LoPreto, por ayudar a traer a esta criatura al mundo. Gracias también a Melissa Raymond por su producción del libro, y a Jen Helland por sus valiosas contribuciones editorialísticas.

Gracias a David Saunders, vice-presidente de la compañia Agency for the Performing Arts (APA) de Los Ángeles, por asesorarme en las prácticas y peculiaridades de Hollywood.

Gracias a Howard Zinn y Dee Brown por abrir las puertas de la búsqueda histórica, y a Oliver Stone por seguir esa maravillosa tradición.

Finalmente, le doy las gracias a Harvard, a Yale y a Legislatura del Estado de Nueva York por inculcarme, mediante lecciones muy dolorosas, que las verdades son a veces narrativas convenientes y nada más.

FUENTES Y METODOLOGÍA

Las voces que hablan en este libro habían permanecido calladas durante todo un siglo. Los eventos fueron escondidos, mal representados o simplemente ignorados. Los principales participantes ya murieron. Este libro tiene la responsabilidad de representar las personas y los acontecimientos con precisión y justicia, por primera vez, después de cien años de supresión y descuido oficial.

He utilizado más de seis mil expedientes públicos, muchos obtenidos bajo la Ley federal de libertad de información (FOIA), extraídas del FBI, la CIA, la Policía Insular de Puerto Rico, el Departamento de Instrucción Pública de Puerto Rico, el Departamento del Trabajo de Puerto Rico, el Departamento de Justicia Federal, el Departamento de Defensa Federal, la Oficina de Inteligencia Naval, las cortes federales, hospitales públicos, depósitos forenses y precintos policiacos. Estos documentos jugaron dos papeles vitales. Confirmaron, en gran detalle, los acontecimientos que me relataron docenas de nacionalistas puertorriqueños. Además me enseñaron los medios a través de los cuales la corrupción y la indiferencia gubernamental pueden borrar del conocimiento público las vivencias de un pueblo colonizado.

A través de todo el libro, los pensamientos de los individuos no salieron de la imaginación: fueron verificados por medio de diarios, correspondencia personal, autobiografías, monografías y entrevistas. Los entrevistados incluyeron a los mismos participantes de la historia, así como a observadores, familiares, amigos y reporteros presenciales. En varias áreas críticas las entrevistas fueron longitudinales: las repetí una y otra vez durante años y en algunos casos, décadas. Cada vez que intentaba capturar, retrospectivamente, lo que pensaba una persona en determinados momentos, o cuando buscaba reconstituir la complejidad de sus opiniones, intensifiqué las entrevistas, el repaso de documentos y la verificación de datos antes de parafrasear cualquier expresión por mi cuenta.

Las conversaciones en prisión fueron transmitidas por varios nacionalistas, presos de la Princesa y el Oso Blanco, y por sobreviviente de la casa de torturas de Aguadilla cercana a la Base Ramey. Un asistente médico de la casa de torturas de Aguadilla fue especialmente detallado en relación con el capitán Rolf, al doctor Hebb y sus sesiones con Vidal Santiago Díaz.

Clientes, barberos y miembros del Regimiento 65 de Infantería (los Borinqueneers) que eran visitantes asiduos del Salón Boricua reportaron las conversaciones sostenidas allí. Los periodistas de la WIAC, Miguel Ángel Álvarez y Luis *Bibí* Marrero me describieron personalmente los eventos y discusiones sobre la batalla del Salón Boricua; ambos hombres estuvieron presentes en la escena durante toda la batalla y la reportaron en vivo a través de la radio.

Los Borinqueneers y otros clientes confirmaron los eventos en el Club Sin Nombre. Tres Borinqueneers que sirvieron bajo el mando de Waller Booth en la Operación Portrex conocía los detalles sobre su entrenamiento de Campamento X y sus experiencias en la Segunda Guerra Mundial detrás de las líneas enemigas. Tuvieron la inmensa bondad de compartir estos detalles conmigo.

La información sobre la juventud de Luis Muñoz Marín en Nueva York (y su relación con Collegiate, Georgie Yee, Greenwich Village y Joe Gould) vino de diversos nacionalistas cubanos que vivieron con Muñoz en la calle 39 y Broadway, conocieron a Joe Gould personalmente, les prestaban dinero a ambos y se cansaron de pagarles tragos.

Mi madre, Sarah Rabassa, y mi abuela materna, Salomé Rodríguez, asistieron a la Central Grammar School y me contaron sobre las condiciones y acontecimientos escolares en la escuela. El juez presidente José Trías Monge confirmó los detalles de las condiciones insulares en *Puerto Rico: Las tribulaciones de la colonia más vieja del mundo.*

Julio Feliciano Colón fue un cortador de caña en Santa Isabel por cuarenta años. Mantuvo a su madre y a su hermano menor, y luego a su propia esposa e hijos, con dos manos encallecidas y una columna vertebral torcida. Lo conocí en Santa Isabel, donde me contó su vida entera de vicisitudes, sueños y angustias. Como cadete de la República, estuvo presente en la Masacre de Ponce el Domingo de Ramos, 21 de marzo de 1937.

Juan Emilio Viguié me relató personalmente sus experiencias y conversaciones después de una exhibición de su película *Vecinos*, una propaganda fílmica auspiciada por el Departamento de Educación de Puerto Rico. En una casa privada y ante una pequeña audiencia por invitación en la que estuve incluido, Viguié pasó ambas versiones de aquella película (el gobernador Muñoz Marín había censurado la original porque era demasiado "comunista"), la película de los trece minutos de la Masacre de Ponce y, por último, su pietaje de la batalla del Salón Boricua. Viguié además discutió el clima represivo que imperó como secuela de la Masacre de Ponce, el existente ambiente de terror a través de la isla, la visita de Pedro Rodríguez-Serra, el fiscal de distrito de Ponce, y la filmación de *La vida del general Villa*. Una entrevista subsiguiente con su hijo, Juan Emilio Viguié, Jr., confirmó todos esos eventos. Otra reunión con el actor Juano Hernández confirmó las discusiones y acontecimientos relacionados con *La vida del general Villa*.

Entrevistas con docenas de nacionalistas a través de un periodo de cuarenta años han corroborado la investigación en que se basa este libro. Estos individuos habían vivido en un mundo donde el egoísmo era un gran activo, un mundo propiedad de los extranjeros y gobernados por la corrupción, un mundo tan amenazante y caprichoso en el que decir la verdad era arriesgar el sustento, la libertad y a veces la vida misma. Me tomó mucho tiempo (en algunos casos, años) ganarme su confianza, pero valió la pena cada momento. Les extiendo a ellos mi más profundo aprecio y respeto. Sus testimonios con consistentes con el record histórico, y aún más sutil, más crudo, más detallado. Sus recuerdos personales sobre la Masacre de Ponce, la Masacre de Río Piedras, el juicio de don Pedro, los arrestos de la Ley de la mordaza, la huelga de la caña de 1934, el terror policiaco del gobernador Blanton Winship, la ridícula gobernación de Moncho Reyes, y las miserables condiciones de las prisiones la Princesa y el Oso Blanco..., todos van en fiel paralelo con los reportajes de prensa, los testimonios en el Congreso de Estados Unidos y los archivos del FBI desde 1930 a 1965.

Además, el simple número de personas desaparecidas a lo largo de toda la isla, el asesinato de diecisiete puertorriqueños desarmados a plena luz del día durante la Masacre de Ponce de 1937, los bombardeos de Jayuya y Utuado por la Fuerza Aérea norteamericana, la ejecución por ametralladora de cuatro utuadeños, el arresto en masa de tres mil ciudadanos estadounidenses sin evidencia ni causa probable, y las cien mil ilegales carpetas secretas, todo corrobora las experiencias relatadas por estos valientes hombres y mujeres que lucharon una solitaria batalla contra el imperio más poderoso de la historia.

Durante cada entrevista, noté una profunda melancolía en los ojos de estos nacionalistas. Me recordaron algo que me había dicho una vez mi abuela: "Los ojos puertorriqueños son todos oscuros, con muchos ayeres dentro de ellos".

NOTAS

Capítulo 1: La Princesa

1. Las fuentes personales para este capítulo fueron cinco nacionalistas que sirvieron condenas en la Princesa. Los cinco fueron enjuiciados, condenados y encarcelados al mismo tiempo de don Pedro Albizu Campos. Casi cuatrocientos nacionalistas fueron con ellos a la Princesa y otros trescientos cincuenta presos tuvieron que ser trasladados para acomodar esta oleada de nacionalistas.

Los cinco nacionalistas me proveyeron su testimonio durante entrevistas repetidas longitudinalmente a lo largo de cuarenta años, desde 1974 hasta 2014. Utilicé el mismo formato de entrevista con los exconvictos del Oso Blanco y la casa de torturas cercana a la Base Ramey de Aguadilla.

Algunos de estos exconvictos vivieron hasta el siglo XXI; muy pocos llegaron hasta el año 2014. Comparé y comprobé con referencias cruzadas toda la información recibida de los nacionalistas en entrevistas en términos de cronología, consistencia y exactitud. Según pasaba el tiempo, su testimonio se mantuvo incólume: no había imprecisión y había muy pocas inconsistencias. Además, su testimonio correlacionaba fuertemente con los reportajes de prensa de esa era y con las cajas de informes del FBI.

2. Eventualmente se redactó un record oficial de las condiciones en la Princesa. El 18 de febrero de 1976, la Corte federal del Distrito de Puerto Rico determinó que la Princesa operaba en violación de la Constitución de Estados Unidos. Después de una vista en torno a los méritos y una inspección de la prisión, la Corte del Distrito emitió una orden de veinte párrafos de larga acerca de la administración de la Princesa y ordenó a los demandados dejar de utilizarla como institución penal no más tarde del 1 de agosto de 1976. *Martínez Rodríguez v. Jiménez*, 409 F. Supp.582 (1976).

En concreto, la Corte encontró que la Princesa operaba del 240 al 347 por ciento de capacidad (pár. 17), que por lo menos veintidós presos no tenían cama para dormir, y que entre ciento treinta y ciento sesenta dormían en el piso. A los presos no se les repartía ni cepillo de dientes, jabón, toalla, peinilla, cepillo ni ropa interior (pár. 12, 28). La corte encontró que "la calidad de la encarcelación en la Princesa era un castigo de tal naturaleza y grado que no puede justificarse por el interés del gobierno de retener a los acusados para juicio, y que por lo tanto viola la cláusula de debido proceso de ley de las Quinta y Decimocuarta Enmiendas (pár. 7).

Las condiciones a las que se enfrentaron Albizu Campos y los presos nacionalistas habían sido peores. La Princesa contenía el doble de los calabozos en 1950. Realizó experimentos médicos en los presos y sometió a los nacionalistas a torturas físicas y psicológicas que serán discutidas (y documentadas) a lo largo de este libro.

3. La Policía Insular, como se le llamó durante la primera mitad del siglo XX, es ahora el Departamento de Policía de Puerto Rico.

4. Para información adicional sobre los presos nacionalistas en la Princesa y el brutal trato que recibieron, ver *Eran ellos*, Heriberto Marín Torres (Río Piedras, Puerto Rico, Ediciones Ciba, 2000). Ver también carta al licenciado David Helfeld, asesor de la Comisión de Derechos Civiles, "Información sobre discriminación y persecusión con propósitos políticos", 1989, según citada por Marisa Rosado en Pedro Albizu Campos: *Las llamas de la aurora*, 5ª edición (San Juan: Ediciones Puerto, 2008), 364.

Para información en torno a las mujeres encarceladas en la Princesa, el presidio de Arecibo y la Prisión Federal Alderson en West Virginia, ver Margaret Pour, "Las mujeres nacionalistas vs. el colonialismo estadounidense: una exploración de sus condiciones y luchas en la cárcel y el tribunal", *Chicago-Kent Law Review* 87, núm. 2 (2012): 463-479. El artículo incluye informes sobre la irradiación sufridas por las mujeres en la Princesa, la cual también es discutida en unas memorias publicadas por la esposa de Albizu Campos. Ver Laura Meneses de Albizu Campos, *Albizu Campos y la independencia de Puerto Rico* (Hato Rey, Puerto Rico, Publicaciones Puertorriqueñas, 2007), 126-128.

Para información en torno al arresto y encarcelamiento de estudiantes universitarios, ver Ruth Mary Reynolds, *Campus in Bondage* (Nueva York: Research Foundation of the City of New York, 1989). Ver también Los Papeles de Ruth Reynolds en los Archivos de la Diáspora Puertorriqueña, Centro de Estudios Puertorriqueños, Hunter College, CUNY.

5. De acuerdo a Luis A. Ferrao, catedrático de la Universidad de Puerto Rico, Pedro Albizu Campos no fue el primer puertorriqueño en ir a la Universidad de Harvard. Ferrao afirma que antes de Albizu (clase de 1916, clase de Derecho de 1921) se graduaron de Harvard los puertorriqueños Manuel Arturo Saldaña (clase del 1896), Eduardo Egberto Saldaña (clase de 1897), José Camprubí (clase de 1902), Francisco Vizcarrondo Morell (clase de 1905), Carlos Gallardo (clase de 1909), y Pedro Quiñones Carrasquillo (clase de Derecho de 1919). Ver: Luis A. Ferrao, "No fue el primer puertorriqueño", *El Nuevo Día*, mayo 22, 2015. Los editores agradecen esta información de parte del señor Ferrao, pero repetimos el texto que aparece en este libro: "Albizu Campos fue el primer puertorriqueño que se graduó de la Universidad de Harvard y

de su Escuela de Derecho". Ningunos de los individuos referidos por el señor Ferrao se graduaron de la Universidad de Harvard y de su Escuela de Derecho. Es lógico, entonces, que Albizu Campos haya sido el primero.

6. Albizu Campos fue consultado para redactar lo que eventualmente se convirtió en la Constitución del Estado Libre Irlandés. Ver Aoife Rivera Serrano, *Irlanda y Puerto Rico: la historia jamás contada* (Nueva York: Ausubo Press, 2012). En una entrevista la señora Rivera Serrano afirmó que la batalla de Albizu contra el colonialismo estadounidense estaba "totalmente modelada en la lucha de Irlanda contra Inglaterra". Ver William Cádiz, "Ausubo Press publicará *Irlanda y Puerto Rico: la historia jamás contada*", PR Web, 23 de septiembre, 2009. Ver también Federico Ribes Tovar, *Albizu Campos: Puerto Rican Revolutionary* (Nueva York: Plus Ultra Publishers, 1971), 22-23; Rosado, *Pedro Albizu Campos,* 70-72.

Capítulo 2: Cuatrocientos años de soledad

1. Bosque Nacional El Yunque, Servicio Forestal de Estados Unidos, Departamento federal de Agricultura, página web htpp://fs.usda.gov./elyunque. Ver también Víctor Manuel Nieves, *El Yunque* (Guaynabo, Puerto Rico, Impressive Publications, 2010); Alan Mowbray Jr., *The Animals of El Yunque* (Charleston, SC); Create Space, 2012) Zain Deane, *San Juan, Vieques y Culebra* (Woodsstock, VT: countryman Press, 2011), 154.

2. Kassim Bacchus, *Utilization, Misuse and Development of Human Resources in the West Indian* (Waterloo, Ontario: Wilfred Laurier University Press, 2000), 6-7. Ver también Kari Lydersen, "Dental Studies Give Clues About Christopher Columbus' Crew", *The Washington Post,* 18 de mayo de 2009.

3. Irving Rouse, *The Tainos: The Rise and Decline of the People Who Greeted Columbus* (New Haven, CT: Yale University Press, 1992), 150-161.

4. Ibíd.

5. Olga Jiménez de Wagenheim, *Puerto Rico's Revolt for Independence: El Grito de Lares* (Princeton, NJ: Markus Wiener Publications, 1993).

6. Manuel Maldonado-Denis, *Puerto Rico: A Socio-Historic Interpretation* (Nueva York: Random House, 1972), 48-49. Ver también Pedro Albizu Campos, *La conciencia nacional puertorriqueña,* ed. Manuel Maldonado-Denis (Cerro del Agua, México: Siglo Veintinuo Editores, 1972) 14, 59.

7. Declarada por el Congreso de Estados Unidos el 25 de abril de 1898, la Guerra Hispanoamericana se extendió hasta el 12 de agosto de ese mismo año. Cuando se firmó el Tratado de París el 18 de diciembre de 1898, este formalizó la independencia de Cuba de España y cedió los territorios españoles de Puerto Rico, Guam y las islas Filipinas a Estados Unidos. Héctor Andrés Negroni, *Historia militar de Puerto Rico* (Madrid: Sociedad Estatal Quinto Centenario, 1992). Ver también Ángel Rivero Méndez, *Crónica de la Guerra Hispanoamericana en Puerto Rico* (Ann Arbor: University of

Michigan, 1922), 58-106; "Chronology of Puerto Rico in the Spanish-American War", en *The World of 1898: The Spanish-American War,* Hispanic Division, US Library of Congress, http://www.loc.gov/rr/hispanic/1898/chronpr.html; Edwin J. Emerson Jr., "Alone in Puerto Rico", *Century Magazine* 56, nº 5 (septiembre de 1898): 668-669 (un relato muy dramático del bombardeo de San Juan y sus secuelas).

8. "Our Flag Raised in Puerto Rico", *The New York Times,* 27 de julio de 1898.

9. Maldonado-Denis, Puerto Rico, 57-58. Ver también Thomas Aitken, Jr. *Poet in the Fortress* (Nueva York: New American Library, 1993), 35.

10. Charles F. Redmond, *Selections from the Correspondence of Theodore Roosevelt and Henry Cabot Lodge, 1884-1928* (Nueva York: Scribner's, 1925), 1:299.

11. Ibíd.

12. *New York Journal of Commerce,* 11 de mayo de 1898.

13. Amos K. Fiske, *The New York Times,* 11 de julio de 1898.

14. Carl Sandburg, *Always the Young Strangers* (Nueva York: Harcourt Brace, 1953), 403.

15. *The New York Times,* 4 de julio de 1989, 4.

16. Ibíd.

17. Maldonado-Denis, *Puerto Rico,* 56.

18. "Diary of the War", *Harper's Weekly,* 30 de julio de 1898, 754.

19. *Speech of Hon. J. B. Foraker of Ohio in the Senate of the United* States (Washington, D. C.: Government Printing Office, 1900), 6.

20. Howard Zinn, *A People's History of the United States* (Nueva York: Harper Collins, 2005), 297-301. Ver también Howard K. Beale, *Theodore Roosevelt and the Rise of America to World Power* (Baltimore: Johns Hopkins Press, 1984).

21. Maldonado Denis, *Puerto Rico,* 67-70. Ver también Walter LaFeber, *The New Empire: an Interpretation of American Expansion,* 1860-1898 (Ithaca, NY: Cornell University Press, 1963), VIII, 91, 110.

22. Maldonado-Denis, *Puerto Rico,* 61.

23. Rivero Méndez, *Crónica de la Guerra Hispanoamericana en Puerto Rico,* 16.

24. S. S. Harvey, "Americanizing Puerto Rico", *The New York Times,* 22 de febrero de 1899.

25. Charles E. Hewitt, Jr., "Welcome Paupers and Crime: Puerto Rico's Shocking Gift to the US", *Scribner's Commentator* 7-8 (marzo de 1940): 11.

26. Jack Lait y Lee Mortimer, *New York Confidential: The Low-Down on the Big Town* (Chicago: Ziff Davis, 1948), 126.

27. *Congressional Record,* 56th Congress, 1st Session, April 2, 1900, 3612.

28. El periodista Juan González proveyó un repaso ecléctico del estereotipo del "latino incompetente": cada vez que surgía un conflicto con un recalcitrante líder nacionalista, las compañías foráneas enseguida llamaban a Washington para que interviniera. El pretexto siempre era que había salvar a los ciudadanos estadounidenses o evitar la anarquía cerca de nuestras fronteras. Para justificar esas intervenciones,

nuestros diplomáticos le decían a sus compatriotas que los latinoamericanos no tenían la capacidad de manejar un gobierno responsable.

"Los periodistas, novelistas y productores de cine reforzaron ese mensaje. Labraron y perpetuaron la imagen de El Jefe, el moreno dictador despiadado de grasoso pelo negro, fuerte acento en su inglés, gafas oscuras y personalidad sádica. Y mientras propagaban esa imagen, los banqueros y políticos endilgaban préstamos riesgosos a tasas usurarias a esos mismos dictadores". Juan González, *Harvest of Empire: A History of Latinos in America* (Nueva York: Penguin Books, 2000), 59.

Capítulo 3: Nuestros niños hablan inglés y español

1. Memorias de la Central Grammar School aparecen en *A Puerto Rican in New York and Other Sketches*, de Jesús Colón, (Nueva York: International Publishers, 1982). El juez presidente del Tribunal Supremo José Trías Monge describió en detalle las condiciones de las educación isleña en Puerto Rico: *Las tribulaciones de la colonia más vieja del mundo* (New Haven, CT: Yale University Press, 1997) y en sus memorias en español *Cómo fue: Memorias* (San Juan: Editorial Universidad de Puerto Rico, 2005).

2. Las condiciones escolares, los acontecimientos en las aulas, las lecciones de inglés y aritmética, y las discusiones en clase que aparecen en este capítulo me las contó mi madre, Sarah Rabassa, y mi abuela materna, Salomé Rodríguez, ambas de las cuales asistieron a la Central Grammar School. Mi investigación tradicional apoyó sus testimonios.

3. *American Progress*, cuadro pintado por John Gast en 1872, capturó la idea imperante entre los americanos de esa época. Llamado *Espíritu de la frontera* y ampliamente vendido, el cuadro muestra a los colonizadores viajando hacia el Oeste, guiados y protegidos por la figura cuasi divina de Columbia y apoyados por la tecnología (ferrocarril, telégrafo), sacando del medio a los búfalos y a los nativos americanos. Hay que notar que el ángel es el que trae "la luz" al continente. Emana de la parte oriental del cuadro y se esparce hacia donde va el ángel, hacia el oscuro Oeste.

4. M. Annette Jaimes y Ward Churchill, "Behind the Rhetoric: English-Only as Counterinsurgency Warfare", *Issues in Radical Therapy: New Studies on the Left 13*, n°s 1-2 (primavera-verano de 1989). Ver también Pablo Freire, *Pedagogía del oprimido* (Nueva York: Random House, 1972), 60-61.

5. Manuel Maldonado-Denis, *Puerto Rico: A Socio-historic Interpretation* (Nueva York: Random House, 1972), 60-61.

6. El artículo de Cayetano Coll y Toste, "¿Irlanda en América?", primero salió en español en *Repertorio Americano*, un semanario político costarricense, el 27 de marzo y el 3 de abril de 1922; luego fue publicado en inglés bajo el título "American Rule in Puerto Rico" en la revista *Living Age 27* (1922), 262-266.

7. Pedro Salinas, *Aprecio y defensa del lenguaje* (San Juan: Editorial Universitaria, 1974) 40-78. Ver también Solsiree de Moral, *Negotiating Empire: The Culture and*

Politics of Schools in Puerto Rico, 1898-1892 (Madison: University of Wisconsin Press, 2013).

8. James Crawford, ed., *Language Loyalties* (Chicago: University of Chicago Press, 1992).

9. Cayetano Coll y Cuchí, "American Rule in Puerto Rico", 262-266.

10. La imposición del inglés no terminó en 1915. Según dijo José Trías Monge, un antiguo secretario de justicia y juez presidente del Tribunal Supremo de Puerto Rico: "La política de americanizar a Puerto Rico llegó lo más lejos posible… los Comisionados de Educación mandaban a los niños a comenzar su día escolar saludando la bandera americana, recitando el Juramento a la bandera, y entonando el himno nacional y otras canciones patrióticas. Los maestros, muchas veces en inglés muy pobre, dirigían los ejercicios mientras los alumnos movían los labios para emitir sonidos que ellos no entendían.

La enseñanza en inglés del currículo completo de las escuelas públicas comenzó en cuanto hubo maestros disponibles. Casi todos los segmentos de la población lo resintieron profundamente." (*Puerto Rico*, 55).

11. Más de treinta años después, la batalla estaba librándose en la isla, en Washington, D. C. y en los círculos editoriales de Nueva York con intereses invertidos en la venta de libros de texto. El representante Vito Marcantonio (D-NY), escribió una carta al presidente Harry Truman el 22 de mayo de 1946, en la que discute un proyecto de ley que favorecería el uso pedagógico del español.

Hon. Harry S. Truman
Presidente de Estados Unidos
Casa Blanca, Washington, D. C.
Estimado señor presidente:

Respetuosamente le exhorto a aprobar el Proyecto del Senado 51 aprobado por la Legislatura en su última sesión, por encima del veto del gobernador de la isla, el cual provee para el uso del idioma español como el medio de instrucción en las escuelas públicas de Puerto Rico.

El español es el lenguaje vernáculo de los 2.100.000 habitantes de Puerto Rico. Ellos poseen una rica literatura propia, y el español es su vehículo de expresión intelectual. Han hecho sustanciales aportaciones a la literatura de España y de Hispanoamérica. En Puerto Rico, el español es el lenguaje del hogar, de los tribunales, de la legislatura, las iglesias, las oficinas de gobierno, y del diario vivir. Sin embargo, y contrario a los principios pedagógicos establecidos, la enseñanza se lleva a cabo en inglés en las escuelas públicas de Puerto Rico.

Al hacer esto, el principio educativo fundamental de que la instrucción se debe transmitir en el idioma vernáculo de los alumnos ha sido violado.

El asunto del idioma ha sido un debate candente en Puerto Rico desde la ocupación de la isla por las fuerzas de Estados Unidos en 1898. Al momento de la invasión, nuestros soldados encontraron en Puerto Rico una comunidad de origen española con 1.000.000 de personas, dotados de un común legado español, homogéneo en carácter en cuanto al idioma, costumbres y tradiciones se refiere, aún más que en otras viejas provincias españolas. El español era, por supuesto, en ese tiempo el medio de instrucción en todos los niveles educativos. Los lenguajes extranjeros se enseñaban como materias especiales en el Instituto Provincial y en algunas de las escuelas privadas de la época.

Permítame decirle aquí mismo que la situación era muy diferente a la que prevalecía en las islas Filipinas. Allá existían 87 dialectos, ninguno de los cuales era hablado por más de una décima parte de la población. Por el contrario, como he dicho antes, los puertorriqueños tenían un lenguaje común, lo hablaba el cien por cien de la población, y era perfectamente apropiado para la convivencia social, no solo por los habitantes de la isla, sino entre ellos y los habitantes de España y todas las repúblicas latinoamericanas, con la excepción de Brasil y Haití. Puerto Rico tenía su propia literatura y además la rica herencia de la literatura de todas las naciones hispanoparlantes.

Desde 1898 hasta ahora, Puerto Rico ha sido lamentablemente tomado como un campo de experimentación en el aspecto del idioma. El resultado ha sido confusión, mal uso de los dineros asignados a la educación, sufrimiento de parte de los estudiantes, tiempo excesivo al estudio del idioma, y la incapacidad de dominar ni el español ni el inglés.

Pero estas políticas de confusión no han sido impuestas sin la enérgica protesta del pueblo puertorriqueño. Todas las asociaciones cívicas, incluyendo la poderosa e influyente Asociación de Maestros de Puerto Rico, han repudiado dichas políticas del idioma y han promovido la enseñanza en español a todos los niveles educativos.

Permítame añadir que el problema planteado es pedagógico, y no político, y que se debería resolver de acuerdo a la experiencia histórica de todos los pueblos de la Tierra, que no es otra que el uso educativo del vernáculo. Existen muy pocas excepciones alrededor del mundo a la práctica establecida de educar en el vernáculo. Las únicas que conozco se pueden hallar en Egipto y en las colonias francesas de África. En Egipto, se está realizando un esfuerzo por popularizar el idioma árabe clásico, y se usa en lugar del vernáculo. Francia insiste en el uso del francés en sus escuelas coloniales, pero aun dicha política está siendo objeto de cambio.

El uso de un lenguaje extraño como medio de instrucción solo se justifica in casos como el de las Filipinas, o donde el vernáculo no puede usarse como un medio efectivo de comunicación social.

La Ley número 51 que pasó la Legislatura de Puerto Rico, por encima del veto del gobernador, y que provee para el uso de instrucción en español en las escuelas públicas de la isla, está ahora para su consideración.

En el nombre de los niños de Puerto Rico, quienes están siendo torturados por el sistema actual, en el nombre del pueblo de Puerto Rico, que ha hablado a través de sus representantes electos y sus organizaciones cívicas y profesionales, y en el nombre de una política educativa preclara en estos tiempos en que luchamos por combatir el chauvinismo cultural y corregir viejos errores, respetuosamente le pido, señor presidente, que firme la antes mencionada Ley de la legislatura puertorriqueña.

Respetuosamente suyo,
Vito Marcantonio

Capítulo 4: El Papa Verde

1. Sidney W. Mintz, *Worker in the Cane: A Puerto Rican Life History* (Nueva York: W.W. Norton & Co., 1974), 256. Ver también César J. Ayala, *American Sugar Kingdom* (Chapel Hill: University of North Carolina Press, 1999); Gillian McGillivray, *Blazing Cane* (Durham, NC: Duke University Press, 2009).

2. Julio Feliciano Colón fue cortador de caña en Santa Isabel por cuarenta años. Mantuvo a su madre y a su hermano menor, luego a su esposa e hijos, con dos manos encallecidas y una columna vertebral torcida. Lo conocí en Santa Isabel y me contó de una vida entera de lucha, de sueños y angustias. Para más información sobre la vida y el trabajo en una central azucarera de los principios del siglo XX en Puerto Rico, ver Sidney W. Mintz, "The Culture History of a Puerto Rican Sugar Cane Plantation: 1876-1949", *Hispanic-American Historical Review* 33, nº 2 (Mayo de 1953): 224-251. Ver también Sidney W. Mintz, *Sweetness and Power: The Place of Sugar in Modern History* (Nueva York: Penguin Books, 1985); Ayala, *American Sugar Kingdom.*

3. Congressional Record, 74th Congress, 1st Session, May 6, 1936. El congresista Vito Marcantonio (D-NY) afirmó lo siguiente:

> Puerto Rico, tomada como botín de guerra a España en 1898, ha sido arruinada sucesivamente. Cuatro grandes corporaciones azucareras americanas poseen más de la mitad de la tierra y producen la mitad de toda la cosecha. La azúcar ya compone como el 75 por ciento de las exportaciones de la isla, mientras que el tabaco y el café han sido relegadas a un último término. Los antiguos agricultores, desposeídos por las inmensas centrales azucareras, hoy en día trabajan los terrenos poco productivos de la montaña o ya no le quedan tierras. Solo el 7 por ciento de los habitantes originales de las áreas rurales poseen su propia tierra en Puerto Rico, un país agrícola. Sobre las cabezas de estos pequeños agricultores cuelga una deuda hipotecaria de unos 25 millones de dólares. Durante años no han podido pagar sus impuestos.
>
> Los campesinos sin tierras propias han sido convertidos en un gran ejército de esclavos coloniales en las centrales azucareras, o están desempleados. Los

informes del Departamento del Trabajo de Puerto Rico para 1935 muestran un jornal promedio para los obreros de la caña de 3,34 dólares a la semana, y para las mujeres de 1,96 dólares a la semana. Esta misma escala salarial se repite en todas las demás industrias de la isla, y en el tabaco son mucho peores.

4. Congressional Record, 76th Congress, 1st Session, May 11, 1939. El congresista Vito Marcantonio (DNY) dijo lo siguiente:

> La industria de la aguja en Puerto Rico está en la situación más desgraciada jamás permitida bajo la bandera americana. Tienes allá abajo a 15.000 trabajadores que laboran en fábricas, fábricas de la aguja, y esos trabajadores reciben desde 12,5 centavos la hora hasta 2 centavos la hora. En un caso, y cito del memorándum de Claiborne:
>
> Un niño de trece años estaba recibiendo 25 centavos a la semana.
>
> Y eso son los trabajadores de las fábricas. Déjenme explicarles el sistema que tienen para empleados domésticos: eso es, para aquellos que trabajan en la casa. Estos estafadores de Nueva York, mi propia ciudad, el peor tipo de explotadores laborales, que se marcharon porque en Nueva York tenían que pagar sueldos decentes, trajeron sus talleres a Puerto Rico. Entonces le entregaron el trabajo a un contratista. Este contratista se lo dio a un subcontratista, y el subcontratista a otro subcontratista, y así sucesivamente, cada uno sacando ganancias del esfuerzo de mujeres y niños pobres. La mujer pobre recibe la siguiente paga: tan poco como de 3 a 5 centavos por una docena de finos pañuelos de la mejor calidad. Se venden a 3 dólares la docena en Macy's de Nueva York. Esto significa que se les paga entre 8 y 15 centavos al día y no más, un ingreso neto de unos 30 dólares al año.

5. Julio Feliciano Colón nos narró esta conversación en el cañaveral con don Tomás y los otros macheteros.

6. Juan Antonio Corretjer, *Albizu Campos y la Masacre de Ponce* (Nueva York: World View Publishers, 1965), 2-4.

7. Charles H. Allen, *First Annual Report of Governor of Porto Rico* (Washington, D. C.: Government Printing Office, 1901), 65.

8. Corretjer, *Albizu Campos y la Masacre de Ponce*, 2-4.

9. Allen, *First Annual Report,* 149-187.

10. Corretjer, *Albizu Campos y la Masacre de Ponce,* 2-4. Ver también Manuel Maldonado Denis, *Puerto Rico: A Socio-historic Interpretation* (Nueva York: Random House, 1972), 74; Truman R. Clark, *Puerto Rico and the United States, 1917-1933* (Pittsburgh, PA: University of Pittsburgh Press, 1975), 107.

11. Ayala, *American Sugar Kingdom*, 45-47. Ver también "Federal Attack on Sugar Trust", *The New York Times*: 29 de noviembre de 1910; Leonard J. Arrington, *Beet Sugar in the West, 1891-1966* (Seattle: University of Washington Press, 1966), 54-55; "Charles Allen resigns", *The New York Times*, 15 de junio de 1915; "Sold Beet Sugar

Stock: President Allen Says Sugar Trust Tied to Conform to the Law", *The New York Times*, 1 de abril de 1914.

12. *Balzac v. Porto Rico*, 258 US 298 (1922). La Corte Suprema de Estados Unidos sostuvo que las protecciones de la Sexta Enmienda de la Constitución no aplicaban a Puerto Rico ya que era un territorio (posesión) no incorporado; los puertorriqueños por lo tanto no tenían la base para reclamar privilegios e inmunidades ni protecciones constitucionales.

13. Calvin Coolidge a Vincent M. Cutter, presidente de la United Fruit Company, 16 de febrero de 1926; Everett Sanders (secretario de Coolidge) al secretario de la Guerra, Dwight F. Favis, 16 de febrero de 1926; Davis a Coolidge, 25 de febrero de 1926, Papeles de Calvin Coolidge, Archivo 400 ZB, Serie 1, División de Manuscritos, Biblioteca del Congreso.

14. Ayala, *American Sugar Kingdom*, 139, 140, 185, 187, 225.

15. Thomas Aiken, *Poet in the Fortress: The Story of Luis Muñoz Marín* (Nueva York, Signet Books, 1964), 60-62.

16. Memorándum por el general Frank D. McIntyre, jefe del Negociado estadounidense de Asuntos Insulares, sobre grandes latifundios en Puerto Rico, 20 de octubre de 1927, BIA Files, *File* 94-70.

17. Aitken, *Poet in the Fortress*, 60-62.

18. Bailey W. Diffie y Justine Whitfield Diffie, *Porto Rico: A Broken Pledge* (Nueva York: Vanguard Press, 1931); 199-100.

19. Ibíd.

20. Ibíd.

21. "The Sad Case of Porto Rico", *American Mercury* 16, num.62 (febrero de 1929), reimpreso en Kal Wagenheim y Olga Jiménez de Wagenheim, *The Puerto Ricans: A Documentary History* (Princeton, NJ: Markus Weiner Publications, 1973), 153-161.

22. Rich Cohen, en *The Fish That Ate the Whale: The Life and Times of America's Banana King* (Nueva York: Farrar, Strauss & Girod, 2012), 14-67, el cual documenta el patrón de expropriaciones de tierras en Centro y Sur América:

> En 1912 la compañía Cayumel Bananas, corporación estadounidense, orquestó la invasión militar de Honduras con el propósito de obtener cientos de miles hectáreas de tierras hondureñas y la exportación libre de impuestos de la cosecha de bananos completa.
>
> En 1928 la United Fruit Company, otra corporación estadounidense, poseía sobre 200.000 hectáreas de la mejor tierra colombiana. En diciembre de ese año, salvajemente concluyó una huelga obrera que llegó a conocerse como la Masacre Bananera, y que resultó en las muertes de mil personas, incluyendo a mujeres y a niños.
>
> En 1930 United Fruit era la dueña de más de un millón de hectáreas de terreno en Guatemala, Honduras, Colombia, Panamá, Nicaragua, Costa Rica, México y Cuba.

En 1940, en Honduras nada más, United Fruit poseía el 50 por ciento de toda la tierra cultivable.

En 1942, United Fruit ya controlaba el 75 por ciento de toda la tierra cultivable en Guatemala, además de casi todas las carreteras, estaciones de electricidad y líneas telefónicas, su único puerto en el Pacífico y todas las vías ferroviarias. (Ver "Expansión de Estados Unidos en Latinoamérica" en "Pedro Albizu Campos", Wikipedia, http://en.wikipedia.org/wiki/ Pedro_Albizu_Campos; Howard Zinn, *A People's History of the United States* (Nueva York: Harper Collins, 2005), 439; Oliver Stone y Peter Kuznick, *The Untold History of the United States* (Nueva York: Simon & Schuster, 2012), XXVIIII, XXIX, XXX, 262-265, 279.

El historiador Manuel Maldonado Denis provee un estudio similar y muy detallado del desarrollo económico de Puerto Rico durante la primera mitad del siglo XX:

> Las primeras cuatro décadas de la dominación foránea de Estados Unidos sobre Puerto Rico (1898-1940) marcaron un periodo en que nuestro país, pulgada a pulgada, gradualmente cayó en manos de capitalistas industriales y financieros americanos. Por lo tanto, todos los elementos que indican la explotación de una colonia ocurrieron aquí durante ese periodo: el mercado cautivo; el aumento en el valor de los bienes por la abundante mano de obra y el pago de sueldos a nivel de subsistencia; la explotación de los recursos naturales por un puñado de inversionistas foráneos; la preponderancia de capital financiero que provenía del poder colonial; latifundio y monocultura; ocupación militar del territorio; la imposición de una estructura administrativa responsiva solo al poder colonial; el intento sistemático de lograr la asimilación culrural de la colonia [...] y la devaluación de la moneda local por las autoridades norteamericanas. (*Puerto Rico*, 72-73)

Capítulo 5: Una buena movida de trabajo

1. Ray Quintanilla, "Welcome to the Town Viagra Built", *Orlando Sentinel*, 19 de diciembre de 2004. Ver también Matt Wells, "Puerto Rico's Viagra Town", BBC, 17 de diciembre 2005.

2. "Manufacturing at the Crossroads", *Caribbean Business*, 22 de diciembre de 2013. Ver también "Puerto Rico: A Hotspot for Pharmaceutical Manufacturing", *Puerto Rico Industrial Development Company*, diciembre de 2013.

3. Quintanilla, "Welcome to the Town Viagra Built".

4. Harriet B. Presser, "The Role of Sterilization in Controlling Puerto Rican Fertility", *Population Studies 23*, nº 3, (noviembre de 1969): 343-361.

5. Kathryn Krase, "Sterilization Abuse: The Policies Behind the Practice", *National Women's Health Network*, enero/febrero de 1996.

6. Claude M. Fuess, *Creed of a Schoolmaster* (1939: reedición Freeport, NY, Books for Libraries Press, 1970) 192-193.

7. "Birth Rate Fall Held Dangerous", *Kitchener Daily Record*, 19 de enero, 1934, 16.

8. *Buck v. Bell*, 274 US 200 (1927). Justice Oliver Wendell Holmes, Jr. redactó la opinión mayoritaria.

9. Kent C. Earnhardt, *Development Planning and Population Policy in Puerto Rico* (San Juan: Editorial de la Universidad de Puerto Rico, 1982), 28.

10. *The New York Times*, 13 de abril de 1928.

11. Truman R. Clark, *Puerto Rico and the United States, 1917-1933* (Pittsburgh, PA: University of Pittsburgh Press, 1975), 152-153.

12. "Service for Dr. Rhoads: Memorial for Sloan-Kettering Director Here Tomorrow", *The New York Times*, 24 de agosto de 1959. Ver también, Departamento de la Defensa, *Report on Search for Human Radiation Experiment Record*, 1944-1994, 1:211. Como director del Instituto Sloan-Kettering para la Investigación del Cáncer, y su nombre que aparece en todos los contratos del mismo, el doctor Cornelius Rhoads fue el responsable de los protocolos y resultados de este estudio del síndrome posradiación. Sin embargo, el resumen publicado del proyecto aparenta ser un modelo de engaño y negación.

Este informe afirma que fue financiado por los contratos DA-49-007- MD-533 y DA49-146-XZ-037. También dice que los pacientes recibieron "irradiación de cuerpo entero" en dosis hasta de cuatro mil roentgens. Según la Comisión Regulatoria Nuclear, los humanos que hayan estado expuestos a quinientos roentgens de irradiación, sin atención médica posterior, seguramente morirán.

El informe clarifica que no se proveyó tratamiento médico alguno y llanamente afirma que "No existe un record de seguimiento clínico más allá del periodo de setenta y cinco días después de la irradiación".

Como si anticipara incredulidad en sus lectores, el informe añade, a manera de rara exoneración: "Ya que el propósito principal del estudio era tratar el cáncer y proveer un beneficio directo a los pacientes, aparentemente sí se cumplieron los estándares del Código de Núremberg y la Declaración de Helsinki".

Aún sesenta años más tarde, la hipocresía de este informe te cala los huesos. Ya que se utilizaron niveles letales de irradiación (800 por ciento más altos que el umbral de muerte) y ya que tampoco se hizo "seguimiento clínico con los sujetos irradiados", claramente no vemos aquí ningún interés en el propósito declarado de "beneficiar a los sujetos", quienes seguramente murieron todos.

Lo que se desprende claramente es que este estudio, financiado por el Ejército de Estados Unidos y el Proyecto de armas especiales de las Fuerzas Armadas, fue un proyecto de guerra radiológica que requirió ratas de laboratorio humanas con quienes hacer práctica de tiro al blanco.

En su escalofriante nota final, el informe afirma que "Ciertos records se han extraviado".

Capítulo 6: Los Cadetes de la República

1. Federico Ribes Tovar, *Albizu Campos: Puerto Rican Revolutionary* (Nueva York: Plus Ultra Publishers, 1971), 49.

2. Archivos del FBI, *Pedro Albizu Campos*, expediente 105-11898, sección 2.43. Ver también Pedro Albizu Campos: *Las llamas de la aurora*, 5ª edición (San Juan: Ediciones Puerto, 2009), 182-190. El sorprendente número de cadetes reclutados —alrededor de diez mil en 1936— puede haber contribuido al sentido de alarma de parte de Estados Unidos y la rápida militarización de la Policía Insular bajo el general Blanton Winship. Irónicamente, la temprana popularidad y visibilidad de los Cadetes contribuyó a su vigilancia e infiltración por el FBI, lo cual imposibilitó su efectividad.

3. A través de su contacto con Éamon de Valera y sus esfuerzos organizativos en pro de la liberación de Irlanda mientras estuvo en Harvard, Albizu tomó consciencia de los esfuerzos del movimiento de resistencia irlandés y la historia del partido Sinn Féin. Albizu renococió el valor simbólico del levantamiento de Pascua en Irlanda: aunque no fue exitoso de por sí, sentó la pauta moral para la discrepancia continua y eventual independencia de la República de Irlanda. Ver John F. Boyle, *The Irish Rebellion of 1916: A Brief History of Rovolt and Its Suppression* (n. p. HardPress Publishers, 2012); Francis X. Martin, *Leaders and Men of the Easter Rising 1916* (Ithaca, NY: Cornell University Press, 1967). Albizu se prepara para su propio levantamiento al establecer los Cadetes de la Repúbica. Ver Osvaldo Torres Santiago, *El evangelio de don Pedro Albizu Campos* (Lexington, KY: Letras de América, 2013), 35-41.

El gobierno estadounidense estaba muy consciente del levantamiento de Pascua y tomó medidas para suprimir un movimiento similar en Puerto Rico. Después del encarcelamiento de Albizu en 1936 y el impacto de la Masacre de Ponce, varios cientos de policías rodearon el campus principal de la Universidad de Puerto Rico desde el 15 de abril de 1948, hasta principios de noviembre. Durante esos siete meses utilizaron gas lacrimógeno, macanazos y arrestos en masa para acabar con la cruzada universitaria, un movimiento estudiantil que protestaba contra la administración de la UPR. El 23 de septiembre de 1948 la Policía Insular bloqueó la salida de varios cientos de estudiantes, y los macanearon ferozmente hasta que dos de ellos perdieron el conocimiento y tuvieron que ser hospitalizados. En ese momento se hizo evidente que la violencia policiaca estaba políticamente motivada. La Policía Insular había sido ordenada a evitar cualquier contacto entre los estudiantes y el Partido Nacionalista. Esto incluía la prohibición de que Albizu se dirigiera a ellos y a nadie, en ningún lugar del campus. Ver Ruth Mary Reynolds, *Campus in Bondage* (Nueva York: Research Foundation of the City of New York, 1989) I, 97-158, 235-240.

El tiroteo policiaco y el hostigamiento y macaneo de los estudiantes universitarios tuvo un efecto paralizante en la participación de la juventud en el movimiento independentista. El 12 de octubre de 1948, en un discurso en Ponce transmitido por WORP (Ponce) y WCMN (Arecibo), Albizu afirmó que ya no encontraba jóvenes "capaces de desafiar el imperio yanqui". Ver archivos del FBI, *Pedro Albizu Campos*, expediente 105-1198, sección 22.

4. Archivos del FBI, *Pedro Albizu Campos*, expediente 105-1198-sección 1,20.

5. Ibíd., 107-110.

6. Ibíd, 113.

7. A. W. Maldonado, *Luis Muñoz Marín: Puerto Rico's Democratic Revolution* (San Juan: Editorial Universidad de Puerto Rico, 2006), 138.

8. Ramón Bosque Pérez, *Puerto Rico Under Colonial Rule* (Nueva York: State University of New York Press, 2006), 71.

9. Archivos del FBI, *Partido Nacionalista de Puerto Rico*, expediente SJ 100-3, vol. 23, 128-129.

10. Ibíd.

11. Ibíd, 24, 101, 103.

Capítulo 7: La Masacre de Ponce

1. Marisa Rosado, *Pedro Albizu Campos: Las llamas de la aurora*, 5a edición (San Juan: Ediciones Puerto, 2008), 210-215.

2. Federico Ribes Tovar, *Albizu Campos: Puerto Rican Revolutionary* (Nueva York: Plus Ultra Publishers, 1971), 56-64.

3. Rosado, *Pedro Albizu Campos*, 227-228.

4. A. W. Maldonado, *Luis Muñoz Marín: Puerto Rico's Democratic Revolution* (San Juan: Editorial Universidad de Puerto Rico, 2006), 152. Ver también Miñi Seijo Bruno, *La insurrección nacionalista en Puerto Rico, 1950* (Río Piedras, Puerto Rico, Editorial Edil, 1989), 14. Stephen Hunter y John Bainbridge, Jr., *American Gunnfight: The Plan to Harry Truman and the Shoot-Out that Stopped It* (Nueva York: Simon & Schuster, 2005), 109.

5. Ribes Tovar, *Albizu Campos*, 56-64. Ver también Rosado, *Pedro Albizu Campos*, 227-228.

6. "La Borinqueña" es el himno nacional del Estado Libre Asociado de Puerto Rico. El título se refiere al nombre aborigen taíno de la isla de Puerto Rico: Borinkén o Borinquen. La música se le atribuyó originalmente a Félix Astol Artés en 1867. Al año siguiente, Lola Rodríguez de Tió compuso un poema en honor a la revolución de 1868 conocida como el Grito de Lares. El poema se adaptó a la música de Astol Artés y se le llamó "La Borinqueña". He aquí un segmento de la letra revolucionaria original:

> *¡Despierta, borinqueño, que han dado la señal!*
> *¡Despierta de ese sueño que es hora de luchar!*
> *El Grito de Lares se ha de repetir y entonces sabremos: vencer o morir.*

Después de la ocupación estadounidense de 1898, la popular letra revolucionaria se consideró demasiado subversiva, y Manuel Fernández Juncos compuso otra letra menos agresiva en 1903. La melodía fue adoptada oficialmente como himno del

ELA en 1952 utilizando la letra más suave. Sin embargo, hasta ese momento, cantar "La Borinqueña" estuvo prohibido en Puerto Rico. En 1937 enfureció a la Policía y contribuyó a provocar la Masacre de Ponce. Desde 1948 hasta 1957, bajo la Ley de la mordaza, cantar "La Borinqueña" fue un delito grave y causa para encarcelamiento de varios años.

7. Fotógrafo Ángel Lebrón Robles, publicado en *El Mundo*, 22 de marzo de 1937, 5.

8. "Puerto Rico Case Speeded", *The New York Times*, 9 de febrero de 1938.

9. Fotógrafo Carlos (*Aguilita*) Torres Morales, publicado en *El Imparcial*, 1 de abril de 1937, 1.

10. A. Castro, Jr., "Once muertos y más de ciento cincuenta heridos en Ponce", *El Mundo*, 23 de marzo de 1937, 1,5. Ver también Ribes Tobar, *Albizu Campos*, 84.

11. Manuel de Catalán, *Florete*, 27 de marzo de 1937, 11.

12. Carlos Torres Morales, "Lo que vi en Ponce", *El Imparcial*, 2 de abril de 1937, 28, 29.

13. Juan Antonio Corretjer, *Albizu Campos y la Masacre de Ponce* (Nueva York: World View Publishers, 1965), 16-23; Juan Ortiz Jiménez, *Nacimiento del cine puertorriqueño* (San Juan: Editorial Tiempo Nuevo, 2007), 43-58.

14. Rafael V. Pérez Marchand, *Reminiscencia Histórica de la Masacre de Ponce* (San Lorenzo, Puerto Rico, Partido Nacionalista de Puerto Rico, Movimiento Liberador de Puerto Rico, 1972), 24.

15. Juan Antonio Corretjer, *Albizu Campos y la Masacre de Ponce* (Nueva York, World View Publishers, 1965) 23; Carmelo Rosario Natal, "Luis Muñoz Marín, Arthur Garfield Hays y la Masacre de Ponce: Una revelación documental inédita", en *Kalatbos-Revista Transdisciplinaria* (San José: Universidad Interamericana de Puerto Rico, Recinto Metro, 2007), 10; Rosado, *Pedro Albizu Campos*, 278-279; Katherine Rodríguez-Pérez, *Reports on the Ponce Massacre: How the U.S. Press Protected U.S. Government Interests in the Wake of Tragedy* (Middletown, CT: Wesleyan University, 2010), 86-93.

16. Fotógrafo Carlos (*Aguilita*) Torres Morales, publicado en *El Imparcial*, 4 de abril de 1937, 7.

17. "Revuelta de puertorriqueños, 7 mueren en Puerto Rico", *Detroit News*, 22 de marzo de 1937, 1.

18. "Conteo de muertos en Puerto Rico alcanza 10; otros en estado grave", *The Washington Post*, 23 de marzo de 1937, 14.

19. "Revuelta de puertorriqueños, 7 mueren", *Detroit News*, 22 de marzo de 1937, 1.

20. Rodríguez-Pérez, *Informe sobre la Masacre de Ponce*, 66.

21. "Revuelta en Puerto Rico parece haber estado planificada", *The New York Times*, 23 de marzo de 1937, 9; R. Menéndez Ramos, "Desde Puerto Rico", *The Washington Post*, 1 mayo de 1937, 8.

22. "Muertos en revuelta en Puerto Rico llegan a 10; otros graves", 14; "Primeras fotografías de revuelta fatal en Puerto Rico", *The New York Times*, 24 de marzo de 1937, 5; Harwood hull, "Choque enciende lucha en Puerto Rico", *The New York*

Times, 28 de marzo de 1937, 63; "A. G. Hays en Puerto Rico", *The New York Times*, 14 de mayo de 1937.

23. "A. G. Hays en Puerto Rico", 7.

24. "Permite evidencia de complot en juicio en Puerto Rico", *The New York Times*, 18 de septiembre de 1937, 8.

25. Ibíd.

26. "Puerto Rico: las armas vuelven a disparar", *The Washington Post*, 28 de marzo de 1937, 3

27. "Puerto Rico teme nuevas revueltas proindependencia", *The Washington Post*, 28 de marzo de 1937, 3.

28. J. M. Clark, "¿Qué destino?", *The Washington Post*, 3 de noviembre de 1937, 9.

29. Arthur Garfield Hays y la Comisión Investigativa sobre Derechos Civiles en Puerto Rico, *Informe de la Comisión Investigativa sobre Derechos Civiles en Puerto Rico*, Nueva York, 1937, 41.

30. Castro, "Once muertos y más de ciento cincuenta heridos en Ponce", 1, 4; José E. Pujals y Castro-Combas, "Aumentan a quince los muertos en Ponce", *El Mundo*, 23 de marzo de 1937, 1; "Gruening pide informe por cable sobre los sucesos de Ponce", *El Mundo*, 23 de marzo de 1937, 1; "Para que las investigaciones se hagan con prontitud y energía", *El Mundo,* 23 de marzo de 1937, 1-10; "¡Al gesto altivo, la traición a Tera!", *El Imparcial*, 1 de abril de 1937, 1,2; Cayetano Coll y Cuchí, "Falsa leyenda de una foto", *El Imparcial*, 1 de abril de 1937, 1,2; "El pueblo relata los crímenes de Ponce", *El Imparcial,* 1 de abril de 1937, 3, 25; "Ejercite su juicio en bien de la justicia", *El Imparcial*, 2 de abril de 1937,2; Torres Morales, "Lo que vi en Ponce", 28, 29.

31. *El Imparcial*, 4 de abril de 1937, 19.

32. *El Mundo*, 24 de mayo de 1937, 9.

33. Hays y la Comisión Investigativa, *Informe de la Comisión Investigativa sobre Derechos Civiles en Puerto Rico*, 62.

34. Ribes Tovar, *Albizu Campos*, 84.

Capítulo 8: Es solo Chinatown

1. Federico Degetau, el primer comisionado residente de Puerto Rico en Washington, hablando al Congreso de Estados Unidos. Ver *Congressional Record*, 55th Congress, 2nd Session, 1905, 4467.

2. Manuel Maldonado Denis, *Puerto Rico, A socio-historic Interpretation* (Nueva York: Random House, 1972), 77.

3. Roberto H. Todd, uno de los fundadores del Partido Republicano de Puerto Rico y alcalde de San Juan por veinte años (1903-1923), redactó el más abarcador tratamiento de este asunto. Todd tuvo un rol preponderante en las decisiones y acciones de los primeros gobernadores americanos. Quien lea su libro termina convencido de que los gobernadores coloniales que desfilaron por Puerto Rico durante las primeras cuatro décadas del siglo xx fueron, con contadas excepciones, la viva

ilustración de la ineptitud, la insolencia y la falta de respeto hacia la isla entera. Ver Roberto H. Todd, *Desfile de gobernadores de Puerto Rico*, 2ª edición, (Madrid: Ediciones Iberoamericanas, 1966).

4. Charles H. Allen, *First Annual Report of Governor of Porto Rico* (Washington, D. C.: Government Printing Office, 1901), fotografías 12, 13, 15.

5. Ibíd, fotografías 14, 15.

6. Ibíd, fotografías 16, 17.

7. Ibíd, fotografías 17.

8. Ibíd, 55-80, 137-305. Ver también Thomas Aiken, *Poet in the Fortress: The Story of Luis Muñoz Marín* (Signet Books, 1964), 60-62; Maldonado Denis, *Puerto Rico*, 70-76.

9. Allen, *First Annual Report*. Ver también Thomas Aiken, *Poet in the Fortress*, 60-62.

10. Allen, *First Annual Report*, 97-98.

11. Ibíd, 29.

12. Ibíd, 41.

13. Ibíd, 99.

14. Ibíd, 99.

15. Ibíd, 39.

16. Ibíd, 39.

17. Ibíd, 40.

18. Ibíd, 39.

19. *Second Annual Report of William H. Hunt*, Governor of Porto Rico, 1902.

20. César J. Ayala, *American Sugar Kingdom* (Chapel Hill: University of North Carolina Press, 1999), 45-47.

21. "Federal Attack on Sugar Trust", *The New York Times*, 29 de noviembre de 1910. Ver también, Leonard J. Arrington, *Best Sugar in the West, 1891-1966* (Seattle: University of Washington Press, 1966), 54-55.

22. "Charles Allen Resigns", *The New York Times*, 15 de junio de 1915. "Sold Beet Sugar Stock: President Allen Says Sugar Trust Tried to Conform to the Law", *The New York Times*, 1 de abril de 1914.

23. *The New York Times*, 21 de noviembre de 1921, 1, 5.

24. En su correspondencia personal con el presidente Warren Harding, Reily alegó haber sido "director de campaña de Warren Harding antes de la Convención del Oeste y de haber contribuido con 11.000 dólares a su fondo de campaña. Ver *Reily to Harding*, 21 de septiembre de 1921. E. Mont Reily Papers, Manuscript Division, New York Public Library, Nueva York.

25. *La Democracia*, 19 de julio de 1921, 4. Ver también *Congressional Record*, 67th Congress, 2nd session, March 2, 1922, 3302; *Congressional Record*, 67th Congress, 4th session, March 1, 1923, 5030.

26. *El Tiempo*, 30 de julio de 1921, 4. Ver también Marisa Rosado, *Pedro Albizu Campos: Las llamas de la aurora*, 5ª edición. (San Juan: Ediciones Puerto; 2008), 210-215.

27. Archivos del Bureau of Insular Affairs, registros del Departamento de Guerra, Archivos nacionales, archivos "P", *E. Mont. Reily*. El general Frank McIntyre trató de advertirle a Reily sobre su fraseología plural al referirse a Puerto Rico en su discurso. Le envió este mensaje: "Noté que se refiere a *Porto Rico* como 'estas islas'. Es costumbre referirse a *Porto Rico* como una isla sola".

28. *La Democracia*, 1 de agosto de 1921; 2 de agosto de 1921, 1.

29. *La Correspondencia*, 1 de agosto de 1921; 2 de agosto de 1921, 1.

30. *El Mundo* (San Juan), 1 de agosto de 1921, 1.

31. *El Tiempo*, 30 de julio de 1921, 2. Interesantemente, *The New York Times* presentó una perspectiva completamente diferente del discurso inaugural de Reily. La plana mayor del *The Times* habla por sí sola: "E. Mont. Reily causa vítores cuando dice que la bandera americana es la única bandera para la isla". *The New York Times*, 31 de julio de 1921, 8.

32. *La Democracia*, 29 de octubre de 1921, 4.

33. Todd, *Desfile de gobernadores de Puerto Rico*, 66-69.

34. Reily a Harding, 19 de abril de 1922, Papers Reily.

35. Ibíd, 3 de mayo de 1922.

36. Ibíd, 28 de septiembre de 1921.

37. Ibíd, 10 de mayo de 1922.

38. Ibíd, 19 de octubre de 1922.

39. E. Mont. Reily, *Twenty-First Annual Report of Governor of Porto Rico* (Washington, D. C., Government Printing Office, 1921), 41.

40. Esto fue una pequeña exageración. Los records muestran que de los 642 días desde que juramentó como gobernador de Puerto Rico (16 de mayo de 1921) hasta el día de su renuncia (16 de febrero de 1923), Reily se ausentó de la isla un total de 204 días. Esto representó el 31,8 por ciento del tiempo, casi una tercera parte. Ver Truman R. Clark, *Puerto Rico and the United States 1917-1933* (Pittsburgh, PA: University of Pittsburgh Press, 1975), 60.

41. Córdova Dávila a Harding, 29 de diciembre de 1921, Warren G. Harding Papers, caja 252, Ohio State Historical Society, Columbus, Ohio.

42. Weeks a Harding, 29 de diciembre de 1921, Harding Papers, caja 252.

43. Reily a Harding, 17 de diciembre de 1921, Reily Papers.

44. Reily, *Twenty-First Annual Report*, Exhibit "B".

45. *The New York Times*, 8 de abril de 1922, 1; 11 de abril de 1922, 3.

46. *The New York Times*, 1 de junio de 1922, 2; 4 de junio de 1922, 12.

47. Reily a Harding, 19 de abril de 1922; Reily Papers; Harding a Reily, 2 de agosto de 1922, Reily Papers.

48. Alfonso Lastra Chárriez, "I Accuse", *Nation* 115, nº 2983 (6 de septiembre de 1922); 236-237.

49. Towner a Harding, 11 de abril de 1922, Harding Papers, caja 252.

50. Weeks a Reily, 29 de diciembre de 1921, Harding Papers, caja 252.

51. *The New York Times*, 26 de noviembre de 1921, 3 de abril de 1922.

52. Thomas George Mathews, *Puerto Rican Politics and the New Deal* (Gainesville: University of Florida Press, 1960), 56.

53. A. W. Maldonado, Luis Muñoz Marín: *Puerto Rico's Democratic Revolution* (San Juan: Editorial Universidad de Puerto Rico, 2006), 69.

54. Esto es especialmente cierto en las culturas latinoamericanas, donde lo peor que se le puede hacer a una figura masculina de autoridad es convertirlo en objeto de ridículo. Ver la discusión del valor de *dignidad* por John P. Gillin en "Some Signposts for Policy", *Social Change in Latin America Today*, ed. Richard N. Adams *et al.* (Nueva York: Vintage Press, 1960), 29-33.

55. Clark, *Puerto Rico and the United States*, 60.

56. Mike McCormick, "Man Wanted to Transform Newspaper", *Terre Haute Tribune Star*, 23 de septiembre de 2001.

57. Mike McCormick, "Schools, Churches Were Beneficiaries of Post Editor's Wealth", *Terre Haute Tribune Star*, 30 de septiembre de 2001.

58. Luis Muñoz Marín, *Memorias: 1898-1940* (San Juan: Fundación Luis Muñoz Marín, 2003), 116.

59. Hubert Herring, "Rebellion in Puerto Rico", *Nation* 137 (29 de noviembre de 1933), 618-619.

60. Stuart McIver, "Book Review: Past the Edge of Poverty", Fort Lauderdale Sun-Sentinel, 31 de marzo de 1991.

61. Aitken, *Poet in the Fortress*, 101.

62. Maldonado, Luis Muñoz Marín, 102-103.

63. Aitken, *Poet in the Fortress*, 101.

64. Maldonado, Luis Muñoz Marín, 107.

65. Aiken, *Poet in the Fortress*, 102.

66. Maldonado, Luis Muñoz Marín, 107-108.

67. Muñoz Marín, *Memorias*, 114. Ver también Maldonado, *Luis Muñoz Marín*, 108-109.

68. Paul A. Gore, *Past the Edge of Poverty: A Biography of Robert Hays Gore*. Rpt.ed. (Notre Dame, IN: University of Notre Dame, 1993).

69. McCormick, "Schools, Churches Were Beneficiaries".

70. Herring, *Rebellion in Puerto Rico*, 619-619.

71. Maldonado, *Luis Muñoz Marín*, 108-109. Ver también Arturo Morales Carrión, *Puerto Rico: A Political and Cultural History* (Nueva York: Norton Press, 1983).

72. Maldonado, *Luis Muñoz Marín*, 119.

73. Ibíd., 111.

74. Wesley E. Higgins y Paul A. Gore, "Robert H. Gore: An Orchid Legacy", *American Orchid Society*, enero de 2009.

75. Maldonado, Luis Muñoz Marín 119.

76. Muñoz Marín, *Memorias*, 127. También Maldonado, *Luis Muñoz Marín*, 121.

77. César Ayala y Rafael Bernabé, *Puerto Rico in the American Century: A History since 1898* (Chapel Hill: University of North Carolina Press, 2007), 136. Ver también "A Death Penalty Case in Puerto Rico", *The New York Times*, 4 de febrero de 2013; Aitken, *Poet in the Fortress*, 105; Iván Román, "U.S. Judge Kills Death Penalty in Puerto Rico", *Orlando Sentinel*, 19 de julio de 2000. En 1994 un juez federal dictaminó que la pena muerte federal no se podía aplicar a Puerto Rico pues en la Constitución de Puerto Rico ya existe una prohibición de la pena de muerte. Sin embargo, el Tribunal de Apelaciones del Primer Circuito revocó esta decisión, y la Corte Suprema de Estados Unidos ratificó el Primer Circuito. Ver Acosta-Martínez v. Estados Unidos, 535 US 906 (2002). A fecha presente, aunque la Constitución de Puerto Rico prohíbe la pena de muerte, Estados Unidos se reservó el derecho de imponerla.

78. Rosado, *Pedro Albizu Campos*, 235. También ver Federico Ribes Tovar, *Albizu Campos, Puerto Rican Revolutionary* (Nueva York: Plus Ultra Publishers, 1971), 61.

79. Public Works Administration, Puerto Rico, PWA PR 1012-F, Graving Dock, 1 de julio de 1936-30 de junio de 1941 (National Archives Microfilm Publication PM0007, Roll 8504); Blanton Winship a Hon. Harold I. Ickes, 19 de enero de 1937, Record Group 135, National Archives College Park, Maryland.

80. El alcance del proyecto de Winship aumentó mucho más allá de la base naval aérea a un total de 771 proyectos a través de toda la isla, autorizado a un "costo total estimado de 112.570.000 de dólares excluyendo los pagos y costos de material en exceso". Ver USN-SMA, *Final Report and Factual Survey*, vol. 1, General Report, Contract NOy 1680, Madigan-Hyland Co., 22 de marzo de 1943, prólogo e introducción, 2. El comandante H.W. Johnson, oficial a cargo de construcción del Contrato NOy-1680, y también comandante del Décimo Distrito Naval, asumió de inmediato la supervisión de casi todos los proyectos. Esto resultó en la típica corrupción corporativa, tráfico de influencia y amiguismo. A pesar de que los trabajos le dieron empleo a muchos trabajadores y empresas locales, las referencias en toda la correspondencia con los contratistas muestran una marcada preferencia por trabajadores y contratistas expatriados norteamericanos. "Aproximadamente noventa empleados han sido transportados desde Estados Unidos a San Juan para llenar posiciones de supervisor, operador de máquinas y mecánicos de oficios calificados." Ver Oficial a cargo, contrato NOy-3680, NAS, San Juan a jefe de BuDocks, Report of Progress and Procedures, May 17, 1940, BuDocks, contrato NOy-3680, RG 71, caja 548, vol. 11. También caracterizó "la mano de obra nativa" como relativamente ineficiente pero "satisfactoria en general" después de un moderado esfuerzo de entrenamiento.

Este patrón de importar mano de obra norteamericana para los puestos mejor pagados y la caracterización de los obreros puertorriqueños como perezosos se repetiría en todos los proyectos de construcción de los próximos tres años de Vieques y Ensenada Honda. En la misma carta, el comandante Johnson también informó sobre la contratación de la firma Standard Dredging Corporation, de Baltimore, después de despedir de manera abrupta al subcontratista local, Félix Benítez Rexach, quien había sido contratado el 30 de diciembre de 1939 y despedido el 4 de marzo de 1940, después de solo dos meses de trabajo.

Los elementos más costosos de los contratos comenzaron a marginar la economía local a medida que el dinero flotaba hacia corporaciones norteamericanas conectadas al comandante H. W. Johnson y sus aliados comerciales. Estos proyectos públicos de gran escala fueron de poco beneficio al proveer trabajo temporero a obreros de bajo nivel, mientras la Marina y las corporaciones norteamericanas devengaron ganancias masivas en forma de propiedad, hegemonía y capital.

81. Aitken, *Poet in the Fortress*, 105-106; Maldonado, *Luis Muñoz Marín*, 118-120.

82. "Nature Ramblings: Admirals Wearing Spurs", *Science News Letter* (Society for Science and the Public) 27 (30 de marzo de 1935), 29.

83. En el seno del Congreso de Estados Unidos, el 14 de agosto de 1939, el congresista Vito Marcantonio declaró:

> En sus cinco años como gobernador de Puerto Rico, el señor Blanton Winship destruyó los últimos vestigios de derechos civiles en Puerto Rico. Hay patriotas que fueron entrampados en la misma mansión ejecutiva y encarcelados sin el debido proceso de ley. Hombres, mujeres y niños han sido masacrados en las calles de la isla simplemente porque se atrevieron a expresar su opinión y a congregarse en asamblea libre. Los ciudadanos han sido aterrorizados. Las cortes perdieron todo su prestigio por las malas influencias que actuaron con el conocimiento y consentimiento del señor Winship. Los trabajadores han sido perseguidos y baleados cada vez que intentaron ejercer su derecho a la huelga y organizarse y protestar contra los sueldos abominables que recibían de los amigotes de Winship". Ver *Congressional Record*, 76th Congress, 1st session, August 14th, 1939. Representante Vito Marcantonio (D-NY).

84. Rosado, *Pedro Albizu Campos*, 225-228. Ver también Ribes Tovar, *Albizu Campos*, 56-57.

85. Maldonado, *Luis Muñoz Marín*, 138.

86. Ibíd.

87. Miñi Seijo Bruno, *La insurrección nacionalista en Puerto Rico, 1950* (Río Piedras, Puerto Rico, Editorial Edil, 1989), 14. Ver también Ribes Tovar, *Albizu Campos*, 61; Ronald Fernández, *Los Macheteros: The Wells Fargo Robbery and the Violent Struggle for Puerto Rico Independence* (Nueva York: Prentice Hall, 1987), 144.

88. "Two in Puerto Rico Kill Police Head and Are Shot Dead", *The New York Times*, 24 de febrero de 1936.

89. Rosado, Pedro *Albizu Campos*, 232-235.

90. Ibíd., 234.

91. "Disparen para que vean cómo muere un hombre", *El Imparcial*, 25 de febrero de 1936.

92. Ribes Tovar, *Albizu Campos*, 59.

93. Desde el seno de la Cámara de Representantes federal, el 14 de agosto de 1939, el congresista Vito Marcantonio describió el estado policiaco creado por Blanton Winship: "La policía insular fue militarizada y transformada de una organización honesta a una de provocadores y asesinos, como la que existió en los peores días de la Rusia imperial. Nerón tocó la lira mientras los cristianos eran masacrados en la antigua Roma. Winship bebía cócteles y bailaba en el palacio gubernamental mientras la Policía perseguía y mataba despiadadamente a los ciudadanos puertorriqueños". Ver *Congressional Record*, 76th Congress, 1st session, August 14th, 1939. Representante Vito Marcantonio (D-NY).

94. *El Imparcial*, 25 de febrero de 1936.

95. Ibíd., 26 de febrero de 1936.

96. Ribes Tovar, *Albizu Campos*, 57-63.

97. *Report to Commanding General, Second Corps Area*, Governors Island, Nueva York, 16 de julio de 1936, 230-231.

98. Rosado, *Pedro Albizu Campos*, 256-258.

99. Ribes Tovar, *Albizu Campos*, 75.

100. Rosado, *Pedro Albizu Campos*, 224-238.

101. Maldonado, *Luis Muñoz Marín*, 145.

102. "Continúa investigándose la trágica muerte del coronel Riggs", *El Mundo*, 25 de febrero de 1936, 1.

103. Juan Antonio Corretjer, *Albizu Campos y la Masacre de Ponce* (Nueva York: World View Publishers, 1965), 23. Ver también Rafael V. Pérez-Marchand, *Reminiscencia histórica de la Masacre de Ponce* (San Lorenzo, Puerto Rico, Partido Nacionalista de Puerto Rico, Movimiento Libertador de Puerto Rico, 1972), 24.

104. Rosado, *Pedro Albizu Campos*, 279-281. Ver también Maldonado, *Luis Muñoz Marín*, 145.

105. Ribes Tovar, *Albizu Campos*, 88-89; Maldonado, *Luis Muñoz Marín*, 153.

106. *Congressional Record*, 76th Congress, 1st session, August 14th, 1939. Congresista Vito Marcantonio (D-NY).

107. *Congressional Record*, 76th Congress, 1st session, August 14th, 1939. Congresista Vito Marcantonio (D-NY).

108. Albor Ruiz, "U.S. Forgot that an All-Volunteer Puerto Rican Unit, the Borinqueneers, Fought Bravely", *New York Daily News*, 29 de mayo de 2011.

109. Capitán Matthew Firing, "JAG Celebrating its 233rd Anniversary Today", *Gold Standard*, 30 de julio de 2008. Ver también US Army, Judge Advocate General's Corps, *The Army Lawyer: A History of the Judge Advocate General's Corps, 1775-1975* (Washington, DC's US Government Printing Office, 1975), 149-151.

Capítulo 9: *Las carpetas*

1. "The Sad Case of Porto Rico", *American Mercury* 16, nº 62 (febrero de 1929), re-impreso en Kal Wagenheim y Olga Jiménez de Wagenheim, *The Puerto Ricans: A Documentary History* (Princeton, NJ: Markus Weiner Publications, 1973); 153-161.

2. "G-Men federales enviados a Puerto Rico", *El Imparcial*, 20 de febrero de 1936. Ver también Ramón Bosque-Pérez y J. J. Colón Morera, eds., *Las carpetas: persecución política y derechos civiles en Puerto Rico: ensayos y documentos* (Río Piedras, Puerto Rico, Centro para la Investigación y Promoción de los Derechos Civiles en Puerto Rico, 1997), 56-57.

3. Los cinco jefes de la Policía Insular que estudiaron en la Academia Nacional del FBI fueron Astol Calero Toledo y Salvador T. Roig (clase del 1946); Luis Maldonado Trinidad (1961); Jorge L. Collazo (1965), y Desiderio Cartagena (1968). Ver Bosque-Pérez, *Las carpetas*, 58.

4. César J. Ayala, "Polítical Persecution in Puerto Rico: Uncovering Secret Files", *Solidarity* 85 (marzo-abril de 2000). Ayala también publicó un incisivo estudio de la economía azucarera internacional de la primera parte del siglo xx. Ver César J. Ayala, *American Sugar Kingdom* (Chapel Hill: University of North Carolina Press, 1999).

5. Bosque-Pérez, *Las carpetas*, 58.

6. David M. Helfeld, "Discrimination for Polítical Beliefs and Associations", *Revista del Colegio de Abogados de Puerto Rico* 25, nº 1 (noviembre de 1964). Ver también Bosque-Pérez, *Las carpetas*, 61. La deferencia burocrática de la Policía Insular hacia el FBI se basaba en la estructura general de mando de las organizaciones de inteligencia estadounidense a través de Latinoamérica. El 24 de junio de 1940, el presidente Franklin Roosevelt ordenó que "el FBI deberá ser el responsable del trabajo de inteligencia extranjera en el hemisferio occidental", mientras que la División de Inteligencia Militar del Ejército (MID) y la Oficina de Inteligencia Naval (ONI) debe cubrir el resto del mundo". Ver G. Gregg Webb, "The FBI and Foreign Intelligence: New Insights into J. Edgar Hoover's Role", *Studies in Intelligence* 48, nº 1 (2004): 45-58.

El director del FBI, J. Edgar Hoover, no perdió tiempo para implantar la directriz presidencial. Solo una semana después, el 1 de julio de 1940, Hoover creó el Servicio Especial de Inteligencia (SIS) y su correspondiente estructura administrativa, y nombró a su director auxiliar, Percy *Sam* Foxworth, como su primer jefe. Ver Webb, "The FBI and Foreign Intelligece". El 16 de enero de 1942, el presidente Roosevelt formalizó la jurisdicción del Hemisferio Occidental del SIS con una directriz presidencial firmada, seguida el 14 de octubre de 1942 por un acuerdo jurisdiccional firmado entre el FBI, MID y ONI. Ver Webb, "The FBI and Foreign Intelligence."

7. Bosque-Pérez, *Las carpetas*, 134.

8. John Marino, "Apology Isn't Enough for Puerto Rican Spy Victims", *The Washington Post*, 28 de diciembre de 1999.

9. Bosque-Pérez, *Las carpetas*, 134.

10. Ayala, "Polítical Persecution in Puerto Rico".

11. Cynthis López-Cabán, "Compañía de seguridad en la UPR viene a carpetear, según la FUPI, *El Nuevo Día*, 12 de febrero de 2012.

12. Mireya Navarro, "Decades of FBI Surveillance of Puerto Rican Groups", *The New York Times*, 28 de noviembre de 1999.

13. Ibíd.

14. Ibíd.

15. Archivos del FBI, *COINTELPRO*, carpeta FBIHQ 105-93124, sección I, 2. Ver también Ward Churchill y Jim Vander Wall, *The COINTELPRO Papers* (Cambridge, MA: South End Press, 2002), 68.

16. Archivos del FBI, *COINTELPRO*, carpeta FBIHQ 105-93124, sección i, 20. Ver también Churchill y Wall, *The COINTELPRO Papers*, 69.

17. Ibíd., 21.

18. A. W. Maldonado, *Luis Muñoz Marín: Puerto Rico's Democratic Revolution* (San Juan: Editorial Universidad de Puerto Rico, 2006), 266-268; Marisa Rosado, *Pedro Albizu Campos: Las llamas de la aurora*, 5ª edición. (San Juan: Ediciones Puerto, 2008), 332-333; Ivonne Acosta Lespier, "The Smith Act Goes to Washington: La Mordaza, 1948-1957", en *Puerto Rico Under Colonial Rule*, ed. Ramón Bosque-Pérez (Albany: State University of New York Press, 2005); Stephen Hunter y John Bainbridge, Jr., *American Gunfight: The Plot to Kill Harry Truman—and the Shoot-Out that Stopped It* (Nueva York: Simon and Schuster, 2005), 173, 211; Pedro A. Malavet, *America's Colony: The Political and Cultural Conflict Between the United States and Puerto Rico* (Nueva York: New York University Press, 2004), 93.

19. Archivos del FBI, *Partido Nacionalista de Puerto Rico*, carpeta número SJ 100-3, vol. 3, sección I, 7-8.

20. "Arrestos en masa", *El Imparcial*, 3 de noviembre de 1950, 1-5. Ver también Carta a David Helfeld, Esq., asesor a la Comisión de Derechos Civiles, "Información sobre discriminación y persecusión para propósitos políticos", 1989, 49, según lo cita Rosado, *Pedro Albizu Campos*, 364. Ver también Bosque-Pérez, *Las carpetas*; 43-44. Ver también José Trías Monge, *Cómo fue: Memorias* (San Juan: Editorial Universidad de Puerto Rico, 2005), 154, 214-215. Las carpetas del FBI contienen referencias sobre cómo el gobernador Muñoz Marín utilizó la revolución de octubre como "un pretexto para realizar arrestos en masa en Puerto Rico de los líderes de todos los partidos de oposición". Ver archivos del FBI, *Luis Muñoz Marín*, carpeta número 100-5745, sección III, 285-291. Ver también, "Encarcelan a 170 en redada de terror en Puerto Rico", *Daily Worker*, 8 de noviembre de 1950, 9.

21. Archivos del FBI, *Luis Muñoz Marín*, carpeta número 100-5745, Sección I, 109.

22. Helfeld, "Discriminación por creencias y asociaciones políticas".

23. Marino, "Apology Isn't Enough for Puerto Rican Spy Victims".

24. Navarro, "Decades of FBI Surveillance of Puerto Rican Groups". El congresista José Serraño (D-NY) es una figura clave en la investigación de las carpetas. En "Dialogue: Open About FBI *Carpeta* Questions", *Puerto Rico Herald*, 9 de abril de 2000, Serraño escribió:

> Como el demócrata de más alto rango en el Subcomité de Comercio, Justicia, Judicatura, y Agencias Relacionadas, del Comité Congresional de Apropiaciones, el cual financia al FBI y otras agencias federales, tengo la obligación de asegurar

que la historia no se repita [...] Así de feo como es, el asunto de las carpetas del FBI es parte de la historia de Puerto Rico.

25. El uso de carpetas continuó hasta la segunda parte del siglo xx. El jefe de la División de Inteligencia del FBI, D. Milton Ladd, reconoció que existía un Índice de Seguridad con 10.763 notas de referencia acerca de "comunistas" y nacionalistas puertorriqueños en 1946. El índice de notas se mantuvo, y el 26 de julio de 1961, en un informe al presidente John F. Kennedy, su asesor McGeorge Bundy lo definió como "la lista de individuos a considerar para detención y arresto [...] en un momento de emergencia". Ver *Final Report of the Select Senate Committee to Study Governmental Operations with Respect to Intelligence activities*, 94th Congress, Session 2, Report No, 94-755, 14 de abril de 1976, 422, 465, 466.

La mayoría de estas notas del Índice de Seguridad estaban en uso durante una redada masiva de la isla entera por más de doscientos agentes de la Fuerza de Choque realizada en la madrugada del 30 de agosto de 1985. Saliendo de la Base Naval de Roosevelt Roads, los agentes invadieron 37 hogares y oficinas, arrestaron 85 independentistas con órdenes de arresto tipo "John Doe" que no especificaban cargo alguno. Destruyeron, confiscaron y "perdieron" considerable propiedad personal. Ver Alfredo López, *Doña Licha's Island: Modern Colonialism in Puerto Rico* (Boston: South End Press, 1988), 140-141. Ver también Ronald Fernández, *Los Macheteros: The Wells Fargo Robbery and the Violent Struggle for Puerto Rican Independence* (Nueva York: Prentice Hall, 1987), xi-xiv; Churchill y Wall, *The COINTELPRO Papers*, 82-90.

Entre los arrestados estaba Coqui Santaliz, una reportera para el *San Juan Star*, novelista, poeta, y pasada presidenta del capítulo puertorriqueño del PEN Club. Según reportó *The New York Times*, Santaliz afirmó que "una docena de agentes armados irrumpieron en su apartamento a las seis de la mañana de aquel viernes, ocuparon la propiedad por casi trece horas y confiscaron su maquinilla, miles de negativos, numerosas grabaciones de entrevistas y el borrador de una novela". Ver Edwin McDowell, "Writers Assail FBI Seizures in Puerto Rico", *The New York Times*, 3 de octubre de 1985; López, *Doña Licha's Island*, 140-141.

Un número de escritores apoyaron a Santaliz en Nueva York. Norman Mailer y Allen Ginsberg celebraron una rueda de prensa en las oficinas centrales del PEN Club. William Styron, Kurt Vonnegut, Gay Talese, y los oficiales y Junta de Directores del PEN Club también expresaron su "indignación por las violaciones a los derechos civiles de los escritores e intelectuales de Puerto Rico". A Mailer le pareció "extremadamente chocante que el borrador de la novela de Santaliz le fue confiscada y todavía no se le había devuelto". Ver McDowell, "Writers Assail FBI Seizures in Puerto Rico". Solo después de esta notable conferencia de prensa organizada por celebridades norteamericanas es que la propiedad de Coqui Santaliz fue devuelta.

26. Las represivas carpetas del FBI no fueron escritas y utilizadas en un vacío. Fueron creadas con la complicidad de cientos (tal vez miles) de informantes a lo largo de varias décadas. Ver Navarro, "Decades of FBI Surveillance of Puerto Rican Groups".

Esto incluye a los puertorriqueños que fueron torturados, amenazados, sobornados o puestos directamente en la nómina del FBI.

Durante los arrestos en masa que siguieron la revolución del 30 de octubre, algunos informantes que se habían hecho pasar por muchos años fueron arrestados y encarcelados junto con los demás. Esto le permitió al FBI continuar espiando e informando sobre los encarcelados desde dentro del sistema carcelario. Ver archivos del FBI, *Pedro Albizu Campos*, carpeta número 105-11898, sección X, 102-103 (Radiograma del FBI); ibíd., 25 ("Estado de salud del sujeto Pedro Albizu Campos antes del comienzo de su juicio"). Los "agentes dobles" arrestados incluyeron a mujeres atractivas a quienes les pagaron para enamorar y extraerles información a los nacionalistas. Los nombres ficticios de esas mujeres añadieron credibilidad a sus falsas historias. José Martínez Valentín discute el tema de estas Mata Hari boricuas en *La presencia de la policía en la historia de Puerto Rico: 1989-1995* (San Juan: Producciones Luigi, 1995), 97-101.

Para un tipo más delicado de traición, se puede estudiar la carrera y los escritos de José Trías Monge. Graduado de la Escuela de Derecho de Harvard (JD, 1943) y de la Universidad de Yale (PhD, 1947), Trías Monge fue la quinta esencia de la persona de confianza del gobierno por casi cuarenta años. Sirvió como subsecretario de Justicia de Puerto Rico (1949), secretario de Justicia (1953-1957), presidente del Senado de Puerto Rico (1969-1972), y juez presidente del Tribunal Supremo (1974-1985). También fue miembro del grupo que defendió el Estado Libre Asociado en las Naciones Unidas en 1953 y 1954, además de íntimo amigo personal y asesor del gobernador Muñoz Marín durante toda su gobernación de dieciséis años. Cuando Muñoz Marín avasalló la Legislatura de Puerto Rico con la Ley número 53 (la Ley de la mordaza) en 1947, y cuando utilizó las viejas listas del FBI para encarcelar a más de tres mil puertorriqueños en 1950, el honorable José Trías Monge estuvo ahí todo el tiempo, mirando por encima de su hombro. En ningún momento se dispuso a renunciar, a protestar, o a tratar de frenar al gobernador de su brutal asalto a las libertades civiles de toda la población del país.

En sus memorias, escritas durante los últimos días de su vida, Trías Monge finalmente admitió que la Ley 53 fue anticonstitucional y muy desacertada, y que "grandes injusticias" y "graves errores fueron cometidos" bajo la Ley de la mordaza. Las memorias también describen cómo Trías Monge estuvo al lado del gobernador, este abrió cajas con los nombres de personas que simplemente habían asistido a actividades como mítines políticos, o que habían escrito uno que otro artículo… y a todos los mandó a arrestar. En vez de renunciar como secretario de Justicia en protesta contra este monstruoso abuso constitucional, Trías Monge se quedó al lado de Muñoz dizque para "efectuar cambios desde adentro". Ver Trías Monge, *Cómo fue: Memorias*, 215, 218.

En los últimos años de su vida, Trías Monge también publicó *Puerto Rico: las tribulaciones de la colonia más antigua del mundo* (New Haven, CT: Yale University Press,

1997), donde denuncia el Estado Libre Asociado de Puerto Rico como fraudulento y mal disimulado colonialismo, aunque él mismo fue uno de los que ayudó a redactar la constitución de ese mismo ELA y la defendió ante las Naciones Unidas (en 1953-1954), alegando que Puerto Rico ya no era una colonia.

Este ataque de consciencia de última hora es un fenómeno frecuente en la política colonial: el oportunismo ocupacional y un síndrome de Estocolmo vitalicio a menudo permean las altas esferas sociales de la colonia. A esto le sigue una conveniente conversión en el lecho de muerte, justo a tiempo para enfrentarse a san Pedro y a disipar algo de la animosidad remanente hacia sus descendientes. Lamentablemente, la conversión de última hora de Trías Monge no ayudó en nada a los miles de boricuas que fueron arrestados, sentenciados y encarcelados, amen de las cientos de vidas profesionales arruinadas, los innumerables desaparecidos que fueron torturados y asesinados durante el tiempo en que él fue secretario de Justicia, presidente del Senado y juez presidente del Tribunal Supremo.

Capítulo 10: El gobernador

1. Edwin J. Emerson, Jr. —espía americano que visitó la isla y dibujó un mapa detallado para uso del Ejército de Estados Unidos— proveyó un relato vívido de los efectos físicos del bombardeo de San Juan en "Alone in Porto Rico" (*Century Magazine* 56, nº 5, septiembre de 1898):

> Los viejos fuertes y torres sufrieron daños severos. Más de veinte estructuras mostraban inmensos huecos y grietas en sus paredes. Los fragmentos de un solo cañonazo destrozaron el techo de un edificio, cayeron por el llamado salón del trono [...] y finalmente desfiguraron la fachada y las paredes traseras de varios edificios adyacentes, hiriendo gravemente a dos personas. Un anciano voló en pedazos [...] Las tiendas y comercios lucían vacías y abiertas, sin nadie que entrara a vender ni a comprar [...] Todos los carruajes, carrozas y vagones disponibles, al igual que los caballos, burros y hasta bicicletas, habían sido usados para llevar a la despavorida población a las montañas (668-669).

2. A.W. Maldonado, *Luis Muñoz Marín: Puerto Rico's Democratic Revolution* (San Juan: Editorial Universidad de Puerto Rico, 2006), 22.

3. Luis Muñoz Marín, *Memorias: 1898-1940* (San Juan: Fundación Luis Muñoz Marín, 2003), 26.

4. Thomas Aitken, *Poet in the Fortress: The Story of Luis Muñoz Marín* (Nueva York: Signet Books, 1964), 52.

5. Carmen T. Bernier-Grand, *Poet and Politician of Puerto Rico: don Luis Muñoz Marín* (Nueva York: Orchard Books, 1995), 10. Maldonado, *Luis Muñoz Marín*, 28.

6. Mack Reynolds, *Puerto Rican Patriot: The Life of Luis Muñoz Marín* (Springfield, OH: Crowell-Collier Press, 1969).

7. Muñoz Marín vivió con varios socialistas cubanos en la Calle 39 y Broadway. Esto comenzó en 1918 y continuó intermitentemente durante trece años. Muñoz Marín les contó de su niñez, incluyendo su "accidente" durante la clase de arte mientras estudiaba en Collegiate. Años después, estos socialistas conocieron a mi padre en Nueva York y quedaron en contacto conmigo después que a él lo deportaran a Cuba. Hablaron muy en detalle sobre Muñoz Marín y mantenían una actitud muy negativa sobre él. Ver también Bernier-Grand, *Poet and Politician of Puerto Rico*, 9-10.

Para ubicar a estos cubanos en contexto, el Partido Socialista Cubano, fundado por Diego Vicente Tejera, se disolvió pronto, en cuestión de meses. Ver Mario Averhoff Purón, *Los primeros palacios* (La Habana: Instituto Cubano del Libro, 1971), 29-30; Ciro Bianchi Ross, "Elecciones en Cuba antes de la revolución", *Juventud Rebelde*, 3 de octubre de 2007. En 1925 se formó el Partido Comunista de Cuba; se convirtió alrededor del 1944 en el Partido Socialista Popular. Ver Dieter Nohlen, *Elections in the Americas: A Data Handbook* (Cary, NC: Oxford University Press, 2005), 1:211. Los cubanos socialistas de Nueva York estaban ligeramente afiliados al Partido Comunista/Partido Popular Socialista y apoyaron la campaña de Eugene Debs para presidente de Estados Unidos en 1920, mientras este estaba en prisión.

8. Bernier-Grand, *Poet and Politician of Puerto Rico*, 15, 18-19; Maldonado, *Luis Muñoz Marín*, 30-33.

9. Aitken, *Poet in the Fortress*, 56.

10. Trumar R. Clark, *Puerto Rico and the United States, 1917-1933* (Pittsburgh, PA: University of Pittsburgh Press, 1975), 8, 12

11. Ibíd., 56-57.

12. Ibíd., 59, Maldonado, *Luis Muñoz Marín*, 29-30; Bernier-Grand, *Poet and Politician of Puerto Rico*, 12.

13. Bernier-Grand, *Poet and Politician of Puerto Rico*, 12; Maldonado, Luis Muñoz Marín, 29.

14. Muñoz Marín, *Memorias*, 29-33; Bernier-Grand, *Poet and Politician of Puerto Rico*, 14; Ver también Jesús Rexach Benítez, *Vida y obra de Luis Muñoz Marín* (San Juan: Editorial Edil, 1989).

15. Bernier-Grand, *Poet and Politician of Puerto Rico*, 14.

16. Muñoz Marín, *Memorias*, 30. Ver también Carmelo Rosario Natal, *La Juventud de Luis Muñoz Marín* (San Juan: Editorial Edil, 1989).

17. Maldonado, *Luis Muñoz Marín*, 31; Bernier-Grand, *Poet and Politician of Puerto Rico*, 14.

18. Muñoz Marín, *Memorias*, 34.

19. Ibíd., 34. La sala de baile de la calle 145 y Broadway era muy popular entre la comunidad cubana. La llamaban el Happy Hills Casino. En *Memorias*, Muñoz Marín escribe: "Yo estaba más interesado en visitar el salón de baile de Broadway arriba y en pasarme los domingos en la playa de Coney Island que en los ejércitos del káiser o las proclamas del presidente Wilson" (32).

20. A pesar de su nombre desagradable, "Nigger's Mike" se convirtió en un lugar conocido de música y entretenimiento. Presentaba a un mesero cantante llamado Izzy Baline, quien más tarde se hizo famoso como Irving Berlin. Su "cuartito de atrás" era notorio por sus juegos de azar y fumadera de opio. Hubo un momento en que "la mala fama de la cantina de Nigger's Mike llegó hasta Europa". Ver Stephen Birmingham, *The Rest of Us: The Rise of America's Eastern Jews* (Nueva York: Little, Brown & Co., 1984), 184-185. Ver también "Nigger Mike's Funeral: Bowery and Chinatown Notables Attend", *The New York Times*, 18 de diciembre de 1922.

21. Muñoz Marín mismo le dijo esto a los socialistas cubanos.

22. Bernier-Grand, *Poet and Politician of Puerto Rico*, 19. Unos años después, los socialistas cubanos notaron que Muñoz Marín se rascaba la nariz constantemente después de haber fumado opio. Esto comenzó a enfurecerlos cuando Muñoz incumplía cada vez más con su parte de la renta.

23. Maldonado, *Luis Muñoz Marín*, 33; Bernier-Grand, *Poet and Politician of Puerto Rico*, 19. Ver también Benítez, *Vida y obra de Luis Muñoz Marín.*

24. Muñoz Marín, *Memorias*, 34-35; Maldonado, *Luis Muñoz Marín*, 33-36.

25. Maldonado, *Luis Muñoz Marín*, 33; Bernier-Grand, *Poet and Politician of Puerto Rico*, 19; ver también Benítez, *Vida y obra de Luis Muñoz Marín.*

26. Maldonado, *Luis Muñoz Marín*, 38-39. Ver también Reynolds, *Puerto Rican Patriot.*

27. Aitken, *Poet in the Fortress*, 71.

28. Ibíd., 68. Ver también Bernier-Grand, *Poet and Politician of Puerto Rico*, 25.

29. Muñoz Marín, *Memorias*, 57; Maldonado, *Luis Muñoz Marín*, 49-50. Ver también Natal, *La juventud de Luis Muñoz Marín.*

30. Archivos del FBI, *Luis Muñoz Marín*, carpeta número 100-5745, sección I, 16, 18.

31. Los socialistas cubanos consideraron esto de una bajeza extrema. Para ellos, el abandono de su esposa e hijos por parte de Muñoz demostraba un carácter peor que su adicción al opio. Cuando se enteraron de ello en agosto del 1931, lo echaron del apartamento de la Calle 39 con Broadway. Ese mismo mes, Muñoz Marín regresó a Puerto Rico.

32. Kendall Taylor, Philip Evergood: *Never Separate from the Heart* (Cranbudy NJ: Associated University Press, 1987), 72. Ver también "Mme. Blanchard del 'Village' ha fallecido", *The New York Times*, 10 de enero de 1937.

33. En las propias palabras de Muñoz Marín, mientras su esposa criaba a sus dos niños, él vivió cuatro años de "vida e indigencia bohemia" desde el 1927 al 1931. Ver Muñoz Marín, *Memorias* (borrador inédito) (San Juan: Fundación Luis Muñoz Marín, 1974), 73; Maldonado, *Luis Muñoz Marín*, 70.

34. Los cubanos hicieron el "Greenwich Village Safari Tour" varias veces (no por el recorrido en sí, sino para estar presentes cuando Muñoz Marín cobraba sus servicios). De esta forma se aseguraban de que él pagaba su porción de la renta antes de

malgastarla en la fumadera de opio de Georgie Yee. Los cubanos también conocieron a Joe Gould y lo encontraron simpático, pero se cansaron de pagarle los tragos. Ver también Allen Churchill, *The Improper Bohemians: Greenwich Village in its Heyday* (Nueva York: Ace Books, 1959), 103-121; Albert Parry, *Garrets and Pretenders: Bohemian Life in America from Poe to Kerouac* (Mineola, NY: Dover Publications, 1960), 255-328.

35. Ibíd.

36. Archivos del FBI, *Luis Muñoz Marín*, carpeta 100-5745, sección I, 17.

37. Maldonado, *Luis Muñoz Marín*, 70-71.

38. Aitken, *Poet in the Fortress*, 82, 90.

39. Parry, *Garrets and Pretenders*, 316-319; Churchill, *The Improper Bohemians*, 318-325.

40. Este es un recuerdo de los socialistas cubanos.

41. La gente ha interpretado de varias maneras el regreso de Muñoz Marín a Puerto Rico. Algunos han dicho que él "quería ayudar a su pueblo". Otros han dicho que quería ayudar a su madre. Ver Benítez, *Vida y obra de Luis Muñoz Marín*; Bernier-Grand, *Poet and Politician of Puerto Rico*, 47-49; Aitken, *Poet in the Fortress*, 94-95. Los socialistas cubanos asumieron una postura más prosaica. Según ellos, se habían cansado del consumo de drogas de Muñoz y su morosidad en pagar su parte de la renta. Al enterarse de que su mujer e hijos estaban solos y sin un centavo en Puerto Rico, lo echaron del apartamento. Sin techo y sin dinero, Muñoz Marín regresó a la isla.

42. César J. Ayala, *American Sugar Kingdom* (Chapel Hill: University of North Carolina Press, 1999), 139, 140, 185, 187, 225.

43. Ibíd., 116-120.

44. Aitken, *Poet in the Fortress*, 60; Victor S. Clark, ed., *Porto Rico and Its Problems* (Washington, D. C.: Brookings Institution, 1930) 13, 21, 27; Manuel Maldonado-Denis, *Puerto Rico: A Socio-Historic Interpretation* (Nueva York: Random House, 1972), 74.

45. Maldonado, *Luis Muñoz Marín*, 79, 99; Aitken, *Poet in the Fortress*, 87.

46. Bernier-Grand, *Poet and Politician of Puerto Rico*, 50.

47. Muñoz Marín, *Memorias*, 117-127; Bernier-Grand, *Poet and Politician of Puerto Rico*, 49-56; Maldonado, *Luis Muñoz Marín*, 79-116; Aitken, *Poet in the Fortress*, 95-99.

48. Muñoz Marín, "The Sad Case of Porto Rico", *American Mercury* 16, nº 62 (febrero de 1929).

49. Aitken, *Poet in the Fortress*, 98; Muñoz Marín, *Memorias*, 107-108; Maldonado, *Luis Muñoz Marín*, 50-94-95. La adicción a las drogas de Muñoz Marín fue un tema recurrente durante toda su carrera. He aquí algunos puntos de referencia:

- Al poco tiempo de la muerte de su padre, Muñoz Marín escribió una obra teatral sobre Julio Herrera Reisseg, un poeta uruguayo adicto a la morfina. Ver Muñoz Marín, *Memorias*, 107.
- Rumores en Greenwich Village sobre su hábito de fumar opio se expandieron de Nueva York a Puerto Rico.

- El 12 de marzo de 1932, en la convención del Partido Liberal, Muñoz Marín se apoderó del podio para negar que él era adicto a la morfina. Ver Muñoz Marín, *Memorias*, 107-108; Maldonado, *Luis Muñoz Marín*, 94-95; Aitken, *Poet in the Fortress*, 98.
- En abril de 1943, un informe del FBI reportó que, según un informante confidencial, Muñoz Marín era "un adicto a los narcóticos". Ver archivos del FBI, *Luis Muñoz Marín*, carpeta número 100-5745, 109.
- Otro informe del FBI informa que Muñoz Marín "estuvo involucrado en un caso importante relacionado con narcóticos, pero no se hizo nada al respecto". Ver ibíd., 111.
- Aún otro informe del FBI cita su reputación como "El Moto de Isla Verde"; este era un apodo conocido del gobernador, quien a menudo se refugiaba en su segundo hogar en Isla Verde. Ver ibíd, sección III, 285-291.
- El 11 de junio de 1948, en un importante discurso en Manatí, Albizu Campos condenó a "los instrumentos de otros, los parásitos que [...] se esconden en palacios y se endrogan con morfina y beben ron todo el tiempo". El FBI grabó ese discurso y lo incluyó en sus archivos permanentes. Ver archivos del FBI, *Luis Muñoz Marín*, carpeta Sj 3-1,7. El discurso se reportó en dos ocasiones por *El Imparcial*, el 13 y el 15 de junio de 1948.
- Después de la fuga de prófugos que precedió la revolución del 30 de octubre de 1950, circuló un verso con una referencia directa al gobernador Muñoz Marín como adicto a las drogas. La referencia a "El Moto de Isla Verde" también se cita en los archivos del FBI, *Luis Muñoz Marín*, carpeta 100-5745, sección III, 285-291.

Me dicen que corre Cotto
está buscando al otro moto
el moto de Isla Verde
el moto que cada noche pierde
su sobriedad y sus dentaduras
en el culo de Harry Truman.

En sus memorias, Muñoz Marín discute el tema de la adicción a la morfina que continuamente resurgía a lo largo de su carrera. Negó ser un morfinómano. Ver Muñoz Marín, *Memorias*, 107-108

50. El tema principal de la primera campaña de Muñoz Marín para el Senado fue la independencia de Puerto Rico. Ganó las elecciones, pero no hizo nada por buscar la independencia. Ver Maldonado, *Luis Muñoz Marín*, 99.

51. H.L. Mencken inventó la frase "perros ladrándose como idotas durante toda la noche" en su descripción del estilo literario del presidente Warren G. Harding. Es muy apto para describir la legislatura puertorriqueña durante la primera parte del siglo xx. Después de la invasión americana, los legisladores puertorriqueños se volvieron cada vez más expertos en la obstrucción surrealista y jugar a conveniencia la carta de la

independencia para extorsionarle beneficios a Estados Unidos. El Partido Republicano insular asumió el rol de la "norteamericanización y eventual anexión de Puerto Rico como un estado de la Unión".

El partido Unión Puertorriqueña tomó la ruta contraria: exigiría la independencia para Puerto Rico, amenazaría a cada gobernador colonial con una revolución y después negociaría con esos mismos gobernadores los contratos de gobierno, las franquicias y los nombramientos gubernamentales. El gobernador E. Montgomery Reily fue tan torpe que se tomó a los unionistas en serio, declaró una guerra anticomunista contra ellos y se vio obligado a renunciar en total bochorno. Ver *The New York Times*, 26 de noviembre de 1921, 8; 3 de abril de 1922, I; Thomás George Mathews, *Puerto Rican Politics and the New Deal* (Gainesville: University of Florida Press, 1960), 56; Maldonado, *Luis Muñoz Marín*, 69; Clark, *Puerto Rico and the United States*, 60.

Lamentablemente, la "alianza" de la legislatura con los intereses norteamericanos a menudo se convertía en total complicidad. Poco después de que la fuerza policiaca del gobernador Blanton Winship asesinó a diecisiete personas en la Masacre de Ponce, la legislatura lo declaró "hijo adoptivo de Puerto Rico" y les echó la culpa a los nacionalistas por la masacre. Ver Maldonado-Denis, *Puerto Rico*, 126. Once años más tarde, esta misma legislatura pasó la Ley número 53, que le quitó a los puertorriqueños los derechos de la Primera Enmienda de la Constitución federal y permitió que miles fueran arrestados bajo sospecha de "deslealtad" a Estados Unidos.

52. Además de sus *Memorias*, Muñoz Marín publicó *Borrones*, una colección de poemas, cuentos cortos y un drama de un acto. Dos biografías sobre él son *Poet in the Fortress: The Story of Luis Muñoz Marín* y *Poet and Politician of Puerto Rico: don Luis Muñoz Marín.*

53. La campaña de Muñoz Marín en 1940 fue muy bien orquestada, utilizando un boletín que cubrió la isla entera (*El Batey*), una base electoral bien definida (los jíbaros campesinos), una amplia organización de base (comités en todos los 768 distritos rurales), y un lema inspirador: "Pan, tierra y libertad". Este lema fue especialmente acertado pues se basaba en la jerarquía de Abraham Maslow sobre las necesidades humanas.

Libertad = autorrealización
Tierra = seguridad
Pan = alimento

Para darle crédito a Muñoz, y como testamento a su perspicacia, este lema de 1940 antecedió la teoría de Maslow por tres años. Ver Abraham Maslow, "A Theory of Human Motivation", *Psychological Review* 50, nº 4 (1943); 370-396.

54. Maldonado, *Luis Muñoz Marín*, 241-244, 247-248, 251-252; Marisa Rosado, *Pedro Albizu Campos: Las llamas de la aurora*, 5ª edición (San Juan: Ediciónes Puerto, 2008), 321-324; Federico Ribes Tovar, *Albizu Campos: Puerto Rican Revolutionary* (Nueva York: Plues Ultra Publishers, 1971-), 97-99. Después de convertirse en gobernador, la administración de Dwight D. Eisenhower calladamente se le acercó en

1953 y 1954 con una renovada oferta de independencia para Puerto Rico. Ver Ronald Fernández, *The Disenchanted Island: Puerto Rico and the United States in the Twentieth Century*, 2ª edición (Westport, CT: Praeger Publishers, 1996), 187-191.

La Biblioteca Presidencial Eisenhower contiene una carpeta extensa —minutas de reuniones entre el president Eisenhower y el embajador a las Naciones Unidas Henry Cabot Lodge, Jr., cartas del embajador Lodge, llamadas teléfonicas del secretario de Estado John Foster Dulles y un memorándum del Departamento de Estado— que documenta dos ofertas de independencia a Puerto Rico, ambas hechas para engrandecer la imagen de Estados Unidos durante la guerra fría. La Biblioteca Eisenhower no contiene respuesta alguna del gobernador Muñoz Marín. Se presume que él entendía que, dados sus ocho años de abogar por la Estado Libre Asociado y en contra de la independencia, un cambio a favor de la independencia sería el final de su carrera política. Ver Biblioteca Presidencial Dwight D. Eisenhower para lo siguiente:

· Cita con el presidente para el viernes 20 de noviembre de 1953, y carta del embajador Lodge al presidente fechada el 18 de noviembre de 1953. Esta carta aparece en los archivos de Ann Whitman, serie administrativa, caja 23.
· Papeles del secretario de Estado Dulles, Serie de llamadas telefónicas, caja 2: este es un resumen de la conversación telefónica entre el embajador Lodge y el secretario Dulles.
· Memorándum del Departamento de Estado por el señor Mason Sears, fechado el 8 de enero de 1954, y sellado como "Top Secret". Este memorándum aparece en los archivos de Ann Whitman, serie administrativa, caja 23.

Capítulo 11: Cómo gobernar un país con un informe de una página

1. Archivos del FBI, *Luis Muñoz Marín*, carpeta número 100-5745, sección I, 3.
2. Ibíd., 11.
3. Ibíd., 16.
4. Ibíd., 32.
5. Ibíd., 112.
6. Ibíd., 18.
7. Ibíd., 4.
8. Ibíd., 2.
9. Ibíd., 62.
10. Ibíd., 18.
11. Ibíd., 31.
12. Ibíd., 109.
13. Ibíd., 18.
14. Ibíd., 110.
15. Ibíd., 112.

16. Ibíd., 113.
17. Ibíd., 110.
18. Ibíd., 19.
19. Ibíd., 5, 6, 12, 13, 24.
20. Ibíd., 59-61, 87-104.
21. Ibíd., 109.
22. Ibíd., sección 3, 285-291.
23. Ibíd., sección 1, 3.
24. Ibíd.
25. Ibíd., 122.
26. A. W. Maldonado, *Luis Muñoz Marín: Puerto Rico's Democratic Revolution* (San Juan: Editorial Universidad de Puerto Rico, 2006), 142; Frank Otto Gatell, "Independence Rejected: Puerto Rico and the Tydings Bill of 1936", *Hispanic American Historical Review* 38 (febrero 1958): 31-32. Es profundamente irónico que tres meses después de que Tydings radicara su proyecto de ley en 1936, a Albizu Campos y a ocho nacionalistas más los encarcelaron por exigir la misma independencia. Según esta lógica, si los puertorriqueños hubieran votado a favor de la ley de Tydings, la isla entera de Puerto Rico habría tenido que ser arrestada y encarcelada.
27. José Trías Monge, *Puerto Rico: Las tribulaciones de la colonia más antigua del mundo* (New Haven, CT: Yale University Press, 1999), 95; Marisa Rosado, *Pedro Albizu Campos: Las llamas de la aurora*, 5ª edición (San Juan: Ediciones Puerto, 2008), 239-243; Gatell, "Independence Rejected", 33, 34: Thomás Aitken, *Poet in the Fortress: The Story of Luis Muñoz Marín* (Nueva York: Signet Books, 1964), 172-173; Maldonado, *Luis Muñoz Marín*, 241-243.
28. Aitken, *Poet in the Fortress*, 172-173; Gatell, "Independence Rejected", 38; *La Democracia*, 20 de mayo de 1936; Maldonado, *Luis Muñoz Marín*, 174-175-, 241-243.
29. Maldonado, *Luis Muñoz Marín*, 241; Aitken, *Poet in the Fortress*, 172.
30. Maldonado, *Luis Muñoz Marín;* Ronald Fernández, *The Disenchanted Island: Puerto Rico and the United States in the Twentieth Century*, 2ª edición (Wesport, CT: Praeger Publishers, 1996), 154; Carlos Zapata Oliveras, *United States-Puerto Rico Relations in the Early Cold War Years* (tesis PhD, Universidad de Pennsylvania, 1986), 131-132.
31. Trías Monge, *Puerto Rico*, 108-110; César J. Ayala y Rafael Bernabé, *Puerto Rico in the American Century: A History Since 1898* (Chapel Hill: University of North Carolina Press, 2007), 156-157.
32. Ayala y Bernabé, *Puerto Rico in the American Century*, 157.
33. Juan Ángel Silén, *Historia de la nación puertorriqueña* (Río Piedras, Puerto Rico, Ediciones Edil, 1973), 276-277, 293-295. Ver también Roberta Ann Johnson, *Puerto Rico: Commonwealth or Colony?* (Nueva York: Praeger, 1980), 35. James L. Dietz, *Economic History of Puerto Rico* (Princeton, NJ: Princeton University Press, 1986), 235.

34. La bandera de Puerto Rico tiene una historia turbulenta y políticamente cargada. Durante cuatrocientos años, la bandera colonial de España presidió sobre todos los municipios. Durante el antiespañol Grito de Lares de 1868, los puertorriqueños asaltaron el cuartel de la Guardia Civil del pueblo de Lares y declararon la República de Puerto Rico, con su propia bandera revolucionaria. La revuelta fue rápidamente suprimida, y la mujer que bordó la bandera, Mariana Bracetti, fue encarcelada. Los rebeldes puertorriqueños diseñaron otra bandera el 24 de abril de 1897, la cual ondeó durante una segunda revuelta antiespañola conocida como la Intentona de Yauco. Después de que esta revuelta también fracasara, la bandera fue proscrita, aunque las penalidades no fueron fuertemente enforzadas. En 1948, la Ley número 53 prohibió el ser dueño de una bandera —no importaba cuán pequeña fuera o si estaba guardada en privado— so pena de encarcelamiento de varios años. Los hogares puertorriqueños fueron rebuscados y las personas fueron metidas en prisión. La Ley de la mordaza estuvo en vigor hasta el año 1957. En 1952, sin embargo, cuando Puerto Rico fue declarado un Estado Libre Asociado de los Estados Unidos, Muñoz Marín suavizó las restricciones sobre la bandera y adoptó la misma versión del 1892 (con pequeños ajustes para que se pareciera más a la bandera americana) que había enviado a la cárcel a muchos puertorriqueños. Esta supresión de un símbolo humano básico —la bandera de la patria— creó un afecto especial por la bandera puertorriqueña, que se expresa en un perenne canción popular:

Qué bonita bandera,
qué bonita bandera,
qué bonita bandera
es la bandera puertorriqueña.

Cantar esta canción, por supuesto, te habría enviado a la cárcel entre 1948 y 1957.

35. *El Universal*, 22 de mayo de 1948. Ver también Ruth Mary Reynolds, *Campus in Bondage* (Nueva York: Research Foundation of the City University of New York, 1989), 188-194.

36. *El Imparcial*, 27 de mayo de 1948. Los periodistas de *El Imparcial* eran los más "izquierdistas" de la isla. Esta reputación se solidificó cuando uno de sus fotógrafos, Carlos Torres Morales, tomó la foto principal de la Masacre de Ponce que provocó la investigación de la Comisión Hays y puso fin a la carrera política del gobernador Blanton Winship. Un informe del FBI de 1942 afirmó que *El Imparcial* tenía "la reputación de ser propiedad de y operado por simpatizantes del Partido Nacionalista". Archivos del FBI, *Partido Nacionalista de Puerto Rico*, carpeta SJ 100-3, vol. 23,4.

37. Reece B. González Bothwell, *Puerto Rico: cien años de lucha política* (Río Piedras, Puerto Rico, Editorial Universitaria, 1979), 3: 516.

38. Pedro Albizu Campos reveló los hábitos personales y recreativos de Luis Muñoz Marín en la mansión ejecutiva en su discurso del 11 de junio de 1948 en Manatí, Puerto Rico. Albizu obtuvo esa información de individuos que trabajaban en el personal

de La Fortaleza. Dos socialistas cubanos que habían vivido con Muñoz en Nueva York confirmaron la historia, al igual que otros dos nacionalistas de Caguas, Puerto Rico. Ver también los archivos del FBI, *Luis Muñoz Marín,* carpeta número 100-5745, sección 3, 285-291, que provee información adicional y referencias al uso habitual de drogas por parte de Luis Muñoz Marín.

39. La discusión del abuso de alcohol y drogas por parte de Muñoz Marín se estaba propagando tanto que un informe del FBI contiene referencias a su apodo como "El Moto de Isla Verde". Ver ibíd., 285-291. En varios informes del FBI, se informa de que cuando andaba en prolongadas borracheras, "no ingería alimento alguno a menos que sus amigos le forzaran a hacerlo, que bebía licor en exceso en lugares públicos hasta intoxicarse" y que en una visita al Escambrón, "tumbó todos los vasos de la mesa con su brazo" y estaba "tan ebrio que casi no se podía sostener por sus propios pies". Ver ibíd., sección 1, SJ 100-302, 18, 31, 113.

40. Jean Cocteau, *Opium: Journal d'une Désintoxication* (París: Editorial Stock, 1930), citado en Steven Martin, *Opium Fiend: A 21st Century Slave to a 19th Century Addiction* (Nueva York: Villard/Random House, 2012), 345. Muñoz era un gran admirador de los poetas, escritores y artistas surrealistas y simbolistas. Tenía especial afecto por Jean Cocteau y por el poeta uruguayo Julio Herrera y Reising, quien falleció por c ausa de su adicción a la morfina. Ver Luis Muñoz Marín, *Memorias: 1898-1940* (San Juan: Fundación Luis Muñoz Marín, 2003), 50-52, 57, 61, 107.

Capítulo 12; El nacionalista

1. Thomas Aitken, *Poet in the Fortress: The Story of Luis Muñoz Marín* (Nueva York: Signet Books, 1964), 34.

2. Un nacionalista que conoció a Albizu Campos desde sus primeros años en Ponce fue testigo y narrador de esta experiencia infantil durante la llegada del general Miles.

3. La fecha exacta del nacimiento de don Pedro ha sido muy debatida. Un biógrafo la pone como 12 de septiembre de 1891. Ver a Federico Ribes Tovar, *Albizu Campos: Puerto Rican Revolutionary* (Nueva York: Plus Ultra Publishers, 1971), 17. Para honrar esta fecha, los Macheteros, un grupo de revolucionarios puertorriqueños, se robaron siete millones de dólares de un depósito de la Wells Fargo en West Hartford, Connecticut, precisamente el 12 de septiembre de 1983, en el nonagésimo segundo aniversario de su nacimiento. Sin embargo, otras evidencias —su certificado de matrimonio de 1922, sus papeles de inducción al Ejército de Estados Unidos y su solicitud de ingreso a la Escuela de Derecho de Harvard— sugieren que Albizu Campos nació el 29 de junio de 1893. Su solicitud a Harvard es muy clara: está escrita a mano (presuntamente por él mismo) y declara que el 29 de junio de 1893 es su cumpleaños. Otro biógrafo determinó que esta evidencia es persuasiva. Ver Marisa Rosado, *Pedro Albizu Campos: Las llamas de la aurora*, 5ª edición (San Juan: Ediciónes Puerto, 2008).

4. Rosado, *Pedro Albizu Campos,* 40-52.

5. Ver "Albizu fue un niño prodigio", *Boston Globe,* 3 de noviembre de 1950, en el cual el doctor José Padín, Comisionado de Educación de Puerto Rico, declaró que "Pedro fue un niño prodigio que estuvo al frente de sus clases en la escuela superior y se convirtió en un orador hipnótico a temprana edad". Ver también Rosado, *Pedro Albizu Campos,* 45-47.

6. Andrew Schlesinger, *Veritas: Harvard College and the American Experience* (Chicago: Ivan R. Dee, 2005), 153. Ver también John T. Bethell, *Harvard Observed* (Cambridge, MA: Harvard University Press, 1998), 99-101.

7. Schlesinger, *Veritas,* 140; Bethell, *Harvard Observed,* 54-56. Ver también Waldron Kitzing Post, *Harvard Stories: Sketches of the Undergraduate* (Nueva York: G.P. Putnam's Sons, 1895).

8. John T. Bethell, Richard M. Hunt y Robert Shenton, *Harvard A to Z* (Cambridge, MA: Harvard University Press, 2004), 56-59.

9. Albizu hablaba perfecto inglés y español.También sabía hablar francés, italiano, portugués y alemán. Ver Rosado, *Pedro Albizu Campos,* 60.

10. Instituto de Cultura Puertorriqueña, *Imagen de Pedro Albizu Campos* (San Juan: Instituto de Cultura Puertorriqueña, 1973), 14-16; Rosado, *Pedro Albizu Campos,* 58-61.

11. Laura Meneses de Albizu Campos, *Albizu Campos y la independencia de Puerto Rico* (Hato Rey, Puerto Rico, Publicaciones Puertorriqueñas, 2007), 19-33.

12. Un número de fuentes, incluyendo los recientemente publicados informes del FBI, afirman que Albizu Campos era "antiamericano por causa del racismo que sufrió mientras sirvió en el Ejército de los Estados Unidos. Ver archivos del FBI, *Pedro Albizu Campos,* carpeta SJ 3-1, 2. Ver también Earl Parker Hanson, *Transformation: The Story of Modern Puerto Rico* (Nueva York: Simon & Schuster, 1955), 83. Ese alegato está equivocado en varios sentidos. En primer lugar, Albizu no era antiamericano; él sí estaba en contra de que los americanos fueran los dueños de Puerto Rico. Esta es una diferencia razonable, como si dijera: "No me importa tu mano, pero sácamela del bolsillo". En segundo lugar, el Ejército de Estados Unidos no hubiese sido el primer encuentro de Albizu con el racismo. Seguramente un año en la Universidad de Vermont (1912-1913) y cuatro años en la Universidad de Harvard (1913-1917), antes de ingresar al Ejército, le expusieron a claras y sutiles formas de racismo y discriminación. En tercer lugar, caracterizar la política de Albizu como una respuesta personal al racismo es trivializar e ignorar el asunto medular: la apropiación de Estados Unidos de la tierra puertorriqueña, de sus recursos naturales, su sistema legal, y su derecho a la autodeterminación. Resistirse a todo eso no es una venganza personal. Es sentido común.

13. Pedro Albizu Campos, *La conciencia nacional puertorriqueña,* ed. Manuel Maldonado-Denis (Cerro del Agua, México: Siglo Veintiuno Editores, 1972), 89-92, 121-190.

14. Ribes Tovar, *Albizu Campos,* 22-23; Rosado, *Pedro Albizu Campos,* 70-72.

15. Instituto de Cultura Puertorriqueña, *Imagen de Pedro Albizu Campos,* 16.

16. Ibíd., 16-17; Ribes Tovar, *Albizu Campos,* 29; Rosado, *Pedro Albizu Campos,* 91-93.

17. A la luz de las opciones profesionales que se le ofrecieron a Albizu, este voluntario abrazo a la pobreza en aras de un principio superior fue una carga dura para él y para su familia. En varias ocasiones se vio obligado a pedirle ayuda a otros. En una carta no fechada de los 1930, escribió lo siguiente a un amigo:

> Querido Pepe,
> Acabamos de pasar una noche terrible con mi pequeña hijita. Te ruego me envíes un pote de leche de magnesia, un sobrecito de lactosa y cinco centavos de bicarbonato. Si te es posible, por favor envíame 10 dólares, o lo que puedas.
> Sinceramente,
>
> ALBIZU

Ver Rosado, *Pedro Albizu Campos*, 94.

En otra ocasión, Albizu invitó a tres visitantes a cenar en su casa, pero su hija Rosita le dijo que no tenían suficiente de comer. Ver Casandra Rivera de Irizarry, "Anécdotas de la vida de don Pedro Albizu Campos", *Claridad*, 17 de septiembre de 1972. En otro momento, no tenían con qué pagar el costo del ómnibus público para su hijo Pedro. Ver Rosado, *Pedro Albizu Campos*, 97. Que tuviera que sufrir estas privaciones después de graduarse de la Escuela de Derecho de Harvard indica un firme compromiso con sus creencias medulares. Lamentablemente, su familia también pagó el precio con él. Ser podría escribir libro completo sobre el callado heroísmo de su esposa, Laura Meneses de Albizu Campos, quien crió tres niños en la pobreza extrema y bajo la continua vigilancia y amenaza del FBI, mientras su esposo pasaba veinticinco años en prisión. Su vida está marcada por el sufrimiento.

18. Archivos del FBI, tema: Pedro Albizu Campos. carpeta número 100-3906. Carta al director J. Edgar Hoover del agente A. C. Schlenker, 1-3.

19. Albizu Campos, *Albizu Campos y la independencia*, 61.

20. Albizu Campos, *La conciencia nacional puertorriqueña*, 62-81.

21. Rosado, *Pedro Albizu Campos*, 192-194. Ver también *New York World Telegraph*, 30 de junio de 1932: *Enquirer-Sun* (Columbus, Georgia), 11 de julio 1932. El artículo del *Enquirer-Sun* expresó una fuerte opinión sobre los bonos de la República de Puerto Rico: "Las autoridades federales debería detener la venta de estos bonos y arrestar a la Junta, aunque fuera por la sola razón de proteger a aquellos que pueden caer de víctimás. América tiene ya bastantes estafadores".

22. Ribes Tovar, *Albizu Campos*, 51-54.

23. César J. Ayala, *American Sugar Kingdom* (Chapel Hill: University of North Carolina Press, 1999), 238.

24. El discurso de don Pedro se reportó en *El Imparcial*, 15 de enero de 1934. Neruda vivía en España durante esa época. La caída de la dictadura de Miguel Primo de Rivera el 28 de enero de 1930, la instauración de la Segunda República en 1931, y las revueltas políticas en Cataluña, Valencia y Andalucía en 1933, iniciaron la radicalización de Neruda, y le ampliaron su perspectiva internacional. La publicación de las

estrofas finales de "Puerto Rico, Puerto Pobre" sucedió en la antología *Canción de gesta* (La Habana: Imprenta Nacional de Cuba, 1960), pero Neruda ya había comenzado sus escrituras políticas durante los años 1930-1934. Fueron estas líneas originales las que oyeron y recordaron los nacionalistas y obreros de caña, quienes asistieron a la manifestación en el 12 de enero de 1934.

25. Pablo Neruda, *Canción de gesta* (La Habana, Imprenta Nacional de Cuba, 1960). Ver también Pablo Neruda, *La poesía de Pablo Neruda*, ed. Ilan Stavans (Nueva York: Farrar, Straus & Giroux, 2005).

26. El Comité Ciudadano de los Mil por la Preservación de la Paz y el Orden estaba tan decidido a romper la huelga agrícola que exigieron la declaración de ley marcial en Puerto Rico. El 29 de diciembre de 1933, en un telegrama histérico al presidente Roosevelt, afirmó: "Existe un estado actual de anarquía. Los pueblos están en estado de sitio. Los ciudadanos apenas pueden salir de sus casas. La Policía impotente. Los negocios paralizados". El telegrama funcionó. Exactamente dos semanas después, el 12 de enero de 1934, Roosevelt nombró al general del Ejército Blanton Winship como nuevo gobernador de Puerto Rico. Ver A. W. Maldonado, *Luis Muñoz Marín: Puerto Rico's Democratic Revolution* (San Juan: Editorial Universitaria de Puerto Rico, 2006), 119.

27. Dos nacionalistas que estuvieron con Albizu en Guánica confirmaron esta llamada del jefe de la Policía Riggs, la conversación con Albizu y la invitación a almorzar.

28. El Banco Nacional Riggs continuó sus operaciones de "banca para embajadores" hasta el siglo XXI, cuando prestó sus servicios a un último dictador. En enero de 2005, el banco admitió que le había lavado dinero al dictador chileno Augusto Pinochet y a oficiales de la Guinea Ecuatorial, y aceptó multas civiles y criminales de 41 millones de dólares. Ver Terence O'Brien, "A Washington Bank in a Global Mess", *The New York Times*, 11 de abril de 2005; Glenn Simpson, "Riggs Bank Had Long-Standing Link to the CIA", *Wall Street Journal*, 31 de diciembre de 2004; Jack Shafer, "The CIA and Riggs Bank", *Slate*, 7 de enero de 2005; Jonathan O'Connell, "Former Riggs Bank Headquarters Near White House Up for Sale", *The Washington Post*, 6 de diciembre de 2013.

29. Un ejemplo de cómo el Banco Nacional Riggs financiaba las intervenciones militares de la United Fruit aparece en Anthony R. Carrozza, *William D. Pawley: The Extraordinary Life of an Adventurer, Entrepreneur and Diplomat Who Cofounded the Flying Tigers* (Washington, D.C.: Potomac Books, 2012). Según Carrozza, en 1954 el Banco Riggs proveyó 150.000 dólares en efectivo para la compra de tres aviones de guerra americanos que estaban guardados en una base aérea de Puerto Rico. Estos aviones fueron entregados a pilotos rebeldes guatemaltecos, quienes los utilizaron en combate un día después en contra del presidente Jacobo Arbenz Guzmán, electo democráticamente en Guatemala. Ver también Geoffrey G. Jones y Marcelo Bucheli, "The Octopus and the Generals: The United Fruit Company in Guatemala", *Harvard Business Review*, 27 de mayo de 2005; Diane K. Stanley, *For the Record: The United Fruit Company's Sixty-Six Years in Guatemala* (Guatemala City: Editorial Antigua,

1994): Rich Cohen, *The Fish That Ate the Whale: the Life and Times of America's Banana King* (Nueva York: Farrar, Strauss & Giroux, 2012), 190-211.

30. Jorge Rigau, *Puerto Rico Then and Now* (San Diego, CA: Thunder Bay Press, 2009), 46.

31. El mozo que atendió a Albizu y al jefe de la Policía Riggs en El Escambrón hablaba y entendía bien el inglés y orgullosamente se llamaba a sí mismo "Mr. 17-17". Se sentía orgulloso de haber nacido ciudadano americano en 1917 (bajo la nueva Ley Jones) y de estar presente, a la edad de diecisiete años, para presenciar a un representante del gobierno americano cuando este le ofreció a Albizu Campos 150.000 dólares para que se postulara a un puesto público. Que el dinero fuera un soborno no le importó a "Mr. 17-17". Lo consideró una señal de progreso, una indicación de "hasta dónde hemos llegado". Todavía hablaba de lo mismo cincuenta años después, cuando lo conocí en el pueblo de Caguas.

32. La conversación durante el almuerzo de Albizu Campos con el jefe de la Policía Riggs me la describió el empleado que los atendió en El Escambrón y me la confirmaron varios nacionalistas. La esposa de Albizu también discute este almuerzo y el soborno de 150.000 dólares. Ver también Albizu Campos, *Albizu Campos y la independencia,* 63. La reunión fue reportada el 19 de enero de 1934 (el día después de haber ocurrido) por *El Imparcial.* También se discute en Rosado, *Pedro Albizu Cammpos,* 215 y en Ribes Tovar, *Albizu Campos,* 50.

33. Ribes Tovar, *Albizu Campos,* 35-57; Albizu Campos, *Albizu Campos y la independencia,* 63-66; Rosado, *Pedro Albizu Campos,* 218-224, 229.

34. La esposa de Albizu es muy detallada en sus recuerdos de estos atentados. He aquí una traducción de su propio libro sobre los asaltos armados a su hogar en 1035: "[El jefe de la Policía] Riggs envió agentes a nuestra casa en Río Piedras. Cuando nos mudamos a Aguas Buenas, tuvimos que vivir día y noche con un guardía armado [...] Agentes americanos armados vigilaban nuestra casa durante la noche. Pero no se detenían ahí. Intentaron entrar a la casa cuatro veces. Nuestros propios guardias los detuvieron a tiros". Albizu Campos, *Albizu Campos y la independencia,* 64-65.

35. Ibíd., 63-64; Ribes Tovar, *Albizu Campos,* 56; Rosado, *Pedro Albizu Campos,* 224-228.

36. *La Democracia,* 28 de octubre de 1935.

37. Ribes Tovar, *Albizu Campos,* 63-64.

38. Ronald Fernández, *Los Macheteros: The Wells Fargo Robbery and the Violent Struggle for Puerto Rican Independence* (Nueva York: Prentice Hall, 1987), 145; Ribes Tovar, *Albizu Campos,* 63-64; *La Acción,* 20 de noviembre de 1937, 12; Rosado, *Pedro Albizu Campos,* 251-269. Si la historia de Kent es cierta, esto fue una negación descarada del derecho constitucional al debido proceso de ley.

39. *Albizu Campos et al. V. United States,* 88 F. 2d 138 at 140, 141 (1st Circ., 1937).

40. Rosado, *Albizu Campos,* 256-261.

41. Ibíd., 259-261.

42. Ibíd., 613-614.

43. Ibíd., 287.

44. Entre 1934 y 1950, Vito Marcantonio representó a East Harlem por siete términos consecutivos. Ver John J. Simon, "Rebel in the House: The Life and Times of Vito Marcantonio", *Monthly Review* 57, nº 11 (abril de 2006). Marcantonio fue especialmente popular con sus constituyentes puertorriqueños por su defensa de sus intereses tanto en la ciudad de Nueva York como en la isla de Puerto Rico. Esto incluyó la causa de la independencia de Puerto Rico. Marcantonio visitó a Albizu Campos y a los prisioneros nacionalistas seis veces durante su encarcelamiento en Atlanta y persuadió al alcaide James Bennet de que permitiera que don Pedro recibiera medicamentos adicionales del exterior. Ver Gerald J. Meyer, "La colaboración entre Pedro Albizu Campos, Gilberto Concepción de Gracias y Vito Marcantonio en la causa de la independencia de Puerto Rico", *Centro Journal* 23, nº 1 (primavera de 2011): 98, 100.

45. Juan Antonio Corretjer, *La lucha por la independencia de Puerto Rico* (Ciales, Puerto Rico, 2005, 8º edición) 121-123; Marisa Rosado, *Pedro Albizu Campos: Las llamas de la aurora*, 5ª edición (San Juan: Ediciones Puerto, 2008), 290-292; Federico Ribes Tovar, *Albizu Campos: Puerto Rican Revolutionary* (Nueva York: Plus Ultra Publishers, 1971), 89-80; José Enrique Ayoroa Santaliz, "Pedro Capó Rodriguez," *Claridad*, febrero 17-23, 1995; Ayoroa Santaliz, "Capó Rodriguez y Trías Monge," *Claridad*, marzo 17-23, 1995.

46. General Smedley D. Butler, "I was a Gangster for Capitalism", *Common Sense* 4, nº 11 (noviembre de 1935): 8-12.

47. General Smedley D. Butler, *War is a Racket* (1935); reedición, Los Angeles, CA: Feral House, 2003), 27-32.

48. Rosado, *Pedro Albizu Campos*, 300. Ver también archivos del FBI, *Pedro Albizu Campos,* carpeta número SJ 3-1, 15.

49. Ibíd., 299. Para leer la amenaza del congresista Marcantonio de presentar el telegrama del FBI en el pleno del Congreso, ver Meyer, "Pedro Albizu Campos", 11.

50. Como una medida de la vigilancia del FBI sobre Albizu y la penetración de su vida personal, se escribió un informe en 1948 en el que se discute a alguien que rebuscó dentro de un baúl con su ropa al momento de su partida [...] y proveyó información al respecto a los agentes especiales Joseph V. Waters y Alfred B. Novak". Ver archivos del FBI, *Pedro Albizu Campos,* carpeta número NY 100-47403, 4. Este puede haber sido un empleado de la Bull Steamship Lines, del cual el *S. S. Kathryn* era parte, o un agente del FBI a bordo del barco. El hecho de que "esta era una fuente altamente confiable y confidencial" con la designación oficial de "Informante Confidencial T-1" sugiere que fue alguien del círculo íntimo de Albizu.

51. Ivonne Acosta Lespier, *La Mordaza: Puerto Rico, 1948-1957* (San Juan: Editorial Edil, 1987), 38. Ver también "The Return of Albizu Campos: Reception Ceremonies

and Speech" en los archivos del FBI, carpeta número SJ 3-1, 18-19. El 20 de diciembre de 1947, Hoover envió este informe del regreso de Albizu al secretario federal de lo Interior. Archivos del FBI, tema: Albizu Campos, carpeta número SJ 3-1.

52. Rosado, *Pedro Albizu Campos*, 325, 328-329, 335.

53. Las Octavitas, la parte final de las Navidades puertorriqueñas, comienzan el día después del día de los Tres Reyes Magos y continúan por ocho días hasta el 14 de enero. Esto, en efecto, extiende la Navidad hasta la mitad del mes. En la antigua tradición puertorriqueña, si recibías una visita de un amigo o un familiar el día de Reyes, reciprocarías con una visita ocho días después. A menudo dicha visita estaba acompañada por una parranda de trovadores cantando aguinaldos navideños. Algunos escritores han señalado que los puertorriqueños son el pueblo más alegre del mundo porque celebran las Navidades por más tiempo que nadie. Otros escritores ven eso mismo como un esfuerzo para contrarrestar una profunda tristeza.

54. Albizu notó este cambio por toda la isla y habló abiertamente sobre el mismo. En uno de sus discursos, transmitidos por WORP y WCMN en Ponce y Arecibo, el 12 de octubre de 1948, se lamentó de lo que había ocurrido en la isla mientras él estuvo encarcelado. Dijo que ya no era capaz de encontrar jóvenes capaces de retar el imperio americano. Ver archivos del FBI, *Pedro Albizu Campos,* carpeta número SJ, 1-3, 12.

55. En su máximo punto de la posguerra, Estados Unidos tenía sobre doce instalaciones militares en Puerto Rico. Las más grandes eran la Estación Naval Roosevelt Roads en Ceiba, la Base Ramey de la Fuerza Aérea en Aguadilla, la instalación para el adiestramiento de armas de la flotilla del Atlántico en la isla de Vieques, la instalación de entrenamiento para la Guardia nacional del Campamento Santiago en Salinas, Fort Allen en Juana Díaz, Fort Buchanan y la Guardia Nacional Aérea en San Juan. Ver Humberto García Muñiz, "U.S. Military Installations in Puerto Rico: Controlling the Caribbean", en *Colonial Dilemma*, ed. Edgardo Meléndez y Edwin Meléndez (Boston, MA: South End Press, 1993), 53-66. Junto con casi doscientos almacenes de misiles, depósitos de municiones y casas secretas, estas instalaciones militares estadounidenses ocupaban el 14 por ciento del territorio de la isla. Ver Juan González, *Harvest of Empire: A History of Latinos in America* (Nueva York: Penguin Books, 2000), 286. Para números de fin del siglo XX, ver OSD, Washington Headquarters Series, directorate for Information Operations and Reports, "Atlas/Data Abstract for the United States and SelectedAreas", FY 1997, Departamento de la Defensa, 1998.

56. García Muñiz, "US Military Installations in Puerto Rico: Controlling the Caribbean", 53-66.

57. El Caribe Hilton recibió una licencia gratuita y exenta de impuestos que le representó millones de dólares al año, un arreglo manejado por el mismo gobernador. A través de la Compañía de Fomento Industrial, el gobierno insular construyó el hotel de trescientos habitaciones a un costo de 7 millones de dólares (69 millones al dólar actual) y se lo entregó completo —el edificio, el casino y las piscinas— a Conrad Hilton por un alquiler de veinte años. Un año después, el hotel se inauguró

en 1950, y todavía el pueblo de Puerto Rico y hasta el congresista Vito Marcantonio (D-NY) estaban esperando que el gobernador revelara los términos de este contrato. El congresista llamó esta parte del plan económico para la isla "Trampa Cazabobos".

58. José Trías Monge, *Puerto Rico: Las tribulaciones de la colonia más antigua del mundo* (New Haven, CT: Yale University Press, 1997), 107-118.

59. Mireya Navarro, "Decades of FBI surveillance of Puerto Rican Groups", *The New York Times*, 29 de noviembre de 2003. Las luces alrededor de la casa de Albizu fueron averiadas intencionalmente después de su arresto.

60. Acosta Lespier, *La Mordaza*. Ver también Rosado, *Pedro Albizu Campos*, 332-335; Maldonado, *Luis Muñoz Marín*, 266-267.

61. Gerald Meyer, "Vito Marcantonio and the Puerto Rican Nationalist Party", *Signos* 1, nº 1 (enero-marzo de 1980).

62. Según apuntes en la sección "Fuentes y metodología" de este libro, los clientes, barberos y miembros del Regimiento 65 de Infantería (Los "Borinqueneers") que frecuentaban la barbería Salón Boricua confirmaron esta y otras conversaciones. La referencia de Albizu "cuarenta agentes del FBI en mi rabo" no fue una exageración; de hecho, fue una pequeña subestimación. El FBI asignó un equipo de diez agentes para vigilar a Albizu y a su familia veinticuatro horas al día, siete días a la semana. Para mantener la rotación de diez hombres en todo momento, el FBI asignó a cuarenta y dos hombres, cada uno trabajando cuarenta horas a la semana. Albizu se refirió a los cuarenta hombres del FBI de nuevo en un discurso público en Ponce del 21 de marzo de 1949, que se transmitió por las estaciones WPRP y WCMN de Arecibo y WITA de San Juan. Irónicamente, los agentes del FBI mismos generaron la transcripción de donde Albizu dice: "El asunto de cuarenta detectives persiguiendo a Albizu Campos hasta el cuarto de baño, algún día cesará". Archivos del FBI, *Pedro Albizu Campos,* carpeta SJ 3-1, 34. La carpeta muestra que ya para 1934, el jefe de la Policía Riggs tenía informantes en el Partido Nacionalista. Comenzando el 21 de abril de 1948, Albizu estuvo bajo continua vigilancia. Un equipo de camarógrafos lo seguían por toda la isla y tomaban pietaje de sus discursos y presentaciones públicas, y los fotógrafos oficiales de la Policía lo retrataron en 33 pueblos entre 1947 7 1950. Ver ibíd., 27,23, 43: carpeta número SJ 100-3906, carta de Jack West al director del FBI, J. Edgar Hoover, 17 de diciembre de 1947. A través del tiempo, esta vigilancia del FBI sobre Albizu Campos, el Partido Nacionalista y "sospechosos de ser nacionalistas" generaron casi 1,8 millones de páginas de transcripciones. Ver Navarro, "Décadas de vigilancia de grupos puertorriqueños".

63. Dos borinqueneers que frecuentaban el Salón Boricua reportaron esta secuencia de preguntas y respuestas. Según ellos, el capitán Astro los mandaba casi todas las semanas "a ayudar en algo con el negocio". Específicamente esto significaba hacer chistes con cualquier personal del FBI en el área para distraerlos lo más posible mientras los nacionalistas se reunían en el apartamento adyacente a la barbería.

64. Al principio de su carrera, a Albizu se le conocía por su diplomacia y por no hablar mal de nadie. Pero después de una década en la cárcel, de su desafuero, las amenazas de muerte y la constante vigilancia del FBI, comenzó a llamarle a las cosas por su nombre. Por ejemplo, la Ley de la mordaza pasó el 10 de junio de 1948. Al día después, el 11 de junio de 1948, en un discurso en el pueblo de Manatí, Albizu se refirió al gobernador Muñoz Marín como el "parásito" que usaba morfina y bebía ron continuamente. Ese discurso fue transmitido por las estaciones de radio WITA en San Juan y WCMN en Arecibo. Ver archivos del FBI, *Pedro Albizu Campos,* carpeta número SJ 3-1, 7.

65. Solo unos pocos días después, durante el sitio de su casa entre el 30 de octubre y el 2 de noviembre, Albizu compartió estos pensamientos con Álvaro Rivera Walker, el nacionalista que estuvo con él las horas finales antes de su arresto. Albizu también compartió estos pensamientos con los prisioneros nacionalistas en la cárcel de la Princesa. Heriberto Marín Torres más tarde los incluyó en su libro *Eran ellos* (Río Piedras, Puerto Rico, Ediciónes Ciba, 2000). Albizu Campos además escribió sobre la desaparición de la cultura puertorriqueña bajo una montaña de trampas turísticas en *la consciencia nacional puertorriqueña.* Finalmente, el libro de su esposa, *Albizu Campos y la independencia de Puerto Rico* contiene la discusión reiterada de la preocupación de don Pedro por una isla perdida y dominada por desarrolladores extranjeros.

66. Los Yankees de Nueva York blanquearon a los Phillies de Filadelfia en la Serie Mundial de 1950. Ganaron el cuarto juego en el Estadio Yankee el 7 de octubre de 1950. Albizu le comunicó la ironía del momento (los agentes del FBI exclamando: "¡Los Yanquis ganaron!") a Álvaro Rivera Walker y a los prisioneros nacionalistas en la Princesa.

Capítulo 13: El artista

1. Al principio del siglo xx, los tres cineteatros principales en la isla eran el Cine de la Plaza y el Cine Tres Banderas, en San Juan, y el Cine Habana, en Ponce. Hasta el 1919 pasaron muchas producciones de la Mutual Film Company (con Charlie Chaplin, Harold Lloyd, Fatty Arbuckle, los Keystone Cops). Después de la creación de United Artists, Douglas Fairbanks se convirtió en el gran favorito, y en la isla muchos lo consideraban un puertorriqueño honorario por sus papeles en *La marca del Zorro* (1920), *Don Q, el hijo del Zorro* (1925), *El gaucho* (1927) y *La vida privada de don Juan* (1934). Juan Emilio Viguié no solo veía estas películas en los teatros locales, sino que también leía revistas de películas extranjeras a muy temprana edad. Ver Juan Ortiz Jiménez, *Nacimiento del cine puertorriqueño* (San Juan: Editorial Tiempo, 2007), 15-18.

2. Siegmund *Pop* Lubin fue el primer magnate judío del cine americano. A pesar de un prolongado litigio con Thomas Edison, su compañía fue una de las más exitosas entre las primeras empresas peliculeras. En 1913, Lubin operaba sus estudios en Florida, California, Nuevo México y Pennsylvania. Ver Joseph P. Eckhardt, *The King of the Movies* (Londres: Farleigh Dickinson University Press, 1997).

3. Tom Jicha, "HBO Look at Villa Is True Fun", *Sun Sentinel*, 6 de septiembre de 2006.

4. Juan Emilio Viguié y el actor Juano Hernández le narraron esta conversación al autor. Viguié discutió la escena después de haber proyectado su propia película, *Vecinos*. Juano Hernández también hizo el papel de un revolucionario mexicano en la película de Raoul Walsh, *La vida de Pancho Villa*. Hernández estuvo presente durante la filmación de la escena de los federales borrachos.

5. El Instituto Smithsonian escribió un excelente artículo sobre *La vida del general Villa* de la Mutual Film Company. Ver Mike Dash, "Descubriendo la verdad detrás del mito de Pancho Villa, estrella del cine", *Smithsonian Magazine*, 6 de noviembre de 2012, http://www.smithsonianmag.com/history/descubriendo la verdad detrás del mito de Pancho Villa-110349996. El actor Juano Hernández hizo el papel de un revolucionario mexicano en la película de Raoul Walsh *La vida de Pancho Villa*. Observó la interacción entre Juan Emilio Viguié, Raoul Walsh y Pancho Villa; también los acompañó a ver la película de Jesse James en Ciudad Juárez. Según Hernández, la forma de filmar de Walsh y su financiamiento de la Revolución Mexicana fue la cosa más loca que jamás había visto pero selló su amor por el cine para siempre. Conocí personalmente al señor Hernández en los finales de la década de 1960, y compartió conmigo sus recuerdos de *La vida de Pancho Villa*. En aquellos tiempos intentaba producir un film sobre la vida del boxeador Sixto Escobar.

6. El texto completo de la Ley Jones-Shafroth aparece en el *American Journal of International Law II* (1917): 66-93. La aprobó el Congreso 64 como HR 9533.

7. Manuel Maldonado Denis, *Puerto Rico: A Socio-historic Interpretation* (Nueva York: Random House, 1972), 104-109; Pedro Albizu Campos, ed. Manuel Maldonado Denis, *La conciencia nacional puertorriqueña* (México: Siglo Veintiuno Editores, 1972), 163-165; Ronald Fernández, *The Disenchanted Island: Puerto Rico and the United States in the Twentieth Century*, 2ª edición. (Westport, CT: Praeger Publishers, 1996), 70-73.

8. Maldonado-Denis, *Puerto Rico*, 108.

9. Lev Kuleshov, *Kuleshov on Film* (Berkeley: University of California Press, 1975).

10. Ortiz Jiménez, *Nacimiento del cine puertorriqueño*, 8.

11. Ralph Ince había dirigido más de ciento diez películas cuando filmó *Tropical Love*. Ver "Ralph Ince (1887-1937)", IMDB, http://www.imdb.com/name/nmo 408433/?ref_=tt_ov_dr. Reginald Denny había sido el campeón de boxeo de peso pesado de la Fuerza Aérea Inglesa. Ver Lemuel F. Parton, "Aviones robots son el pasatiempo del exboxeador Denny", *Philipsburg Mail*, 30 de diciembre de 1938. Ver también *Los Angeles Times*, 16 de diciembre de 1922. Los dos hombres tuvieron discusiones violentas en el plató de *Tropical Love*, y Denny retó a Ince a pelear, lo que terminó por paralizar la filmación. Ver Eduardo Rosado, *La llegada del cine puertorriqueño* (San Juan: Cinemovida Entertainment, 2012). Juan Emilio Viguié presenció estas discusiones.

12. Juan Emilio Viguié confirmó personalmente los rumores sobre Eusebio después de proyectar su película *Vecinos*. El hecho de que estaban filmando en el poblado de

Loiza Aldea incrementó la preocupación. En Puerto Rico, Loiza Aldea y Guayama son conocidos como "pueblos brujos". Guayama actualmente tiene dos equipos deportivos profesionales, uno de béisbol y otro de baloncesto, y ambos se llaman Los Brujos de Guayama. Satchel Paige lanzó para los Brujos de Guayama durante la temporada de invierno de 1939-1940. En un famoso juego, Paige abandonó el estadio apresuradamente, reclamando que había visto un fantasma parado a su lado en el montículo del lanzador.

Fundado por esclavos africanos libertos o escapados, Loiza Aldea tiene una fuerte tradición yoruba, con prácticas de santería y espiritismo de Palo, y se conoce también por las máscaras vejigantes, las cuales representan el mal, el demonio y los moros. El santo patrón del pueblo, Santiago Matamoros, es venerado como el hijo del trueno con el poder de liquidar con fuego a cualquier moro o invasor extranjero. Ver Nigene González Whippler, *Santería, la religión* (Nueva York: Crown Publishers, 2008), 291-294. Ver también Carlos Méndez Santos, *Por tierras de Loiza Aldea: estudios de antropología cultural* (San Juan: Producciones Ceiba, 1973). Dada esta sensibilidad hacía las invasiones extranjeras y el hecho de que los productores de *Tropical Love* no contrataron a casi nadie de los locales para el elenco o el equipo de producción, el resentimiento de Eusebio era tanto comprensible como inevitable.

13. Rosado, *La llegada del cine puertorriqueño*, 48.

14. Ortiz Jiménez, *Nacimiento del cine puertorriqueño*, 48.

15. David B. Hinton, *The Films of Leni Riefenstahl*, 3ª edición. (Lanham, MD: Scarecrow Press, 2000), 23-46.

16. Juan Emilio Viguié comunicó esto después de una proyección de su película *Vecinos*. Según Viguié, él daba largas caminatas para observar a las personas, los paisajes y la arquitectura, particularmente en Ponce y en San Juan. Viguié afirmó que los árboles, paisajes, mares y gente de la isla tenían tanto poder narrativo como cualquiera de los elementos de la megaproducción de Leni Riefenstahl, si no más. Esta convicción suya está patente en sus cuarenta años de noticiarios y documentales sobre Puerto Rico, al igual que en el testimonio de su hijo Juan Emilio Viguié, Jr.

17. En 1962, Juan Emilio Viguié visitó nuestro hogar en Washington Heights y proyectó su película *Vecinos* un sábado por la noche. Esta película había sido auspiciada por el Departamento de Educación de Puerto Rico. Luego proyectó sus trece minutos de film sobre la Masacre de Ponce. Era una toma amplia continua tomada desde una ventana superior en la esquina de las calles Marina y Aurora. La carnicería fue difícil de olvidar. El mismo Viguié admitió que había sufrido pesadillas por causa de ella. Entonces nos contó sobre los intentos del fiscal auxiliar de distrito Pedro Rodríguez Serra de intimidar, amenazar y extorsionar a la gente para que fabricaran evidencia contra los nacionalistas. Viguié habló sobre la visita inesperada del fiscal a su casa. Recordaba claramente la conversación porque "...el hombre tenía mi trípode en una mano y mi libertad en la otra". Según Viguié, la Masacre de Ponce fue el acontecimiento político central de su vida; lo había convertido de un "artista" desconectado en un documentarista de la lucha de su isla por dignidad e independencia.

18. A Viguié le permitieron filmar estos eventos por su reconocida posición como el principal fotógrafo de noticias de toda la isla. Viguié estaba contratado por la Metro-Goldwyn-Mayer y Fox News para suplirle pietaje noticioso a ambos. Según Viguié, cada vez que él filmaba a Albizu Campos o a los nacionalistas, siempre tomaba dos precauciones adicionales. Primero, siempre traía a otra persona como testigo (a menudo, su propio hijo, Juan Viguié, Jr.), en caso de que alguien tratara de arrestarlo o confiscarle su película. Segundo, Viguié siempre trataba con mucha cortesía al camarógrafo del FBI que estuviese filmando un discurso de Albizu o un evento público, y le ayudaba con cualquier problema técnico. En varias ocasiones, cuando el camarógrafo del FBI había tenido "una noche difícil" y no podía asistir a cualquier actividad, Viguié le daba una copia de su propio pietaje. Los archivos del FBI confirman que el Negociado enviaba a un equipo de fotógrafos a seguir a Albizu Campos y a los nacionalistas por toda la isla. El agente Jack West era el responsable de filmar los discursos y eventos públicos de don Pedro. El FBI entonces sacaba fotografías de 6" x 8" de todos los individuos que aparecían en las películas (como la de los Cadetes de la República) para distribuirlas a los agentes de toda la isla y para archivar en las carpetas policiacas de estos individuos. Ver archivos del FBI, *Pedro Albizu Campos,* carpeta SJ 100-3906, carta de Jack West al director J. Edgar Hoover, 17 de diciembre de 1947.

19. En varias conversaciones con el hijo de Viguié, Juan Viguié, Jr., este reafirmó el relato que me había hecho su padre sobre la filmación de eventos con Albizu Campos y los nacionalistas. Eran parte de un catálogo de eventos noticiosos y deportivos, conferencias de prensa, ceremonias públicas, especiales de Navidad, entrevistas con celebridades, conciertos, huracanes, y pietaje documentario de todas partes de la isla. Hoy día, los Noticieros Viguié son reconocidos como el record visual más completo de acontecimientos históricos ocurridos en Puerto Rico durante el siglo XX.

20. El poder transformador del cine socialmente comprometido se evidenció a través del siglo XX. Películas como *El acorazado Potemkin, La huelga, Octubre, La batalla de Argel, JFK, Salvador, Z, Estado de sitio, Memorias del subdesarrollo, Putney Swope, Medio ambiente frío* e *Investigación de un ciudadano libre de toda sospecha* mostraron las grandes posibilidades de examinar asuntos políticos importantes. Con la excepción de *A Show of Force* (1990), sobre el crimen del Cerro Maravilla, financiada por Paramount Pictures, este tipo de cine todavía está por desarrollarse en Puerto Rico.

Capítulo 14: El agente de la OSS

1. "Waller Beale Booth '26", *Princeton Alumni Weekly* 86, nº 39 (13 de abril de 1986), 19. Ver también "Prince Triangle Club Puts on Brilliant *Fortuno*", *Indianapolis News*, 25 de diciembre de 1925, 10.

2. "Princeton Opera 'Fortuno' a Winner", *The New York Times*, 14 de diciembre de 1925.

3. Ver la biografía del autor en Waller B. Booth, *Mission Marcel Proust: The Story of an Unusual OSS Undertaking* (Filadelfia: Dorrance & Co., 1972).

4. Varios borinqueneers que sirvieron con Booth durante la Operación Portrex contaron la anécdota de la llamada telefónica de Dulles.

5. Las memorias de la OSS de Booth, *Mission Marcel Proust*, lee como un "Quién es quién en América", puesto que Booth alcanzó los rangos superiores de la OSS junto con Michael Burke (dueño de los Yankees de Nueva York), John Haskell (vicepresidente de la bolsa de valores de Nueva York), D. Christian Gauss (socio sénior de Shearman & Sterling), y J. Russell Forgan (un banquero de inversiones con Glore-Gorgan & Company con su propia silla en la bolsa de valores de Nueva York).

6. Localizado cerca del pueblo de Whitby en la orilla Noroeste del lago Ontario, el Campamento X fue la primera escuela de operaciones clandestinas en Norteamérica. Fue fundada en 1941 y cerrada en 1969. Ver David Stafford, *Camp X: OSS, intrepid and the Allies' North American Training Camp for Secret Agents, 1941-1945* (Nueva York: Dodd Mead, 1987).

7. Establecida en Puerto Rico en 1908, la División 65 de Infantería también se conoce como "Los Borinqueneers", en reconocimiento del nombre original taíno para la isla de Puerto Rico, el cual era *Borinquen*. Los Borinqueneers sirvieron con distinción en ambas guerras mundiales y en Corea, y vieron servicio activo tan reciente como en 2009. Ver Larry Brystan, "Legendary Borinqueneers Deserve the Congressional Gold Medal", *Fox News Latino*, 8 de enero de 2013; David A. Hurst, *65th Infantry Division* (Nashville, TN: Turner publishing, 1993). Desde el siglo pasado, miembros de los Borinqueneers han ganado 10 cruces por Servicio Distinguido, cientos de estrellas de plata y bronce, y miles de corazones púrpuras. Hasta septiembre de 1950, los Borinqueneers acamparon y entrenaron en Campamento Las Casas, en Santurce, Puerto Rico. Ver Johnny J. Burnham, "Push to Honor Puerto Rican Regiment Gains Momentum", *New Britain Herald*, 13 de agosto de 2013; Denise Oliver Vélez, "The Borinqueneers: Award them the Gold", *Daily Kos*, 27 de mayo de 2013. En mayo del 2014, la Cámara y el Senado federal pasó una ley otorgándole a los Borinqueneers la Medalla de Oro del Congreso. Junto con la Medalla Presidencial de Libertad, este es el honor civil más alto que otorga Estados Unidos. Ver Kevin Mead, "Borinqueneers Bill Reaches the White house", *Caribbean Business*, 24 de mayo de 2014.

8. El 18 de abril de 1911, *The New York Times* reportó sobre una huelga en una fábrica con el titular "Anarchists Behind Porto Rico Strike". Reportó el "asesinato" de un capataz, el arresto de muchos anarquistas, y cartas que amenazaban con matar a los dueños de las fábricas y pegarles fuego a estas. Durante las siguientes semanas, los "anarquistas" fueron puestos en libertad por falta de evidencia, y ninguna fábrica ni sus líderes fueron lesionados, pero los trabajadores recibieron un pequeño aumento de 25 centavos por cada mil cigarros. Cuando Waller Booth llegó a Puerto Rico, ya tenía miles de carpetas del FBI para escoger. Contenían absurdas acusaciones, incluyendo el rumor sobre el asesinato inminente de los americanos dueños de centrales azucareras.

Muy astutamente, Booth inauguró su cantina y llegó a sus propias conclusiones. Ver archivos del FBI, *Partido Nacionalista de Puerto Rico,* carpeta número SJ 100-3, vol. 23. También A.W. Maldonado, *Luis Muñoz Marín: Puerto Rico's Democratic Revolution* (San Juan: Editorial Universidad de Puerto Rico, 2006), 92.

9. Gilberto N. Villahermosa, *Honor and Fidelity: The 65th infantry in Korea, 1950-1953* (Washington, D. C.: Center of Military History, US Army, 2009).

10. Waller B. Booth, "The Battle of the Sheep: One of the Most Unusual Engagements of World War II", *News and Courier*, 6 de diciembre de 1964, 12, 14.

11. El robo de los papeles del coronel Klaus von Strobel fue un golpe de inteligencia magistral. Booth y sus hombres lo lograron una semana antes de que la División 45 de Infantería desembarcara sus dieciocho mil soldados en las playas del Norte de Francia. Esos papeles contenían información completa sobre el mando de Von Strobel, incluyendo tamaño y despliegue de sus tropas; armamentos, equipo, estatus del inventario; nombres, rangos y deberes de todos los oficiales; informes de bajas; ubicación de los hospitales; depósitos de combustible; almacenes; estaciones para reparar tanques; líneas telefónicas; itinerario de trenes y rutas viales... En fin, casi todo lo que el mismo Von Strobel pudiera haber sabido. Esto le permitió a la Resistencia Francesa interrumpir trenes, destruir puentes, cortar las líneas alemanas de comunicación y crear confusión general solo días antes del desembarco de las fuerzas aliadas. Ver Booth, *Mission Marcel Proust*, 127-128.

12. Algunas personas (la mayoría cubanas) juran que el número "Sun, Sun Babaé" fue creado en 1952 por el coreógrafo Roderico Neyra en el cabaret Sans Souci de la Habana. Ver Peter Moruzzi, *Havana Before Castro: When Cuba was a Tropical Playground* (Layton: UT: Gibbs Smith, 2008), 110-111. Otros juran que lo vieron primero en el Club Sin Nombre. Solo una cosa es segura: "Sun Sun Babaé" fue un éxito en ambas islas.

13. Debido a la nostalgia de la exhibición de *Casablanca*, los miembros del Regimiento 65 de Infantería eran los más leales clientes del Club Sin Nombre. Los nacionalistas también asistían al club por su reputación como zona segura donde la Policía Insular no se atrevía arrestar ni hostigar a la gente. De estos dos grupos yo recibí múltiples informes consistentes de lo que pasaba en el Club Sin Nombre, incluyendo los epítetos que se lanzaban a la pantalla de *Casablanca* y las peleas simuladas entre Waller Booth y el FBI.

14. Este dramático confrontamiento entre Booth y los agentes del FBI fue presenciado y descrito tanto por algunos Borinqueneers y clientes del Club Sin Nombre y corroborado por múltiples testigos.

15. Para una excelente descripción de la Operación Portrex y el papel que tuvo Waller Booth en ella, ver US. Brigadier-General Edwin L. Sibert, "Operación Portrex", *Studies in Intelligence* 4, Nº. 2 (1960): A1-A9. El general Sibert comandó todas las tropas de defensa y pudo ver de cerca las tácticas de contraespionaje y quinta columna de Waller Booth. Según Siebert, Booth fue un antiguo oficial de la que vivía en San Juan y "organizó y dirigió una red secreta de agentes de contraespionaje entre los nativos

residentes de Vieques, y quien preparó a un grupo de guerrilleros para permanecer tras las líneas y operar dentro del punto de partida de los invasores". Las técnicas poco ortodoxas de Booth fueron tan exitosas que, según Siebert, "Me dicen que un resultado de nuestros esfuerzos en Vieques fue el establecimiento de una escuela del ejército para enseñar el tipo de operación que Wally demostró allí. Si eso es cierto, uno de los edificios de tal escuela se debe llamar Edificio Booth".

16. Booth, *Mission Marcel Proust.*

17. Años más tarde, después de enseñar técnicas de contrainsurgencia en Latinoamérica, Vietnam y el resto del Tercer Mundo, Booth se tornó filosófico y publicó un libro de poesías titulado *Booth's Truths* (Kendallville, IN: Kendallville Publishing, 1976), el cual contenía numerosas epifanías sobre la ética personal, el peligro de "gran gobierno" ("Points of View" y "The Economy, or Lack of It"), y las inequidades de nuestro sistema legal ("Justice and Legality").

Capítulo 15: El barbero

1. Vidal Santiago Díaz fue arrestado junto con tres mil otros puertorriqueños en los días que siguieron la Revolución Nacionalista de 1950. Fue enjuiciado por traición, sentenciado a dieciocho años y encarcelado en la Princesa junto con Albizu Campos y docenas de otros nacionalistas. Ver Miñi Seijo Bruno, *La insurrección nacionalista en Puerto Rico, 1950* (Río Piedras, Puerto Rico, Editorial Edil, 1989), 172-173; Federico Ribes Tovar, *Albizu Campos: Puerto Rican Revolutionary* (Nueva York: Plus Ultra Publishers, 1971), 107-110; archivos del FBI, *Pedro Albizu Campos,* carpeta nº 105-11898, secciones 1,2; archivos del FBI, *Partido Nacionalista de Puerto Rico,* carpeta nº 100-3, vol.23. Vidal se hizo buen amigo de otro nacionalista en la Princesa, Juan Jaca Hernández, que también era barbero. Ver Heriberto Marín Torres, *Eran ellos* (Río Piedras, Puerto Rico, Ediciones Ciba, 2000), 93.

2. Jesús Colón, *A Puerto Rican in New York and Other Sketches* (Nueva York: International Publishers, 1982); 11-13. Ver también Araceli Tinajero y Judith E. Greenberg, *El Lector: A History of the Cigar Factory Reader* (Austin: University of Texas Press, 2010); Nilo Cruz, *Anna in the Tropics* (Nueva York: Dramatists Play Services, 2005), 83.

3. Ybor City, Florida, era un importante centro productor de cigarros hasta la huelga de los cigarreros de 1931. Lamentablemente los dueños de las fábricas decidieron que los lectores estaban organizando e incitando a los trabajadores, y entonces Ybor City prohibió la contratación de los lectores de aquí en adelante. Ver "Tampa Cigar Makers to End Strike", *The New York Times,* 30 de noviembre de 1931; "Tampa Cigar Strike Ends", *Wall Street Journal,* 28 de diciembre, 1931.

4. César J. Ayala, *American Sugar Kingdom* (Chapel Hill: University of North Carolina Press, 1999), 45-47, 139, 140, 185, 225. Ver también Manuel Maldonado-Denis, *Puerto Rico: A Socio-Historic Interpretation* (Nueva York: Random House, 1972), 74; Juan Antonio Corretjer, *Albizu Campos and the Ponce Mássacre* (Nueva York: World

View Publishers, 1965), 2-4; "Federal Attack on Sugar Trust", *The New York Times*, 29 de noviembre de 1910; Leonard J. Arrington, *Best Sugar in the West*, 1891-1966 (Seattle: University of Washington Press, 1966), 54-55; *The New York Times*, 1 de abril de 1914; Thomás Aitken, *Poet in the Fortress: The Story of Luis Muñoz Marín* (Nueva York: Signet Books, 1964), 60-62.

5. Sidney W. Mintz, *Sweetness and Power: The Place of Sugar in Modern History* (Nueva York: Penguin Books, 1985), XVIII-XIX. Ver también Gillian McGillivray, *Blazing Cane* (Durham, NC: Duke University Press, 2009, 2-4; Ayala, *American Sugar Kingdom*, 121-148.

6. Un bribón picaresco, el capitán Astro presenta un dilema moral. Con una mano le robaba raciones de comida a los soldados puertorriqueños por ganancia personal; con la otra mano ayudaba a cincuenta familias puertorriqueñas a no morirse de hambre. De acuerdo a varios nacionalistas, el capitán Astro no era un patriota, era un hombre de negocios que calculaba cada riesgo y recompensa y nunca vendía a crédito. Antes de juzgarlo muy duramente, uno podría considerarlo dentro de un marco ético más amplio. Con algo de Damon Runyon, Robin Hood y Sammy Glick, el capitán Astro es un arquetipo cultural muy familiar: el estafador de mil disfraces que sobrevive la opresión abusando y engañando a sus amos coloniales.

En la sociedad americana, Astro tiene muchos correlacionados culturales: Milo Minderbinder en *Catch-22* (novela, película); Hawkeye Pierce y Trapper John en *M*A*S*H* (película serie de televisión); Will Stockdale en *No Time for Sergeants* (novela, obra de teatro, película, serie de televisión); Corporal King en *King Rat* (novela, película); Alec Leamás en *The Spy Who Came in From the Cold* (novela, película); Joe Keller en *All My Sons* (obra de teatro, película); J.J. Sefton en *Stalag 17* (obra de teatro, película; Mayor Archie Gates en *Three Kings* (película); Private Kelly en *Kelly's Heroes* (película); coronel Robert E. Hogan en *Hogan's Heroes* (serie de televisión); Sergeant Bilko en *The Phil Silvers Show* (serie de televisión) y prácticamente todos los personajes en *McHale's Navy* (serie de televisión).

En la isla de Puerto Rico, el capitán Astro tuvo el más fascinante modelo de todos: el gobierno de Estados Unidos. Durante todos los 1940, el costo de construir una base naval americana de alguna manera se infló de un presupuesto inicial de 4 millones de dólares a un "costo estimado final" de 112,57 millones de dólares, sin contar los honorarios a ciertos contratisas y el costo de "materiales en exceso". En dólares actuales, esto representaría 1.500 millones de dólares. Este traslado masivo de riqueza a contratistas militares no excusa el robo del capitán Astro, pero puede que lo haya inspirado.

7. El Águila Blanca es una figura legendaria entre los nacionalistas e independentistas. Nació José Maldonado Román, pero todos le llamaban don Pepe o El Águila. Durante su juventud, las autoridades españolas lo arrestaron en repetidas ocasiones por robarse vacas y animales del campo para darles de comer a los jíbaros. El 24 de marzo de 1897, El Águila y un hombre llamado Fidel Vélez encabezaron la Intentona de Yauco, un ataque revolucionario a una barraca de la Guardia Civil española en el

pueblo de Yauco. Cuando la revuelta fracasó, El Águila huyó a Cuba y luchó contra los españoles en el Ejército Cubano de Liberación. Regresó a Puerto Rico a continuar luchando contra España. Justo antes de la invasión estadounidense, ayudó a un espía americano llamado Edwin Emerson, Jr. a evitar ser capturado y poder regresar a Estados Unidos. Cuando se le hizo aparente al Águila que los yanquis eran peores que los españoles, comenzó su guerrilla contra ellos. Atacó soldados americanos en Ponce y Jayuya e incendió una plantación en Juana Díaz. Durante una de estas ofensivas, perdió la vista de un ojo.

El Águila se casó, formó un hogar y se hizo barbero. Continuó sus actividades tipo "Robin Hood", aunque de una forma más ordenada y clandestina, pues utilizaba su barbería como un frente para el intercambio de información, víveres, dinero y armas. Fue uno de los primeros y más confiables amigos de don Pedro y lo ayudó a conectarse con los independentistas más comprometidos de la isla.

Medio siglo después de su muerte, el 12 de septiembre de 1985, la organización revolucionaria puertorriqueña llamada Los Macheteros se robaron 7 millones de dólares de un depósito de la Wells Fargo en Hartford, Connecticut —hasta ese momento, el robo más grande en la historia americana—. Los Macheteros le dieron al operativo el nombre código de El Águila Blanca. Ver Reynaldo Marcos, Águila (San Juan: Ediciones Huracán, 2008); Loida Figueroa, *Breve Historia de Puerto Rico,* vol. I (San Juan: Editorial Edil, 1979); archivos del FBI, *Pedro Albizu Campos,* carpeta nº 105-11898, secciones 1,2; archivos del FBI, *Partido Nacionalista de Puerto Rico,* carpeta nº SJ 100-3, vol. 23; *La Democracia,* 22 de mayo de 1899. Margarita Maldonado, nieta de José Maldonado Román, escribió un ensayo sobre él titulado "El Águila Blanca y la Memoria Colectiva". Cuando se publicó este libro, ese ensayo se pudo leer en español en http://margaritamaldonado.tripod.com/memoria.htm.

8. Un barbero que trabajó en el Salón Boricua informó esta conversación al autor. Vidal Santiago Díaz le había confiado la conversación a él. También fue confirmada por un prisionero nacionalista de la Princesa, quien supo los detalles de la conversación directamente de Vidal. Ver http://margaritamaldonado.tripod.com/memoria.htm. Para un buen resumen de la vida y pensamiento de José Maldonado Román, ver Padua, *Águila.*

9. Marisa Rosado, *Pedro Albizu Campos: Las llamas de la aurora,* 5ta edición. (San Juan: Ediciones Puerto, 2008), 201-203; A. W. Maldonado, *Luis Muñoz Marín: Puerto Rico's Democratic Revolution* (San Juan: Editorial Universidad de Puerto Rico, 2006), 91.

10. El FBI buscó afanosamente las armas almacenadas por Vidal Santiago Díaz. Ver archivos del FBI, *Partido Nacionalista de Puerto Rico,* carpeta nº 100-3, vol. 23, 104-134; archivos del FBI, *Pedro Albizu Campos,* carpeta Nº. 105-11898, sección 1, 20. Hay que darle crédito tanto a Águila Blanca como a Vidal que mantuvieron este arsenal secreto por casi veinte años. Su existencia no se cuestiona. Vidal Santiago Díaz sostuvo una batalla a tiros contra treinta efectivos de la Guardia Nacional y oficiales de la Policía

Insular, la cual se transmitió en vivo vía radio a través de toda la isla y escuchada por millones de personas. Santiago Díaz no hubiese sido capaz de sostener su batalla de tres horas si no hubiese tenido suficientes municiones. El FBI eventualmente descubrió y dio prueba de la existencia del arsenal. Poco después de la revolución de octubre de 1950, un reporte identificó la barbería Salón Boricua como la ubicación de una gran cantidad de armas "recobradas por la Policía Insular cuando desarmaban a los nacionalistas durante la revolución". Archivos del FBI, *Partido Nacionalista de Puerto Rico,* carpeta nº SJ 100-3, vol. 23, 149.

11. Como barbero personal de don Pedro, Vidal Santiago Díaz recibió años de atención del FBI. Ver archivos del FBI, Tema: Partido Nacionalista de Puerto Rico, Carpeta nº SJ 100-3, Vols. 23, 26. El "borracho" sentado frente a la barbería de Vidal era un agente del FBI trabajando como parte de la vigilancia constante del Partido Nacionalista. Este "borracho" fue fastidioso pero nunca engañó a nadie puesto que llegaba uno distinto cada ocho horas.

Capítulo 16: La Academia de la Verdad

1. Respondiendo a una petición bajo la Ley de libertad de información, el Departamento Federal de la Defensa admitió que había almacenado armas nucleares en Puerto Rico durante las décadas de 1950, 1960 y 1970. Ver Carmelo Ruiz-Marrero, "Puerto Rico: Surrounded by Nuclear Missiles", *Inter Press Service news Agency*, 8 de noviembre de 1999. Para un despliegue de armas nucleares en Puerto Rico a los finales del siglo xx, ver Ivelaw L. Griffith, *Strategy and Security in the Caribbean* (Nueva York: Praeger Publishers, 1991), 36-42.

2. La Base Ramey de la Fuerza Aérea ha sido reemplazada por una instalación militar estadounidense en la isla de Diego García. Ubicada en el océano Índico, fue adquirida por Gran Bretaña y alquilada a Estados Unidos por cincuenta años (1966-2016), con opción a extenderse hasta el 2036. La construcción principal en Diego García (1972-1978), a un costo de más de 400 millones de dólares, coincidió exactamente con la clausura de Ramey en 1973. Ver Richard Edis, *Peak Of Limuria: The Story of Diego García and the Chagos Archipelago* (Chippenham, UK: Antony Rowe, 2004), 90.

En Diego García, la marina de Estados Unidos actualmente opera una base aérea y una instalación de apoyo naval para buques y submarinos grandes. Ver *Plan de Administración de Recursos Naturales Integrados* de Diego García, Facilidad Diego García para apoyo naval estadounidense (septiembre 2005, par. 2.4.3). Bombarderos estacionados en Diego García han atacado objetivos enemigos en Iraq, Kuwait y Afganistán. Ver Edis, *Peak of Limuria*, 94, 96.

Pero hay mucho más que eso en Diego García. En 2007, *The Guardian* reportó que "la existencia de prisiones secretas de la CIA fue reconocida por el presidente George Bush en septiembre del año pasado [...] Bush no identificó el lugar exacto de ninguna de estas prisiones, pero existe la sospecha desde hace muchos años de que una de ellas se encuentra en Diego García". Ver "Claims of Secret CIA Jail for Terror Suspects on British Island to be Investigated", *The Guardian*, 18 de octubre de 2007. *The Huffington Post* también informó de que miembros del Parlamento inglés estaban investigando "los crímenes de la CIA contra la humanidad por desaparición, tortura y detención incomunicada prolongada" en Diego García. Ver "British MP's to probe claims of CIA Island Prison in Indian Ocean", *The Huffington Post*, 29 de marzo de 2008.

El historiador Eduardo Galeano proveyó la más memorable descripción de Diego García en *Children of the Day: A Calendar of Human History* (Nueva York: Nation Books, 2013):

> Este paraíso de blanca arena en el medio del océano Índico se convirtió en una base militar, una estación para espías satélites, una prisión flotante para sospechosos de terrorismo, y una lugar donde prepararse para aniquilar a naciones que merezcan ser castigadas.
>
> También tiene campo de golf. (301)

3. La instalación de Aguadilla ha desaparecido, como desapareció la Base Aérea Ramey que la rodeaba. Esto es lógico y de esperarse. No sería muy inteligente dejar una huella internacional tan masiva y tan incriminatoria tan poco tiempo después de los juicios de Núremberg.

4. Según me confiaron los prisioneros nacionalistas a quienes entrevisté, el capitán Rolf se aseguraba de hablar duro y que se mantuvieran las puertas abiertas durante los interrogatorios para que su voz retumbara por los pasillos. Era su manera de atemorizar aún más a los prisioneros.

5. Las fuentes para este capítulo incluyen nacionalistas que conocían a Vidal Santiago Díaz de la barbería, de cinco prisioneros nacionalistas de la Princesa, dos presos del Oso Blanco, tres prisioneros que fueron interrogados en Aguadilla cerca de Ramey, y un auxiliar médico de esa instalación. Los tres nacionalistas estuvieron confinados al mismo tiempo que Vidal y fueron testigos de su tortura. Todos estos testimonios nacionalistas fueron registrados en entrevistas realizadas durante casi cuarenta años, en forma longitudinal, desde 1974 hasta 2014. Según pasaban los años, los prisioneros nacionalistas nunca calibraron sus testimonios ni adornaron sus recuerdos. Sus afirmaciones sobre la casa de torturas de Aguadilla proveyeron un patrón denso y consistente de información. El auxiliar médico también fue consistente a lo largo de los años. Quedó tan afectado por los eventos de Aguadilla que se convirtió en un independentista de por vida, aunque no nacionalista, por temor a que le abrieran una carpeta y terminara en prisión.

6. Vidal Santiago Díaz compartió los detalles de esta tortura y todas las demás "sesiones" con sus compañeros presos en la Princesa. Según ellos, estas torturas reforzaron la entrega de Vidal como nacionalista y su valor durante la revuelta de octubre del 1950.

7. El capitán Rolf le preguntó repetidamente a Vidal por el lugar donde se escondían las armas y las municiones. Este fue el enfoque de sus sesiones de interrogatorio con Vidal.

8. El ahogamiento simulado (*waterboarding*) y otras torturas que Vidal resistió son chocantes, pero no eran nuevas ni exclusivas de Puerto Rico. El comportamiento de las fuerzas de inteligencia estadounidense —antes y después de la revolución de octubre de 1950— ha mostrado un patrón consistente por toda Latinoamérica y a nivel global. Mucho de ese comportamiento se discute en dos manuales de la CIA: *KUBARK Counterintelligence Interrogation* (Washington, D. C.: US Government Printing Office, 1963) y *Human Resource Exploitation Manual* (Washington, D. C.: US Government Printing Office, 1983). Al momento de publicar este libro, ambos manuales estaban disponibles en los archivos de la Seguridad Nacional en htpp://www2.gwu.edu/~narchiv/NSAEBB/NSAEBB122/index.htm#hre. Ambos son muy detallados. Por ejemplo, "la corriente eléctrica [en un lugar de interrogatorio] debe saberse de antemano, de manera que los transformadores y otros dispositivos modificadores estén a la mano si es necesario". Ver *KUBARK Counterintelligence Interrogation*, 46. Contiene capítulos sobre debilidades, terror, temor, miedo intenso, privación de estímulos sensoriales, ansiedad, amenazas, hipnosis, narcosis, dolor, dolor intenso y tortura. El capítulo sobre el dolor muestra en detalle cómo lograr los diferentes niveles de dolor (*KUBARK Counterintelligence Interrogation*, 93-95: *Human Resource Exploitation Manual*, K-9 a K-11). Los manuales también recomiendan usar grados extremos de calor, frío y humedad; privación del sueño y los sentidos; ahogamiento simulado y el pulmón de hierro.

Además de los dos manuales de la CIA, existen otros siete en español que han sido utilizados en Latinoamérica por décadas. Ver "Memorandum to the Deputy Secreatry of Defense from Wener S. Michel, Asst. to the Secre- tary of Defense", 10 de marzo de 1992, disponible en los archivos de Seguridad Nacional en http://www2.gwdu?~nsarchiv?NSAEBB/NSAEBB122/920310%20Imporper%20Material%20in20Spanish-Language%20 Intelligence% 20Training%20Manuals.pdf. Estos manuales eran todavía más explícitos que los manuales de contrainteligencia, interrogación y explotación de recursos humanos, pues proveían instrucciones detalladas sobre el uso de golpizas, encarcelamiento falso, extorsión, sueros de la verdad y ejecuciones. Fueron distribuidos a miles de oficiales militares en 10 países latinoamericanos: Bolivia, Colombia, Costa Rica, República Dominicana, Ecuador, Guatemala, Honduras, México, Perú y Venezuela. Según el memo de Werner, un repaso de los siete manuales demuestra que cinco de ellos contienen lenguaje sobre el uso de ejecuciones, golpizas, falso testimonio, pagos en recompensa por enemigos muertos, sueros de la verdad, motivación por terror y falso encarcelamiento. También afirma que: "Se nos dijo por USCINCSO [el comandante en jefe del Comando Sur] que una de sus prioridades principales era el cumplimiento de las políticas de derechos humanos por las Fuerzas Armadas latinoamericanas. Obviamente, el material ofensivo y objetable en los manuales contradice estas políticas, socava la credibilidad de Estados Unidos y podría resultar en una situación altamente vergonzosa". Ver *Memorandum de Wener S. Miche al adjunto al Seretario de Defensa*, 3.

9. La oscuridad y la privación sensorial aparecen en los manuales de interrogación de la CIA. Ver "Deprivation of Sensory Stimuli" *(KUBARK Counterintelligence Interrogation, 87; Human Resource Exploitation Manual,* L-10).

10. Esta película fue tomada probablemente por un camarógrafo del FBI. El FBI seguía a Albizu Campos y a los nacionalistas por toda la isla. Ver: archivos del FBI, *Pedro Albizu Campos,* carpeta número SJ 100-3906, Carta de Jack West al director J. Edgar Hoover, 17 de diciembre de 1947.

11. Un nacionalista de Aguadilla que dormía en una celda junto a la de Vidal le contó sobre el nacionalista a quien le dieron su propio hijo a comer. Torturas semejantes han sido reportadas en otros países y documentadas en estudios como: Jennifer K. Harbury, *Truth, Torture, and the American Way* (Boston, MA: Beacon Press, 2005); Alfred W. McCoy, *A Question of Terror: CIA Interrogation from the Cold War to the War on Terror* (Nueva York: Henry Holt & Co., 2006). En diciembre de 2014, el Senado de lEstados Unidos recibió un reporte de 6.700 paginas de la CIA, el cual detalla multiples instancias de tortura conducidas repetidamente por agentes de la CIA (*Senate Select Committee on Intelligence, Committee Study of the Central Intelligence Agency's Detention and Interrogation Program*, 3 de diciembre de 2014). Un resumen de este reporte (528 páginas) se puede leer en "The Senate Committee's Report on the CIA's Use of Torture", *The New York Times*, 9 de diciembre de 2014. Mario Vargas Llosa señalo varias de estas torturas en *La fiesta del chivo* (Madrid: Grupo Santillana de Ediciones, 2000). Ver también "Detainee Alleges Sexual Abuse, Torture Beyond Senate Findings", *The New York Times*, 5 de junio de 2015; "A Detainee Describes More CIA Torture", *The New York Times*, 5 de junio de 2015. Tambien se refiere al manual KUBARK de la CIA. Ver la nota 8. El nacionalista de Aguadilla tambien le informó a Vidal sobre la adicción de Muñoz Marín al opio. Esta adicción ya era conocida por Vidal, pues era comentada por muchas personas que pasaban por su barbería.

12. Margaret Bourke-White tomó esta foto, titulada *The American Way of Life* frente a una estación de descanso en Louisville, Kentucky, en los días después de la gran inundación del río Ohio en 1937. Vidal lo había visto antes en la revista *Life,* un mes antes de la Masacre de Ponce.

13. Pistolas, municiones y dónde estaban escondidas fueron el foco del interrogatorio de Vidal en la casa de torturas de Aguadilla.

14. El auxiliar médico estuvo presente durante el interrogatorio de Vidal bajo los efectos de una droga, así como en los más brutales interrogatorios de la Academia de la Verdad. Según esta persona, todos se referían al interrogador visitante como el doctor Hebb. Aunque este pudo haber sido un nombre en código, el auxiliar recordó que Hebb mencionó el Yerkes Center, lo cual crea una interesante posibilidad histórica. Un tal doctor Donald O. Hebb trabajó en el Yerkes National Primate Research Center en Orange

Park, Florida, desde 1942 hasta 1947 y desarrolló técnicas de privación sensorial utilizadas en interrogatorios de la CIA. Si el doctor que interrogó a Vidal era este mismo doctor Hebb, entonces la CIA lo usó como un colector ambulante de información.

Capítulo 17: Los últimos días

1. Marisa Rosado, *Pedro Albizu Campos: Las llamas de la aurora*, 5ª edición (San Juan: Ediciones Puerto, 2008), 340; Ruth Mary Reynolds, *Campus in Bondage* (Nueva York: Research Foundation of the City University of New York, 1989), xv. Según se reporta en el libro de Reynolds, en 1950 el presidente Truman envió a su secretario de Defensa Louis Johnson a Puerto Rico, con instrucciones a las autoridades militares de que pasaran a Luis Muñoz Marín, el primer gobernador electo de Puerto Rico, la orden de que él debería utilizar las fuerzas de la Policia Insular para liquidar al Partido Nacionalista de Puerto Rico y arrestar a su liderato, y de estos arrestos ser muy complicados, este liderato debería ser asesinado" (xv).

2. Rosado, *Pedro Albizu Campos*, 357; A. W. Maldonado, *Luis Muñoz Marín: Puerto Rico's Democratic Revolution* (San Juan: Editorial Universidad de Puerto Rico, 2006), 304; "Muñoz Certain Reds Back Plot," *Times Picayune*, 2 de noviembre de 1950.

3. Maldonado, *Luis Muñoz Marín*, 247, 267.

4. Archivos del FBI, *Luis Muñoz Marín,* carpeta número 100-5745, carta del gobernador Luis Muñoz Marín al agente del FBI A. C. Schlenker.

5. Ibíd., Carta del gobernador Luis Muñoz Marín al agente del FBI A. C. Schlenker.

6. J. Edgar Hoover tenía una relación de amor-odio hacia el gobernador Muñoz Marín. Un día lo investigaba como comunista y al otro día lo elogiaba como un paladín de la democracia. Ver archivos del FBI, *Luis Muñoz Marín,* carpeta número 100-5745, sección I, 2, 4, 62. Hoover le asignaba personal de seguridad, un carro armado y realizaban investigaciones de antecedentes de los enemigos políticos personales de Muñoz. Muñoz Marín devolvia estos favores mediante invitaciones frecuentes a Hoover para que visitara la isla como su invitado personal. Ver ibíd. 100-5745-42X44, 144-148, 167; 6 y 25 de agosto de 1953; 29 de mayo de 1952; 6 de julio de 1953. No existe evidencia de que Hoover aceptara estas invitaciones. Debido a los sentimientos de los nacionalistas hacia J. Edgar Hoover, esto no debe sorprender a nadie.

7. Jack West era uno de los agentes del FBI en San Juan asignados a Albizu Campos y al Partido Nacionalista de Puerto Rico. Escribió frecuentemente informes que se incluían en el archivo secreto del FBI (carpetas) de Albizu Campos y los nacionalistas. También llevó a cabo trabajos de Inteligencia por toda la isla. Una de sus responsabilidades era tomar películas de los discursos de Albizu y sus presentaciones personales. Luego el FBI hacía fotos en tamaño seis pulgadas por ocho pulgadas de las escenas y de las personas que asistian a dichos eventos (como los Cadetes de la República) para distribuirlas a los agentes del FBI alrededor de la isla y abrirles una carpeta policial. Ver archivos de la FBI, *Pedro Albizu Campos,* carpeta nº SJ 100-3906, carta de Jack West al jefe de la FBI Hoover, 17 de diciembre del 1947.

8. José Trías Monge era el subsecretario de Justicia (i. e., asistente del fiscal general, 1949) y el secretario de Justicia (i. e., fiscal general, 1953-1957) de Puerto Rico. Luego fue senador y el Presidente de la Corte Suprema de Puerto Rico. La oficina del FBI de Washington, D. C. lo mantenía informado de comunicaciones y actividades importantes con relación a labores de inteligencia y los arrestos de Albizu Campos y los nacionalistas. Por ejemplo, a Trías Monge le informaron sobre la llamada de Hoover relacionada con Vidal Santiago Díaz. Años más tarde, durante una visita a la Escuela de Leyes de Yale, Trías Monge compartió algunas de sus memorias de esta época.

9. Vidal Santiago Díaz luego le comunicó esta y otras experiencias a sus compañeros nacionalistas presos en la Princesa.

10. Este nacionalista más tarde compartió sus experiencias en la cárcel de la Princesa.

11. *El Imparcial*, 30 de octubre de 1950., I.

12. Ibíd.

13. Albizu Campos y los nacionalistas no podían apelar al gobierno de Puerto Rico para protección alguna ya que el gobernador Luis Muñoz Marín y su partido, el mismo político y el mismo partido que habían hecho la Ley de mordaza, dominaban la escena política de la isla. En 1950, el Senado de Puerto Rico constaba de diecisiete senadores del Partido Popular Democrático (PPD), y dos senadores del Partido Estadista Republicaño (PER). Como líder del PPD y como gobernador de Puerto Rico, Luis Muñoz Marín tenía una mano de hierro en la política de Puerto Rico, poder y padrinazgo.

Aunque el PPD y el PER ocupaban los puestos en la Legislatura, otros partidos políticos competían por tener influencia en la isla:

Partido Nacionalista de Puerto Rico	PNP
Partido Comunista de Puerto Rico	PCP
Partido Socialista de Puerto Rico	PSPR
Unión Republicana	PUR

El Partido de Unificación Tripartita (Socialista-Republicano y Liberal) había sido algo exitoso a principios de la década de 1940 pero desapareció luego de la barrida electoral del PPD en 1944. Unión, fundado por el padre de Luis Muñoz Marín en 1904, había sido un partido político de gran sutileza y conveniencia. Cada vez que un nuevo gobernador llegaba a la isla, sus miembros amenazaban con una revolución y demandaban la independencia de Puerto Rico, para luego retirar sus demandas al asegurar contratos con el gobierno y nombramientos políticos. Para el 1950, este partido había evolucionado a la Unión Republicana. Los partidos nacionalistas, socialistas y comunistas habían sido muy marginados, particularmente después de la aprobación de la Ley de la mordaza en el 1947, lo que permitía al gobernador Muñoz Marín ponerles la etiqueta de "subversivos" a todos y alentaba al FBI a que crearan carpetas de cada uno de sus miembros. Al mes de junio de 2012, Puerto Rico tenía seis partidos políticos registrados:

Popular Democrático	PPD
Partido Nuevo Progresista	PNP
Partido Independentista	PIP
Partido Puertorriqueños por Puerto Rico	PPR
Movimiento Unión Soberanista	MUS
Partido del Pueblo Trabajador	PPT

Actualmente, el PPD se mantiene como el partido dominante en Puerto Rico. El gobernador, la mayoría en el Senado y Cámara de Representantes y más de la mitad de los alcaldes de la isla son del PPD.

14. Mark Harrison, *The Economics of World War II: Six Great Powers in International Comparison* (Cambridge: Cambridge University Press, 1998), 15, 17, 81-117.

Capítulo 18: Revolución

1. La Revolución del 30 de octubre ha sido llamada una "revuelta nacionalista" y el "Levantamiento de Jayuya". Sin embargo, dada la maquinaria represiva del FBI y de la Policia Insular, el uso de carpetas de la policia secreta contra miles de puertorriqueños, el bombardeo de dos pueblos a la luz del día por el cuerpo militar estadounidense, el despliegue de cinco mil efectivos de la Guardia Nacional de Estados Unidos a estos pueblos, el arresto de tres mil puertorriqueños pocos días después, el uso de la Ley 53 (Ley de la mordaza) para suprimir toda forma de expresión patriótica en la isla, y el conflicto armado en ocho pueblos, los eventos del 30 de octubre al 3 de noviembre de 1950 surgen como una expresión revolucionaria de unos sentimientos subyacentes ampliamente albergados en Puerto Rico. Por lo tanto, el término "revolución" es apropiado para la revuelta del 30 de octubre.

2. "Motín en el presidio", *El Imparcial*, 29 de octubre de 1950, 1. A Correa Cotto lo mataron en una pelea a tiros con la Policía Insular en 1952; sin embargo, el testimonio de dos prisioneros que participaron en la fuga de la prisión el Oso Blanco, Otilio Robles Ventura y Gregorio Lebrón Martínez, confirmaron que esta fuga en masa fue planificada y programada en conjunto con los nacionalistas y los prisioneros del Oso Blanco. Ver *El Imparcial*, 3 de noviembre de 1950, 3; Miñi Seijo Bruno, *La insurrección nacionalista en Puerto Rico*, 1950 (Río Piedras, Puerto Rico, Editorial Edil, 1989), 78-86.

3. "Motín en el presidio", *El Imparcial*, 29 de octubre de 1950, 3.

4. Midiendo solo 5 pies seis pulgadas de alto y pesando 135 libras, con una mirada fria y cicatrices en los labios, cejas y frente, Correa Cotto era un criminal de carrera sirviendo una cadena perpetua por múltiples asesinatos. Luego de fugarse de la prisión en octubre de 1950, mató a diez personas más y condujo a la policia en una feroz persecución por toda la isla. Se convirtió en una figura legendaria —un cruce entre John Dillinger y Kilroy— a quien "veían" en casi todos los pueblos de Puerto Rico; algunos teorizaban que estaba en Nueva York, Chicago e incluso Corea, disfrazado como un Borinqueneer. Cuatro policias de Florida, incluyendo a J. A. Youell, asistente del jefe de la Policía de

Miami, volaron a Puerto Rico con canes especialmente adiestrados para unirse a la caza a través de la isla. Correa Cotto finalmente fue capturado y asesinado cerca de Ponce el 16 de mayo del 1952. Ver "Puerto Rican 'Dillinger' Bad Man Has Island on Deadly Man Hunt", *Times-News* (Hendersonville, NC), 19 de marzo de 1952, 29.

5. *El Imparcial*, 30 de octubre de 1950, 3, 50.

6. José Trías Monge, quien se convirtió en secretario de Justicia de Puerto Rico al año siguiente, estuvo presente durante esta conversacion. En 1980, Trías Monge discutió esto en un foro privado en la Escuela de Derecho de Yale.

7. Bruno, *La insurrección nacionalista*, (86-93).

8. *El Mundo*, 31 de octubre de 1950, 10; *El Imparcial*, 31 de octubre de 1950, 30.

9. Testimonio de Ramón Pedrosa, en Bruno, *La insurrección nacionalista*, 92-93.

10. Esta historia de que Guillermo Gonzalez Ubides patrullaba los campos de batalla después de su muerte, pasó de generación a generación de agricultores y nacionalistas.

11. Bruno, *La insurrección nacionalista*, 122; *El Mundo*, 31 de octubre de 1950, 4.

12. Heriberto Marín Torres, *Eran ellos* (Rio Piedras, Puerto Rico, Ediciónes Ciba, 2000), 63.

13. Testimonio de Elio Torresola, en Bruno, *La Insurrección Nacionalista*, 121.

14. *El Mundo*, 31 de octubre de 1950, 4.

15. *El Mundo*, 12 de noviembre del 1950; *El Vocero*, 3 de marzo de 1979, 6.

16. Marín Torres, *Eran ellos*, 40.

17. Ibíd., 64; Bruno, *La Insurrección Nacionalista*, 123-126.

18. "Aviación bombardea en Utuado." *El Imparcial*, 1 de noviembre de 1950, I. Estados Unidos de Norteamérica bombardeó Jayuya y Utuado a plena luz del día. El número de aviones se reportó como diez en Jayuya y cuatro en Utuado. Marisa Rosado, *Pedro Albizu Campos: Las llamas de la aurora*, 5ª edición (San Juan: Ediciones Puerto, 2008), 353- 354 . Ver también Bruno, *La insurrección nacionalista*, 78-86; Laura Meneses de Albizu Campos, *Albizu Campos y la independencia de Puerto Rico* (Hato Rey, Puerto Rico, Publicaciones Puertorriquenas, 2007), 82. A pesar de la presencia en Puerto Rico de reporteros de la Prensa Asociada y la Prensa Unida Internacional, este evento extraordinario apenas fue informado en el continente norteamericano. No se encontraron reportajes contemporáneos a este bombardeo en ninguno de los más importantes diarios (i.e., *The New York Times, The Washington Post, The Wall Street Journal, Boston Globe, Los Angeles Times, Chicago Tribune, Denver Post*).

19. Testimonio de Elio Torresola, en Bruno, *La insurrección nacionalista*, 126.

20. Pedro Aponte Vázquez, *El ataque nacionalista a la fortaleza* (San Juan : Publicaciones René, 2014), 7.

21. Archivos del FBI, *Partido Nacionalista de Puerto Rico* carpeta número SJ 100-3, vol. 23, 128-129.

22. Testimonio de Jose Ángel Medina Figueroa, en Bruno, *La insurrección nacionalista*, 140-141.

23. Testimonio de Ángel Colón Feliciano, en Bruno, *La insurrección nacionalista,* 143-144.

24. Ibíd., 144-145.

25. Ibíd., 145.

26. Ibíd., 145-146.

27. Ibíd., 144.

28. Ibíd., 144-145.

29. Testimonio de José Ángel Medina Figueroa, en Bruno, *La insurrección nacionalista*, 147-148.

30. Ibíd., 146.

31. Testimonio de Ángel Colón Feliciano, en Bruno, *La insurrección nacionalista*, 145.

32. Testimonio de Pedro Matos Matos, en Bruno, *La insurrección nacionalista*, 150-151.

33. "Aviación bombardea en Utuado", I, 2, 35. También ver Rosado, *Pedro Albizu Campos,* 353-354; Bruno, *La insurrección nacionalista,* 126; Albizu Campos, *Albizu Campos y la independencia*, 82.

34. José Martínez Valentín, *La presencia de la Policía en la historia de Puerto Rico: 1898-1995* (San Juan: Producciones Luigi, 1995), 180.

35. Testimonio de Ismael Díaz Matos, en Bruno, *La insurrección nacionalista*, 110.

36. "Aviación bombardea en Utuado", *El Imparcial*, 1 de noviembre de 1950, I; *El Imparcial*, 5 de noviembre de 1950, 4; *El Imparcial*, 7 de noviembre de 1950, 2, 31; *El Mundo*, 2 de noviembre de 1950, 3.

37. Testimonio de Amado Eulogio, en Bruno, *La insurrección nacionalista*, 197.

38. Testimonio de Irvin Flores, en Bruno, *La insurrección nacionalista*, 198.

39. Testimonio de Juan Medina Acosta, en Bruno, *La insurrección nacionalista*, 95.

40. *El Mundo*, 31 de octubre de 1950, 7.

41. Testimonio de Ramón Pedrosa, en Bruno, *La insurrección nacionalista*, 92.

42. *El Imparcial*, 11 de noviembre de 1950, 7, 38.

43. *El Imparcial*, 18 de noviembre de 1950, 35; 19 de noviembre de 1950, 2, 34.

44. Testimonio de José Antonio Negrón, en Bruno, *La insurrección nacionalista, 220.* La esposa de Negrón estaba encinta durante este tiempo. Ella también fue arrestada y condenada, y dió a la luz en la cárcel.

45. Archivos del FBI, *Partido Nacionalista de Puerto Rico,* carpeta número SJ 100-3, vol. 23, 128-129.

46. Testimonio de Ángel Colón Feliciano en Bruno, *La insurrección nacionalista*, 141. La infiltracion y traición del Partido Nacionalista es evidente por la docena de reportes del FBI basados en información confidencial ofrecida por informantes de dentro del partido. También es evidente por la rapidez y precision quirúrgica con que la Policia Insular descubría todos los escondites de las armas durante e inmediatamente después de la revuelta: una cueva en Sitio Viafara (Arecibo), los bosques cerca del barrio

Cedro Abajo (Naranjito), una siembra de caña de azúcar en el barrio Miraflores (Arecibo), tres fincas (Naranjito, Dorado y Cayey), una estación de gasolina (Naranjito), y seis hogares en cinco pueblos (Ponce, Utuado, Arecibo, Naranjito y Mayaguez). Archivos de FBI, *Partido Nacionalista de Puerto Rico,* carpeta número SJ 100-3, vol. 23, 149.

47. Bruno, *La insurrección nacionalista*, 80, 87.

48. Vázquez, *El ataque nacionalista a La Fortaleza*, 115, 130, 132-134; Rosado, *Pedro Albizu Campos*, 354-356; Carlos Nieves Rivera, "Seis nacionalistas intentaron tomar por asalto La Fortaleza", *El Mundo*, 31 de octubre de 1950.

49. De acuerdo con el testimonio de Gregorio Hernández, el único nacionalista que sobrevivió al ataque a La Fortaleza, todos los nacionalistas en el auto estaban al tanto de que ellos iban en una misión suicida con pocas probablidades de escapar con vida. Esto era especialmente cierto para Raimundo Díaz Pacheco. De acuerdo con Hernández, según ellos conducían por el viejo San Juan hacia La Fortaleza, Raimundo les dijo a todos los que estaban en el auto que vieran a todos los soldados y francotiradores apostados en los techos y que se prepararan para ser masacrados. Vázquez, *El ataque nacionalista a La Fortaleza*, 115, 130, 132-134.

50. Vázquez, *El ataque nacionalista a La Fortaleza*, 71-72; Stephen Hunter y John Bainbridge, Jr., *American Gunfight; The Plot to Kill Harry Truman and the Shoot-Out That Stopped It* (Nueva York: Simon & Schuster, 2005), 32.

51. *El Mundo*, 31 de octubre del 1950, I, 10: Vázquez, *El ataque nacionalista a La Fortaleza*, 7.

52. Vázquez, *El ataque nacionalista a La Fortaleza*, 77-III (entrevista a Gregorio *Goyito* Hernandez Rivera).

53. Hunter y Bainbridge, *American Gunfight*, 31.

54. J. Edgar Hoover, el director del FBI "Joint Report to the National Security Council Regarding the Recent Outbreak of Violence by Puerto Rican Nationalists," Departamento de Justicia, Washington, D. C., 18 de enero de 1951.

55. La conversación entre el gobernador Muñoz Marín y el general Sibert fue reportada por el secretario de Justicia de Puerto Rico, Vicente Géigel Polanco. Géigel Polanco estaba en la mansión del gobernador con Muñoz Marín en el preciso momento en que se produjeron, tanto el ataque como la conversacion subsiguiente con el general Sibert. Ver César Andreu Iglesias y Samuel A. Aponte, "*Vicente Géigel Polanco revela incidentes de su relación con Luis Muñoz Marín*", *La Hora*, 26 de abril de 1972. La llamada al general Sibert se reportó en Rosado, *Pedro Albizu Campos*, 356-357. También fue reportada en el informe del FBI *Report to the National Security Council Regarding the Recent Outbreak of Violence by Puerto Rican Nationalists*, Departamento de Justicia de Estados Unidos, 18 de enero de 1951.

56. Efraín López Corchado era uno de los fugitivos de la prisión del Oso Blanco. De acuerdo a fuentes de la Policia Insular, él tenía un plan para la fuga de Albizu Campos: otros fugitivos se habían apropiado de un bote en el puerto de San Juan y estaban esperando a que Albizu Campos se escapara. Ver los archivos del

Departamento de Justicia de Puerto Rico, oficina del fiscal general, serie de nacionalistas, caja 5.

57. "Aviación bombardea en Utuado", *El Imparcial*, 1 de noviembre, 1950, I, 3: *El Imparcial*, 2 de noviembre de 1950, 2-3, 34-35; *El Mundo*, 31 de octubre de 1950, I, 10; *El Mundo*, 2 de noviembre, 1950, 2-3.

58. Hunter y Bainbridge, *American Gunfight*, 267; Rosado, *Pedro Albizu Campos*, 360.

59. Testimonio de Álvaro Rivera Walker en Rosado, *Pedro Albizu Campos*, 361-365; Bruno, *La insurrección nacionalista*, 170-172; Hunter y Bainbridge, *American Gunfight*, 269.

60. Testimonio de Álvaro Rivera Walker, en Bruno, *La insurrección nacionalista*, 170-172. Ver también Rosado, *Pedro Albizu Campos*, 361-365; Hunter y Bainbridge, *American Gunfight*, 34, 269. Las autoridades locales y norteamericanas estaban conscientes del valor simbólico de la muerte de Albizu Campos y no querían convertirlo en un mártir. Además, el bloqueo de la casa de Albizu ocurría en la ciudad capital de la isla, a varios pies de la mansión del gobernador, con mucha atención de los periódicos y de la radio. Esto explica el control que tuvieron la Guardia Nacional, el FBI y la Policia Insular. Aun cuando estaban bombardeando los pueblos de Utuado y Jayuya, y mataban a los prisioneros nacionalistas con ametralladoras en Utuado, trataron a Albizu Campos con guantes de seda (relativamente hablando). En vez de tumbar el edificio completo, estuvieron sitiándolo por tres días.

61. *El Mundo*, 31 de octubre, 1950, I, 10; *El Imparcial*, 1 de noviembre de 1950, I, 3. También ver a Hunter y Bainbridge, *American Gunfight*, 267; Rosado, *Pedro Albizu Campos*, 358-361.

62. Juan Antonio Ocasio Rivera, "Puerto Rico's October Revolution", *The New York Latino Journal*, November 3, 2006.

63. Testimonio de Álvaro Rivera Walker, en Bruno, *La insurrección nacionalista*, 170-172. Tuve la oportunidad de hablar con Rivera Walker en su restaurante en Canóvanas, Puerto Rico, en 1974. Él recordó esas últimas horas antes de su arresto como el Getsemaní de Albizu. Narró que Albizu, que ya habia cumplido siete años de prisión federal, sabía que lo iban a arrestar y sentenciar a muchos más años en prisión y estaba tratando de encontrar fuerzas internas para enfrentar ese arresto y el calvario que seguiría.

64. "Albizu en la Princesa" *El Imparcial*, 13 de noviembre de 1950, I; Federico Ribes Tovar, *Albizu Campos: Puerto Rican Revolutionary* (Nueva York: Plus Ultra Publishers, 1971), 112; Rosado, *Pedro Albizu Campos*, 365; Bruno, *La insurrección nacionalista*, 171-172.

65. "Assassin Slain, Another Shot at Truman's Door. Puerto Rican Terrorists Kill Guard, Wound 2; President Glimpses Battle's End from Window", *The Washington Post*, 2 de noviembre de 1950, I.

66. "2 Die, 3 Shot as Pair Try to Kill Truman", *New York Daily News*, 2 de noviembre 1950, I.

67. "2 Puerto Rican Revolutionists Try to Kill Truman at Home", *Baltimore Sun*, 2 de noviembre de 1950, I.

68. Además de estos tres artículos de referencia de *The Washington Post*, *Baltimore Sun* y el *New York Daily News*, indicados anteriormente, ver "Truman's Guards Shoot 2!", *New York Journal American*, 2 de noviembre de 1950; "Gunmen Try to Kill Truman: Pair, Pistols Blazing, Rush Mansion Guards", *Long Beach Press-Telegram*; "Two Gunmen Shot in Effort to Kill Truman", *Tacoma New Tribune*, 2 de noviembre de 1950; "Two Shot Trying to Kill Truman", *Times Picayune*, 2 de noviembre de 1950.

69. "Blair House: The Afternoon Quiet Erupted on Pennsylvania Avenue", Associated Press, 2 de noviembre de 1950.

70. "Assassin Slain, Another Shot at Truman's Door", *The Washington Post*, 2 de noviembre de 1950, I.

71. "Two Shot Trying to Kill Truman", *Times Picayune*, 2 de noviembre de 1950, I.

72. "Muñoz Certain Reds Back Plot", *Times Picayune*, 2 de noviembre de 1950. Muñoz Marín también envió un cablegrama al secretario del Interior de Estados Unidos, Oscar L. Chapman, sobre una colaboración de los nacionalistas con "comunistas en la isla". Ver Rosado, *Pedro Albizu Campos*, 357.

73. "The Truman Assassination Attempt", *New Republic*, 13 de noviembre de 1950.

74. "Puerto Rico Revolt Endangers Truman", *Life*, 13 de noviembre de 1950.

75. "The Presidency", *Time*, 13 de noviembre de 1950.

76. Hunter y Bainbridge, *American Gunfight*, 86.

Capítulo 19: Salón Boricua

1. La Policía Insular dañó las luces de tránsito cercanas al Salón Boricua, según habían roto los semáforos alrededor de la casa de Albizu Campos en el 156 calle Sol. Esto les daba una excusa para detener a cualquier motorista del vecindario e interrogarlo, multarlo, acosarlo o arrestarlo. Los semáforos se arreglaron después de la revuelta de octubre de 1950.

2. Vidal Santiago Díaz compartió estos pensamientos y recuerdos con otros nacionalistas mientras estuvo encarcelado con ellos en la Princesa.

3. Marisa Rosado, *Pedro Albizu Campos: Las llamas de la aurora*, 5ª. ed. (San Juan: Ediciones Puerto, 2008), 356-357.

4. Ramón Medina Ramírez, *El movimiento libertador en la historia de Puerto Rico* (Santurce, Puerto Rico, Imprenta Borinquen, 1958), 5:313.

5. *El Imparcial*, 2 de noviembre de 1950, 2, 35.

6. Vidal Santiago Díaz discutió con sus compañeros nacionalistas encarcelados los programas de radio, auspiciadores y los anuncios comerciales.

7. Miñi Seijo Bruno, *La insurrección nacionalista en Puerto Rico*, 1950 (Río Piedras, P.R.: Editorial Edil, 1989), 173.

8. Vidal Santiago Díaz recordó particularmente la ironía de "If I Knew You Were Comin' I'd've Baked a Cake" a la luz de su propia situación. Segun le contó a los prisioneros nacionalistas en la Princesa, él sentía que el bizcocho en la canción representaba a toda la isla de Puerto Rico. Resulta interesante que el director de cine Francis

Ford Coppola usara este mismo simbolismo en la película *El Padrino: Parte II*, en la escena donde Hyman Roth corta un bizcocho de cumpleaños con la forma de la isla de Cuba y lo comparte con sus amigos pandilleros.

9. Rosado, *Pedro Albizu Campos*, 358.

10. *El Mundo*, 31 de octubre de 1950. La secuencia de acontecimientos en la batalla del Salón Boricua, los discursos de Albizu Campos en la radio, las exclamaciones, y los cánticos de Vidal Santiago y sus coloquios con Luis *El Bibí* Marrero fueron confirmados por el periodista Miguel Ángel Álvarez, quien luego tuvo una exitosa carrera como actor de radio y televisión. También dirigio cuatro películas para Columbia Pictures, incluyendo la infame *Natas es Satán* en 1977.

11. Medina Ramírez, *El movimiento libertador*, 313; *El Imparcial*, 2 de noviembre de 1950, 2, 35. Esto fue adicionalmente confirmado en una entrevista con el periodista Miguel Ángel Álvarez y en otra entrevista aparte con Luis *El Bibí Marrero*.

12. *El Mundo*, 31 de octubre de 1950. Esto fue confirmado personalmente por Luis *El Bibí* Marrero y por el periodista Miguel Ángel Álvarez.

13. Vidal Santiago Díaz compartió estos pensamientos y memorias con otros presos nacionalistas mientras estuvo preso con ellos en la Princesa. Ver también Heriberto Marín Tores, *Eran ellos* (Río Piedras, Puerto Rico, Ediciones Ciba, 2000).

14. Los periodistas Miguel Ángel Álvarez y Luis *El Bibí* Marrero escucharon esta conversación y la reportaron en vivo vía radio, como testigos. El autor entrevistó a Álvarez y Marrero, quienes se mantuvieron consistentes en sus recuerdos de la conversación. Fue también contada por Vidal Santiago Díaz a otros prisioneros nacionalistas en la Princesa, quienes confirmaron estas conversaciones.

15. *El Imparcial*, 2 de noviembre de 1950, 2, 35; *El Mundo*, 31 de octubre de 1950, además confirmado por el periodista Miguel Ángel Álvarez.

16. Miguel Ángel Álvarez y Luis *El Bibí* Marrero estaban entre los reporteros que escucharon estos discursos. Las estaciones de radio mantenían archivos de todos los discursos en máquinas grabadoras de cintas magnetofónicas. El FBI notificó a las estaciones de radio que estas grabaciones no podían ser destruidas ya que podrian ser requeridas como evidencia en posibles procedimientos legales (o sea, para documentar las violaciones de Albizu Campos a la Ley 53).

17. El discurso de Albizu Campos en Manatí, Puerto Rico, el 11 de junio de 1948, grabado y transcrito por el FBI. Este discurso también fue transmitido por WITA y WNEL (San Juan), WCMN (Arecibo), y otras estaciones en Ponce y Mayagüez. Ver archivos del FBI, *Pedro Albizu Campos*, carpeta número 105-11898, sección XII. Una lista completa de los discursos y las conferencias de prensa de Albizu Campos, según grabadas y transcritas por el FBI, está disponible en ibíd., II-III (tabla de contenidos). Esta lista tiene más de cuarenta discursos y eventos de prensa desde el 15 de diciembre del 1947 hasta el 2 de marzo del 1954.

18. Discurso de Albizu Campos en Rio Piedras, Puerto Rico, el 19 de noviembre de 1948, grabado y transcrito por el FBI. Ver archivos del FBI, *Pedro Albizu Campos*,

carpeta número 105-11898, sección XII. De acuerdo a este informe del FBI, el discurso "fue difundido por la radio y grabado; estas grabaciones están retenidas en los archivos de la Policia Insular de Puerto Rico" (15nb7c).

19. Discurso de Albizu Campos en Manatí, Puerto Rico, el 11 de junio de 1948, grabado y transcrito por el FBI. Este discurso también fue difundido por WITA y WNEL (San Juan), WCMN (Arecibo) y otras estaciones en Ponce y Mayaguez. Ver ibíd.

20. Discurso de Albizu Campos en Santurce, Puerto Rico el 16 de abril de 1948, grabado y transcrito por el FBI. Este discurso también fue difundido por WITA (San Juan). Ver ibíd.

21. Discurso de Albizu Campos en Ponce, Puerto Rico, el 25 de julio de 1948. Este discurso fue transmitido en el quincuagésimo aniversario de la ocupación de Puerto Rico por Estados Unidos y, además de ser grabado y transcrito por el FBI, fue transmitido por WPRP (Ponce), WCMN (Arecibo) y WPBP (Mayaguez). Ver ibíd.

22. Discurso de Albizu Campos en Ponce, Puerto Rico el 21 de marzo de 1949, grabado y transcrito por el FBI. El discurso también fue transmitido por WPRP (Ponce), WCMN (Arecibo) y WITA (San Juan). Ver ibíd.

23. Este aguinaldo espontáneo de Vidal Santiago Díaz fue confirmado en una entrevista con el periodista Miguel Ángel Álvarez en 2004.

24. Vidal Santiago Díaz le narraba estos últimos momentos del Salón Boricua a dos nacionalistas que estaban presos con él en la Princesa.

25. Los periodistas Miguel Ángel Álvarez y Luis *El Bibí* Marrero reportaron las palabras del soldado. *El Imparcial*, 2 de noviembre de 1950, 2, 35; Medina Ramirez, *El movimiento libertador*, 313.

26. En *Albizu Campos: Puerto Rican Revolutionary* (Nueva York: Plus Ultra Publishers, 1971), Federico Ribes Tovar resumió la batalla del Salón Boricua de la siguiente manera:

> Fue posiblemente el episodio más dramático y pintoresco de la Insurrección Nacionalista [...] [Vidal Santiago Díaz] mantuvo a raya, solo y desde el interior de su barbería, a un batallón entero de policías y soldados de la Guardia Nacional...que lo tenían completamente rodeado y le disparaban de todos lados y con todo tipo de arma automática [...]
>
> El heroico barbero libró tremenda batalla, como tigre enjaulado, rehusando rendirse. (Como un toro bravo retado a renovado salvajismo aparentemente ajeno a las pocas probabilidades de vencer que tenía, [Vidal] les disparó incesantemente a sus atacantes desde las ventanas y hasta desde la misma puerta de su barbería [...]
>
> Toda la isla siguió el drama de la captura de Vidal Santiago, que fue difundida en directo por la radio. (108-109)

27. La reputación de Juan Emilio Viguié como fotógrafo de noticiarios, su pase de prensa y su trato respetuoso hacía el camarógrafo de la FBI usualmente evitaban

problemas y desviaban sospechas. Para filmar la batalla del Salón Boricua tomó precauciones adicionales: rodó la escena desde un techo remoto y utilizó un potente lente de acercamiento. Ver también el capítulo 13 de este libro, notas 18 y 19.

Capítulo 20: La Caja de chinches

1. "Arrestos en masa", *El Imparcial*, 3 de noviembre de 1950, 11-15. Ver también carta al licenciado David Helfeld, abogado de la Comisión de Derechos Civiles, "Información de discriminación y persecución para propósitos políticos", 1989, 49, según cita en Marisa Rosado, *Pedro Albizu Campos: Las llamas de la aurora*, 5ª edición (San Juan: Ediciones Puerto, 2008), 364.

2. "Intentan quemar edificios en Utuado", *El Mundo*, 1 de noviembre de 1950. Ver también Heriberto Marín Torres, *Eran ellos* (Rio Piedras, Puerto Rico, Ediciones Ciba, 2000), 109-110.

3. James Fowler, "Diez poblaciones están envueltas en rebelión", Associated Press, 1 de noviembre de 1950.

4. Ruth Mary Reynods fue una maestra y activista de los derechos civiles que desarrolló un profundo compromiso con la independencia de Puerto Rico. En 1943, mientras llevaba a cabo trabajo social con niños en el barrio (East Harlem), conoció a Pedro Albizu Campos, que estaba internado en el Columbus Hospital. Poco después, Reynolds fue cofundadora y secretaria ejecutiva de la Liga Americana para la Independencia Puertorriqueña. En 1946 y 1947 se presentó frente al Congreso de Estados Unidos y ante las Naciones Unidas para hablar a favor de dicha causa. En 1948, Reynolds escribió en *Campus in Bondage* (New York: Research Foundation of the City of New York, 1980).

> Centenares de policías sitiaron los alrededores de la Universidad de Puerto Rico el 15 de abril de 1948 y no se retiraron hasta principios de noviembre. Durante este tiempo —además del impacto de su mera presencia— usaron gases lacrimógenos, macanas, y llevaron a cabo arrestos masivos, para vencer a la Cruzada Universitaria, un movimiento estudiantil que protestaba en contra de la administración universitaria. Después de que nos enteramos de que el 23 de septiembre del 1948, la policia había bloqueado la entrada a la Universidad de cientos de estudiantes[,] [...] que la policia procedió a macanear a los estudiantes cuando estos rehusaron dispersarse, y que a dos de estos estudíantes los habían golpeado hasta quedar inconscientes y tuvieron que ser hospitalizados [...] Fui enviada a Puerto Rico a llevar a cabo una investigación. (1)

Luego de una investigación de cuatro meses y cientos de entrevistas, Reynolds concluyó que la violencia policial era políticamente motivada, con el único propósito de evitar que el Partido Nacionalista de Puerto Rico tuviese contacto con los estudiantes universitarios y que Albizu Campos hablara en algun sitio de la Universidad.

En ese momento ella decidió quedarse en Puerto Rico y escribir un libro sobre estos sucesos: *Campus in Bondage*. El libro estaba listo para ser publicado en 1950, cuando el 31 de octubre de ese mismo año, ella fue arrestada por violar la Ley de la mordaza y por conspirar para derrocar el gobierno de Estados Unidos. En una carta a su hermana Helen, describió su arresto:

> Estaba dormida en mi cama a las dos de la madrugada [...] entonces más de cuarenta policías y miembros de la Guardia Nacional, armados con rifles, ametralladoras y revólveres, llegaron a la casa donde estaba viviendo sola [...] Con más ametralladoras de las que había visto en mi vida en un mismo sitio, apuntando hacía mí, no ofrecí resistencia. Luego de robarse todos mis libros y mis documentos, me dijeron que no tenían documentos escritos, pero que tenían órdenes de arrestarme.

A Reynolds la liberaron en junio de 1952, despues de diecinueve meses en prisión. El manuscrito de *Campus in Bondage* había desaparecido misteriosamente, pero sabiamente ella había guardado otra copia en Nueva York.

A pesar del hostigamiento del gobierno y de su encarcelamiento, Reynolds nunca abandonó sus principios. Presentó una peticion a la Asamblea General de Estados Unidos a finales de 1952, y nuevamente testificó ante el Comité de Descolonización de las Naciones Unidas en 1977 a favor de la independencia de Puerto Rico. Continuó trabajando, hablando y organizando a favor de la causa por el resto de su vida. *Campus in Bondage* finalmente se publicó en 1989, el año de su muerte. Los documentos de Ruth Reynolds (Ruth Reynolds Papers) se mantienen en los archivos de la diáspora puertorriqueña, Centro de Estudios Puertorriqueños, Hunter College, City University of New York.

5. Margaret Pour, "Puerto Rican Women Nationalists vs. U.S. Colonialism: An Exploration of Their Conditions and Struggles in Jail and Court", *Chicago-Kent Law Review* 87, n.º. 2 (2012): 467-468.

6. Rosado, *Pedro Albizu Campos*, 364-365.

7. Reece B. Bothwell, *Cien años de lucha política*, 5 vols. (San Juan: Editorial Universitaria), 503. Ver también Rosado, *Pedro Albizu Campos*, 363; archivos del FBI, *Partido Nacionalista de Puerto Rico*, carpeta número SJ 100-3, vol. 3, sección I, 7-8.

8. Rosado, *Pedro Albizu Campos*, 364.

9. Ibíd.

10. Laura Meneses de Albizu Campos, *Albizu Campos y la independencia de Puerto Rico* (Hato Rey, Puerto Rico, Publicaciones Puertorriqueñas, 2007), 86.

11. Marín Torres, *Eran ellos*, 13 - 34.

12. Ibíd., 20-23.

13. Ibíd., 13.

14. Ibíd., 14-15.

15. Ibíd., 29 - 31.

16. Archivos de FBI, *Luis Muñoz Marín,* carpeta número 100 HQ-5745, sección III, 294.

17. Ibíd., 106.

18. Ibíd., 125.

19. Ibíd., 122-123.

20. Ibíd., 72.

21. Ibíd., 73.

Capítulo 21: Linchamiento atómico

1. Heriberto Marín Torres, *Eran ellos* (Río Piedras, Puerto Rico, Ediciones Ciba, 2000), 49.

2. Ibíd.

3. Laura Meneses de Albizu Campos, *Albizu Campos y la independencia de Puerto Rico* (San Juan: Edición del Partido Nacionalista de Puerto Rico, 2007), 126-128.

4. Marisa Rosado, *Pedro Albizu Campos: Las llamas de la aurora,* 5ª edición (San Juan: Ediciones Puerto, 2008), 372-374.

5. Pedro Aponte Vázquez, *¡Yo acuso! Y lo que pasó después* (Bayamón, Puerto Rico, Movimiento Ecuménico Nacional de Puerto Rico, 1985), 41.

6. Archivos del FBI, *Pedro Albizu Campos,* carpeta nº 105-11898, sección XI, 83.

7. Rosado, *Pedro Albizu Campos,* 374.

8. Archivos del FBI, *Pedro Albizu Campos,* carpeta nº 105-11898, sección VIII, 51.

9. Ibíd., 50-51.

10. Ibíd., 51.

11. Ibíd., 46-51.

12. Archivos del FBI, *Pedro Albizu Campos,* carpeta número 105-11898, sección X, 9.

13. Rosado, *Pedro Albizu Campos,* 386.

14. Archivos del FBI, *Pedro Albizu Campos,* carpeta número 105-11898, sección X, 30.

15. Laura Meneses de Albizu Campos, *Albizu Campos y la independencia de Puerto Rico* (Hato Rey, Puerto Rico, Publicaciones Puertorriqueñas, 2007), 126-128.

16. "Albizu Campos Alleges That They Are Directing Light Rays at Him", *El Mundo,* 2 de febrero de 1952.

17. *El Mundo,* 3 de mayo de 1953.

18. "Albizu Told the Story of Atomic Torture to the Press", *El Mundo,* 1 de octubre de 1953.

19. *El Imparcial,* 12 de mayo de 1953.

20. "Linchamiento atómico de un mártir de la libertad", *Verdad,* Febrero de 1953, I, 24-27.

21. *Correo Indoamericano de México,* 15 de agosto de 1953.

22. Alfonso Granados, *Tiempo en Cuba*, 6 de febrero de 1953. Ver también archivos del FBI, *Pedro Albizu Campos*, carpeta número 105-11898, sección VIII, 67.

23. Rosado, *Pedro Albizu Campos*, 383-386.

24. Vicente Cubillas, Jr., "El martirio de Pedro Albizu Campos", *Bohemia*, 18 de octubre de 1953. Una mujer llamada Herminia Rijos también visitaba a Albizu. Ella indicó que su aspecto era muy raro. Tumbado en un catre, rodeado por todos lados de botellas de agua fría, el hombre estaba cubierto en una sábana empapada, su cuerpo envuelto en una variedad de toallas frías y mojadas. Él envolvía dos toallas más alrededor de su cabeza, como un jeque árabe. Solicitaba que le perdonara, pero explicaba que necesitaba un tiempo para recuperarse del más reciente ataque. Al sentarse ella y esperar en una pequeña silla se percató de que todo el piso estaba cubierto de agua. Un tubo vacío de loción Jergens flotaba por el cuarto.

Unos minutos después, don Pedro sonrió y le dijo que quería mostrarle algo. Se removió algunas toallas de su cuerpo y, con gran esfuerzo, se sentó frente a ella. Sus muslos estaban quemados. Sus pantorrillas y pies parecían globos rojos hinchados. Ella tocó una de sus pantorrillas: estaba dura como una piedra y caliente, como si la pierna tuviera fiebre. Él también le mostró las suelas de los pies y las palmas de las manos: todas estaban peladas y en carne viva, como si hubiesen sufrido quemaduras de segundo grado. Se subió la camisa. Tenía dos protuberancias duras que sobresalian de su estómago. Su pecho y espalda estaban marcadas con líneas, como si alguien lo hubiera volteado en una parrilla. Ella le tocó la frente y estaba hirviendo. Por todos lados y por todos los ángulos parecía como si se estuviera quemando en vida.

Don Pedro le dijo que a él lo estaban sometiendo constantemente a "rayos atómicos" durante el día, con mayor concentración por las tardes. Solo se podía proteger arropándose con las toallas mojadas, forrándose la piel con cremas y moviéndose continuamente, lo más posible, alrededor del pequeño espacio. (Ver también Marín Torres, *Eran ellos*, apéndice B, 93.)

A ella todo esto le pareció muy extraño. Le prometió que volvería a visitarle, pero al salir de aquel lugar, notó que su lengua se sintió hinchada y sus ojos estaban irritados. Esto fue suficiente para disuadirla de volver. (Declaración de Herminia Rijos a Ruth Reynods, archivos del Colegio Herbert H. Lehman, records del Partido Nacionalista, 1950-62, Caja I.)

Herminia Rijos no era nacionalista. Era una amiga de la familia que visitaba a Albizu en la Princesa y en su casa a fines del año 1953 (cuando a Albizu le indultaron brevemente debido a su pobre estado de salud y antes de que lo volvieran a arrestar en 1954). Rijos repitió su testimonio durante una entrevista grabada con la reportera Sylvia Gómez del Canal 2 en San Juan. Esta entrevista apareció en un documental, presentado en agosto de 1985, titulado *Albizu Campos: rompiendo el silencio.*

25. Archivos del FBI, *Pedro Albizu Campos*, carpeta número 105-11898, sección VIII, 66-67.

26. Ibíd., sección X, 112, 113. Ver también ibid., sección XI, 25.

27. Rosado, *Pedro Albizu Campos*, 378.

28. Archivos del FBI, *Pedro Albizu Campos,* carpeta número 105-11898, sección X, 112, 113.

29. Rosado, *Pedro Albizu Campos*, 378. Los firmantes de la carta eran Gaspar Mortillaro, R. E. Montes Bradley y Dardo Cuneo (Argentina); Mauricio Magdaleno, Raul Cordero Amador, José Vasconcelos, Salvador Azuela y Gonzalo Chirino Rangel (México); Ofelia Machado Bonet, Carlos Sabat Ercasty y Atilio Giacosa Bertoli (Uruguay); Rosalia de Segura e Isbert Montenegro (Costa Rica); Juan José Orozco Posadas, Marco Antonio Villamar, Alberto Velázquez, Enrique Chaleleu Gálvez, David Vela y Manuel Galich (Guatemala); Ernesto Alvarado García (Honduras); Justo Pastor Benítez (Paraguay); Miguel Gutiérrez Corales (Nicaragua); Manuel I. Mesa Rodríguez, Rafael Argilapos, Lilia Castro y Emilio Roig de Leuchsenring (Cuba); Jouvert Douge (Haití) y Augusto Arias (Ecuador).

30. Laura Meneses de Albizu Campos, "Pedro Abizu Campos as I Knew Him", *El Día*, 2 de octubre de 1957. Ver también Federico Ribes Tovar, *Albizu Campos: Puerto Rican Revolutionary* (Nueva York: Plus Ultra Publishers, 1971), 139; Albizu Campos, *Albizu Campos y la independencia*, 126-128. El FBI tomó sumo interés en los hallazgos de doctor Daumy y los reportó verbatim en los archivos del FBI, *Pedro Albizu Campos*, carpetas número 105-11898, sección XVI, 33.

31. Rosado, *Pedro Albizu Campos*, 398.

32. Ver Vázquez, *¡Yo acuso!*, 42-43. También a Juan González, "*A Lonely Voice Finally Heard*", *New York Daily News*, 12 de enero de 1994. El perdón de Albizu Campos finalizó el 6 de marzo de 1954, cuando los nacionalistas Lolita Lebrón, Rafael Cancel Miranda, Andrés Figueroa Cordero e Irvin Flores Rodríguez irrumpieron en la galería del Congreso de Estados Unidos y comenzaron a disparar, hiriendo a varios congresistas. Ver Rosado, *Pedro Albizu Campos*, 397-398.

33. Archivos del FBI, *Pedro Albizu Campos,* carpeta número 105-11898, sección XI, 48. 71. Ver también ibíd., sección X, 70, 103, 123,133.

34. Vázquez, *¡Yo acuso!*, 37-54. También ver González, "A Lonely Voice Finally Heard"; Rosado, *Pedro Albizu Campos,* 374-386.

35. Archivos FBI, *Pedro Albizu Campos,* carpetas números 105-11898, sección XI, 25.

36. Ibíd., sección X, 124.

37. Ibíd., sección XVI, 33.

38. Ibíd., sección XV, 2. Ver también Albizu Campos, *Albizu Campos y la independencia*, 123-124. La esposa de Albizu, Laura, cuenta que los períodos de falta de atencion médica eran mayores y que las autoridades de la prisión esperaron cinco días antes de transferir a su esposo al Hospital Presbiteriano en Santurce, Puerto Rico.

39. Albizu Campos, *Albizu Campos y la independencia*, 124.

Capítulo 22: Ciencia rara en Puerto Rico

1. El Subcomité de Conservación de Energía y Electricidad, de la Cámara de Representantes de Estados Unidos, "American Nuclear Guinea Pigs: Three Decades of Radiation Experiments on U. S. Citizens", 99º congreso, 2ª sesión, noviembre de 1986, 1-7.

2. Ibíd.

3. Philip J. Hilts, "U. S. To Settle for $4.8 Million in Suits on Radíation Testing". *The New York Times*, 20 de noviembre de 1996.

4. "Count of Subjects in Radiation Experiments Is Raised to 16,000", *The New York Times*, 20 de agosto de 1995.

5. Keith Schneider, "Secret Nuclear Research on People Comes to Light", *The New York Times*, 17 de diciembre de 1993.

6. Matthew L. Wald, "Rule Adopted to Prohibit Secret Tests on Humans", *The New York Times*, 29 de marzo del 1997.

7. Ibíd.

8. Hilts, "U.S. to Settle for $4.8 Million".

9. Archivos del FBI, *Pedro Albizu Campos,* carpeta número 105-11898, sección XV, 2. También ver Laura Meneses de Albizu Campos, *Albizu Campos y la independencia de Puerto Rico* (Hato Rey, Puerto Rico, Publicaciones Puertorriqueñas, 2007).

10. Pedro Aponte Vázquez, *¡Yo acuso! Y lo que pasó después* (Bayamón, Puerto Rico, Movimiento Ecuménico Nacional de Puerto Rico, 1985), 41.

11. Ibíd., 103.

12. Ibíd., 109.

13. Ibíd., 106.

14. Ibíd., 117, 121.

15. Ibíd., 118-119.

16. Ibíd., 120.

17. "U. P. R. prueba abono con materia radioactiva." *El Imparcial*, 7 de octubre del 1953. Más tarde en ese mes de octubre, el día 23, *El Imparcial* informó de que se usaron prisioneros en Chicago para experimentos radioactivos.

18. Eileen Welsome, *The Plutonium Files* (Nueva York: Random House, 1999), 208, 357-361.

19. Ibíd., 359.

20. Departamento de la Defensa de Estados Unidos, *Report on Search for Human Radíation Experiment Records, 1944-1994* (Springfield, VA: Department of Commerce, Technology Administration, National Technical Information Service, 1997) I:61. Ver especialmente a Cornelius Rhoads, director, *Study of Post-Irradíation Syndrome on Humans* (Sloan-Kettering Contract, Contract DA-49-07), 125.

21. Ibíd., apéndice I, I:211

22. "Service for Dr. Rhoads: Memorial for Sloan-Kettering Director Here Tomorrow", *The New York Times*, agosto 24, 1959.

23. Departamento de la Defensa de EE. UU., *Report on Search for Human Radiation Experiment Records*, 1944, 1994, I:211. Como director del Instituto Sloan-Kettering de Estudios de Cáncer, y con su nombre en toda la documentación de los contratos, el doctor Cornelius Rhoads tenía responsabilidad profesional sobre los protocolos y resultados de este estudio del síndrome de posradiación. Sin embargo, el informe del resumen de este proyecto aparenta ser un modelo de fraude y negaciones.

El informe plantea que había sido financiado por el Ejército de Estados Unidos mediante los contratos DA-49-007-MD-533 y DA-49-007-MD-669, y por un proyecto de armas especiales de las Fuerzas Armadas (AFSWP) mediante el contrato DA-490146-XZ-037. Luego el informe indica que los pacientes "recibían radiación en todo su cuerpo" en dosis de hasta cuatro mil roentgens. Sin embargo, de acuerdo a la Comisión Regulatoria Nuclear de Estados Unidos (NRC), los humanos que son expuestos a quinientos roentgens de radiación probablemente mueran si no reciben atención medica.

El informe indicaba sin lugar a dudas que el tratamiento médico no fue ofrecido. Claramente señalaba que "no existe record alguno de un seguimiento clínico más allá de 75 días después del periodo de exposición."

Como si anticipasen la suspicacia de los lectores, el informe añade una rara nota de aclaracion: "Debido a que la razon primordial de estos estudios es tratar el cáncer y proveer un beneficio directo a los pacientes, aparentemente se cumplió con el Codigo de Núremberg y la Declaración de Helsinki".

Aun sesenta años más tarde, la hipocresía de este informe es escalofriante para cualquier lector. Como se usaron dosis letales de radíación (800 por ciento más alto que el umbral de fatalidad establecido por el NRC) y como no había "seguimiento clínico" con las víctimas que recibían la irradiación, claramente no había la "intención de beneficiar a las personas", que probablemente morirían.

Aparenta ser que este estudio, financiado por las Fuerzas Armadas estadounidenses y el Proyecto Especial de Armas Especiales de las Fuerzas Armadas, fue un proyecto de guerra radiológica que necesitaba cientos de ratas de laboratorio en quienes llevar a cabo sus prácticas de tiro.

En una escalofriante nota final, el informe indica que "algunos records no aparecen".

Este es el tipo de experimento que el doctor Cornelius P. Rhoads estaba llevando a cabo y supervisando en el Sloan-Kettering Center, durante el mismo periodo de tiempo (1954-1955) en que Albizu estaba encarcelado.

24. Welsome, *The Plutonium Files*, 481-486.

25. Stella, "40,000 Pay Tribute to Albizu", *San Juan Star*, 26 de abril de 1965. Ver también a Rubén Arrieta, "Piden investigar la muerte de Albizu Campos", *El Nuevo Día*, 22 de abril de 1986; Juan González, "A Lonely Voice Finally Heard", *New York Daily News*, 12 de enero de 1994; Ivonne García, "Author Calls for Release of Albizu Records", *San Juan Star*, 20 de enero de 1994; Sara del Valle, "Reclaman justicia por tortura a Albizu", *Claridad*, 21 al 27 de enero de 1994.

La investigación de lo que le pasó a Albizu todavía continúa. El senador José Serrano escribió en las páginas del *Puerto Rico Herald*: " Como el senador demócrata de mayor rango en el subcomité de Comercio, Justicia, Judicial y Agencias Relacionadas, un subcomité del Comité de Asignacion de Fondos de la Cámara (*House Appropriations Committee*), que provee los fondos al FBI y otras agencias federales, tengo la obligación de asegurarme de que asignamos fondos de una manera responsable". En el mismo artículo pregunto, ¿Tuvo el FBI algún rol en la tortura del líder del movimiento independentista, el doctor Pedro Albizu Campos, mientras este estuvo en prisiones federales? Existe el rumor entre personas del gobierno de Puerto Rico y en otros sitios de que el FBI participó con los oficiales de las prisión federal en torturar a Albizu Campos". Ver representante José Serrano (D-NY), "Dialogue Opens about FBI/Carpeta Questions", *Puerto Rico Herald*, 9 de abril de 2000. Además del representante Serrano, los representantes Nydia Velázquez y Luis Gutiérrez (con 22 años de servicio cada uno en el Congreso de Estados Unidos) han exigido respuestas y responsabilidades con relación a la vida y muerte de don Pedro Albizu Campos.

Capítulo 23: El Rey de las Toallas

1. Pedro Aponte Vázquez, "An Interview with Laura Albizu", *El Imparcial*, 9 de noviembre de 1955, 6.

2. Ramón Bosque Pérez y José Javier Colón Morera, *Las carpetas: persecución política y derechos civiles en Puerto Rico. Ensayos y Documentos*, (Río Piedras, Puerto Rico, Centro para la Investigación y Promocion de los Derechos Civiles, 1977), 249.

3. Laura Meneses de Albizu Campos, *Albizu Campos y la Independencia de Puerto Rico* (Hato Rey, Puerto Rico, Publicaciones Puertorriqueñas, 2007), 124-125.

4. "Albizu Campos Jailed on Wall Street's Order" *Daily Worker*, 17 de agosto de 1951.

5. Los reportes que el FBI tenía sobre Albizu mayormente se basaban en datos obtenidos mediánte informantes. Esto continuó cuando Albizu estaba encarcelado. En la Princesa estaba rodeado de informantes, como lo estuvo en todos los demás sitios. Por ejemplo: un informe del FBI indica que "un prisionero federal detenido en la cárcel del Distrito de San Juan (la Princesa), tuvo la oportunidad de conversar y observar detenidamente a Albizu [...] Él se queja de que ve a norteamericanos lanzándole rayos cósmicos a la cabeza". Archivos del FBI, *Pedro Albizu Campos*, archivo número 105-11898, sección X, 25. En otra parte el informe indica: "T-1, quien conoce bien las actividades en la cárcel de Distrito de San Juan, está convencido de que las alegaciones de Albizu relacionadas a que esta siendo sometido a rayos atómicos son solo un invento". Ver ibíd., 123. Sin embargo, otro informante de la prisión reportó que "Albizu tiene más moretones en su cuerpo[...] [Los prisioneros] juran que estos moretones son el resultado de los 'rayos atómicos'[...] [Todos] los prisioneros nacionalistas que están en la cárcel del Distrito de San Juan creen la historia de Albizu sobre los rayos atómicos". Ver ibíd., 113.

Epílogo

1. La decimonovena Asamblea General de las Naciones Unidas, el 11 de diciembre de 1964, reimpreso en David Deutschmann, *The Che Guevara Reader: Writings on Politics and Revolution*, 2ª edición (North Melbourne, Australia: Ocean Press, 2003).

2. Marisa Rosado, *Pedro Albizu Campos: Las llamas de la aurora*, 5ª edición (San Juan: Ediciones Puerto, 2008) 429-426. Las demostraciones de pena y duelo por la muerte de Albizu Campos fueron impresionantes. Líderes políticos, escritores, artistas, académicos e intelectuales llegaron de todos los países latinoamericanos. Los líderes de todos los partidos políticos en Puerto Rico expresaron públicamente su sentimiento de profunda tristeza. La siguiente lista parcialmente demuestra las organizaciones que participaron en las ceremonias fúnebres: Ateneo Puertorriqueno, Acción Patriótica Unitaria, Logia Sol de Libertad, Logia Másonica Independencia, Cruzada Patriótica, Partido Independentista Puertorriqueño, Liga Socialista, Colegio de Abogados, Estudiantes Independentistas de la Universidad de Puerto Rico, Partido Comunista, Juventud del MPI, Cadetes de la República, Confraternidad de los Pueblos, Congreso de Poesía, Consejo Puertorriqueno de la Paz, Secretaría Acción Femenina, Congreso Federación de Universitarios Pro Independencia y la Logia Simón Bolívar. Se recibieron cientos de cartas, y cablegramas de todo el hemisferio occidental. Para mantener la ley y el orden, la Policía Insular asignó un gran número de unidades de seguridad para proteger todos los edificios federales, las oficinas corporativas norteamericanas y los bancos.

3. Theodore Roosevelt, *Thomás Hart Benton* (Nueva York: Charles Scribner's Sons, 1906), reimpreso en Noam Chomsky, "Presidential 'Peacemaking' in Latin America", ". *These Times*, 5 de enero de 2010.

4. Ibíd.

5. Ray Suárez, *Latino Americans: The 500 Year Legacy That Shaped a Nation* (Nueva York: Penguin Group, 2013). Ver también Brett Bowden, *The Empire of Civilization: The Evolution of an Imperial Idea* (Chicago: University of Chicago Press, 2009), 233: DeWayne Wickham, "U. S., Like Russia, Exercises Hegemony", *USA Today*, 31 de marzo de 2014.

6. *Congressional Record*, 56º congreso, 1ª sesión, 2 de April de 1900, 3612.

7. Smedley D. Butler, *War is a Racket* (Los Ángeles: Feral House, 2003), 10.

8. Charles H.Allen, *First Annual Report of Governor of Porto Rico* (Washington, D. C., Government Printing Office, 1901), 99

9. Larry Russmussen, ed., *Reinhold Niebuhr: Theologian of Public Life* (Nueva York: Harper & Row, 1989), 84-85.

10. James L. Dietz, *Economic History of Puerto Rico* (Princeton, NJ: Princeton University Press, 1986) 190. Ver también James L. Dietz, *Puerto Rico: Negotiating Development and Change* (Londres: Lynne Rienner, 2003), 44.

11. El congreso número 81, segunda sesión del 16 de marzo de 1950, informe del congresista Vito Marcantonio ante el Comité de Terrenos Públicos de la Cámara de Representantes de Estados Unidos.

12. Ibíd.

13. Ronald Fernández, *Los Macheteros: The Wells Fargo Robbery and the Violent Struggle for Puerto Rican Independence* (Nueva York: Prentice Hall, 1987), 189. Ver también Dietz, *Economic History of Puerto Rico*, 206-218; Virginia E. Sanchez Korrol, "The Story of U. S. Puerto Ricans: Part IV", Centro de Estudios Puertorriqueños, Hunter College, City University of New York, http://centropr.hunter.cuny.edu/education/puerto-rican-studies/story-us-puerto-ricans-part-four.

14. Fernández, *Los Macheteros*, 192. Ver también Clara E. Rodríguez, *Puerto Ricans: Born in the USA* (Boulder, CO: Westview Press, 1989), 9-21.

15. Juan González, *Harvest of Empire: A History of Latinos in America* (Nueva York: Penguin Books, 2000), 280-282.

16. Lizette Álvarez, "Economy and Crime Spur New Puerto Rican Exodus", *The New York Times*, 8 de febrero de 2014: Al Yoon, "Puerto Rico Downgrade Puts Bond Deal in Spotlight", *The Wall Street Journal*, 8 de febrero del 2014; Danica Cotto, "Puerto Rico Rushes to Cut Budgets and Renegotiate Loans After Being Downgraded to Junk Status", *Huffington Post*, 5 de febrero de 2014.

17. Dietz, *Puerto Rico*, 139-147; González, *Harvest of Empire*, 280-282.

18. Eduardo Galeano, *Open Veins of Latin America: Five Centuries of the Pillage of a Continent* (Nueva York: Monthly Review Press, 1997), 227.

19. Fernández, *Los Macheteros*, 1-30. Ver también Armando Andre, "Los Macheteros: el robo de 7 millones de dólares de la Wells Fargo", *La Crónica Gráfica*, 1987; Edmund H. Mahony, "Wells Fargo Fugitive Captured", *Hartford Courant*, 8 de febrero del 2008.

20. Danica Cotto, "Puerto Rico Rushes to Cut Budgets and Renegotiate Loans".

21. "Census: Puerto Rico Poverty Up. Income Down", *Caribbean Business*, 23 de septiembre de 2012.

22. Álvarez, "Economy and Crime Spur New Puerto Rican Exodus".

23. Ibíd.

24. Yoon, "Puerto Rico Downgrade Puts Bond Deal in Spotlight".

25. David Greene, "Puerto Ricans Wrestle with High Crime", NPR, 7 de febrero de 2013.

26. Eric Lichtblau, "28 Puerto Rico Police Caught in Drug Smuggling", *Los Angeles Times*, 15 de agosto de 2001.

27. American Civil Liberties Unión, *Island of Impurity: Puerto Rico's Outlaw Police Force*, junio de 2012, 12.

28. Álvarez, "Economy and Crime Spur New Puerto Rican Exodus".

29. American Civil Liberties Unión, *Island of Impurity*, 10.

30. Michael Connor, "Puerto Rico's Population Drops as Economy Wobbles", Reuters, 10 de septiembre de 2013.

BIBLIOGRAFÍA

LIBROS

Acosta, Ivonne. *La Mordaza: Puerto Rico, 1948-1957*. San Juan: Editorial Edil, 1987.

Adams, Richard N. *Social Change in Latin America Today*. Nueva York: Vintage Press, 1960.

Aitken, Thomas. *Poet in the Fortress: The Story of Luis Muñoz Marín*. Nueva York: Signet Books, 1964.

Albizu Campos, Pedro, y Manuel Maldonado-Denis, ed. *La conciencia nacional puertorriqueña*. Mexico: Siglo Veintiuno Editores, 1972.

Allen, Charles H. *First Annual Report of Governor of Porto Rico*. Washington, D. C.: Government Printing Office, 1901.

Alsop, Stewart, y Thomas Braden. *Sub Rosa: The OSS and American Espionage*. Nueva York: Reynal & Hitchcock, 1946.

Amnesty International. *Proposal for a Commission of Inquiry into the Effect of Domestic Intelligence Activities on Criminal Trials in the United States of America*. Nottingham, Reino Unido: Russell Press, 1981.

Anderson, Robert. *Party Politics in Puerto Rico*. Stanford, CA: Stanford University Press, 1965.

Arce de Vásquez, Margot. *Pedro Albizu Campos: Reflexiones sobre su vida y su obra*. Río Piedras, Puerto Rico, Editorial Marién, 1991.

Arrington, Leonard J. *Beet Sugar in the West, 1891-1966*. Seattle: University of Washington Press, 1966.

Ayala, César J. *American Sugar Kingdom*. Chapel Hill: University of North Carolina Press, 1999.

Ayala, César J., y Rafael Bernabé. *Puerto Rico in the American Century: A History Since 1898*. Chapel Hill: University of North Carolina Press, 2007.

Bacchus, Kassim. *Utilization, Misuse and Development of Human Resources in the Early West Indian Colonies*. Waterloo, Ontario: Wilfred Laurier University Press, 2000.

Berbusee, Edward. *The United States in Puerto Rico 1898-1900*. Chapel Hill: University of North Carolina Press, 1966.

Bernays, Edward. *Propaganda*. Nueva York: Ig Publishing, 2005.

Bernier-Grand, Carmen T. *Poet and Politician of Puerto Rico: don Luis Muñoz Marín*. Nueva York: Orchard Books, 1995.

Bethell, John T. *Harvard Observed*. Cambridge, MA: Harvard University Press, 1998.

Bethell, John T., Richard M. Hunt, y Robert Shenton. *Harvard A to Z*. Cambridge, MA: Harvard University Press, 2004.

Black, Ruby. *Eleanor Roosevelt: A Biography*. Whitefish, MO: Kessinger Publishing, 1940.

Blum, William. *Freeing the World to Death: Essays on the American Empire*. Monroe, ME: Common Courage Press, 2005.

———. *Killing Hope: U.S. Military and CIA Interventions Since World War II*. Monroe, ME: Common Courage Press, 1995.

Booth, Waller B. *Booth's Truths*. Kendallville, IN: Kendallville Publishing Co., 1975.

———. *Mission Marcel Proust: The Story of an Unusual OSS Undertaking*. Filadelfia: Dorrance & Co., 1972.

Bosque-Pérez, Ramón, y J. J. Colón Morera, eds. *Las carpetas: Persecución política y derechos civiles en Puerto Rico: Ensayos y documentos*. Río Piedras, Puerto Rico, Centro para la Investigación y Promoción de los Derechos Civiles, 1997.

———, eds. *Puerto Rico Under Colonial Rule: Political Persecution and the Quest for Human Rights*. Albany: State University of New York Press, 2006.

Bothwell, Reece B. Gonzalez. *Puerto Rico: Cien años de lucha politica*. Río Piedras, Puerto Rico, Editorial Universitaria, 1979.

Bowden, Brett. *The Empire of Civilization: The Evolution of an Imperial Idea*. Chicago: University of Chicago Press, 2009.

Boyle, John F. *The Irish Rebellion of 1916: A Brief History of the Revolt and Its Suppression*. sin sitio: HardPress Publishers, 2012.

Bruno, Miñi Seijo. *La insurrección nacionalista en Puerto Rico, 1950*. Río Piedras, Puerto Rico, Editorial Edil, 1989.

Butler, Smedley D. *War Is a Racket*. Los Angeles: Feral House, 2003.

Cabán, Pedro A. *Constructing a Colonial People: Puerto Rico and the United States, 1898-1932*. Boulder, CO: Westview Press, 1999.

Carrión, Arturo Morales. *Puerto Rico: A Political and Cultural History*. Nueva York: Norton Press, 1983.

Carrión, Juan Manuel, Teresa C. Garcia Ruiz, y Carlos Rodríguez Fraticelli. *La nación puertorriqueña: Ensayos en torno a Pedro Albizu Campos*. San Juan: Editorial de la Universidad de Puerto Rico, 1993.

Castro Arroyo, María de los Ángeles. *La Fortaleza de Santa Catalina*. San Juan: Patronato del Palacio de Santa Catalina, 2005.

Central Intelligence Agency. *The CIA Document of Human Manipulation: KUBARK Counterintelligence Interrogation Manual.* Washington, D.C.: US Government Printing Office, 1963; adquiridas en el ámbito del Freedom of Information Act (FOIA) por Thousand Oaks, CA: BN Publishing, 2012.

———. *Human Resource Exploitation Manual.* Washington, D.C.: US Government Printing Office, 1983.

Che Guevara, Ernesto. *Guerrilla Warfare.* Thousand Oaks, CA: BN Publishing, 2007.

Churchill, Allen. *The Improper Bohemians: Greenwich Village in Its Heyday.* Nueva York: Ace Books, 1959.

Churchill, Ward, y Jim Vander Wall. *The COINTELPRO Papers.* Cambridge, MA: South End Press, 2002.

Clark, Truman R. *Puerto Rico and the United States, 1917-1933.* Pittsburgh, PA: University of Pittsburgh Press, 1975.

Clark, Victor S., ed., *Porto Rico and Its Problem.* Washington, D.C.: Brookings Institute, 1930.

Cohen, Rich. *The Fish That Ate the Whale: The Life and Times of America's Banana King.* Nueva York: Farrar, Straus & Giroux, 2012.

Colón, Jesus. *A Puerto Rican in New York and Other Sketches.* Nueva York: International Publishers, 2002.

Congressional Record, 64th Cong., 1st Sess., May 5, 1916, 7473.

Congressional Record. 56th Cong., 1st Sess., April 2, 1900, 3612 (William B. Tate, D-TN.)

Corretjer, Juan Antonio. *Albizu Campos.* Montevideo: El Siglo Ilustrado Pub., 1965.

———. *Albizu Campos and the Ponce Massacre.* Nueva York: World View Publishers, 1965.

Crawford, James, ed. *Language Loyalties.* Chicago: University of Chicago Press, 1992.

Crumpton, Henry A. *The Art of Intelligence: Lessons from a Life in the CIA's Clandestine Service.* Nueva York: Penguin Press, 2012.

Cruz, Nilo. *Anna in the Tropics.* Nueva York: Dramatists Play Service, 2005.

Davis, James K. *Spying on America: The FBI's Domestic Counter-Intelligence Program.* Nueva York: Praeger Publishers, 1992.

de Moral, Solsiree. *Negotiating Empire: The Culture and Politics of Schools in Puerto Rico, 1898-1952.* Madison: University of Wisconsin Press, 2013.

Diaz, Nilda. *I Was Never Alone: A Prison Diary from El Salvador.* North Melbourne, Australia: Ocean Press, 1992.

Dietz, James L. *Economic History of Puerto Rico.* Princeton, NJ: Princeton University Press, 1980.

———. *Puerto Rico: Negotiating Development and Change.* Londres: Lynne Rienner, 2003.

Diffie, Bailey W., y Justine Whitfield Diffie. *Porto Rico: A Broken Pledge.* Nueva York: Vanguard Press, 1931.

Earnhardt, Kent C. *Development Planning and Population Policy in Puerto Rico.* San Juan: Editorial de la Universidad de Puerto Rico, 1982.

Eckhardt, Joseph P. *The King of the Movies: Film Pioneer Siegmund Lubin.* Cranbury, NJ: Associated University Presses, 1997.

Fernandez, Ronald. *The Disenchanted Island: Puerto Rico and the United States in the Twentieth Century.* 2ª edición, Westport, CT: Praeger, 1996.

———. *Los Macheteros: The Wells Fargo Robbery and the Violent Struggle for Puerto Rican Independence.* Nueva York: Prentice Hall, 1987.

Ferrao, Luis Ángel. *Pedro Albizu Campos y el nacionalismo puertorriqueño, 1930-1939.* Harrisburg: Editorial Cultural, Banta Co., 1990.

Figueroa, Loida. *Breve historia de Puerto Rico.* vol. 1. San Juan: Editorial Edil, 1979.

Freire, Paulo. *Pedagogy of the Oppressed.* Nueva York: Bloomsbury Academic, 2000.

Fuess, Claude M. *Creed of a Schoolmaster.* Freeport, NY: Books for Libraries Press, 1970.

Galeano, Eduardo. *Open Veins of Latin America: Five Centuries of the Pillage of a Continent.* Nueva York: Monthly Review Press, 1977.

García Ochoa, Asunción. *La política española en Puerto Rico durante el siglo XIX.* Río Piedras, Puerto Rico, Editorial de la Unversidad de Puerto Rico, 1982.

García-Crespo, Naida. *Company of Contradictions: Puerto Rico's Tropical Film Company.* vol. 23. Bloomington: Indiana University Press, 2011.

Gill, Leslie. *The School of the Americas: Military Training and Political Violence in the Americas.* Durham, NC: Duke University Press, 2004.

González, Juan. *Harvest of Empire: A History of Latinos in America.* New York: Penguin Books, 2000.

Gore, Paul A. *Past the Edge of Poverty: A Biography of Robert Hayes Gore.* Rpt. ed. Notre Dame, IN: University of Notre Dame, 1993.

Gould, Lyman, J. *La Ley Foraker: Raíces de la política colonial de Estados Unidos.* Río Piedras, Puerto Rico, Editorial Universidad de Puerto Rico, 1969.

Grosfoguel, Ramon. *Colonial Subjects: Puerto Ricans in Global Perspective.* Berkeley: University of California Press, 2003.

Haines, Gerald K., y David A. Langbart. *Unlocking the Files of the FBI: A Guide to Its Records and Classification System.* Wilmington, DE: Scholarly Resources, 1993.

Hanson, Earl Parker. *Transformation: The Story of Modern Puerto Rico.* Nueva York: Simon & Schuster, 1955.

Harbury, Jennifer K. *Truth, Torture and the American Way: The History and Consequences of U.S. Involvement in Torture.* Boston: Beacon Press, 2005.

Harris, W. W. *Puerto Rico's Fighting 65th U.S. Infantry: From San Juan to Chorwan.* San Rafael, CA: Presidio Press, 1980.

Harrison, Mark. *The Economics of World War II: Six Great Powers in International Comparison.* Cambridge: Cambridge University Press, 1998.

Hays, Arthur Garfield, y la Commission of Inquiry on Civil Rights en Puerto Rico. *Report of the Commission of Inquiry on Civil Rights in Puerto Rico.* Nueva York, 1937.

Herman, Edward S., y Noam Chomsky. *Manufacturing Consent: The Political Economy of the Mass Media*. 1st ed. Nueva York: Pantheon Books, 1988.

Hinton, David B. *The Films of Leni Riefenstahl*. 3ª edición, Lanham, MD: Scarecrow Press, 2000.

Hoftsadter, Richard, William Miller, y Daniel Aaron. *The Structure of American History*. Upper Saddle River, NJ: Prentice Hall, 1964.

Holm, Richard L. *The Craft We Chose: My Life in the CIA*. Mountain Lake, MD: Mountain Lake Press, 2011.

Holmes, Oliver Wendell, Jr. *Buck v. Bell* 274 US 200 (1927) (voto mayoritario).

Hopkins, Ralph D. *Chapters: Confessions of a Military/CIA Retiree*. Bloomington, IN: First Books Library, 2004.

Hunt, William H. *Second Annual Report of Governor of Porto Rico*. Washington, D. C.: Government Printing Office, 1902.

Hunter, Stephen, y John Bainbridge, Jr. *American Gunfight: The Plot to Kill Harry Truman—and the Shoot-Out That Stopped It*. Nueva York: Simon & Schuster, 2005.

Jiménez, Juan Ortiz. *Nacimiento del cine puertorriqueño*. San Juan: Editorial Tiempo Nuevo, 2007.

Jiménez de Wagenheim, Olga. *Puerto Rico's Revolt for Independence: El Grito de Lares*. Boulder, CO: Westview Press, 1985.

Johnson, Haynes. *The Age of Anxiety: McCarthyism to Terrorism*. Orlando: Harcourt, 2005.

Johnson, Roberta Ann. *Puerto Rico: Commonwealth or Colony?* Nueva York: Praeger, 1980.

Jones, Ishmael. *The Human Factor: Inside the CIA's Dysfunctional Intelligence Culture*. Jackson, TN: Encounter Books, 2010.

Katz, Friedrich. *The Life and Times of Pancho Villa*. Stanford, CA: Stanford University Press, 1998.

King, John. *Magical Reels: A History of Cinema in Latin America*. Londres: Verso, 2000.

Kuleshov, Lev. *Kuleshov on Film*. Berkeley: University of California Press, 1974.

Laguerre, Enrique A. *La Llamarada*. Río Piedras, Puerto Rico, Editorial, 1977.

Lait, Jack, y Lee Mortimer. *New York Confidential: The Low-Down on the Big Town*. Chicago: Ziff Davis, 1948.

Lewis, Gordon K. *Puerto Rico: Colonialismo y revolución*. México, D. F.: Ediciones Era, 1977.

López, Alfredo. *Dona Licha's Island: Modern Colonialism in Puerto Rico*. Boston: South End Press, 1988.

Malavet, Pedro A. *America's Colony: The Political and Cultural Conflict Between the United States and Puerto Rico*. Nueva York: New York University Press, 2004.

Maldonado-Denis, Manuel. *Puerto Rico: A Socio-historic Interpretation*. Nueva York: Random House, 1972.

———. *Puerto Rico: Mito y realidad*. San Juan: Ediciones Peninsula, 1969.

Martin, Francis X. *Leaders and Men of the Easter Rising: Dublin 1916*. Ithaca, NY: Cornell University Press, 1967.

Mathews, Thomas George. *Puerto Rican Politics and the New Deal*. Gainesville: University of Florida Press, 1960.

McCoy, Alfred W. *A Question of Torture: CIA Interrogation, from the Cold War to the War on Terror*. Nueva York: Henry Holt and Co., 2006.

———. *The Politics of Heroin in Southeast Asia*. Nueva York: Harper & Row, 1972.

Medina Ramírez, Ramón. *El movimiento libertador en la Historia de Puerto Rico*. San Juan: Imprenta Nacional, 1970.

Medina Vazquez, Raúl. *Verdadera Historia de la Masacre de Ponce*. Ponce: Instituto de Cultura Puertorriqueña, 2001.

Meléndez, Edgardo, y Edwin Meléndez. *Colonial Dilemma*. Boston: South End Press, 1993.

Meneses de Albizu Campos, Laura. *Albizu Campos y la Independencia de Puerto Rico*. Hato Rey, Puerto Rico, Publicaciones Puertorriqueñas, 2007.

Merrill-Ramirez, Marie A. *The Other Side of Colonialism: COINTELPRO Activities in Puerto Rico in the 1960s*. Tesis doctoral, University of Texas, Austin, 1990.

Mintz, Sidney W. *Sweetness and Power: The Place of Sugar in Modern History*. Nueva York: Penguin Books, 1985.

———. *Worker in the Cane: A Puerto Rican Life History*. Nueva York: W. W. Norton, 1974.

Moraza Ortiz, Manuel E. *La masacre de Ponce*. Hato Rey, Puerto Rico, Publicaciones Puertorriqueñas, 2001.

Morison, Samuel Eliot. *Three Centuries of Harvard*. Cambridge, MA: Belknap Press, 1936.

Moruzzi, Peter. *Havana Before Castro: When Cuba Was a Tropical Playground*. Layton, UT: Gibbs Smith, 2008.

Muñoz Marín, Luis. *Memorias: 1898–1940*. San Juan: Fundación Luis Muñoz Marín, 2003.

Murillo, Mario A., ed. *Islands of Resistance: Puerto Rico, Vieques, and U.S. Policy*. Nueva York: Seven Stories Press, 2001.

Natal, Carmelo Rosario. *La Juventud de Luis Muñoz Marín*. San Juan: Editorial Edil, 1989.

———. "Luis Muñoz Marin, Arthur Garfield Hays y la Masacre de Ponce: Una revelación documental inédita." En *Kálathos-Revista Transdisciplinaria*. San Jose: Universidad Interamericana de Puerto Rico, Recinto Metro, 2007.

Negroni, Héctor Andrés. *Historia Militar de Puerto Rico*. Madrid: Sociedad Estatal Quinto Centenaria, 1992.

Nohlen, Dieter. *Elections in the Americas: A Data Handbook*. Vol. 1. Cary, NC: Oxford University Press, 2005.

O'Donnell, Patrick K. *Operatives, Spies and Saboteurs: The Unknown Story of World War II's OSS*. Nueva York: Kensington Publishing, 2004.

O'Toole, G. J. A. *The Spanish War: An American Epic, 1898*. Nueva York: W. W. Norton & Co., 1984.

Ojeda Reyes, Felix. *Vito Marcantonio y Puerto Rico por los Trabajadores y por la Nación.* Río Piedras, Puerto Rico, Ediciones Huracán, 1978.

Padua, Reynaldo Marcos. *Águila.* San Juan: Ediciones Huracán, 2008.

Paláu Suárez, Awilda. *Veinticinco años de claridad.* 1ª edición, Río Piedras, Puerto Rico, Editorial de la Universidad de Puerto Rico, 1992.

Parry, Albert. *Garrets and Pretenders: Bohemian Life in America from Poe to Kerouac.* Mineola, NY: Dover Publications, 1960.

Pérez-Marchand, Rafael V. *Reminiscencia histórica de la Masacre de Ponce.* San Lorenzo, Puerto Rico, Partido Nacionalista de Puerto Rico, Movimiento Libertador de Puerto Rico, 1972.

Piñero, Enrique Bird. *Don Luis Muñoz Marín: El poder de la excelencia.* San Juan: Luis Muñoz Marín Foundation, 1991.

Post, Waldron Kintzing. *Harvard Stories: Sketches of the Undergraduate.* Nueva York: G. P. Putnam's Sons, 1895.

Poveda, Tony G. *Lawlessness and Reform: The FBI in Transition.* Pacific Grove, CA: Brooks/Cole Publishing Co., 1990.

Purón, Mario Averhoff. *Los Primeros Politicos.* Havana: Instituto Cubano del Libro, 1971.

Ramos-Perea, Roberto. *Revolución en el Infierno: La masacre de Ponce de 1937.* San Juan: Ediciones Mágica, 2005.

Redmond, Charles F. *Selections from the Correspondence of Theodore Roosevelt and Henry Cabot Lodge, 1884-1918.* Nueva York: Scribner's, 1925.

Rexach Benítez, Jesus. *Vida y obra de Luis Muñoz Marín.* San Juan: Editorial Edil, 1989.

Rexach Benítez, Roberto F. *Pedro Albizu Campos: Leyenda y realidad.* San Juan: Publicaciones Coquí, 1961.

Reynolds, Mack. *Puerto Rican Patriot: The Life of Luis Muñoz Rivera.* Springfield, OH: Crowell-Collier Press, 1969.

Reynolds, Ruth Mary. *Campus in Bondage.* Nueva York: Research Foundation of the City of New York, 1989.

Ribes Tovar, Federico. *Albizu Campos: Puerto Rican Revolutionary.* Nueva York: Plus Ultra Publishers, 1971.

Rigau, Jorge. *Puerto Rico Then and Now.* San Diego: Thunder Bay Press, 2009.

Rivero, Angel. *Crónica de la Guerra Hispanoamericana en Puerto Rico.* Nueva York: Plus Ultra Publishers, 1973.

Roosevelt, Theodore. *Thomas Hart Benton.* Nueva York: Charles Scribner's Sons, 1906.

Rosado, Marisa. *Pedro Albizu Campos: Las Llamas de la Aurora.* 5ª edición, San Juan: Ediciones Puerto, 2008.

Roure Marrero, Juan. *Don Pedro Albizu Campos: El Partido Nacionalista.* Perth Amboy, NJ: L&A Quick Printing, 1996.

Rouse, Irving. *The Taínos: The Rise and Decline of the People Who Greeted Columbus.* New Haven, CT: Yale University Press, 1992.

Rudgers, David F. *Creating the Secret State: The Origins of the Central Intelligence Agency, 1943–1947.* Lawrence: University of Kansas Press, 2000.

Russmussen, Larry, ed. *Reinhold Niebuhr: Theologian of Public Life*. Nueva York: Harper & Row, 1989.

Salinas, Pedro. *Aprecio y Defensa del Lenguaje*. San Juan: Editorial Universitaria, 1974.

Sandburg, Carl. *Always the Young Strangers*. Nueva York: Harcourt, Brace, 1953.

Schlesinger, Andrew. *Veritas: Harvard College and the American Experience*. Chicago: Ivan R. Dee, 2005.

Seijo Bruno, Miñi. *La Insurrección en Puerto Rico, 1950*. San Juan: Editorial Edil, 1997.

Silén, Juan Angel. *Historia de la Nación Puertorriqueña*. Río Piedras, Puerto Rico, Ediciones Edil, 1973.

———. *Pedro Albizu Campos*. Río Piedras, Puerto Rico, Editorial Antillana, 1976.

Smith, Bradley F. *The Shadow Warriors: OSS and the Origins of the CIA*. Nueva York: Basic, 1983.

Stafford, David. *Camp X: OSS, Intrepid, and the Allies North American Training Camp for Secret Agents, 1941-1945*. Nueva York: Dodd Mead, 1987.

Suarez, Ray. *Latino Americans: The 500-Year Legacy That Shaped a Nation*. Nueva York: Penguin Group, 2013.

Taber, Robert. *War of the Flea: The Classic Study of Guerrilla Warfare*. Washington, D. C.: Potomac Books, 2002.

Talbot, David. *Devil Dog: The Amazing True Story of the Man Who Saved America*. Nueva York: Simon & Schuster, 2010.

Taylor, Kendall. *Philip Evergood: Never Separate from the Heart*. Cranbury, NJ: Associated University Presses, 1987.

Theoharis, Athan G. *FBI (Federal Bureau of Investigation): An Annotated Bibliography and Research Guide*. Nueva York: Garland Publishing, 1994.

Tinajero, Araceli, y Judith E. Greenberg. *El Lector: A History of the Cigar Factory Reader*. Austin: University of Texas Press, 2010.

Todd, Roberto H. *Desfile de governadores de Puerto Rico*. 2ª edición, Madrid: Ediciones Iberoamericanas, 1966.

Torres, Heriberto Marín. *Eran ellos*. Río Piedras, Puerto Rico, Ediciones Ciba, 2000.

Trias Monge, José. *Como fue: Memorias*. San Juan: Editorial Universidad de Puerto Rico, 2005.

———. *Puerto Rico: The Trials of the Oldest Colony in the World*. New Haven, CT: Yale University Press, 1999.

US Department of Defense. *Report on Search for Human Radiation Experiment Records, 1994-1994*. Vol. 1. Springfield VA: Department of Commerce, Technology Administration, National Technical Information Service, 1997.

Valentín, José Martínez. *La presencia de la policia en la historia de Puerto Rico: 1989–1995*. San Juan: Producciones Luigi, 1995.

Vásquez, Pedro Aponte. *¡Yo acuso! Y lo que pasó despues*. Bayamón, Puerto Rico, Movimiento Ecuménico Nacional de PR, 1985.

Villahermosa, Gilberto N. *Honor and Fidelity: The 65th Infantry in Korea, 1950–1953*. Washington, D. C.: Center of Military History, US Army, 2009.

Wagenheim, Kal. *Cuentos: Stories from Puerto Rico*. Princeton, NJ: Markus Weiner Publishers, 2008.

———. *Puerto Rico: A Profile*. New York: Praeger, 1970.

Warner, Michael. *The Office of Strategic Services: America's First Intelligence Agency*. Washington, D. C.: Central Intelligence Agency, 2001.

Wayne, Mike. *Political Film: The Dialectics of Third Cinema*. Londres: Pluto Press, 2001.

Weiner, Tim. *Legacy of Ashes: The History of the CIA*. Nueva York: Doubleday, 2007.

Welsome, Eileen. *The Plutonium Files*. Nueva York: Random House, 1999.

Zeno-Gandía, Manuel. *La Charca*. Princeton, NJ: Markus Wiener Publishers, 2010.

Zinn, Howard. *A People's History of the United States*. Nueva York: HarperCollins, 2005.

Artículos históricos

"7 Die in Puerto Rico Riot, 50 Injured as Police Fire on Fighting Nationalists." *New York Times*, 22 de marzo de 1937, 1, 11.

"40,000 Pay Tribute to Albizu." *San Juan Star*, 26 de abril de 1965, 1.

"Albizu Told the Story of Atomic Torture to the Press." *El Mundo*, 1 de octubre de 1953.

"Aviación bombardea en Utuado." *El Imparcial*, 1 de noviembre de 1950, 1.

"Count of Subjects in Radiation Experiments Is Raised to 16,000." *New York Times*, 20 de agosto de 1995, http://www.nytimes.com/1995/08/20/us/count-of-subjects-in-radiation-experiments-is-raised-to-16000.html.

"Disparen para que vean como muere un hombre." *El Imparcial*, 25 de febrero de 1936, 1.

"E. Mont. Reily Brings Cheers When He Says Old Glory Is Only Flag for Island." *New York Times*, 31 de julio de 1921, 8.

"El informe del comité hays inculpa a Winship." *El Imparcial*, 24 de mayo de 1937, 3, 4, 5, 6, 11, 14, 19, 23, 25, 27.

"G-Men federales enviados a Puerto Rico." *El Imparcial*, 20 de febrero de 1936.

"La masacre de Ponce y la sangre de los mártires de la historia." *El Imparcial*, 3 de abril de 1937, 20, 21.

"Linchamiento atómico de un mártir de la libertad." *Verdad*, febrero de 1953, 1, 24–27.

"Lo Que Vi en Ponce." *El Imparcial*, 2 de abril de 1937, 28, 29.

"Los insulares son desalojados de Jayuya y Utuado; Gran parte de Jayuya fue destruida por las llamas." *La Prensa*, 2 de noviembre de 1950, 1.

"Motín en el presidio." *El Imparcial*, 29 de octubre de 1950, 1.

"Once muertos y más de ciento cincuenta heridos en Ponce." *El Mundo*, 22 de marzo de 1937, 1, 5.

"Our Flag Raised in Puerto Rico." *New York Times*, 27 de julio de 1898, 1.

"Pueblo en actitud respetuosa." *El Imparcial*, 24 de abril de 1965, 1.

"Puerto Rican Riot Seen as Planned." *New York Times*, 23 de marzo de 1937, 9.

"Puerto Rico: Guns Blaze Afresh." *The Washington Post*, 28 de marzo de 1937, 3.

"Secret Nuclear Research on People Comes to Light." *New York Times*, 17 de diciembre de 1993.

"Seven Killed in Puerto Rico Riot, 50 Hurt in Nationalist Clash with Police." *The Washington Post*, 22 de marzo de 1937, 1.

"Two in Puerto Rico Kill Police Head and Are Shot Dead." *New York Times*, 24 de febrero de 1936.

"US to Settle for $4.8 Million in Suits on Radiation Testing." *New York Times*, 20 de noviembre de 1996.

"¡Viva la Republica! ¡Abajo las asesinos!" *El Imparcial*, 23 de marzo de 1937, 1.

"Winship Quits Island with Report on Riot." *New York Times*, 28 de mayo de 1937, 4.

Expedientes del FBI

Expedientes del FBI. Entrada: Luis Muñoz Marín. Número de expediente SJ 100-302. Office of Public and Congressional Affairs, Washington, D. C., 1943.

Expedientes del FBI. Entrada: Luis Muñoz Marín. Número de expediente 100-5745, Sections I, III. Office of Public and Congressional Affairs, Washington, D. C., 1965.

Expedientes del FBI. Entrada: Nationalist Party of Puerto Rico. Número de expediente SJ 100-3, Vols. 23, 26. Office of Public and Congressional Affairs, Washington, D. C., 1951.

Expedientes del FBI. Entrada: Pedro Albizu Campos. Número de expediente 105-11898, June Mail. Office of Public and Congressional Affairs, Washington, D. C., 1952.

Expedientes del FBI. Entrada: Pedro Albizu Campos. Número de expediente 105-11898, Part 1 of 8. Office of Public and Congressional Affairs, Washington, D. C., 1952.

Expedientes del FBI. Entrada: Pedro Albizu Campos. Número de expediente 105-11898, Section Sub A. Office of Public and Congressional Affairs, Washington, D. C., 1952.

Expedientes del FBI. Entrada: Pedro Albizu Campos. Número de expediente 105-11898, Serial 194 EBF 260, 260 EBF A-B, 260 EBF D, 325 EBF, 445 EBF, 585 EBF. Office of Public and Congressional Affairs, Washington, D. C., 1952.

Expedientes del FBI. Entrada: Pedro Albizu Campos. Número de expediente 105-11898, Sections VI, VII, XII, XIII. Office of Public and Congressional Affairs, Washington, D. C., 1952.

Reportes y publicaciones adicionales del Gobierno

Central Intelligence Agency. *Human Resource Exploitation Manual*. Washington, D. C.: US Government Printing Office, 1983.

Human Radiation Interagency Working Group. *Building Public Trust: Actions to Respond to the Report of the Advisory Committee on Human Radiation Experiments*. Washington, D. C.: Government Printing Office, 1997.

Officer-in-Charge, Contract NOy-3680, NAS, San Juan to Chief of BuDocks. *Report of Progress and Procedures*, 17 de Mayo, 1940. BuDocks, Contrato NOy-3680, RG 71, caja 548, vol. 11.

Standard, J. Newell. *Radioactivity and Health: A History.* 3 vols. Oak Ridge, TN: Office of Science and Technical Information, 1988.

Task Force on Human Subject Research. *A Report on the Use of Radioactive Facilities Within the Commonwealth of Massachusetts from 1943 Through 1973*. Commonwealth of Massachusetts, Office of Health and Human Services, Department of Mental Retardation, 1994.

University of California, San Francisco (UCSF), Ad Hoc Fact Finding Committee. *Report of the UCSF Ad Hoc Fact Finding Committee on World War II Human Radiation Experiments*. San Francisco: UCSF, febrero 1995.

US Congress, House Committee on Energy and Commerce, Subcommittee on Energy Conservation and Power. *American Nuclear Guinea Pigs: Three Decades of Radiation Experiments on U.S. Citizens*. 99º Cong., 2ª sesión, noviembre de 1986.

US Congress, House Committee on Energy and Commerce, Subcommittee on Energy and Power. *Radiation Testing on Humans.* 103º Cong., 2ª Ses., 18 de enero de 1994.

US Congress, House Committee on Science and Technology, Subcommittee on Investigations and Oversight. *Human Total Body Irradiation (TBI) Program at Oak Ridge.* Hearings. 97º Cong., 1ª sesión, 23 de septiembre de 1981.

US Congress, House Committee on the Judiciary, Subcommittee on Administrative Law and Government Relations. *Government-Sponsored Testing on Humans.* Hearings. 103º Cong., 2ª sesión, 3 de febrero de 1994.

US Congress, Joint Hearing Before the Subcommittee on Oversight and Investigations and the Subcommittee on Energy and Power of the Committee on Commerce. *Department of Energy: Misuse of Federal Funds*. Hearings. 104º Cong., 1ª sesión, 17 de noviembre de 1995.

US Department of Defense. *Report on Search for Human Radiation Experiment Records, 1994-1994*. Vol. 1. Springfield VA: Department of Commerce, Technology Administration, National Technical Information Service, 1997. Consultar especificamente Contrato DA-49-07, 125 (Sloan-Kettering Contract, Cornelius Rhoads Dir., *Study of Post-irradiation Syndrome on Humans*).

US Department of Energy. *Human Experimentation: An Overview on Cold War Era Programs*. Washington, D. C.: US Government Accounting Office, 1994.

———. *Human Radiation Experiments Associated with the U.S. Department of Energy and Its Predecessors.* Springfield, VA: Department of Commerce, Technology Administration, National Technical Information Service, 1995.

———. *Human Radiation Experiments: The Department of Energy Roadmap to the Story and the Records*. Springfield, VA: Department of Commerce, Technology Administration, National Technical Information Service, 1995.

USN-SMA, *Final Report and Factual Survey*. Vol. 1, General Report, Contrato NOy-3680, Madigan-Hyland Co., 22 de marzo de 1943, Prefacio general e Introducción, 2.

Artículos científicos

"Acute Clinical Effects of Penetrating Nuclear Radiation". *JAMA* 168, no. 4 (27 de septiembre de 1958): 381-388.

"Acute Radiation Death Resulting from an Accidental Nuclear Critical Excursion." *Journal of Occupational Medicine* 3, no. 3, suplemento especial (marzo de 1961).

Duany, Jorge. "Nation on the Move: The Construction of Cultural Identities in Puerto Rico and the Diaspora". *American Ethnologist* 27, nº 1 (febrero de 2000): 5-30.

"Element of Consent in Surgical Operations." *JAMA* 15 (13 de septiembre de 1980): 401–402.

Evans, Robley. "Radium Poisoning: A Review of Present Knowledge". *American Journal of Public Health* 23, nº 10 (Octubre 1933): 1017-1023.

Gautier Mayoral, Carmen. "Notes on the Repression Practiced by US Intelligence Agencies in Puerto Rico". *Revista Jurídica de la Universidad de Puerto Rico* 52, nº 3 (1983): 431–450.

Harkness, Jon. "Nuremberg and the Issue of Wartime Experiments on U.S. Prisoners". *JAMA* 276, nº 20 (27 de noviembre de 1996): 1672-1675.

Helfeld, David M. "Discrimination for Political Beliefs and Associations". *Revista del Colegio de Abogados de Puerto Rico* 25, nº 1 (noviembre de 1964): 5-276.

Heublein, Arthur C. "A Preliminary Report on Continuous Radiation of the Entire Body". *Radiology* 18, nº 6 (junio de 1932): 1051-1062.

"The History and Ethics of the Use of Humans in Medical Experiments". *Science* 108 (julio de 1948): 1-5.

Ivy, A. C. "Nazi War Crimes of a Medical Nature". *JAMA* 139, nº 3 (enero de 1949): 131-135.

Jacobs, Melville L., y Fred J. Marasso. "A Four-Year Experience with Total-Body Irradiation". *Radiology* 84 (marzo de 1965): 452-465.

Macklis, Roger. "The Great Radium Scandal". *Scientific American* 269 (1993): 94-99.

Maslow, Abraham. "A Theory of Human Motivation". *Psychological Review* 50, nº 4 (1943): 370-396.

McCaffrey, Katherine T. "Struggle Against the U.S. Navy in Vieques, Puerto Rico: Two Movements in History". *Latin American Perspectives* 33 (enero de 2006): 83-101.

Medinger, Fred G., y Lloyd Craver. "Total Body Irradiation". *American Journal of Roentgenology* 48, nº 5 (1942): 651-671.

Report by the Committee Appointed by Governor Dwight H. Green. "Ethics Governing the Service of Prisoners as Subjects in Medical Experiments". *JAMA* 136, nº 7 (febrero de 1948): 457.

West-Durán, Alan. "Puerto Rico: The Pleasures and Traumas of Race". *Centro Journal* 17 (primavera de 2005).

ÍNDICE TEMÁTICO

MIKE FITELSON

NELSON A. DENIS fue director de editoriales de *El Diario*, el periódico en español de mayor circulación de la ciudad de Nueva York, y ganó el Premio de Mejor Redacción de Editoriales otorgado por la Asociación Nacional de Periodistas Hispanos. Graduado de la Universidad de Harvard y la Escuela de Derecho de la Universidad de Yale, Denis sirvió como asambleísta por el Estado de Nueva York (1997-2001) y ha escrito para el *New York Daily News*, *Newsday*, y el *Harvard Political Review*. Denis, además, escribió y dirigió la película *Vote for Me!*, que fue presentada en el Festival Fílmico de Tribeca.